天津市重点出版扶持项目
教育部人文社会科学重点研究基地重大项目：中国特色
社会主义经济重大理论和实践问题专题研究

中国国家经济治理思想的历史演进与当代发展

景维民　王永兴　等著

南开大学出版社

天　津

图书在版编目(CIP)数据

中国国家经济治理思想的历史演进与当代发展 / 景
维民等著. —天津：南开大学出版社，2024.10.
ISBN 978-7-310-06090-0

Ⅰ.①中… Ⅱ.①景… Ⅲ.①经济治理－经济思想－
研究－中国 Ⅳ.①F092

中国国家版本馆 CIP 数据核字(2023)第 087151 号

中国国家经济治理思想的历史演进与当代发展
ZHONGGUO GUOJIA JINGJI ZHILI SIXIANG DE
LISHI YANJIN YU DANGDAI FAZHAN

南开大学出版社出版发行
出版人：刘文华
地址：天津市南开区卫津路 94 号　　邮政编码：300071
营销部电话：(022)23508339　营销部传真：(022)23508542
https://nkup.nankai.edu.cn

天津创先河普业印刷有限公司印刷　全国各地新华书店经销
2024 年 10 月第 1 版　　2024 年 10 月第 1 次印刷
230×155 毫米　16 开本　28.25 印张　4 插页　330 千字
定价：158.00 元

如遇图书印装质量问题,请与本社营销部联系调换,电话:(022)23508339

目　录

第一章　导　论

　　"推进国家治理体系和治理能力现代化"是党的十八届三中全会首次提出的重大命题，它标志着中国的改革开放进程已经从"摸着石头过河"进入到系统性、整体性、协调性推进的新时代。党的十九届四中全会通过的《中共中央关于坚持和完善中国特色社会主义制度、推进国家治理体系和治理能力现代化若干重大问题的决定》，为推动形成与新时代改革开放相适应的国家制度和治理体系做出了战略规划和具体部署。站在新的历史方位，如何构建起系统完备、科学规范、运行有效的制度体系，把我国的制度优势转化为国家治理效能，已经成为治理问题研究亟待解决的重大理论问题。很显然，这需要立足中国实践推进理论创新，不断把认识成果、实践成果上升为理论成果。本书的目的，就是遵循马克思主义历史与逻辑相统一的研究方法，系统总结中国国家经济治理思想的演变轨迹及其在当代的最新发展，为深化对相关问题的理论认知提供有益的借鉴和启示。

第一节　治理、国家治理与国家经济治理

　　我国对治理问题的研究是随着改革开放的历史进程逐步深

化的，经历了从引进到本土化、再到构建中国特色治理理论体系的过程。在西方的学术研究体系中，治理与发展之间的关联开始受到关注大体是从世界银行（World Bank）将非洲发展面临的问题归结为"治理危机"（crisis of governance）之后开始的。[①]在国际上具有广泛影响力的《发展经济学手册》中，巴兰、莫恩和罗宾逊（Baland, Moene and Robinson，2010）认为治理现在已经成为理解发展问题的关键。[②]但是正如有学者所指出的那样，"治理"一词像目前关于发展问题的辩论中的其他许多概念一样，被许多大不相同的意识形态群体用于各种不同的、常常是互相冲突的目的。[③]因此，本节将在对治理与发展相关研究进行简要回顾的基础上，构建起国家治理与经济发展之间的理论关联，对国家经济治理的相关概念范畴进行清晰界定。

一、治理与国家治理

"治理"是一个被广为接受但却具有多重含义的复杂概念，不同的学者在不同的语境下对治理的概念做出许多不同的界定。比如，罗得斯（Rhodes，1996）概括了六种关于治理的不同定义：①作为最小国家的治理，主要指削减公共开支；②作为公司治理的治理，主要指对组织的引导和控制；③作为新公共管理的治理，主要指公共部门组织和运行方式的变革；④作为

---

① World Bank. Sub-Saharan Africa: From Crisis to Sustainable Growth. Washington D. C.: World Bank, 1989: 60.

② Baland Jean-Marie, Moene Karl Ove and Robinson, James A. Governance and Development. In Rodrik, Dani, Mark R. Rosenzweig, eds. Handbook of Development Economics, vol. 5, Elsevier, 2010: 4597-4656.

③ 辛西娅·休伊特·德·阿尔坎塔拉. "治理"概念的运用与滥用[J]. 国际社会科学杂志（中文版），1999（1）.

善治（good governance）的治理，主要指如何更好地使用政治权力来管理国家事务；⑤作为社会控制体系（social-cybernetic system）的治理，主要指社会政治体系中所有参与者之间的互动及其后果；⑥作为自组织网络（self-organizing networks）的治理，主要指建立在声誉、信任、互惠及相互依存基础上的社会协调方式。①应当说，治理问题的研究是一个涉及政治、经济、社会等多重维度的跨学科领域，从 20 世纪 90 年代至今，在政治学、经济学和社会学等各个学科领域里有关治理问题的研究文献几乎都在迅速增长，因而上面对治理定义的总结归纳并没有涵盖全部，也并非没有争议。事实上，还有许多学者通过探究治理（governance）的英文原义，乃至于追溯其拉丁文和古希腊语的本义来对之加以界定。②但是更应该看到的是，治理的理念是在对发展问题的检讨和反思背景下提出的，相应的，治理理论的研究也大大推动和深化了对于发展问题的认识。因而，与其从单纯的字面意义上理解治理的概念，不如从治理与发展的关系上界定治理的内涵与外延。

治理问题受到广泛关注是从世界银行对发展实践的反思开始的。World Bank（1989）在对非洲发展问题的研究中指出，制约非洲发展问题的关键是许多国家由于缺乏政治反对力量，其政府公务人员总是追求其自身利益而不担心被问责。针对这种情况，World Bank（1989）认为治理就是运用政治权力管理

---

① R Rhodes. The New Governance: Governing without Government. Political Studies, 1996(44): 652-667.

② 俞可平. 治理与善治引论 [J]. 马克思主义与现实，1999（5）。鲍勃·杰索普. 治理理论的兴起及其失败的风险——以经济发展为例的论述 [J]. 国际社会科学杂志（中文版），1999（1）。Baland Jean-Marie and Moene, Karl Ove and Robinson, James A., Governance and Development. In Rodrik Dani and Mark R. Rosenzweig, eds., Handbook of Development Economics, vol. 5, Elsevier, 2010: 4597-4656.

国家事务。①而当时的世界银行主席巴尔伯·康纳伯（Barber Conable，1989）认为好的治理应当包括有效的公共服务、可靠的司法系统以及对公众负责的行政体系。②显然，这里对治理的界定主要指向的是其与政治发展的关联，在此之后，出现了大量有关治理与政治发展的研究。

在对治理与政治发展问题的进一步研究中，研究对象逐渐从非洲发展中国家扩展到西方发达国家。20 世纪 70 年代末以来，西方发达国家的政府因长期实行凯恩斯主义经济政策而普遍陷入财政开支困难的境地，其所奉行的福利主义政策也在一定程度上导致了劳动积极性下降，出现了管理危机。为了实现更为有效的治理，以放松管制、精简政府职能和缩减政府开支为主要内容的大规模的政府再造逐渐在发达国家流行开来，并逐渐演变成新公共管理（new public management，NPM）运动，从而对治理研究产生了重要影响。如果说非洲欠发达国家的实践所反映出来的是政府权威丧失所导致的治理效率低下，那么西方发达国家的实践所反映出来的则是政府干预过多而导致的治理效率低下。二者互为借鉴，共同构成了治理危机的两个极端。这说明，有效的治理既不能没有政府，又不能只有政府。沿着这条思路，治理与政府发展问题的研究开始从单中心治理向多中心治理发展，强调有效的治理需要政府和社会共同参与。以著名政治学家、2009 年诺贝尔经济学奖获得者埃莉诺·奥斯特罗姆（Elinor Ostrom，2000）为核心的美国印第安纳大学政治理论与政策分析研究团队对公共事务治理的研究，大大加深

---

① World Bank. Sub-Saharan Africa: From Crisis to Sustainable Growth, Washington D. C.: World Bank, 1989: 60-61.

② World Bank. Sub-Saharan Africa: from Crisis to Sustainable Growth, Washington D. C.: World Bank, 1989.

了对社会自身所具有的自主治理能力的认识，从而为多中心治理的合理性和可行性提供了有力的支撑。[①]

对处于无政府状态的国际社会而言，其治理的主体更是涵盖了主权国家、区域性组织、国际机构、公共或私人部门等，因而更需要"在无人有权指挥的情况下也能把事情办成的能力"[②]。相应的，罗西瑙等人（James N. Rosenau etal.，1992）将治理定义为一系列活动领域里的管理机制，它们虽未正式授权，却能有效地发挥作用。[③]与此相类似的另一个比较具有权威性和代表性的定义是由联合国"全球治理委员会"（UN Commission on Global Governance）在其 1995 年出版的著名报告《我们的全球伙伴关系》中给出的，即治理是各种公共的或私人的个人和机构管理其共同事务的诸多方式的总和，是协调相互冲突或不同的利益，进而采取联合行动的持续过程。[④]

值得一提的是，在治理主体多元化的意义上，政治发展仅仅是社会发展的一部分，好的治理应当为社会发展提供保障。正如毛寿龙（2000）在对多中心治理的概括中所说，"发展是在各个层次、各个地方同时发生的，而并不仅仅是某些政治中心，如首都的发展。全面的、持续的发展基础，靠的是地方社群的自主治理能力，以及以此为基础的多中心治理的多层次的制度框架。以此逻辑延伸，国际组织的发展努力自然也需要各国政

---

① 埃莉诺·奥斯特罗姆. 公共事物的治理之道[M]. 上海：上海三联书店，2000.

② Ernst-Otto Czempiel. Governance and Democratization. In: James N Rosenau, Ernst-Otto. Czempiel, eds., Governance without Government: Order and Change in World Politics. Cambridge: Cambridge University Press, 1992: 250.

③ James N Rosenau, Ernst-Otto Czempiel, eds. Governance without Government: Order and Change in World Politics. Cambridge: Cambridge University Press, 1992: 5.

④ The UN Commission on Global Governance. Our Global Neighborhood. Oxford University Press, 1995: 2.

府以及地方政府和其他负有公共责任的机构的协作。"①在更一般的层面，在对治理主体多元化的认识基础上，格里·斯托克总结了作为理论的治理的五种观点：第一，治理意味着一系列来自政府但又不限于政府的社会公共机构和行为者。它对传统的国家和政府权威提出挑战，认为政府并不是国家唯一的权力中心。各种公共的和私人的机构只要其行使的权力得到了公众的认可，就都可能成为在各个层面上的权力中心。第二，治理意味着在为社会和经济问题寻求解决方案的过程中存在着界限和责任方面的模糊性。它表明，在现代社会，国家正在把原先由它独自承担的责任转移给公民社会，即各种私人部门和公民自愿性团体，后者正在承担越来越多的原先由国家承担的责任。这样，国家与社会之间、公共部门与私人部门之间的界限和责任便日益变得模糊不清。第三，治理明确肯定了在涉及集体行为的各个社会公共机构之间存在着权力依赖。进一步说，致力于集体行动的组织机构必须依靠其他组织。为达到目的，各个组织必须交换资源、确立共同的目标，交换的结果不仅取决于各参与者的资源，而且也取决于游戏规则以及进行交换的环境。第四，治理意味着参与者最终将形成一个自主的网络。这一自主的网络在某个特定的领域中拥有发号施令的权威，它与政府在特定的领域中进行合作，分担政府的行政管理责任。第五，治理意味着办好事情的能力并不限于政府的权力，不限于政府的发号施令或运用权威。在公共事务的管理中，还存在着其他的管理方法和技术，政府有责任使用这些新的方法和技术来更好地对公共事务进行控制和引导。②

---

① 迈克尔·麦金尼斯. 多中心治道与发展[M]. 上海：上海三联书店，2000.

② 格里·斯托克，华夏风. 作为理论的治理：五个论点[J]. 国际社会科学杂志（中文版），1999（3）.

在本书中，我们从以下三个方面来对研究主题加以限定：第一，我们所关注的是国家治理。与那些主要关注公共部门、私人组织在社会经济活动中作用的"治理"研究相区别，国家治理关注的是政府权力的运用及其社会经济影响。换句话说，国家治理的主体是国家，或者说是中央政府。第二，与那些主要从政治发展或者社会发展层面理解"治理"的研究不同，我们更关注的是国家治理的经济学意义；主要探讨如何更有效地发挥政府，尤其是中央政府对经济发展的促进作用。进一步来说，我们把是否有利于经济发展作为评判国家治理优劣的标准。第三，本书研究的基本主题是中国国家经济治理思想。当然，思想要以制度、政策和具体措施为载体。事实上，本书对国家治理的理解与 World Bank（1992）对"治理"的界定非常接近，即如何运用和行使权力来管理国家的社会和经济资源，以促进发展。[1]但是与 World Bank（1992）关注国家治理的构成要素不同[2]，我们更加强调国家治理对其行动力的影响。具体而言，我们把国家实现其意愿、规划和目标的能力称为国家能力，而把支撑和维系国家能力的制度安排称为国家治理体系，把建设国家治理体系的过程称为国家治理。

二、国家经济治理

国家经济治理，就是与经济活动相关的国家治理。国家治理的实质，就是通过一系列的制度设计来支撑和维系政府实现其意愿、规划和目标的能力。显然，这里政府的意愿、规划和目标可能是政治上的、经济上的，甚至是军事上的。从历史角

---

[1] World Bank. Governance and Development. Washington D. C.: World Bank, 1992: 1.

[2] World Bank (1992) 认为，有效的治理应包括以下四个方面的内容和要求：公共部门的有效管理，问责制，发展的法律框架，政治透明性。

度看，国家治理的主要目标在相当长的时期内都是政治上或者军事上的。比如，在许多国家都曾实行过"富国强兵"的政策，其中"富国"只是手段，而"强兵"才是目的。直到20世纪，尤其是世界格局出现"核平衡"态势、和平与发展成为时代的主题之后，开始有更多的国家选择经济上的发展意愿作为国家治理的主要目标。比如，东亚在崛起过程中所出现的"发展型政府"，就是把推动经济发展作为其最主要的目标。但是根据辩证唯物主义和历史唯物主义的基本原理，生产力决定生产关系，经济基础决定上层建筑，因此无论政府的意愿、规划和目标是政治上的、经济上的，还是军事上的，都需要政府加强对社会资源的控制和整合并为之提供支撑和保障，从而也都会对社会经济产生影响。国家经济治理在国家治理中具有决定性的作用。具体而言，可以从国家治理对经济活动的影响和经济活动对国家治理的影响两个方面来考察国家的经济治理活动。

（一）国家经济治理：国家治理对经济活动的影响

在现代国家理论中，国家控制和整合社会资源的能力有三种维度：第一，国家需要有一种进入社群并能与人民直接互动的"渗透"能力；第二，国家需要有从社会中汲取资源（原料和人才，无论是为了税款、战争、福利、发展或其他）的"汲取"能力；第三，国家需要有与社会不同利益群体进行协商的"协调"能力。[①] 国家治理的目的就是通过国家制度建设为形成和维系上述三种能力提供制度支撑。

---

① Weiss Linda, John Hobson. State and Economic Development: A Comparative Historical Analysis. Cambridge : Polity Press, 1995. Mann Michael. The Sources of Social Power. Cambridge: Cambridge University Press. 1986. Hall John. Powers and Liberties. Harmonds Worth: Penguin, 1986.

国家的"渗透"能力和"协调"能力的形成和维系主要通过政治制度建设来提供支撑。在经济意义上，政治制度往往是非生产性的，是对已有社会资源的再分配。正如波兰尼（Polanyi，1957）所说，再分配过程形成了政治制度的一部分，不管这种政治制度是部族的、城邦的、专制的，还是以牲畜或土地为基础的封建主义的。[①]阿西莫格鲁和罗宾逊（Acemoglu and Robinson，2006）认为，政治制度的基本作用是对社会权力进行配置。[②]比如，政府可以赋予富人阶层更多的权利，也可以赋予穷人阶层更多的权利。但由于每个阶层都更愿意实施与自己偏好一致的公共政策，所以如果政府赋予富人阶层更多的权利，可以预期社会更有可能实行更低税率、更少再分配和倾向于偏袒有钱人而不是穷人的一系列政策。相反，如果政府赋予穷人阶层更多的权利，可以预期社会更有可能实行更高税率、更多再分配和倾向于偏袒穷人的一系列政策。这说明，国家治理会通过社会权力的配置来影响政治制度，进而影响国家能力。由于国家通过"渗透"能力和"协调"能力所实现的对社会资源的控制和整合，只是对社会资源的重新分配，我们将这种国家能力界定为再分配型国家能力。

国家"汲取"能力的形成和维系主要通过经济制度建设来提供支撑。国家"汲取"能力的核心，是政府能够从经济活动中"汲取"税收的能力。因此，财税体制是维系和保障国家"汲取"能力的最基本的经济制度。在历史上，现代国家形成的一个重要标志，就是政府通过一整套税收体制的建立得以获得持

---

① Polanyi, Karl. The Great Transformation: The Political and Economic Origins of Our Time. Boston: Beacon Press，1957: 55.

② Acemoglu Daron and Robinson James. Economic Origins of Dictatorship. Cambridge, Cambridge University Press，2006: 173.

续稳定的税收收入，从而完成从熊彼特（Schumpeter，1991）意
义上的"领地国家"向"税收国家"的转变。①王绍光（2002）
甚至认为，国家"汲取"能力是国家制度建设（state building）
的首要任务。②按照美国经济学家奥尔森（Olson）的理论，如
果政府因得到和控制了社会经济增长额中的绝大部分而在该体
制中拥有"共容利益"（encompassing interests），即它能够获得
该社会所有产出增长额中相当大的部分，并且同时会因该社会
产出的减少遭受极大的损失，那么这种共容利益会诱导政府去
关心并努力提高全社会的生产率。③这意味着，当政府建立起一
套有利于自己的财税体制后，为了使自身收益最大化，将倾向
于采取诸如产权制度、激励机制设计、物质资本和人力资本投
资体制等其他经济制度建设来促进社会的生产性活动，通过提
高社会经济产出水平来增强国家能力，我们把这种国家能力称
为生产型国家能力，以区别于上文提到的再分配型国家能力。

此外，在经济制度建设过程中，有效的激励供给会不可避
免地涉及资源和收入的分配。没有有效的产权结构和激励机制，
就不可能有有效的分配机制。因此，经济制度建设所影响的不
仅是社会经济的总量，还会影响社会经济的分配结构，如资源
的分配、财富的分配等。换句话说，国家治理会影响经济制度，
进而影响国家能力。

---

① Schumpeter Joseph. The Crisis of the Tax State, Reproduced in Swedberg, Richard.
Ed, The Economics and Sociology of Capitalism. Princeton: Princeton University Press,
1991.

② 王绍光. 国家汲取能力的建设——中华人民共和国成立初期的经验[J]. 中国
社会科学，2002（1）.

③ Olson Mancur. The Hidden Path to a Successful Economy. In C Clague and G
Rausser(eds). The Emergence of Market Economics in Eastern Europe. Blackwell，1992:
55-75.

（二）国家经济治理：经济活动对国家治理的影响

政府是国家治理的主体，因为政府掌控着法定的政治权力（official political power），可以合法地使用社会赋予的权力来参与国家制度建设，在政治决策和公共事务管理方面发挥重要的作用。有效的国家治理不仅能够为国家能力的维系和支撑提供制度保障，而且，国家治理能力的不断增强又可以提高政府在社会政治决策和公共事务管理方面的影响力。

但是政府在国家治理过程中并不能为所欲为，因为政治决策和公共事务管理还受到实际的政治权力（actual political power）的影响。对社会成员而言，即使没有社会赋予的合法权利，他们也可以采取抗议、示威，乃至暴力反抗等方式来表达其利益诉求，从而对政治决策和公共事务管理施加影响。因此，有效的国家治理要求政府必须处理好不同社会利益集团的多样化的利益诉求。阿西莫格鲁、约翰逊和罗宾逊（Acemoglu，Johnson and Robinson，2005）认为，实际的政治权力不仅取决于群体中解决集体行动问题的能力，也就是要解决群体成员的"搭便车"问题；还取决于群体所拥有的经济资源，占有的经济资源越多，游说、影响政治制度的能力就越强，雇用或支持不同社会集团的力量也就越强。[①]也就是说，资源的配置方式会影响事实上的政治权力，进而影响国家治理。

（三）国家经济治理与治理效能

综上所述，国家治理既会影响国家能力，也会受到国家能

[①] Acemoglu Daron, Johnson Simon, and Robinson James A. Institutions as the Fundamental Cause of Long-Run Growth. In: Philippe Aghion and Stephen Durlau. Handbook of Economic Growth. Amsterdam: North Holland, 2005: 385-472.

力的影响。好的国家治理意味着国家治理与国家能力之间的良性循环，即好的国家治理可以形成强大的国家能力，而强大的国家能力又可以为国家治理提供进一步的支撑。

第一，如果倾向于通过政治制度建设来增强再分配型国家能力，那么就主要表现为政府在社会再分配中的份额扩大。但由于政治制度建设是不具有生产性的，所以增加政府在社会再分配中所占的比重虽然在短期内可以迅速提高其驾驭社会的能力，但从长期来看，生产活动会因得不到重视而被削弱，从而导致社会经济总量下降。当社会经济总量下降超过政府收入份额的增加时，政府实际支配的社会资源总量是下降的。可见，这种国家治理是一种自我耗竭式的，政府越是想提高自己的再分配型国家能力，就越需要提高其在社会再分配中的份额，因而就越会对生产性活动造成妨碍，导致社会经济总量下降。其结果是，政府实际控制的社会资源数量也随之下降。这种情况可以对应于历史上存在的威权统治，统治者不重视生产活动而只关注再分配，一味地横征暴敛决定了其统治是不能长期持续的。

第二，如果政府倾向于通过经济制度建设来加强其生产型国家能力，那么社会经济产出水平就会因政府重视生产性活动而不断增长。在这种情况下，即使政府在社会再分配中所占的份额是下降的，但只要社会经济总量的增长超过政府在社会再分配中所占份额的下降，政府实际控制的社会资源也是增长的。但是生产性活动同时会改变社会的资源配置结构，从而影响事实上的政治权力，因此，在政府所占份额下降的同时，新兴的社会力量所占份额却在上升，如果这种情况进一步演变下去，当政府在促进生产性活动发展的同时不能很好地驾驭新兴社会力量时，政府的执政地位同样会受到威胁。显然，这种国家治理也是政府所不愿意看到的。在历史上，一些统治者正是因为担心无法驾驭新兴的社会力量而放弃变革，任由社会经济滞留在低产出水平。

第三，如果政府倾向于通过经济制度建设来加强其生产型国家能力，同时在社会经济产出增长的同时能够通过政治制度建设等方式有效地驾驭新兴社会力量，那么其国家治理就会和经济发展形成良性互动。一方面，政府通过促进经济发展提高了国家能力；另一方面，国家能力的增强又会为政府发展经济提供有效支撑。在历史上，能够实现国家崛起，最终成为"强国"的，都可以从它们所推行的政策实现了这种国家治理与经济发展的良性循环中找到原因。但是应当强调的是，在现实中，国家治理的完善并不是一蹴而就的，国家治理和国家治理体系的现代化经历了长期的演变过程。从某种意义上来说，现代国家的构建就是一个国家治理体系不断现代化的过程。

第二节　中国国家经济治理思想的研究意义

从逻辑关系上看，治理思想的发展是治理体系构建、发展和完善的前提条件，也是国家治理体系的重要基础。在本书中，我们把国家经济治理思想理解为与国家经济治理有关的制度安排理念和思想意识，这种理念和思想意识是以制度、政策和具体措施为载体的，因此在分析和研究中国国家经济治理思想的时候，有时主要是研究理念和理论观点，有时借助于制度安排、政策措施来表达，二者是不矛盾的。我们将遵循马克思主义历史与逻辑相统一的研究方法，深入分析国家经济治理思想的历史演进和当代发展。当然，在研究国家经济治理思想的过程中，也不可避免地会涉及国家政治治理思想、文化治理思想等其他治理思想。在本书中，出于对描述某些问题时社会已经形成的语言习惯的考虑，我们有时会并行使用"国家治理""国家经济治理"等名词。然而需要指出的是，在引用国家正式文件时，我们严格遵循其初始含义，但特别强调其中关于国家经济治理思想方面的内容。

一、中国国家经济治理思想研究的理论意义

马克思指出，"分析经济形式，既不能用显微镜，也不能用化学试剂。二者都必须用抽象力来代替。"[①]而思想是抽象力的集中体现，是经济理论和改革政策的重要基础，因此对国家经济治理思想演进问题进行研究尤为重要。中国是拥有几千年辉煌历史的文明古国，中国文化源远流长，博大精深，历朝历代都出现过重要的经济治理思想，这些思想不但推动了当时社会经济的繁荣发展，对当代中国国家经济治理也具有积极的借鉴意义。改革开放至今，我国经济总量快速增长，但经济结构失衡、城乡差距和贫富差距过大、资源环境和社会矛盾凸显等问题制约了中国经济的高质量发展。在中国经济进入新常态和高质量发展阶段这一背景下，构建现代化国家经济治理体系成为迫切要求。对国家经济治理思想的研究，不仅要兼收并蓄、吸收优秀经济思想及最新成果，而且要在实践中不断丰富并实现创造性发展，最终形成系统、科学、完整的中国特色国家经济治理思想体系。中国作为社会主义国家和转型经济体，必须以马克思主义理论为指导，继承中国优秀经济治理思想，结合西方文明和经济思想成果，走一条适合中国实际情况的国家经济

---

① 马克思恩格斯文集（第五卷）[M]. 北京：人民出版社，2009：8.

治理之路。系统研究古代以来中国国家经济治理思想的历史演进、理论逻辑和内在规律，以及其对当代国家治理和经济发展的影响，体现了兼容政治、社会和经济发展内涵的研究范式，这不仅有利于拓展转型经济学和国家经济治理问题的研究视野，为构建和完善中国特色社会主义政治经济学提供支撑，而且对于推动经济高质量发展、加快社会主义现代化建设具有重要的理论指导意义和政策实践价值。从理论价值上看，富有价值的经济学研究总是能提炼出具有一般意义的结论。就本书而言，我们系统探究中国国家经济治理思想演进规律与逻辑关系，在以下三个理论层面有所推进，做出一些富有建设性的学术尝试。

首先，国家经济治理研究是现代经济学与国家理论相互交叉的重要内容。长期以来，新古典经济学是分析国家经济治理问题的重要理论框架，"看不见的手"的经济治理理念在主流经济学中占据主导地位。20 世纪 30 年代"大萧条"以后，凯恩斯主义强调政府在经济干预和市场调节运行中的作用，关注政府和市场关系在国家经济治理领域的影响。20 世纪 80 年代，随着新制度经济学的发展，国家作为制度变迁和经济绩效的重要变量被引入经济分析，逐渐形成了政府、市场和社会治理的研究范式。随着西方资本主义国家经济发展水平的提高，西方经济学理论得到学界的重视，而对中国传统经济思想的研究相对不足，大大削弱了经济治理思想的现实解释力和政策指导的有效性。因此，从国家经济治理思想历史演进的切入视角来看，对中国经济治理思想进行系统研究仍存在巨大拓展空间。中国经济转型和社会主义市场经济建设，以及经济进入新时代、社会主要矛盾转化、构建开放型世界经济等一系列经济社会趋势性变化为本书研究提供了一个重要的契机。本书尝试从更长的历史跨度和更宽的理论视野系统探究中国国家经济治理思想的演进逻辑，从而展现更加全面、系统的国家经济治理思想体系，这有利于拓展现代化国家经济治理体系的理论和经验研究。

其次，构建中国特色社会主义政治经济学既是中国经济发展进入新时代的内在诉求，又是在理论上系统化阐述中国道路的必经之路。有大量文献从主流经济学的理论框架出发，主要关注要素、技术等因素对经济发展的影响。比如，认为投资驱动是经济高速增长过程中的关键因素，人力资本和技术、制度创新是中国经济迈向高质量发展的重要条件等。然而更应当看到的是，中国的经济发展是马克思主义同中国具体实际相结合的结果。在这个过程中，首先是在思想上形成认识成果，然后逐渐把认识成果转化为实践成果，再进一步把实践成果上升为理论成果。作为历史悠久的文明古国，中国具有深厚的文化底蕴，因此对中国经济发展的研究，不能忽视中国传统文化对形成认识成果、实践成果和理论成果的影响作用。从这个意义上来说，马克思主义同中国具体实际相结合，也应当包括与中国的文化传统相结合。换句话说，蕴含在我国历史文化传统和社会主义经济建设实践中的经济思想和发展理念也应成为中国特色社会主义政治经济学的重要来源。本书从中国国家经济治理思想演进的视角，研究中国国家经济治理思想的历史逻辑，并总结社会主义市场经济建设中的实践经验，探究其对当代中国国家经济治理的启示意义，对于形成中国经济学话语体系，进而构建中国特色社会主义政治经济学具有积极作用。

最后，迄今为止，学术界对国家经济治理理论的研究涉及经济治理的宏观与微观方面，已经积累了许多研究成果。中国经济治理思想的发展以马克思主义理论为主导，科学借鉴西方国家经济治理理论，政府与市场的关系始终是国家经济治理的重要主题。然而，在我国市场经济体制改革深入推进和经济转向高质量发展的背景下，无论是发挥市场在资源配置中起决定性作用和更好地发挥政府作用，还是深入贯彻新发展理念和建设现代化经济体系，都必然会带来政府与市场关系的重大变化，深入探讨政府、市场与企业的治理关系成为全面深化改革的基本要求。与此同时，世界范围内经济全球化加速发展，科技信息革命和大数据技术迅猛而来，资源和生态环境问题备受关注，中国国家经济治理亟待在治理理念、治理范围和治理方式上实现创新。本书不仅从政府治理、市场治理等角度总结中国国家经济治理思想的历史演进，而且从共享发展、绿色治理和数据治理等方面进一步剖析当代中国的治理创新，有利于拓展国家经济治理研究的视野，丰富国家经济治理研究的内容，推动国家经济治理研究的创新。

二、中国国家经济治理思想研究的实践意义

对于很多转型国家而言，新自由主义指导下的"华盛顿共识"曾经在一段时期内成为经济转型和发展政策的思想依据，在苏联、中东欧和非洲等国家迅速掀起一阵改革浪潮。新自由主义认为，自由化、私有化和宏观经济稳定的政策组合是转型国家通向繁荣的路径，他们在国家经济治理思想方面主张政府减少干预、自由放任的理念。然而，这些国家的改革政策并没有取得理想效果，经济转型成功的范例凤毛麟角，大部分以惨痛的失败告终。与之形成鲜明对比的是，中国采取渐进式的转型方式，在正确处理改革、发展、稳定三者之间关系的基础上推进市场化，实现了经济的平稳转型和高速增长。这种分化结果表明，指导转型国家制度改革和经济体制转型应当建立在符合特定国情的理论基础之上，这就需要综合考虑各个转型国家的历史文化传统和现实约束条件。由于历史文化和制度环境的

差异，西方经济理论特别是新自由主义思想对很多发展中国家和转型经济体的理论和政策指导并未达到预期效果。中国具有悠久的历史和灿烂的文明，从我国历史制度演进出发，系统研究我国国家经济治理思想的演进轨迹，审视和解读其对社会经济发展的影响，可以为中国特色社会主义建设的顶层制度设计提供理论指引和方向。

时至今日，苏联和大多数中东欧国家已经初步建立市场经济体制，中国也建立了中国特色社会主义市场经济体制。但是，这些转型国家仍然存在进行更加深入的制度改革的诉求，特别是需要不断完善国家治理体系和增强国家治理能力。2019 年，欧洲复兴开发银行（EBRD）在题为"更好的治理、更好的经济"的年度转轨报告中，也分析了中东欧国家的治理表现及其与经济转型、经济绩效之间的关系。①

改革开放以来，中国从传统计划经济向市场经济体制转型，逐渐建立起中国特色社会主义市场经济制度。随着全球经济形势更加严峻和经济格局的调整，我国市场化改革已经进入深水区和新常态，深化政府行政体制改革、推进国家经济治理体系现代化，已经成为影响经济体制改革和经济高质量发展的关键性因素，是全面深化改革的"牛鼻子"。很多重要方面的改革，如国企改革、金融体制改革和民企融资、社会保障改革和就业问题、财税体制改革和地方债务问题相互交织，千头万绪，必须要有一条主线才容易实施。按照改革整体思维和系统思维，只有建立国家经济治理体系、提高经济治理能力，才能有效解决改革过程中出现的一系列问题。因此，党的十八届三中全会提出了全面深化改革的总目标是完善和发展中国特色社会主义

---

① EBRD. Transition Report 2019-2020: Better Governance, Better Economies. EBRD，2019.

制度，推进国家治理体系和治理能力现代化。这意味着中国在未来的经济政策制定过程中必须将国家经济治理能力建设置于重要地位，全面深化改革，完善社会主义市场经济体制。系统研究中国国家经济治理思想的历史演进，无疑为分析评价当代中国国家经济治理思想提供了一个重要的判断视角和参照体系，对完善社会主义市场经济体制具有重要指导意义和政策参考价值，有利于把中国特色社会主义的制度优势转化为治理效能，为实现经济的高质量发展提供有效支撑。

　　经过改革开放 40 多年的发展，中国从贫穷落后的国家发展成为世界第二大经济体，人均 GDP（国内生产总值）已经突破一万美元，逐渐走向世界舞台中心。面对新时代世界多极化、经济全球化、文化多样化的世界潮流，中国需要深化对外开放，积极参与经济全球化和全球治理体系变革，为世界和平发展做出贡献。西方经济治理思想和范式对我国经济改革发展具有一定启示价值，但很显然，我们既不可能完全移植西方经济学理论来构建中国特色社会主义政治经济学，也不能简单套用西方经济思想来指导中国改革开放和经济发展。恩格斯曾说："一个民族要想站在科学的最高峰，就一刻也不能没有理论思维。"①中国一定要有适合本国国情的根本经济思想和理论，没有根本经济思想理论的国家不可能真正屹立于世界强国之林。在中国融入世界经济的过程中，我们需要挖掘我国优秀文化，站在人类社会发展的制高点回望中国历史轨迹，俯瞰中国经济发展的经验和教训。回望历史的深邃眼光和广阔视野，可以赋予中国国家经济治理思想以历史穿透力和实践洞察力。研究中国历史上国家经济治理思想对当代中国国家经济治理的借鉴意

---

① 马克思恩格斯选集（第三卷）[M]. 北京：人民出版社，2012：875.

义，并使之与国家经济治理现代化有机结合，不仅可以为中国经济转型的顶层制度设计和配套措施提供政策启示，也可以为经济学理论创新和世界经济发展贡献中国方案和中国智慧。

第三节　本书的研究目标、思路、方法和内容结构安排

坚持、完善和发展中国特色社会主义制度，推进国家治理体系和治理能力现代化，对于防范和化解重大风险，推进新时代的改革开放，实现"两个一百年"奋斗目标具有重要意义。国家治理体系是国家有关党的领导和经济、政治、文化、社会、生态文明、军事、外交等各个方面的体制、机制和法律法规安排，是一整套紧密相连、相互协调的国家制度体系。国家经济治理现代化是国家治理现代化的重要组成部分，对国家治理体系的其他方面具有重要影响和传导作用。作为古老的文明大国，中国的国家经济治理思想源远流长。本书将系统总结中国国家经济治理思想的历史演进和当代发展，为理解中国国家经济治理现代化的内在逻辑和发展趋势提供有益借鉴和启示。

一、研究目标、思路和方法

无论是从传承几千年的辉煌历史来看，还是从当代进行的中国特色社会主义的伟大实践来看，中华民族都是一个伟大的民族。习近平总书记指出，"中国形成了统一的多民族、拥有13亿多人口而又精神上文化上高度团结统一的国家，这在世界上是独一无二的。中国连绵几千年发展至今的历史从未中断，形成了独具特色、博大精深的价值观念和文明体系，这在世界上

是独一无二的。中国形成了适合我国实际、符合时代特点的中国特色社会主义并取得了巨大成功,这在世界上是独一无二的。中国形成了全心全意为人民服务、拥有 8900 多万名党员、紧密组织起来的中国共产党并在中国长期执政,这在世界上是独一无二的。"①本书的研究任务,就是挖掘中国国家经济治理思想的历史根源,分析当代中国加快推进国家经济治理现代化的方式和路径,从纵向的历史演进和横向的当代解构两个维度来总结提炼中国国家经济治理思想的内涵和外延。

具体而言,本书的研究目标主要包括以下四个方面:

第一,系统探究中国国家经济治理思想的历史演进逻辑。用历史和逻辑相统一的方法,从中国传统文化视角,提炼和分析中国历史上重要的经济治理思想及其文化渊源,系统总结中国经济治理思想历史演进和实践探索的发展脉络,揭示中国经济治理思想演进逻辑和内在规律。结合转型经济理论和中国社会经济发展实践,探究中国特色社会主义经济治理体系的文化根源和历史启示。

第二,从政府治理、市场治理等方面入手,构建当代中国经济治理理论框架及其思想基础,分析中国各历史时期经济治理思想对中国经济治理体系的启示,探究现阶段历史背景和经济发展状况下中国国家经济治理思想的变化趋势。然后,从全球治理、云治理和绿色治理等方面进一步扩展研究分析框架,分析中国经济治理思想体系发展及其对中国社会主义现代化建设的启示意义。

第三,探讨中国经济治理思想对社会经济发展的影响。首先根据历史文献和理论逻辑,分析中国各历史时期经济治理思

① 习近平. 推进党的建设新的伟大工程要一以贯之[J]. 求是,2019（19）.

想对封建社会长期繁荣和经济发展的贡献，总结历史上重要经济治理思想的实践经验与教训。然后根据全球化经济发展新形势和中国国情变化，研究以往经济思想对当代中国经济全球治理、云治理和绿色治理的借鉴意义，以及对中国经济高质量发展的影响和政策启示。

第四，根据文献归纳和理论推演结论，探究中国历史经济治理思想对社会经济发展的影响，为研究新时代中国国家经济治理思想提供一个历史视野，为推动中国经济高质量发展提出科学政策体系和实践决策思路。

推进国家经济治理体系现代化，是坚持、完善和发展中国特色社会主义制度的突出任务和要求。毋庸置疑，我们不能完全移植西方经济理论来构建中国特色社会主义政治经济学。同样，我们也不能简单套用或完全借鉴西方经济治理思想来分析和研究中国的国家经济治理现代化问题。因此，在研究思路上，本书试图体现以下几个特点：第一，以中国历史维度为切入点，沿着中国国家经济治理思想历史演进路径，系统研究中国国家经济治理思想的理论逻辑和内在规律，并分析其对当代中国经济治理体系的理论启示和经验借鉴。第二，采用逻辑和历史相统一的研究方法，在经济学范式基础上，借鉴政治学、社会学等其他相关学科和国家治理理论的研究成果，并结合中国传统文化和历史实践总结出中国国家经济治理思想演进逻辑和内在规律，在此基础上探讨构建中国特色社会主义经济治理体系的重要性和必要性。第三，不仅在政府治理、市场治理的分析框架下研究中国历史经济治理思想对当代中国经济治理体系的启示和借鉴，而且从中国的现实背景出发，分析全球经济治理、云治理和绿色治理等方面内容，进一步拓展国家经济治理思想的分析框架，从多角度系统阐述中国特色社会主义国家经济治理思想体系。第四，紧跟经济全球化和世界发展潮流，把握转型经济学和国家治理理论的时代脉搏和最新进展，在分析信息技术革命、经济全球化、绿色发展理念对转型国家影响的基础上，特别探究当代中国开放治理、绿色治理和数据治理等方面的国家经济治理思想变化。

在研究方法上，本书力求在结合中国优秀传统思想和现代经济学合理成分的基础上，科学借鉴转型经济学、新制度经济学、经济增长理论和中国特色社会主义政治经济学等相关理论和研究成果，对中国国家经济治理思想的历史演进、理论逻辑和实践总结进行多维度、多层次的系统研究，从而总结提炼有利于推进当代中国国家经济治理现代化的政策启示。具体而言，本书主要采用的研究方法包括：①文献研究法。阅读与本研究相关的国内外文献，包括期刊论文、著作和研究报告，并借鉴其重要的经济思想和理论来分析本研究的研究内容。重点在梳理总结中国传统文化和各历史时期经济治理思想的基础上，研究中国国家经济治理思想的演进逻辑、内在规律及其对社会经济发展影响的实践意义。②演绎与归纳相结合。为了系统研究本课题，首先在历史背景和理论的基础上，系统地演绎分析中国历史上重要经济治理思想的思想源泉、主要观点及对经济发展的影响；然后，归纳总结各个历史时期各种经济治理思想的演进逻辑和内在关系，以及对当代中国经济治理的借鉴启示，尽量做到演绎分析和总结归纳相结合。③理论分析和实践总结相结合。作者在阅读和梳理国内外文献资料的基础上，借鉴相关的理论思想和分析方法，研究中国经济治理思想的历史演进、内在规律和理论逻辑。此外，结合中国历史上的经验教训，探讨当代中国国家经济治理体系的内在逻辑关系和实践经验，进一步考察中国历史上国家经济治理思想对社会变迁和经济发展的影响，及其对当代中国国家经济治理的借鉴意义。

二、分析框架和内容结构安排

本书的内容由导论、上篇（中国国家经济治理思想的历史演进）、下篇（中国国家经济治理思想的当代发展）、结束语四部分构成。具体分析框架如图 1.1 所示。

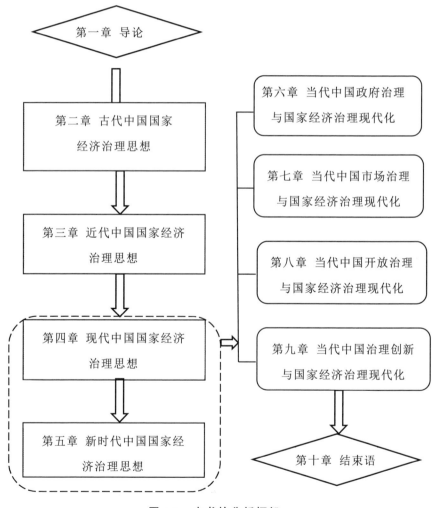

图 1.1　本书的分析框架

在第一章"导论"中，我们首先在总结回顾学术界有关
"治理与发展"方面的研究成果基础上对"国家治理"和"国
家经济治理"的概念加以界定。我们把国家实现其意愿、规划
和目标的能力称为国家能力，把支撑和维系国家能力的制度安
排称为国家治理体系，把建设国家治理体系的过程称为国家治
理。因而，国家治理的实质，就是通过一系列的制度设计来支
撑和维系政府实现其意愿、规划和目标的能力。而国家经济治
理，就是与经济活动相关的国家治理。我们还构建了一个理解
国家治理与经济发展之间互动关系的分析框架，从国家治理的
经济影响和经济活动对国家治理的影响两个方面来考察国家的
经济治理活动。治理思想的发展是治理体系构建、发展和完善
的前提条件，也是国家治理体系的重要基础。我们把国家经济
治理思想理解为与国家经济治理有关的制度安排理念和思想意
识，并分析研究中国国家经济治理思想的理论意义和实践意义。
这一章还介绍了本书的研究目标、思路、方法和结构安排，以
及主要创新和结论启示。

上篇"历史演进"主要包括第二章、第三章、第四章和第
五章，纵向考察中国国家经济治理思想的历史演进轨迹。在每
一章具体论述过程中，我们均采取"背景—思想—启示"递进
式论述方式，分别展现古代中国、近代中国、现代中国和新时
代中国国家经济治理思想的演进特征。

在第二章"古代中国国家经济治理思想"中，我们认为古
代中国的国家经济治理思想滥觞于先秦时期。在当时，铁器与
牛耕奠定了农业经济的生产力基础，社会变革催生了国家治理
思想的多元化发展，而百家争鸣形成了丰富的国家经济治理思
想。继之而来的历朝历代在国家治理的政治实践和制度变革过
程中，逐渐形成了农本经济思想、民本经济思想和国家经济干

预思想。这些思想对当代中国国家经济治理都具有启示意义，主要表现在以下方面：第一，借鉴古代农本思想，发展当代"三农"治理思想；第二，结合中国古代民本思想，坚持当代以人民为中心的治理思想；第三，通过政府干预调控经济活动，更好地发挥政府的积极作用。

在第三章"近代中国国家经济治理思想"中，我们从洋务运动的开展与民族资本的兴起、列强瓜分中国的狂潮与戊戌变法、辛亥革命的爆发及民族资本工业的发展三个方面分析了1840年以来近代中国国家经济治理思想的形成背景。在此基础上，我们分析了以张之洞为代表的洋务派的国家经济治理思想、以康有为为代表的维新派的国家经济治理思想，以及孙中山的国家经济治理思想。我们发现，近代中国的国家经济治理思想都是以如何实现工业化为核心的，主要包括对工业在近代经济体系中的地位、实现工业化所需的环境、推动工业化的主体力量，以及社会各阶层如何分配经济发展的成果等问题的思考。虽然这些思想是基于其所处的时代提出的，但对于当代中国的国家经济治理现代化仍然具有一定的启示意义，主要包括：发展实体经济，防止我国经济"脱实向虚"；注重"节制资本"，引导民营经济在国家发展中发挥积极作用。

在第四章"现代中国国家经济治理思想"中，我们从中华人民共和国成立时面临的国内外形势和改革开放后的思想解放运动两个方面，分析1949年中华人民共和国成立以后社会主义建设时期和改革开放新时期中国国家经济治理思想的形成背景。并从1949年前后毛泽东的国家经济治理思想、新中国发展战略的规划及其演变、经济体制改革及其治理、价格改革及其治理、农业改革及其治理五个方面阐述了现代中国国家经济治理思想的主要内容。总的来看，中华人民共和国成立以来，中国不断探索符合我国国情的国家经济治理思想，并不断深化发展，形成了丰富的具有鲜明时代特征的国家经济治理思想。我们认为，从现代中国的国家经济治理思想的发展演变中可以得到如下启示：必须坚持解放思想、实事求是的基本原则，必须坚持走中国特色社会主义经济发展道路的原则，必须坚持推进国家治理体系和治理能力现代化的原则，建立一套在中国特色社会主义理论体系指导下的现代化的国家经济治理体系，提高治理效率，同时这套体系必须深深扎根于我国社会主义建设的实践之中，符合我国的经济发展现实，成为我国国家治理体系和国家治理能力现代化的一个重要组成部分。

在第五章"新时代中国国家经济治理思想"中，我们以党的十九届四中全会通过的《中共中央关于坚持和完善中国特色社会主义制度、推进国家治理体系和治理能力现代化若干重大问题的决定》（简称《决定》）为重点，深入分析了新时代中国国家经济治理思想的形成背景、新内涵和主要启示。我们认为，中国特色社会主义进入新时代以来，不仅发展理念和发展方式有重大转变，发展环境和发展条件也有重大变化，这些都对国家经济治理的目标、范围、方式和手段提出了新的要求，从而成为新时代中国国家经济治理思想形成的背景。《决定》赋予新时代国家经济治理三个方面的新内涵，即突出强调党的领导、系统概括社会主义基本经济制度和全面体现以人民为中心的思想和立场。《决定》对新时代中国国家经济治理现代化的主要启示是：第一，中国国家经济治理现代化的内在逻辑，就是在"政府-市场-社会"三元分析范式中引入一个更为重要的主体——中国共产党，从而在"党-政府-市场-社会"四元互动中构建起支撑发展的国家制度和国家治理体系，把中国特色社会主义的制度优势转化为国家治理效能。第二，中国国家经济治理现代化的实现路径，就是坚持和完善党的领导制度体系，提升政府治理能力，明确政府和市场的边界，协调政府和社会的关系。

下篇"当代发展"主要包括第六章、第七章、第八章和第九章，横向解构了当代中国（包括现代中国和新时代中国）国家经济治理思想的"现实"特征。沿着政府和市场两个维度逐渐展现当代中国国家经济治理思想的内涵和外延，进一步考察开放条件下的中国国家经济治理，以及中国治理创新在理念、范围和方式上的具体表现。

在第六章"当代中国政府治理与国家经济治理现代化"中，我们认为，在计划经济体制下国家的一切经济活动均处于政府掌控之中，政府从职能上看几乎是"全能"的。而改革开放以后，中国政府治理思想的演进经历了从"全能政府"向"有限政府"的转变过程。与之相对应，一方面，政府职能随着对政府与市场之间关系的重新认识而重新划定和调整，政府的作用不再是配置资源，而是越来越集中于保持宏观经济稳定、加强和优化公共服务、保障公平竞争、加强市场监管、维护市场秩序、推动可持续发展、促进共同富裕、弥补市场失灵等方面。另一方面，中央与地方之间的关系也发生了变化，以财政分权、行政分权为核心的一系列制度安排在一定程度上体现了中央集权与地方分权有机结合的治理结构，比较有效地利用集权和分权两种决策机制和治理手段的同时，既维护了中央的权威，又调动了地方的积极性。总的来看，中国经济转型时期的政府职能表现既不同于计划经济，也不同于完全的市场经济，而是呈现出鲜明的过渡性特征。而政府的经济职能必须与经济发展阶段相适应。所以，完善中国经济转型期的政府治理的基本要求或条件也是"混合的"，既具有一般性，也具有鲜明的特殊性。其中一般性主要是指促进并保护有效竞争，限制垄断等市场势力的发展，维护市场公平；充分界定并维护产权；积极提供公共物品，合理开发共有资源；调控宏观经济，调节市场的周期性波动；注重整体性和系统性。特殊性主要是指不断进行制度创新；建立健全社会保障体系；调节经济体制的转换秩序；着力培育市场，部分地替代市场；既要学习其他国家先进经验，又要结合本国经济实践，不断调整优化治理方式和提升治理能力。

在第七章"当代中国市场治理与国家经济治理现代化"中，我们认为，当代中国市场治理思想的确立，是和改革开放相伴随的一个思想解放过程，表现为思想领域的进步、融合和创新。在中国从计划经济向市场经济转型的过程中，从根本上改变计划配置资源的方式，促进市场发育、规范市场秩序是市场治理的目标和任务。对于市场客体的治理，从党的十四届三中全会提出培育和发展市场体系，到党的十八届三中全会进一步提出建设统一开放、竞争有序的市场体系，这是使市场在资源配置中起决定性作用的基础，我国对市场体系的培育和发展经历了四个阶段。对当代中国市场客体治理的客观要求是坚持公有制为主体、多种所有制经济共同发展，不断推动混合经济结构的优化。对于市场主体的治理，我们分别分析了国有经济的治理、非国有经济的治理、混合所有制经济的治理。我们认为，当代中国市场主体治理的基本要求是，推动国有经济做强做优做大，继续鼓励支持非国有经济发展。

在第八章"当代中国开放治理与国家经济治理现代化"中，我们考察了开放治理思想的三大思想传统，分别是重商主义的开放经济治理思想、古典自由主义的开放经济治理思想、马克思主义的开放经济治理思想。并在此基础上探讨了当代开放经济治理思想中霸权稳定论、相互依存论和依附论对三大思想传统的沿袭和发展。总的来看，随着以美国为首的西方资本主义国家逐渐衰落和中国等新兴经济体的崛起，世界经济格局正在重构。全球经济治理体系一直在西方治理思想影响下形成和发展，已不能完全适应世界经济格局的新变化，因此治理效果日渐式微。面对外部环境发生的重大变化，中国的开放经济治理思想也逐渐从"被动治理"转变为"主动治理"，与时俱进地提出了人类命运共同体的思想，为开放经济治理思想的发展做出了重大贡献。人类命运共同体思想是在反思西方开放经济治理思想的基础上，吸收中华民族传统文化，立足于中国国家治理需求而形成的。我们依次探讨了人类命运共同体的思想渊源、核心理念、构建途径和时代价值。共建"一带一路"践行了我国人类命运共同体的开放经济治理新思想，是我国主动应对全球经济增长格局变化、扩大和深化对外开放程度的重大战略决策，是我国对国际合作和全球治理新模式的积极探索。我们也分析了共建"一带一路"的建设基础、主要风险、思想价值和发展前景。

在第九章"当代中国治理创新与国家经济治理现代化"中，国家治理及其现代化的内在逻辑是对生产关系的治理要适应生产力发展的要求，对上层建筑的治理要适应经济基础的要求。这意味着国家经济治理现代化是一个动态的调整过程，随着中国特色社会主义进入新时代，必须通过不断的治理创新来适应在发展理念、发展方式、发展环境和发展条件等方面出现的重大变化。首先，我们论述了共享发展思想对国家经济治理理念创新的重要意义。党的十八届五中全会提出的共享发展理念，就是逐步实现共同富裕的思想，体现了坚持和发展中国特色社会主义的本质要求。如何在我国未来发展过程中促进社会发展成果由全体人民共享，最终实现社会的共同富裕和人的全面发展，是我国国家经济治理过程中需要解决的关键问题之一。我们依次分析了共享发展理念的形成及其内涵，共享理念指导下的国家经济治理思想，以及学术界关于共享发展理念时代价值的讨论。其次，我们论述了绿色治理思想对国家经济治理范围创新的重要意义。早在一百多年前，经济发展所带来的环境问题就已经引起马克思和恩格斯的关注，总结马克思主义经典作品的绿色治理思想，主要包括：有关自然环境是生产要素的论述，有关工业化与生态环境问题的论述，有关人与自然关系问题的论述，有关环境外部性问题的论述，有关技术进步与可持续发展的论述，有关生产关系将影响和改变人与自然的关系的论述等。中国特色社会主义生态文明思想是中国特色社会主义绿色治理思想的最新发展，主要包括：像对待生命一样对待生态环境，保护生态环境就是保护生产力，以系统工程思路抓生态建设，实行最严格的生态环境保护制度。最后，我们论述了数据治理思想对国家经济治理方式创新的重要意义。随着物联网、互联网及云计算的产生与发展，数据治理思想应运而生。党的十九届四中全会明确指出，数据是一种重要的生产要素，要"建立健全运用互联网、大数据、人工智能等技术手段进行行政管理的制度规则。推进数字政府建设，加强数据有序共享，依法保护个人信息"。我们首先从数据治理的基础定义和研究意义、整体框架研究、政策和标准研究，以及数据质量和数据安全研究几个方面分析了中国"数据治理"思想的形成和发展。接下来，我们研究了数据治理思想的决策方式和思维模式，指出就政府治理和公共事务治理而言，数据治理意味着已有的管理决策模式将转变为"数据驱动"新模式，这涉及领导意识、组织文化和工作流程上的彻底转变。而要完成决策模式的转换，需要具有量化思维、平台思维、互联网思维等新的思维模式。

第十章"结束语"，主要归纳和总结了中国国家经济治理思想演进的八大定理及趋势性问题，并指出了中国国家经济治理思想的时代特征。

第四节　本书的研究结论与主要启示

实现天下大治、国泰民安是中国人自古以来的美好愿望。国家经济治理既是支撑"中国之治"的重要内容，也是维系"中国之治"的条件和基础。系统梳理归纳中国国家经济治理思想的历史演进和当代发展，有利于总结提炼出中国国家经济治理思想的优秀价值内核，进而把握当代中国国家经济治理思想的时代特征，明确新时代推进中国国家经济治理现代化的内在逻辑。概括而言，本书对中国国家经济治理思想发展演变的研究，可以得到如下几点结论和启示。

一、民为国本：贯穿中国国家经济治理思想发展演变的传统文化内核

民本思想在我国源远流长，充分体现了中华民族在国家治理实践中的智慧卓识。早在商周时期，就有"古我前后，罔不惟民之承保"①的言论，用以总结夏朝灭亡的教训；《尚书·五子之歌》体现了"民惟邦本，本固邦宁"②的思想。春秋战国时期，民本思想得到进一步丰富和发展，孔子主张的"仁者爱人"，

---

① 冀昀. 尚书[M]. 北京：线装书局，2007.
②《古文尚书·夏书·五子之歌》。

孟子的"民为贵，社稷次之，君为轻"，荀子的"重民"学说等都为民本思想的发展奠定了基础。在中国几千年的历史中，历朝历代兴亡更替的经验教训都表明，民众是国家的根基，民众的存亡即国家的存亡。《淮南子》中就直接指出"民者，国之本也"①。陈寿也认为"夫民者，国之根也"②。

在古代中国，民本思想的根本特征是重视民意、体恤民生、赢得民心，所强调的是君民相互依存关系中对君的约束，提醒统治者要重视"民"的社会地位与作用。此外，民本思想自产生之初，就一直围绕着重民、养民、富民、教民等核心内容展开，强调要对民众的生活状态给予一定的关切，从民所欲、去民所恶，并以之为治国兴邦之道，对百姓利之富之且教之，恤民与惠民，由"养民"达到"保民"，从而平治天下。以此为出发点，君主应该爱民、重民、亲民、恤民、养民、教民。"民"应该受到尊重，"民"应该成为制定政策的出发点。不仅要从情感上，而且要从政策上真正地关切人民，既要用德义教化人民，还要厚其民生，为人民提供一定的物质生活保障。总之，统治者治理国家要把民众摆在重要的地位，勤政爱民，取信于民，仁爱百姓，关心民生，即重民要"爱"，治民要"宽"，"宽则得众"③，养民要"惠"，"因民之所利而利之"④。富民而后教民，才能增强民众的向心力。

到了近代中国，西方列强的侵略使中国逐渐沦为半殖民地半封建社会。洋务运动、戊戌变法及辛亥革命都没能为中国找到救亡图存的出路，究其原因，是没有认识到人民才是历史的

---

① 《淮南子·主术训》。
② 《三国志·吴书·潘浚陆凯传》。
③ 《论语·阳货》。
④ 《论语·尧曰》。

创造者，是革命的基本力量。完成反帝反封建的历史任务，不仅要尊重民意、体恤民情，更要团结人民、发动人民。与资产阶级领导的、以建立资本主义政权为目的的旧民主主义革命相比较，新民主主义革命之所以能够在中国取得胜利，原因之一在于它是由中国共产党领导的，以工农联盟为基础，团结了包括民族资产阶级在内的一切可以团结的力量。

　　中国共产党在革命时期就把马克思列宁主义关于人民群众是历史的创造者的原理系统地运用在党的全部活动中，形成党在一切工作中的群众路线，即一切为了群众，一切依靠群众，从群众中来，到群众中去。全心全意为人民服务，成为我们党一切行动的根本出发点和落脚点，是我们党区别于其他一切政党的根本标志。对中国共产党而言，民为国本就是坚持人民主体地位，坚持立党为公、执政为民，践行全心全意为人民服务的根本宗旨，把党的群众路线贯彻到治国理政全部活动之中，依靠人民创造历史伟业。邓小平也曾指出，"中国的事情要按中国的情况来办，要依靠中国人民自己的力量来办。"① 江泽民在党的十六大报告中也指出，我们党要代表最广大人民的根本利益，正确反映和兼顾不同方面群众的利益，使全体人民朝着共同富裕的方向稳步前进。发展必须相信和依靠人民，人民是推动历史前进的动力。要集中全国人民的智慧和力量，聚精会神搞建设，一心一意谋发展。习近平在党的十八届五中全会上指出，人民是推动发展的根本力量，实现好、维护好、发展好最广大人民根本利益是发展的根本目的。必须坚持以人民为中心的发展思想，把增进人民福祉、促进人的全面发展作为发展的出发点和落脚点。

---

① 邓小平文选（第三卷）[M]. 北京：人民出版社，1993：3.

坚持以人民为中心，就是要做到发展为了人民、发展依靠人民、发展成果由人民共享。改革开放前，由于我们党对全面建设社会主义的思想准备不足，对社会主义建设的规律认识还不够深刻，因而虽然所制定的发展战略都是以解放和发展生产力为目标，但还没有把发展为了人民和发展依靠人民两者协调起来，在实践中存在着重生产轻消费的情况，国民经济表现出较大程度的比例失衡。改革开放以后，邓小平抓住"什么是社会主义、怎样建设社会主义"这个根本问题，深刻地揭示了社会主义的本质，把对社会主义的认识提高到新的科学水平。相应的，"三步走"战略的提出、完善和深化，都明确地把提高人民生活水平、建设小康社会列入发展战略的目标和规划。进一步地，习近平总书记提出了共享的发展理念，指出"让广大人民群众共享改革发展成果，是社会主义的本质要求，是社会主义制度优越性的集中体现，是我们党坚持全心全意为人民服务根本宗旨的重要体现。这方面问题解决好了，全体人民推动发展的积极性、主动性、创造性就能充分调动起来，国家发展也才具有最深厚的伟力。"[①]

一切依靠人民，再加上从中国实际出发，必然得出独立自主的结论。毛泽东同志一贯强调，我们的方针要放在自己力量的基点上，自己找出适合我国情况的前进道路。在我们这样一个大国，尤其必须主要依靠自己的力量发展革命和建设事业。无论是过渡时期总路线的提出，还是1956年《论十大关系》的提出，都体现了毛泽东对适合中国国情的社会主义建设道路的探索。改革开放以后，邓小平提出建设有中国特色的社会主义，主张独立自主探索符合中国国情的发展道路。党的十八大以来，

---

① 习近平. 在党的十八届五中全会第二次全体会议上的讲话（节选）[J]. 求是，2016（1）.

习近平深刻回答了"新时代坚持和发展什么样的中国特色社会主义、怎样坚持和发展中国特色社会主义"这个重大时代课题，为夺取新时代中国特色社会主义伟大胜利指明了前进道路。习近平强调，坚持以人民为中心的发展理念，就是要尊重人民群众的首创精神，最大限度地激发人们的创造热情；就是要坚持由人民群众评价，把人民满意作为检验工作的第一标准。

二、立足中国实际：中国国家经济治理思想当代发展的鲜明时代特征

立足中国实际就是实事求是，就是要把马克思列宁主义普遍原理同中国具体实际相结合。毛泽东从来都反对离开中国社会和中国革命的实际去研究马克思主义，他强调不仅要研究客观事物的矛盾的普遍性，更重要的是要研究它的矛盾的特殊性，对于不同性质的矛盾，要用不同的方法去解决。邓小平也强调，"我们的现代化建设必须从中国的实际出发。无论是革命还是建设，都要注重学习和借鉴外国经验。但是照抄照搬别国经验、别国模式，从来不能得到成功。这方面我们有过不少教训。把马克思主义普遍原理同我国的具体实际结合起来，走自己的道路，建设有中国特色的社会主义，这就是我们总结长期历史经验得出的基本结论。"[①]习近平也指出，"实事求是，是马克思主义的根本观点，是中国共产党人认识世界、改造世界的根本要求，是我们党的基本思想方法、工作方法、领导方法。不论过去、现在和未来，我们都要坚持一切从实际出发，理论联系实际，在实践中检验真理和发展真理。"[②]

---

① 邓小平文选（第三卷）[M]. 北京：人民出版社，1993：2-3.
② 习近平. 在纪念毛泽东同志诞辰 120 周年座谈会上的讲话[M]. 北京：人民出版社，2013：15.

　　中华人民共和国成立之初，中国还处于新民主主义时期，社会主要矛盾是工人阶级和资产阶级之间、社会主义道路和资本主义道路之间的矛盾，因而过渡时期总路线的制定和执行，创造性地开辟了一条适合中国特点的社会主义改造道路。比如，对资本主义工商业的改造，创造了委托加工、计划订货、统购包销、委托经销代销、公私合营、全行业公私合营等一系列从低级到高级的国家资本主义的过渡形式，最后实现了马克思和列宁曾经设想的对资产阶级的和平赎买。又如，对个体农业的改造，创造了从临时互助组和常年互助组，发展到半社会主义性质的初级农业生产合作社，再发展到社会主义性质的高级农业生产合作社的过渡形式。虽然对农业合作化及对手工业和个体商业的改造存在着要求过急、工作过粗、改变过快、形式过于简单划一的问题，但总的来看，三大改造促进了工农业和整个国民经济的发展，确立了社会主义基本制度，是伟大的历史胜利。

　　三大改造完成后，中国社会主要矛盾已经不再是阶级矛盾，而是人民日益增长的物质文化需要同落后的社会生产之间的矛盾，这就要求党和国家的工作重心转移到经济建设上来，在新的生产关系下保护和发展生产力。1978 年，党的十一届三中全会重新确立了解放思想、实事求是的思想路线，正确地分析我国社会的主要矛盾，提出了现代化建设的"三步走"战略，开启了改革开放新时期发展战略的探索与实践。

　　"三步走"发展战略是建立在对中国社会所处的历史阶段和实际国情的正确分析判断基础上的。党的十一届三中全会以来，我们党通过对中国国情的正确分析，指出中国最大的实际就是现在处于并将长期处于社会主义初级阶段，这是制定和执行正确的路线和政策的根本依据。由于我国的社会主义脱胎于半殖民地半封建社会，生产力水平远远低于发达的资本主义国家，这就决定了必须在社会主义条件下经历一个相当长的初级阶段，去实现工业化和经济的社会化、市场化、现代化。社会主义初级阶段不是泛指任何国家进入社会主义都会经历的起始阶段，而是特指我国在生产力落后、商品经济不发达条件下建设社会主义必然要经历的不可逾越的历史阶段。十一届三中全会前，我国在建设社会主义中出现失误的根本原因之一，就在于提出的一些任务和政策超越了社会主义初级阶段。十一届三中全会以后，改革开放和现代化建设取得成功的根本原因之一，就是既克服了那些超越阶段的错误观念和政策，又抵制了抛开社会主义基本制度的错误主张。

改革开放 40 余年来，中国的国民经济发展和社会主义建设取得了巨大成就，中华民族迎来了从站起来、富起来到强起来的伟大飞跃，中国特色社会主义迎来了从创立、发展到完善的伟大飞跃，中国人民迎来了从温饱不足到小康富裕的伟大飞跃。党的十九大指出，中国特色社会主义进入新时期，社会主要矛盾已经转化为人民日益增长的美好生活需要和不平衡不充分的发展之间的矛盾。在新的历史方位上，我国经济已由高速增长阶段转向高质量发展阶段，正处在转变发展方式、优化经济结构、转换增长动力的攻关期，这就要求我国的增长速度要从高速增长转向中高速增长，发展方式要从规模速度型转向质量效率型，经济结构调整要从增量扩能为主转向调整存量、做优增量并举，发展动力要从主要依靠资源和低成本劳动力等要素投入转向创新驱动。习近平在十九大提出的新时代"两步走"战略，就是坚持实事求是，把马克思主义基本原理同新时代中国具体实际结合起来，让中国特色社会主义更加符合规律地向前发展。

三、重塑国家治理模式：新时代中国国家经济治理现代化的根本任务

在计划经济体制下，国家治理模式的主要特征是国家代替社会、计划排斥市场。因而改革开放以来，让市场在资源配置和经济发展过程中发挥越来越大的驱动作用，就成为中国国家治理模式变革的方向。但是应当看到的是，建立市场经济并不是国家经济治理模式变革的全部，如何实现政府职能的转变也是国家治理模式变革的一项重要内容。在这一点上，即使是一些支持激进式转型的学者也认为，转型要求政府承担一些新的功能，比如，提供支撑市场经济的法律和管制。在总体上，国家需要被弱化，但在少数领域里需要得到强化。一些机构需要萎缩，而另一些却需要发展。①这意味着，为了建构起能够支撑其经济长期发展的制度基础，应该从一个更高的层次上来统筹政府与市场的关系。

在现代主流经济学理论中，统筹政府与市场之间的关系实际上就是如何实现"看不见的手"（市场调节）与"看得见的手"（政府调节）相结合的问题，其核心是探讨如何进行国家干预，提高干预的质量，这也就是萨缪尔森提出的"市场与政府的转移边界问题"②。然而，我们应当看到的是，随着对市场运行机制的深入分析以及现代经济学的发展，尤其是从强调市场和价格理论转为强调合同行为以及合同行为的法律、社会和政治环境，表明市场是根植于社会之中的，它是不能够"脱嵌"于社会而孤立存在的。正像波兰尼（Polany，1953）对经济史的

---

① Shleifer Andrei. Government in Transition. European Economic Review, 1997, 41(3-5): 385-410.

② 保罗·萨缪尔森，威廉·诺德豪斯. 经济学[M]. 北京：机械工业出版社，1998：25.

研究所表明的，那种旨在建立一个完全自发调节的市场经济，从而试图使社会的运转从属于市场，让市场得到更大程度自治的自由放任运动是不会取得成功的。①因此，只有在考虑到社会之后，才能够对市场运作机制有更为准确、深刻的认识。

在分析框架中引入社会范畴之后，政府的职能和作用范围也变得更加复杂起来。一方面，随着市场经济的发展，社会阶层日益分化，面对力量强大的社会组织的实际或潜在的反对，要求政府能够独立于社会各利益集团来进行决策，以追求全社会成员的福利最大化；另一方面，为了实现"善治"，又必须使政府的决策受到社会的监督和制约。更为重要的是，一个运作良好的社会能够在很大程度上替代政府来提供市场运行所需要的各种公共产品，尤其是提供秩序。因此，国家治理模式的变革实际上涉及政府、市场和社会三者之间关系的重建过程。只有同时协调好政府、市场和社会三者之间的关系，使之在互惠共生的基础上实现耦合，才能够建立起支撑一国经济长期发展的制度结构。

党的十八届三中全会开启了全面深化改革、系统整体设计推进改革的新时代，开创了我国改革开放的新局面。习近平总书记强调指出，"相比过去，新时代改革开放具有许多新的内涵和特点，其中很重要的一点就是制度建设分量更重，改革更多面对的是深层次体制机制问题，对改革顶层设计的要求更高，对改革的系统性、整体性、协同性要求更强，相应地建章立制、构建体系的任务更重。"②这就更需要中国共产党作为最高政

①　波兰尼. 大转型：我们时代的政治与经济起源[M]. 杭州：浙江人民出版社，2007：15-16.

②　习近平. 关于《中共中央关于坚持和完善中国特色社会主义制度、推进国家治理体系和治理能力现代化若干重大问题的决定》的说明[N]. 人民日报，2019-11-06（4）.

治领导力量在推动国家治理模式变革过程中发挥总揽全局、协调各方的核心作用，更需要坚持和完善党的领导制度体系，着力提高党把方向、谋大局、定政策、促改革的能力和定力，把党的领导落实到国家治理各领域、各方面、各环节。

可见，在新时代，中国国家经济治理现代化的根本任务，就是在"政府-市场-社会"三元分析范式中引入一个更为重要的主体——中国共产党，从而在"党-政府-市场-社会"四元互动中更好地发挥党在整个国家治理体系中统领全局、协调各方的核心作用，有效整合经济、政治、社会力量，从而维护经济发展的稳定秩序，建立起组织动员各种要素参与现代化建设的高效领导体制，构建起支撑发展的国家制度和国家治理体系，把中国特色社会主义的制度优势转化为国家治理效能。

上篇：历史演进

第二章　古代中国国家经济治理思想

习近平总书记指出，"一个国家选择什么样的治理体系，是由这个国家的历史传承、文化传统、经济社会发展水平决定的，是由这个国家的人民决定的。"①因而，深入梳理古代中国国家经济治理思想的形成特点，摸清底数，对我们总结经验教训，反思问题，推进国家治理体系现代化建设具有启示意义。本章主要从古代中国国家经济治理思想的形成背景、思想演变和当代启示三个方面进行论述。

第一节　古代中国国家经济治理思想的
形成背景

恩格斯指出，"人们首先必须吃、喝、住、穿，然后才能从事政治、科学、艺术、宗教等等；所以，直接的物质的生活资料的生产，从而一个民族或一个时代的一定的经济发展阶段，便构成基础，人们的国家设施、法的观点、艺术以至宗教观念，就是从这个基础上发展起来的，因而，也必须由这个基础来解

---

① 习近平在省部级主要领导干部全面深化改革专题研讨班开班式强调：改进完善国家治理体系，我们有主张有定力[N]. 人民日报（海外版），2014-02-18（1）.

释。"①先秦时期，中国古代社会处于大变革时期，既有新兴地主阶级的兴起，也有各诸侯国不断争霸，民不聊生。为维护社会稳定，发展社会经济，壮大国家实力，各诸侯国招揽贤才，广泛听取各种关于国家治理的观点和主张。这在客观上促进了各种思想间的相互批判、吸收与融合，出现了"百花齐放、百家争鸣"的繁荣局面。诸子百家竞相著书立说，其中最著名的有道家、儒家和法家，他们的国家经济治理思想是时代发展的必然产物。

一、铁器与牛耕奠定了农业经济的生产力基础

恩格斯认为铁"是在历史上起过革命作用的各种原料中最后和最重要的一种原料"②。有了带有铁铧的用牲畜拉的犁以后，"大规模耕种土地，即田野农业，从而生活资料在当时条件下实际上无限制地增加，便都有可能了；从而也能够清除森林，使之变为耕地和牧场了，这一点，如果没有铁斧和铁锹，也不可能大规模进行"③。春秋战国时期，社会经济伴随着铁犁牛耕技术的推广而得到进一步发展，社会生产力与生产水平得到大幅度提高。

一方面，铁器的发明与使用促进了生产力的发展。我国古代冶铁技术出现得较早，大约在春秋初年就出现了最早的铁器，伴随着冶铁技术的提高，主要是铁的硬度提高及展性铸铁技术的发展，铁制农具及手工业用具在春秋后期出现。在战国时期，冶铁技术在热处理和渗碳制钢方面得到长足发展，不仅提高了

---

① 马克思恩格斯选集（第三卷）[M]. 北京：人民出版社，1995：776.
② 马克思恩格斯选集（第四卷）[M]. 北京：人民出版社，1995：163.
③ 马克思恩格斯选集（第四卷）[M]. 北京：人民出版社，1995：23.

铁制农具的使用效能，更进一步促进了铁器的使用与推广，在战国后期基本完成铁器的普及。铁器的使用促进了生产力的发展，对农业和手工业也具有划时代的意义。

另一方面，牛耕技术极大地提高了生产力。我国古代农业生产的牛耕技术与铁器的出现时间大致相似。据《论语·雍也》记载，"犁牛之子骍且角"。犁牛的出现标志着牛耕技术在春秋时已经存在。根据《国语·晋语》的记载，"宗庙之牺，为畎亩之勤"，牛的用途从祭祀宗庙发展到用于耕地，且根据史书记载，牛耕在春秋中后期已经得到广泛普及。春秋战国之前，农民的耕作用具基本以耒耜、石犁为主，伴随着铁器的出现及牛耕技术的推广，铁犁牛耕在战国时期得以出现并推广，铁犁牛耕极大地提高了农业产量，促进了生产力的发展。

二、社会变革催生了国家治理思想的多元发展

春秋战国时期，周王室衰败，对社会的统治与控制力量日渐衰落，随之而来的是社会规范缺失，周王室旧有的统治秩序被打破，社会制度崩溃，而与新兴的地主阶级相适应的新社会制度尚未建立，于是社会内部矛盾加剧，呈现出"王纲解纽，礼崩乐坏"的局面。

其一，随着周王朝的日渐式微，各诸侯国为夺得中原霸主的地位，征战不休，最终打破了周王朝一统天下的政治格局，"礼乐征伐自诸侯出"代替了"礼乐征伐自天子出"。伴随着社会动荡，代表新的生产方式的地主阶级开始登上政治舞台，并逐渐取代了奴隶主贵族，国家权力也从周王室手中落到各诸侯国手中，出现了"陪臣执国命"的局面。

其二，由于各诸侯国之间的兼并战争不断，各诸侯国迫切

需要指导其治国图霸的策略谋划，这促进了各家思想的交流与碰撞，催生了国家治理的多元思想。在这个过程中，一方面，各诸侯国为争霸而广开言路，多元化的政治结构催生了多元文化及其相应的政治经济文化政策，国家治理的多元思想在交流中不断发展丰富；另一方面，社会大变革促使士人阶层走向政治舞台，为百家争鸣提供了阶级基础，促进了国家治理思想的发展。

三、百家争鸣形成了丰富的国家经济治理思想

由于政治目的不同，各国君主容许多种不同学派、不同观点的存在，诸子百家经济思想的交流碰撞为中国古代国家治理思想提供了丰富的理论渊源。

一方面，各家经济思想在交流中相互影响并形成了各具特色的观点主张。在道家思想中，道法自然是其核心思想，也是其经济思想的核心内容。道家主要是根据自然哲学，提出"道"的思想，不仅包括自然界的自然规律，也包括人类社会规律。道家经济治理思想认为，经济活动应该顺应自然规律，对儒家的礼制与法家的刑政持反对意见，其观点为清静无为和"小国寡民"。儒家思想在吸收各家思想精华的基础上，提出了有利于国富民强的富国理念，孔子提出的"百姓足，君孰与不足"成为后世富国思想的基础。儒家思想在后期的发展中，以荀子的富国理论最具代表性，荀子在总结各家思想的基础上著有《富国》，其认为要富国需要重农并富民，重农的同时不抑制工商业的发展，并强调"上下俱富"。荀子的富国思想在汉代之后备受推崇。

另一方面，在各家思想的基础上延伸而出的赋税思想、平价

思想等，对中国古代的经济治理思想也产生了重要影响。在古代封建社会，国家最主要的收入是对土地征收赋税，为此，赋税思想一直是古代思想家探讨的重点问题。伴随着周王室消亡，公田制消失，国家对农业生产的主要征税方式变为按田亩征税，因而不同的思想家都主张应根据田地好坏征以不同税率，这成为古代赋税思想的主要来源。比如，管仲提出的"相地而衰征"，即按照土地好坏来征收赋税；儒家思想主张"薄税敛"，以减轻农民负担。后世赋税思想主要借鉴这两种观点，在"薄税敛"的同时"相地而衰征"。与民众生活息息相关的一种思想是平价思想。中国古代社会较早地认识到平价（即物价稳定）对社会经济的作用，在维护物价稳定方面形成了一系列思想，包括在政府机构设置上有司市、贾师，在物价稳定内容上主张针对农作物进行管控，在管理手段上主张政府直接进入市场干预商品流通。比如，战国李悝提出的"平籴法"，就是通过政府来调整粮食价格，使粮价控制在合理范围内。在控制粮价方面，汉代的桑弘羊也提出平准和均输政策；政府利用货币、粮食直接进入市场、维护市场稳定的代表著作为管子的《轻重论》，备受后世推崇。

第二节　古代中国国家经济治理思想的演变

中国的国家经济治理思想具有深厚的历史与实践基础，内容丰富，不仅包括先秦诸子百家的经济思想，也囊括了历朝历代在国家治理的政治实践和制度变革中形成的经济思想。在中国古代社会，既有商鞅变法、王安石变法等政治实践，也有《盐铁论》《皇朝经世文编》等经济思想著作，由此形成了道家经济思想、儒家经济思想及法家经济思想。而在道家经济思想、儒家经济思想及法家经济思想的影响下，又产生了许多国家经济治理思想。本节主要选取其中最具代表性的农本经济（治理）思想、民本经济（治理）思想和国家经济干预思想进行论述。

一、农本经济治理思想

恩格斯指出，"农业是整个古代世界的决定性的生产部门。"①在中国古代社会，发展农业经济是立国之本和国家的图强之术。从新石器时代仰韶文化的石斧石刀砍树烧荒式农业到春秋战国的铁犁牛耕式农业，小农经济一直占据中国古代社会的主导地位，这成为农本经济（治理）思想形成的重要经济基础。

（一）农本经济思想的本质诉求

古代社会自然经济占据主体地位，农业成为整个社会经济的根本。为维护农业生产、促进国家经济发展，古代社会形成了一系列的农本经济思想。农本经济思想不仅仅是单纯的农业经济发展思想，也是古代社会传统价值观的重要体现，在古代中国国家经济治理思想中占据主导地位。概括而言，农本经济思想主要涵盖人民物质生活、社会稳定和富国强兵三个方面的内容。

首先，农本经济思想强调重视农业生产，从而为人民的物质生活提供保障。《管子·轻重甲》中有言："一夫不耕，民或为之饥；一女不织，民或为之寒。"这充分强调了农业生产的

---

① 恩格斯. 家庭、私有制和国家的起源[M]. 北京：人民出版社，1954：144.

重要性。汉景帝的重农诏书也强调："农事伤则饥之本也，女红害则寒之原（源）也。"①古代农业社会的财富观主要涉及物质的自然属性，也即其使用价值，财富在古代社会的衡量标准就是粮食与布帛，为此男耕女织成为整个农业社会最重要的生产活动。徐光启在《农政全书》中论证"财富为何物"时指出，"古圣王所谓财者，食人之粟，衣人之帛。"②粮食与布帛是民众生活的必需品，是人民物质生活的保证。

其次，农本经济思想强调农业是国家政权兴亡及社会稳定的重要保证。《礼记·王制》中指出，"国无九年之蓄，曰不足；无六年之蓄，曰急；无三年之蓄，曰国非其国也。"其将农业生产提高到国家兴亡的高度。因为古代农业社会的财富多为粮食与布帛，主要着眼于物质的使用价值，所以粮食与布帛的多寡成为整个古代社会衡量国家综合国力的标准。孔子主张"足食"，认为这是为政的首要任务，此后"足食"成为历代统治者衡量经济政策是否成功的标准。此外，古代国家的赋税徭役绝大多数都靠农民承担，农业生产状况和农民的生活状态直接影响国家经济与安危，发展并保护农业生产是统治阶级的首要任务。为达到治国平天下的目的，我国古代思想家大都推崇农为本业的思想，如后魏的贾思勰在《齐民要术》中提出各个朝代的通病就是"年谷丰穰，而忽于蓄积"。

最后，农本经济思想还强调了重农对富国强兵的重要性。商鞅指出，"国不农，则与诸侯争权不能自持也。"③这说明了古代战争与农业的紧密关系。《管子》中记载，"耕器具则战器

---

①　胡德平.汉兴三诏（中）——令二千石修职诏[J].中国民商，2013（3）.

②　张景书.中国古代农业教育研究[M].咸阳：西北农林科技大学出版社，2006.

③　管仲.中华国学经典读本·管子[M].哈尔滨：北方文艺出版社，2013.

备，农事习则攻战巧"①。比起有性命之忧的古代军事战争，农民更愿意从事辛勤劳作的农业生产活动，统治者为维持战争中充足的物资与人力，除了强力征兵与重农政策外，还将农业生产的土地等作为奖励军功的措施，如商鞅的"耕战"政策规定，凡是作战有功者，按斩首数量授予爵秩，并根据战功占有相应的奴婢、田宅。唐朝也推崇以农业奖励军功，如唐高宗在平定天下后为奖励军功，赐予随其征战的将士"渭北白渠旁民弃腴田"。

（二）农本经济思想的形成发展

随着古代中国社会经济的发展，农本思想也不断丰富发展。我国的农业从新石器时代开始，一直延续至今，具有悠久历史。新石器时期，人们主要应用石斧、石刀等生产工具，经营方式属于砍树烧荒的粗放经营。龙山文化时期，人们使用磨制石器，农业产量增加，开始出现剩余产品。随着农业发展，人口增加，国家开始产生，农业的重要性也进一步显现出来。

夏、商、周三代，农业生产的发展带来了青铜文化，在国家治理中催生了宗法关系、礼乐制度，古代文明得到高度发展，国家统治者更加重视农业生产。据《尚书·无逸》记载，商武王"旧劳于外，爰暨小人"，结合之前对民情的了解，商武王重视农业生产，壮大了商王朝的国家实力。周族更加重视农业生产，《尚书》记载了"文王卑服，即康功田功"。②周文王鼓励农业生产，促进了整个周族的农业发展，并要求所有奴隶主重视农业生产，维护社会稳定。周人在总结商朝灭亡原因时，指出当时的统治者"不知稼穑之艰难，不闻小人之劳，惟耽乐

① 管仲. 中华国学经典读本·管子[M]. 哈尔滨：北方文艺出版社，2013.
② 李振兴. 中国历代经典宝库·尚书[M]. 北京：中国友谊出版公司，2013.

之从"。①夏商周三代，农业生产不断发展，统治者认为农业是国家重中之重，能够扩大国家财富，增加人口，巩固国家统治。

农本经济思想在春秋战国时期形成并发展。春秋战国时期，在社会制度方面，奴隶制社会瓦解，封建国家逐步建立；在生产工具方面，开始使用铁制工农具，极大地促进了农业生产力的发展。在诸侯国的争霸战争中，为了增加本国人口，增加赋税收入，增强国家实力，各国高度重视农业生产。例如，魏国的李悝变法，他改造井田，加强水利建设尤其是灌溉系统，极大地促进了农业发展，促进了魏国的强大。商鞅变法也继承了李悝变法的重农思想，男耕女织被视为一个家庭的本业。商鞅认为，要使国家强大，必须发展本业，只有发展本业，才能增加国家的粮食与布帛，社会物质财富与国力才会相应提高。否则，在与诸侯征战时将毫无立足之地。在商鞅变法的影响下，秦国农业得到进一步发展，综合国力得以增强，为秦国一统天下奠定了基础。强调农业为本，组织民众尽可能地从事农业生产，安身立命，成为重农思想的核心内容。在以小农生产方式为主的中国古代社会，思想家与统治者都高度重视农本思想，将其作为治理国家的基本思想。

纵观先秦时期由重视农业到农本思想的形成和发展，不论各个朝代思想家们如何表述，统治者如何采取措施，其本质都是一脉相承的。我国古代农本经济思想主要揭示了一个客观经济规律，即农业是国民经济的基础。农业既解决了人民的衣食之忧，也是国家财政收入的主要来源，农业还能奖励军功，稳定社会，保障国家安全。

---

① 李振兴. 中国历代经典宝库·尚书[M]. 北京：中国友谊出版公司，2013.

（三）基于农本思想的国家经济治理

无论哪一种思想，都具有其特殊的历史背景，因此关于农本思想，我们必须结合当时的历史条件来评述其对中国古代社会经济的影响。农业关乎人类的生存与发展，更是社会生产的基础，为此，重农思想一直备受推崇。以家庭为单位的小农经济是我国古代社会的主体，重农思想贯穿其中。重农思想不仅是我国古代经济思想史的构成部分，也是国家治理思想的重要组成部分。在我国封建社会的国家治理中，重农经济思想起到了巨大作用。

生产力决定生产关系，生产关系反作用于生产力，经济基础决定上层建筑，上层建筑对经济基础又有反作用。中国古代封建统治阶级一直推崇农本经济思想，在封建社会的上升阶段，农本经济思想促进了经济的发展，增强了国家实力。从春秋末年"井田制"瓦解后，小农经济登上历史舞台并迅速发展，从此"一家五口，耕田不过百亩"的自耕农、"或耕豪民之田，见税什五"的佃客户，以家庭为单位，从事男耕女织的农业生产。小农经济虽然分散脆弱，但再生能力极强，更有利于为封建政府服务。在国家治理的历史上，每一个新兴的封建王朝改朝换代度过劫难之后，"都无一例外地要奉行'农本'政策，采取诸如奖励垦荒、解放奴婢、安置流民、分配土地、抑制兼并、兴修水利、轻徭薄赋等重农措施来振兴农业生产"①。从而实现以农建国，以农富国强兵。农本思想在古代社会中呈现勃勃生机，创造了诸如"文景之治""贞观之治""开元之治""乾隆盛世"这样具有代表性的古代农业文明高峰。

---

① 吴运生. 论中国古代的重农思想[J]. 长沙水电师院社会科学学报，1994（1）.

二、民本经济治理思想

"皇祖（指夏禹）有训民可近，不可下。民惟邦本，本固邦宁"①的古训深刻揭示了古代民本经济思想的内涵，即民众是国家统治的根本与保证。诸子百家中，以孔孟为代表的儒家学派，其所倡导的民本论最为详细具体，成为整个古代社会民本经济思想的理论基础。中国古代政治家、思想家为维护国家稳定与社会发展，都极力推崇民本思想，将其作为国家治理的核心价值观，并在政治实践中反复强调和强化。

（一）民本经济思想的本质内涵

民本思想的内涵随着历史变迁不断发展更新，总体而言，其内涵主要包括重民思想、养民思想和富民思想三个部分。

首先，重民思想要求统治者要得民心、重民意。各朝各代优秀的思想家在总结各王朝更替经验的基础上，从自身所处的历史条件出发，要求统治者要得民心、重民意，认识到统治者是"以小民受天永命"②，要实现国家稳固、社会安宁，必须重视民众在政治经济生活中的作用。只有重民意，才能稳固国家根本，即"固本"以"宁邦"。《尚书》作为我国最早的一部政治史料汇集，其中记载了大量的"重民"言说，如"重我民""天视自我民视，天听自我民听""天矜于民，民之所欲，天必从之"等，都体现了统治者重视民众、以民为本的思想意识。夏、商、周时期，统治者在相信天命的同时也认识到"天命靡常""惟命不于常"，君主如果无德就会被上天抛弃，上

---

① 张绍元. 文化自信·中华优秀传统文化核心思想理念读本[M]. 北京：中国言实出版社，2018.

② 张分田. 民本思想与中国古代统治思想[M]. 天津：南开大学出版社，2009.

天保佑的是那些能得民心、重民意的统治者，要"顺乎天而应乎人"。天意在民，民意即天意，能否顺民意成为"天命"是否眷顾的衡量标准。例如，怀保小民如文王、武王则"皇天宏厌厥德，配我有周，膺受天命"。

　　其次，养民思想要求统治者不能空谈重民，还应该关心民众生活，维护民众的生存与发展。"王者以民人为天，而民人以食为天。"①这句话表达了民众物质生活的重要性，将养民思想具体化，即统治者要重视民生，维持社会稳定与民众的生产、生活秩序。在经济政策方面，还要求统治者薄赋敛，省徭役，以宽民力。据《尚书》记载，"德惟善政，政在养民"，明确提出了统治者需要"养民"。养民的首要目标就是保证民众的正常生产，即"闻小人之劳，知稼穑之难"。周代统治者吸取夏、商灭亡的教训，对周氏子弟及臣属严格要求，要求他们戒骄戒躁，不要贪图安逸享受，要做到"先知稼穑之艰难，乃逸，则知小民之依"。孔子在养民思想上有独到见解，他认为："大道之行也，与三代之英，丘未之逮也，而有志焉。大道之行也，天下为公。选贤与能，讲信修睦。故人不独亲其亲，不独子其子，使老有所终，壮有所用，幼有所长，矜、寡、孤、独、废疾者皆有所养。男有分，女有归。货恶其弃于地也，不必藏于己；力恶其不出于身也，不必为己。是故谋闭而不兴，盗窃乱贼而不作，故外户而不闭。是谓大同。"②解决了民众的温饱问题，就可以"老者安之，朋友信之，少者怀之"③，实现"天下为公"的大同社会，最终维护社会的长治久安和国家的安定团

　　① 王孺童. 王孺童集[M]. 北京：宗教文化出版社，2018.
　　② 刘彦昌，孙琼欢，等. 治理现代化视角下的协商民主[M]. 杭州：浙江大学出版社，2017.
　　③ 东方智慧丛书·论语选译　汉英对照[M]. 虞劲松，整理；李艳焱，李毅，译；蓝学会，郑振铭，绘，桂林：广西师范大学出版社，2017.

结。为实现这一"养民"目标，孔子认为统治者首先需要"使民以时""养民以惠""博施济众"。

最后，富民思想要求统治者重视民众福祉，藏富于民。民本思想认为，聚民心的关键在于统治者要维护民众的福祉，藏富于民。在经济政策推行上要富民利民，使民众有田可耕，有力可用，真正达到"足食""足用""足财"，即"有贤君作，能致小康"。富民思想将民富提高到影响国富的先决条件的高度，"民富，则君不至独贫；民贫，则君不能独富。"①周朝统治者主张"裕民""惠民"，高度重视发展农业生产，以维持民众的基本物质生活。孔子认为追逐财富是人性使然，统治者需要承认并鼓励民众追求物质利益，充分保证民众的物质发展权。孔子认为，"富与贵是人之所欲也""贫与贱是人之所恶也"。在国家层面，孔子认为"邦有道，贫且贱焉，耻也"。为维护民众对富与贵的追求，解决民众温饱问题，孔子认为统治者应"政之急者，莫大乎使民富且寿也"，即养民思想的核心内容是保持民众的富裕生活并且长寿。在国家治理政策上，孔子认为"省力役，薄赋敛，则民富矣；敦礼教，远罪疾，则民寿矣"②。他还主张以仁政调整君民之间的利益分配，提出富民足君说，告诫统治者不可也不应与民争利，要"藏富于民"，即"百姓足，君孰与不足？百姓不足，君孰与足？""因民之所利而利之，斯不亦惠而不费乎""利民，不与民争利"。

（二）民本经济思想的形成与发展

民本经济思想形成于先秦时期的诸子百家思想，经过秦汉至明清的整合发展，在明清时期达到顶峰，贯穿于整个古代社

---

① 朱熹. 四书章句集注[M]. 杭州：浙江古籍出版社，2014.
② 孔子家语[M]. 廖名春，邹新明，校点. 沈阳：辽宁教育出版社，1997.

会的国家治理中。民本经济思想的重民、养民、富民思想在国家治理中不断丰富发展。

重民思想一直贯穿于整个古代社会。春秋战国时期，民众普遍受到重视，思想家们明确提出了"民者，君之本也"的观点。荀子认为"天之生民，非为君也；天之立君，以为民也"。在提出立君为民的论断后，荀子还提出了经典的君舟民水理论，即"君者，舟也；庶人者，水也。水则载舟，水则覆舟。此之谓也。故君人者，欲安，则莫若平政爱民矣"①。在汉代，重民思想主要体现在民众对国家、对统治者的必要性上。例如，《淮南子》中有言："民者，国之本""国主之有民也，犹城之有基，木之有根。根深则本固，基美则上宁"。②陆贾认为，"夫欲建国、强威、辟地、服远者，必得之于民。"③董仲舒从天、君主、民众三者之间的制约关系进行论述，他认为"天之生民，非为王也，而天之立王，以为民也。故其德足以安乐民者，天与之其恶足以贼害民者，天夺之"。刘向强调"王者以民为天"，保民而王，得民心者得天下，因为"下不安者，上不可居也"。④王符认为，"夫民者，国之基也。"⑤荀悦把重民与社稷联系起来，指出"民存则社稷存，民亡则社稷亡，故重民者，所以重社稷而承天命也"。⑥以上史料证实重民思想得到了充分发展。

养民思想的发展主要体现在各思想家所提出的养民政策上。孟子认为，君主应实施"仁政"，"夫仁政，必自经界始……方里而井，井九百亩，其中为公田。八家皆私百亩，同养公田；

① 孙聚友. 荀子与《荀子》[M]. 济南：山东文艺出版社，2004.
② 刘安. 淮南子[M]. 开封：河南大学出版社，2010.
③ 陆贾. 新语通俗读本·刘邦命名的治国之书[M]. 北京：新华出版社，2015.
④ 刘向. 新序全译[M]. 李华年，译注. 贵阳：贵州人民出版社，1994.
⑤ 王符. 潜夫论[M]. 龚祖培，校点. 沈阳：辽宁教育出版社，2001.
⑥ 荀悦，徐悱. 申鉴中论选译[M]. 张涛，傅根清，译注. 成都：巴蜀书社，1991.

公事毕,然后敢治私事"。①而且孟子提出养民的目标为黎民不
饥不寒和使民养生丧死无憾。他认为,"五亩之宅,树之以桑,
五十者可以衣帛矣。鸡豚狗彘之畜,无失其时,七十者可以食
肉矣。百亩之田,勿夺其时,数口之家,可以无饥矣。谨庠序
之教,申之以孝悌之义,颁白者不负戴于道路矣。七十者衣帛
食肉,黎民不饥不寒,然后不王者,未之有也。"②荀子认为,
统治者不但要保证自身的物质生活,也要为民众提供生存的环
境,他认为"王天下"的人就要"治万变,材万物,养万民,
兼制天下"。③同时在养民政策上,荀子认为,"轻田野之赋,
平关市之征,省商贾之数,罕兴力役,无夺农时,如是则国富
矣,夫是之谓以政裕民"④。在关心国计民生方面,他认为,
"垣窌仓廪者,财之末也。百姓时和,事业得叙者,货之源也;
等赋府库者,货之流也。故明主必谨养其和,节其流,开其源,
而时斟酌焉。潢然使天下必有余,而上不忧不足。如是,则上
下俱富,交无所藏之。是知国计之极也。故禹十年水,汤七年
旱,而天下无菜色者;十年之后,年谷复熟,而陈积有余。是
无它故焉,知本末源流之谓也。故田野荒而仓廪实,百姓虚而
府库满,夫是之谓国蹶。伐其本,竭其源,而并之其末,然而
主相不知恶也,则其倾覆灭亡可立而待也"⑤,荀子把养民定为
治理国家的根本目的。晁错在养民措施上主张"贵粟养民、垦
荒减租、入粟拜爵、三十税一"⑥。在宋代,范仲淹提出"圣人

---

① 孟子[M]. 万丽华,蓝旭,译注,北京:中华书局,2006.
② 孟子[M]. 万丽华,蓝旭,译注. 北京:中华书局,2006.
③ 荀况. 中华国学经典读本·荀子[M]. 哈尔滨:北方文艺出版社,2013.
④ 荀况. 中华国学经典读本·荀子[M]. 哈尔滨:北方文艺出版社,2013.
⑤ 荀况. 中华国学经典读本·荀子[M]. 哈尔滨:北方文艺出版社,2013.
⑥ 王子今,杨倩如. 国学经典解读系列教材·《汉书》解读[M]. 北京:中国人民
大学出版社,2016.

之德惟在善政，善政之要惟在养民，养民之政必先务农。农政既修则衣食足，衣食足则爱肤体，爱肤体则畏刑罚，畏刑罚则寇盗自息，祸乱不兴"①。

孟子进一步继承和发展了孔子的富民思想。在坚持富、贵等物质需要是人们正当利益的同时，孟子提出统治者为得民心，需要"制民之产"，即"明君制民之产，必使仰足以事父母，俯足以畜妻子，乐岁终身饱，凶年免于死亡。然后驱而之善，故民之从之也轻"。制民之产，使百姓能够拥有自己的固定产业，安居乐业，有利于社会稳定，国家富强。而且孟子还将民之贫富与君之安危、国之强弱辩证统一地结合在一起，更加丰富了富民思想。在富民思想的政治实践中，具有代表性的是盐铁会议，其明确提出"宝路开即许民兴办工商，则百姓赡而民用给，民用给则国富"②。盐铁会议上提出"盐铁皆归于民"③，认为"昔文帝之时，无盐、铁之利而民富；今有之而百姓困乏，未见利之所利也，而见其害也。且利不从天来，不从地出，一取之民间，谓之百倍，此计之失者也"④。把盐铁放归市场，由百姓自由买卖与发展，不仅增加了民众的财富，也促进了国家经济的发展。

（三）基于民本思想的国家经济治理

在国家经济治理方面，封建统治者明确提出重民思想，并在政治实践中一以贯之。重民思想不仅得到思想家、政治家们的推崇，历朝历代的最高统治者也公开承认"民惟邦本，本固

① 罗伟豪，萧德明. 范仲淹选集[M]. 广州：广东高等教育出版社，2014.
② 桓宽. 盐铁论[M]. 上海：上海人民出版社，1974.
③ 黄绍筠. 中国第 1 部经济史·汉书食货志[M]. 北京：中国经济出版社，1991.
④ 桓宽. 盐铁论[M]. 上海：上海人民出版社，1974.

邦宁"的理念。不同的历史时代，有关重民思想的具体治国措施也不尽相同，但统治者始终坚持着安民立政的原则，充分践行着重民思想。重民思想对汉唐时期的统治产生的影响较深。汉初，统治者吸取秦朝因为残酷统治民众的苛刑暴政而灭亡的教训，施行了"与民休息"的民本政策，诏劝农桑，废除苛政，停建劳民工程，赈济穷困鳏寡孤独等，使民本思想在实际的施政中得到不同程度的贯彻。例如，萧何认为"因民之疾秦法，顺流与民更始"①，其政治政策被汉高祖刘邦采纳，减轻了民众田赋，十五税一。汉景帝时期，收民田租三十税一。在重民思想的影响下，汉初很快恢复社会经济，出现了历史上著名的"文景之治"。

关于养民思想，统治者普遍承认"为君之道，必须先存百姓"的价值观。因为百姓生活与生产的安定是国家安定且长治久安的基础。唐太宗认为，"凡事皆须务本。国以人为本，人以衣食为本。凡营衣食，以不失时为本。夫不失时者，在人君简静乃可致耳。若兵戈屡动，土木不息，而欲不夺农时，其可得乎"②，极力强调统治者应满足民众的物质生活需要。武则天认为，"夫衣食者，人之本也，人者，国之本。人恃衣食，犹鱼之待水，国之恃人，如之倚足，鱼无水则不可以生，人无足则不可以步。故夏禹称：'人无食，则我不能使也。功成而不利于人，则我不能劝也。'是以为臣之忠者，先利于人。"③在治理国家时，要将养民思想应用到政治实践与经济措施中，维护其统治，保证民众的物质生活。在推崇养民思想的同时，武则天还重视富民思想，极力推崇管仲"佐国之道，必先富人，人

---

① 龚书铎，杨共乐. 中国历史上王朝兴衰的几点启示[J]. 党建研究，2001（5）.

② 吴兢. 贞观政要[M]. 王贵，标点. 长沙：岳麓书社，1991.

③ 武则天. 臣轨·利人章·五六[M]. 北京：中华书局，1985.

富则易化"的观点，积极鼓励民众发展农业生产致富，武则天认为"务农则田垦，田垦则粟多，粟多则人富""夫人之于君，犹子于父母，未有子贫而父母富，子富而父母贫。故人足者，非独人之足，国之足也；人匮者，非独人之匮，国之匮也"。[①]富民与富国之间存在相互影响的辩证关系，历朝历代统治者都"省徭轻赋，以广人财，不夺人时，以足人用"，维护民众物质生活，促进国家治理的稳定与繁荣。

三、政府经济干预思想

我国古代社会以自然经济为主导，为维护农业的发展、保证国家财政收入、保持经济的稳定与发展，统治者采取一定的措施来干预商业和商品经济的发展。历朝历代在对社会经济活动进行干预、制定措施时，往往借鉴这种政府干预思想。从客观上来说，当代国家经济治理的宏观调控思想也与其有着渊源接续的联系，本节主要从古代政府干预思想的产生、内容与实践角度来阐述。

（一）古代政府干预思想的根源

古代政府干预思想来源于"轻重论"思想。所谓"轻重论"就是国家从宏观层面进行管理与调控社会经济的理论，在商品的流通领域及部分商品的生产领域，国家利用商品货币流通规律直接参与市场活动，从而实现对国民经济的全方位干预与控制。轻重理论于春秋战国时期萌发，在吸收各家思想的基础上于西汉时期逐渐成熟，其思想汇总主要体现在《管子·轻重》诸篇。西汉中期，汉武帝为解决财政困难而进行的政治实

---

① 武则天. 臣轨·利人章·五六[M]. 北京：中华书局，1985.

践，使得"轻重论"不断发展，成为古代政府进行市场干预的指导思想。

春秋战国时期，诸侯列国争霸，诸子百家争鸣，为中国古代经济思想的丰富与发展提供了必要条件。周王室瓦解，地主阶级登上历史舞台。为促进本国经济发展，增强军事实力，各诸侯国进行富国强兵的改革，涉及国家治理的经济改革主要包括管仲在齐国、李悝在魏国、商鞅在秦国的变法与改革。管仲的代表思想是由国家垄断盐铁经营的"官山海"之策；李悝强调政府直接进入市场，由政府收售粮食以稳定物价，提出了"平籴法"；商鞅变法提出了"农战"的主张，他认为统治者应该奖励农业生产，抑制工商业发展。春秋战国时期的政府干预成为"轻重论"思想的重要理论与实践来源。

随着西汉王朝统治的稳定，国家大一统局面形成，其经济政策由休养生息向"有为"转变，国家干预思想得到实践确认。汉朝初期的黄老"无为"策略逐渐跟不上社会经济的发展大势，桑弘羊得到统治者的重用，主管国家财政，实行铸币专营、盐铁官营等新的财政措施，加强了对工商业领域的管制，国家治理措施向"有为"转变。在经济思想领域，"轻重论"思想伴随着国家一系列"有为"的政治经济政策而逐步成熟。《管子·轻重》中的经济思想受到重视，在对商品、货币相互关系认识的基础上，讨论了政府干预社会经济的问题，有意识地将国家宏观调控与经济相结合，属于典型的国家干预主义理论。之后，轻重学说逐渐发展为政府干预、调控国民经济的指导思想。

（二）古代政府干预思想的内容

古代政府干预思想主张国家通过经济集权，由政府直接参与商品流通与部分商品生产,利用商品流通规律调控商品经济。在政府干预中,轻重论者认为其最终要达到"予之在君,夺之在君,贫之在君,富之在君"①的依赖政府状态。轻重论者通过总结商品货币流通规律,以"轻重御天下"为目标,提出了一系列经济理论与政策,成为古代政府干预思想的主要内容。

在政府干预内容方面,主要包括三个部分:第一,在商品经济的基本工具设置上,轻重论者结合农业经济实际,把谷物与货币设置为基本工具,即"五谷食米,民之司命也;黄金刀币,民之通施也"。第二,轻重论者将实际流通的货币、谷物与其他商品进行总结比较,根据其供需关系提出了比价关系,即"谷重而币轻,谷轻而币重"。第三,轻重论者指出价格与供需之间的关系,如"夫物多则贱,寡则贵,散则轻,聚则重"。

在政府干预政策方面,与政府干预理论相对应,也包括三方面的内容:第一,主张国家控制货币和谷物,货币可以控制谷物价格。如此一来,国家可以通过垄断来控制国家经济,即"人君操谷、币金衡,而天下可定也。此守天下之数也"②。第二,主张利用商品价格波动来影响市场的政策。如《揆度》所述,"物藏则重,发则轻,聚则寡,散则多",利用商品供求与价格的关系,"敛积之以轻,散行之以重"。但政府通过价格来影响经济不是随意为之,也是尊重市场价值规律的,正如《国蓄》所述,"凡轻重之大利,以重射轻,以贱泄贵。万物之满虚,随时准平,而不变衡,绝则重见。人君知其然,故守之以准平。"第三,政府实施盐铁官营的政策,通过对关系国计民生的必需品进行垄断来调控经济,提高财政收入,巩固国家治理。如《轻重甲》所记载,"为人君而不能谨守其山林菹

① 管仲. 中华国学经典读本·管子[M]. 哈尔滨:北方文艺出版社,2013.
② 管仲. 中华国学经典读本·管子[M]. 哈尔滨:北方文艺出版社,2013.

泽草莱，不可以立为天下王。"

（三）基于政府干预思想的国家经济治理

古代政府干预思想通过对商品货币流通规律的把控来调控市场，在其调控领域上，也从单一的农业领域向调控农业与商品流通的多元化领域转变，这不仅仅是政府干预思想的发展，也是整个经济思想发展史的进步，并在国家经济治理中取得良好成效。

自汉武帝实行盐铁官营之后，国家对商业的控制或抑制成为后继封建统治者维持王朝稳定的重要法宝。唐代是我国封建经济发展的重要时期，其基于政府干预思想的治理实施最具代表性。在政府干预思想的影响下，唐代采取专卖领域的经营，实行常平仓法、参与公廨本钱的借贷贸易等措施，极大地提高了唐代的经济发展水平。最具代表性的是唐德宗两税法改革。在两税法改革中，最突出的效应就是国家不再干预农民的具体经营。如此一来，促进了地主和自耕农自主经营权的扩大，商品市场中农业商品种类日益增多，极大地促进了唐代市场经济的发展。而且两税法中以钱定税的原则，不仅增加了市场中货币流通量，也进一步促使农民在商品经济中发挥作用。

第三节　古代中国国家经济治理思想的当代启示

古代中国国家经济治理思想凝聚着历史上思想家、政治家对治国理政的思考，是我国推动国家治理体系和治理能力现代化的历史传承依据。古代国家经济治理思想中的民本思想、农本思想和政府干预思想与当代中国的国家经济治理和执政要求具有历史性的契合关系，对构建现代化的国家制度和治理体系有重要启示。

一、古代中国国家经济治理思想与当代国家治理现代化的内在关系

党的十八届三中全会提出："全面深化改革的总目标是完善和发展中国特色社会主义制度，推进国家治理体系和治理能力现代化。"[①]要想推进当代中国的国家治理现代化，提升治理效能，我们不能机械复制国外的现代化理论，更不能盲目崇拜西方国家治理体系。当代国家治理现代化显然不同于古代治国，与其有着本质区别，但我们也应该看到古代中国国家经济治理与当代国家治理现代化之间的内在关系。习近平强调："我国今天的国家治理体系，是在我国历史传承、文化传统、经济社会发展的基础上长期发展、渐进改进、内生性演化的结果。"[②]这不仅为理解国家治理能力现代化与古代治国经验的内在联系提供了方法论指导，也进一步指出古代中国经济治理思想是当代国家治理能力现代化的重要资源和有益指引。

古代中国国家经济治理思想与国家治理能力现代化的内在关系主要包括以下三个方面。第一，我国治理能力现代化需要借鉴历史经验。立足当代，但不能忽视历史，提升当代国家治理效能、促进治理现代化必须尊重历史，利用历史经验照鉴当代与未来。要以继承发展的眼光看待我国古代治理思想，取其精华，去其糟粕，如"民惟邦本、本固邦宁"与新时代"以人

---

① 中共中央关于全面深化改革若干重大问题的决定[N]. 人民日报，2013-11-16（1）.

② 习近平谈治国理政[M]. 北京：外文出版社，2016.

民为中心"发展思想的导向相似。第二，我国治理能力现代化需要渐进式发展，不可罔顾历史而冒进。历史与当代社会是不可分割的，它们具有连续性，提升国家治理效能必须渐进稳健地进行。"中国是一个巨人，只要稳步走，步子就是大的；只要不摔跤，就是一个了不起的成绩。"① 第三，提升我国治理能力现代化需要进行内生性演化。国家治理不仅仅是一个国家治理体系的构建，更是国家治理能力多层次多核心的系统性构建。提升国家治理能力需要内生性演化，必须立足于几千年的文明发展史，充分认识中国人民的历史观与价值观，了解人民群众对国家治理的需求，由内因推动外因，由历史照鉴未来。

二、中国特色社会主义经济治理对古代经济治理思想的传承

古代中国经济治理思想，是治国理政经验大厦之上熠熠生辉的智慧明珠，凝聚着历代先人运用经济思想治国理政的实践经验，是当前我国国家经济治理可资镜鉴的宝贵历史财富，对发展当代国家经济治理思想具有重要启示。

首先，借鉴古代农本思想，发展当代"三农"治理思想。我国虽然历史悠久，社会也经历了几千年的发展演化，但农业大国的国情没有变，人口结构没有变，所以"农本"思想中的重农思想也应该一以贯之。战国时期法家的代表人物商鞅，首次将农业称为"本"。他指出，富国的唯一途径在于农业建设，农业是国民经济的命脉，而农民是农业之根本。习近平总书记高度重视农业农村农民工作，他在梁家河的插队经历使他更了解农村情况，对"三农"问题有独到见解，曾撰写《务必执政

---

① 李瑞环. 学哲学 用哲学（上）[M]. 北京：中国人民大学出版社，2005.

为民重"三农"》《务必以人为本谋"三农"》等数十篇文章，并在系列重要会议和考察调研中提出许多当代"三农"问题的新思想和新理念。结合我国人口基数大的基本国情，深入考察"三农"问题的客观现实，继承并发展了我国古代的"农本"思想，由此形成了科学系统的习近平"三农"思想。在国家经济治理中，应该坚持习近平总书记的"三农"思想，针对新时代"三农"问题，实施乡村振兴战略，把解决好"三农"问题作为全党工作的重中之重。

其次，结合中国古代民本思想，坚持当代以人民为中心的治理思想。以人民为中心的发展思想是新时代我国社会主义市场经济建设思想的重要组成部分。以人民为中心的发展思想不仅符合马克思主义唯物史观的基本原理，更是结合新时代我国基本国情和中国共产党根本宗旨的创新性发展思想。以人民为中心的发展思想具有丰富的内涵，主要包括发展的目的论、发展的主体论、发展成果的分配论。其一，发展的目的论。我们推动经济高质量发展是为了满足人民对美好生活的需求，是为了实现好人民的根本利益，是为了增进人民的获得感、幸福感、安全感。可以说，人民群众是否满意，是衡量经济发展水平的重要标尺。其二，发展的主体论。以新发展理念实现经济新发展，必须重视发挥人民的主体作用。人民是实现经济实践创新的动力源，是经济社会发展的主力军，是建设中国特色社会主义现代化强国的主导者。其三，发展成果的分配论。在推动经济不断向前向好发展的过程中，积累国家财富是非常重要的。与此同时，更要重视发展成果如何实现更加公平、合理的分配，发挥二次分配、三次分配的重要作用，创新成果分配的方式和机制，以科学的成果分配来提升人民生活质量，优化社会结构，增强国家实力。在国家治理的政治实践中，根据《中共中央关于坚持和完善中国特色社会主义制度、推进国家治理体系和治理能力现代化若干重大问题的决定》，我们认为应着眼于城乡的社会保障，不断增进人民福祉，在促进人的全面发展的同时坚持满足人民日益增长的美好生活需要。健全国家公共服务体系，加强民生建设。在民众教育、高质量就业和民众健康方面建立相应的制度保障。

最后，借鉴古代政府干预思想，更好地发挥政府的积极作用。中国古代经济思想中干预宏观经济的思想十分丰富，根据上文中的梳理分析，我们可以看到中国古代政府在经济发展中扮演着"守夜人"的角色，通过收购和抛售等手段来调控粮价、油价，用货币政策平抑物价，通过刺激消费来增加就业、缓解社会失业问题等宏观调控手段，在一定程度上都有效推动了国家的经济发展。在现代社会中，"政府干预"其实就是借政府力量和政策性干预来维护社会公正和经济的正常运转。我们都知道，市场在资源配置中起决定性作用，但并不意味着政府只是一个旁观者。市场经济并不排斥计划，也不拒绝宏观调控。习近平总书记在党的十九大报告中指出："创新和完善宏观调控，发挥国家发展规划的战略导向作用，健全财政、货币、产业、区域等经济政策协调机制"①。党的十九届四中全会进一步明确提出，坚持社会主义基本经济制度，要充分发挥市场在资源配置中的决定性作用，也要更好地发挥政府的作用。现代经济的主要特征之一就在于政府注重对经济和社会活动的宏观把控。在市场经济条件下，通过提高国家经济治理能力，更好地发挥政府作用显得尤为重要。通过政策和法规，制定相应的发展战略，为企业创造有利的外部环境，引导企业合理竞争。在

---

① 习近平. 决胜全面建成小康社会夺取新时代中国特色社会主义伟大胜利——在中国共产党第十九次全国代表大会上的报告[N]. 人民日报. 2017-10-18（1）.

国家治理的实践中，要坚持"放管服"改革，坚持减税降负的税收改革基调，围绕稳定物价、充分就业、经济增长和国际收支平衡的宏观调控目标，提高国家治理效能，更好地发挥政府的作用。

第三章　近代中国国家经济治理思想

　　鸦片战争以后，古老的封建中国不断遭受西方列强的侵略，逐渐沦为半殖民地半封建社会，民族危机不断加深。在这一过程中，大量仁人志士都认识到只有具备强大的工业实力，才能强国富民，从而抵抗列强的侵略，挽救民族于危亡。为此，地主阶级和新兴资产阶级分别提出了以工业化为核心的国家经济治理思想和主张，以实现国家的工业化，但这些思想和主张最终都因为各种各样的原因遭到了失败，有的甚至未能付诸实践。直到中国共产党成立之后，以毛泽东为代表的共产党人提出了新的以工业化为核心的国家经济治理思想，并凭借其强大的执行能力将这一思想予以贯彻，才真正开启了中国全面工业化的时代。

第一节　近代中国国家经济治理思想的形成背景

　　近代中国国家经济治理思想的形成具有深刻的历史根源。首先，帝国主义的入侵给中国带来了深重的灾难，中华民族面临着亡国灭种的危机，这促使当时的统治者和爱国人士寻找救国救亡的方法。其次，帝国主义的入侵使中国有机会接触到近代先进的生产力和生产关系，推动了国内资本主义的兴起和发展，为民族资产阶级和无产阶级的诞生奠定了基础。最后，中国的国门被迫打开，使中国人能够有机会学习西方先进的科技、制度和文化。在这样的时代背景下，地主阶级的开明人士、资产阶级维新派和革命派的经济治理思想都以增强国家实力、抵抗西方列强侵略为目的，并最终统一到如何实现中国的工业化这一主题上。

一、洋务运动的开展与民族资本的兴起

1840 年之前，中国是一个以自然经济为基础，拥有独立主权的传统封建专制国家。随着第一次鸦片战争的战败，清政府与英国签订了中国历史上第一个不平等条约——《南京条约》，条约涉及割地、赔款和通商等事宜，并向英国让渡了一部分国家主权。《南京条约》的签订，使得其他西方列强闻风而来，先后强迫清政府签订了一系列不平等条约，逐渐使中国从封建社会沦为半殖民地半封建社会。

《南京条约》及其之后条约的签订，使得列强能够从中国获得大量原材料，同时向中国市场倾销大量商品，这对农村家庭手工业产生了巨大的冲击。对于那时的中国而言，家庭手工业是维持农村家庭生存的重要组成部分，农户既可以依靠家庭手工业实现自给自足，也能向市场出售手工制品以获得收入。但与工业生产相比，家庭手工业的生产效率十分低下，因此在洋货进入中国市场后，家庭手工业生产的产品在与国外商品的市场竞争中处于劣势地位，大量手工业制品因此无法在市场中出售，原有的市场也被国外商品所挤占，民众的生活受到了很大的影响。以制糖业为例，中国的制糖业在当时一直比较发达，产品畅销周边各国，但随着欧洲制糖业的发展，中国糖的出口量迅速减少，国内市场也被洋糖挤占，使得国内手工制糖业受到重大的打击。江西巡抚德馨在给光绪帝的奏折中写道："洋糖盛行，土糖碍销，各糖行多有亏折歇业，糖油二宗，大为减色。"①

西方列强通过《南京条约》等不平等条约获得了巨大的利益，但这并没有让他们满足。为了获取更多的利益，西方列强发动了第二次鸦片战争，迫使清政府签订了《天津条约》《北京条约》等诸多不平等条约。通过这些条约，列强进一步打开了中国的大门，其中最主要的就是允许各国资本在中国开设工厂，将中国进一步纳入资本主义的运行体系内。

第二次鸦片战争使得清政府被迫逃离北京，这促使其开始寻找增强国家实力的办法。曾国藩提出："轮船之速，洋炮之远，在英、法则夸其所独有，在中华则震于所罕见，若能陆续购买，据为己物，在中华则见惯而不惊，在英、法亦渐失其所恃，可以剿发捻，可以勤远略。"②为此，以奕䜣为首的洋务派打出"自强""求富"的口号，向列强购买军事武器，兴办工业，并向外国派出留学生，以学习西方的先进技术。

在上述背景下，洋务运动在中国逐渐兴起并开展起来。

洋务运动时期兴办的工业有官办、官督商办和官商合办等形式，其中军事工业由于投资规模较大，主要由政府兴办，其他类型的工业则采取后两种形式。由政府兴办的军事工业主要有江南制造总局、天津机器局、安庆军械所和马尾船政局等。民办工业则是配合军事工业的发展而出现的，主要领域包括采矿业、炼铁业和交通运输业，主要企业包括开平煤矿、汉阳铁

---

① 吴申元. 中国近代经济史[M]. 上海：上海人民出版社，2003：23.
② 朱东安. 曾国藩文选[M]. 天津：百花文艺出版社，2006：171.

厂和轮船招商局等。洋务运动的开展，客观上促进了中国早期的工业化，为中国工业的未来发展奠定了一定基础。例如，在军事工业中，江南制造总局最终发展成为江南造船有限责任公司，成为我国造船业的重要组成部分。而在民办工业中，轮船招商局最终发展成为招商局集团。但洋务运动毕竟是在不触动封建生产关系的基础上开展的，其创建的企业受到大量封建势力的阻挠和封建思想的影响，始终无法正常地成长起来。随着清政府在甲午战争中失败，洋务运动宣告破产，由洋务派兴办的大量军事工业失去了政府的扶持，迅速地衰败下去。

在洋务运动开展之时，民营经济也出现并发展起来。鸦片战争之前，中国虽然存在资本主义的萌芽，但这一萌芽并没有顺利发展壮大。直到鸦片战争之后，外国资本的入侵摧毁了中国资本主义萌芽，但也以另一种方式为中国资本主义的诞生和发展提供了条件。第二次鸦片战争后，不仅外国资本有在中国开设工厂的权利，中国民众也有了兴办工厂的机会，新的生产关系和阶级由此诞生。中国民族资本诞生的背景和原因，决定了其经营的近代工业也具有鲜明的时代特征。首先，中国民族资本经营的近代工业不是随着本国生产力的发展自然而然产生的，这就意味着中国民族资本工业没有经历相应的资本的原始积累阶段，也就没有时间去发展和壮大自身。在这种情况下，中国民族资本在经营近代工业时只能选择资本规模较小、生产周期较短、利润较高的轻工业和小型采矿业进行投资。而对于投资规模较大、资金周转速度较慢的重工业则无能为力。其次，在没有经历工业革命的情况下，中国民族资本只能选择技术含量较低的工业部门进行投资。但即使是在技术含量较低的部门，中国民族资本也只能从外国资本手中购买相应的技术，且不能在生产过程中实现完全的机械化，而是利用半手工半机器的方式进行生产。这导致中国民族资本在面对外国资本的竞争时处于弱势地位，一旦外国资本加强对中国民族资本工业的压迫，中国民族资本工业就会很快陷入破产的境地。最后，中国民族资本工业是在本国封建主义和外国垄断资本的夹缝中生存的，遭受了二者的压迫，这使得其试图抵抗二者的压迫，以获得更好的发展条件。但是，中国民族资本的发展又离不开清政府和西方列强的政治、经济和技术支持，导致中国民族资本对封建主义和帝国主义表现出既抵抗又妥协的态度，这最终导致民族资本工业无法实现独立自主的发展。

在上述这些条件的制约下，中国民族资本所经营的近代工业在甲午战争前虽然有一定的发展，但仍然十分弱小。从民族资本工业经营的领域来看，其主要集中在机器缫丝业、面粉业、纺织业等轻工业领域；从其所处的地理位置来看，主要集中于上海、天津、广州等已经开放通商的口岸，而其他城市则少有民族资本工业的存在；从其经营规模来看，大部分近代民族工业是以集资的方式进行经营的，资本总额基本在 10 万两白银以下，少的甚至只有几千两白银。这些规模小、技术水平低的近代民族工业，既无法显著提升国家的工业实力以抵抗帝国主义的军事侵略，也难以与外国垄断资本竞争并抵抗它们的经济侵略。因此，新兴资产阶级开始寻求国家的帮助，迫切希望利用国家的力量扶持民族资本的发展，以达到强国富民、抵御外侮的目的。

二、列强瓜分中国的狂潮与戊戌变法

日本自明治维新之后走上了资本主义发展道路，国力日益强盛，开始积极对外扩张，并制定了以征服中国、称霸世界为目标的"大陆政策"。此时的中国却依旧被腐朽的封建朝廷所统治，政治腐败，军备废弛，对日本的侵略扩张处处容忍，企图息事宁人。清政府的退让使日本意识到了清政府的虚弱，坚定了侵略中国的决心。1894 年，朝鲜内部发生起义，被迫向宗主国清政府请求援助，日本也趁机派兵进入朝鲜。随后日本不宣而战，通过一系列战争摧毁了清朝海军和陆军，清政府随即请求英美俄等列强出面调停战争，向日本无条件投降，并于 1895 年与日本签订了丧权辱国的《马关条约》。在马关条约中，日本要求清政府开放更多的通商口岸；割让辽东半岛（后因列强的压力被迫放弃）、台湾列岛及其附属岛屿、澎湖列岛等领土；赔偿军费两亿两白银；允许日本在中国开设工厂等。

　　清政府在甲午战争失败后，西方列强也乘虚而入。沙皇俄国首先出手，以敦促日本归还辽东半岛有功为借口，迫使清政府签订了《中俄密约》，在东北三省获得了修筑铁路的权利，并大肆建立租界，企图将东北三省纳入其势力范围中。众多列强闻风而来，"一个接一个拼命掠夺（所谓'租借'）中国领土""开始瓜分中国"[①]。其中，英国在 1898 年与清政府签订《展拓香港界址专条》，规定清政府将"新界"租借给英国 99 年。随后又借口抵制俄国势力，与清政府签订《订租威海卫专条》，迫使清政府将威海卫及其周边地区租借给英国 25 年。同时，英国还强迫清政府不得将长江流域地区让与其他国家进入，最终将长江流域纳入自己的势力范围。法国则将云南、广东和广西视为自己的势力范围，于 1898 年 3 月向清政府提出，清政府不得将上述三省让予其他国家，并于 1899 年与清政府签订《广州湾租界条约》，正式将两广和云南纳入自己的势力范围。沙俄也于 1898 年与清政府签订《旅大租地条约》及其续约，逐

---

① 列宁选集（第 1 卷）[M]. 北京：中央编译出版社，1992：279.

渐将东北三省和西北地区纳入俄国的势力范围。而德国早就对山东特别是胶州湾地区垂涎已久。1898 年，德国以发生在山东的"曹州教案"为借口，派兵强占胶州湾等地，并强迫清政府签订《胶澳租界条约》，最终将山东纳入自己的势力范围。日本则在通过甲午战争获得对台湾和澎湖列岛的殖民统治，之后又要求清政府不得将福建省让予其他国家。至此，中国大部分地区都被列强划分为各自的势力范围，国家领土几乎被瓜分殆尽，中华民族面临着亡国灭种的危机。

面对这一危机，以康有为、梁启超为代表的新兴资产阶级深刻认识到，只有变革政治制度，发展资本主义经济，中国才能实现国家富强，从而免于列强的压迫。在戊戌变法之前，他们就组建了大量学会来讨论富强中国之法，其中的重要代表有强学会、南学会等。他们还利用报纸等宣传手段大力鼓吹学习西方政治制度，为推行变法奠定舆论准备。1898 年，光绪帝依据康有为的奏折，颁布《定国是诏》，开始了戊戌变法的进程。

在戊戌变法中，光绪帝主要颁布了如下政策：第一，实施经济改革，强调以工商立国。其中，由于官办企业制度腐败，效率低下，所以工业和商业的发展应该以民营经济为主力。同时，在全国各地设立相应机构，为民族资本开办企业提供制度保障，以促进民营企业的发展。第二，改革文化教育制度。康有为提出，"近者日本胜我，亦非其将相兵士能胜我也；其国遍设各学，才艺足用，实能胜我也。吾国任举一政一艺，无人通之，盖先未尝教养以作成之。"① 因此，文化教育制度改革的重点在于建立完善的教育体系，具体措施为在省会、郡城、州县分别设立大学、中学和小学。学习内容也不再是四书五经，而

---

① 王瑶. 清末科举制度废除原因再探[J]. 史学月刊，2015（10）.

是以现代科学文化知识为主。第三，推行政治改革，通过一系列制度提高资产阶级维新派的政治地位，使其能够获得改革制度体系的权力，以最终建立有利于资本主义发展的政治制度。戊戌变法反映了资产阶级维新派发展资本主义、实现富国强兵的愿望。但是，由于民族资产阶级力量十分弱小，在面对封建顽固势力的阻挠时，维新派没有足够的能力进行反抗。在这种情况下，戊戌变法中的很多政策根本无法推行。之后，随着以慈禧太后为首的顽固势力的反扑，戊戌变法最终失败，戊戌变法中的绝大部分政策也基本被废除。民族资产阶级希望借助封建朝廷的力量实现国家工业化的企图失败了。

三、辛亥革命的爆发及民族工业的发展

早在戊戌变法之前，以孙中山为代表的资产阶级革命派就意识到要实现国家富强，摆脱列强侵略，必须推翻清政府的统治，建立适合资本主义经济发展的民主共和国。在 1894 年兴中会总部成立之时，革命党人以"驱除鞑虏，恢复中华，创立合众政府"为口号，旗帜鲜明地开始了暴力推翻清政府的革命行动。在之后的一段时间中，革命党人先后发动了广州起义、黄冈起义等十多次起义，但皆因自身力量过于弱小而失败。为了壮大革命力量，孙中山、黄兴等在东京举行集会，决定成立中国同盟会，并先后吸收了兴中会、华兴会、光复会等其他革命团体，使革命党人的力量进一步团结起来。在同盟会的领导下，革命党人起义的声势不断壮大，对清政府的统治产生了严重的冲击，革命的影响力也逐渐深入到普通人群当中。

而清政府为了缓和与资产阶级之间的矛盾，削减蕴藏在资产阶级中的革命情绪，于 1905 年宣布"预备仿行宪政"。随后，清政府颁布诏令，向资产阶级让渡了一部分参政的权力，这让部分资产阶级受到巨大的鼓舞，认为看到了君主立宪制国家成立的希望。但在 1908 年清政府颁布《钦定宪法大纲》之后，资产阶级却发现，《钦定宪法大纲》中并没有关于限制皇帝权力的规定，而只强调了民众对皇帝的义务，这使得所谓的改革有名无实。特别是随着 1911 年清政府内阁成立之后，资产阶级立宪派发现在这 13 人的内阁中，汉族官员仅有 4 人，而满族官员则有 9 人，其中 5 人为清朝皇室。这种由清朝皇室控制的"皇族内阁"立即引发了资产阶级立宪派的强烈不满，更使一部分立宪派成员对清政府彻底失望，转而走向民主革命的阵营中，清政府彻底陷入了人心涣散、众叛亲离的境地。

与此同时，清政府宣布将各省修建的铁路国有化，四川各团体为了保护铁路权益，对清政府的铁路国有化政策进行抵制，并与四川总督赵尔丰进行交涉。在交涉过程中，赵尔丰下令开枪射击集会群众，造成大量人员伤亡。随后，清政府立即调集包括湖北在内的各省军队进入四川，准备镇压四川群众的反抗运动。[1]湖北新军被抽调前往四川之后，武昌防守空虚，孙武、蒋翊武等人认为此刻正是发动革命的良好时机，决定于 10 月 16 日发动起义，但由于发生意外，不得不于 10 月 10 日提前发动。武昌起义成功后，各地区也纷纷开始响应，清政府的统治随之土崩瓦解，中华民国南京临时政府于 1911 年 12 月 25 日成立。临时政府成立之后，开始与袁世凯进行和谈，由于临时政府实力弱小，不得不答应袁世凯的所有条件。于是，在袁世凯逼迫清帝退位后，孙中山辞去临时大总统的职位，转由袁世凯接任，辛亥革命的果实被袁世凯窃取。

资产阶级原本希望在推翻封建制度之后，能够建立有利于

---

① 李刚. 辛亥往事[M]. 北京：新世界出版社，2011：268.

资本主义发展的良好环境，实现国家的工业化和经济的发展，但现实并未如他们所愿。辛亥革命之后，民国政府虽然破除了一些阻碍经济发展的制度，采取了许多措施鼓励民族工业的发展。但由于革命党人无法掌握国家政权，也就无法全面消除经济社会中的封建制度残留，建立起行之有效的新制度体系，这给民族资本工业的发展带来了很多障碍。而且，由于革命党人为了避免西方列强的干涉，在建立政权之初承认了清政府与列强签订的所有不平等条约，这意味着中国并没有摆脱半殖民地的身份，列强仍然可以利用其在中国的特权在中国攫取原材料并倾销商品。这就使得民族资本面临的状况与在辛亥革命之前没有什么大的改变，其发展因此举步维艰。

从当时工业的发展状况来看，在《辛丑条约》签订之后，外国资本就开始通过巧取豪夺获取中国官办企业的控制权。截至辛亥革命爆发时，大部分重工业企业已落入了外国资本的掌控之中。而中国民族资本因为实力弱小，其经营的企业基本以轻工业为主，重工业也多为小型采矿业和冶炼业。民族资本经营的轻工业主要包括棉纺织业、缫丝业和面粉业等。从棉纺织业来看，在辛亥革命爆发之时，中国棉纺织企业只有一百余家，其中大部分资本都在 5 万元甚至 3 万元以下。从缫丝业来看，在 1910 年，江南地区有丝厂 100 余家，珠三角地区有丝厂 162 家，整个中国总计只有不到 300 家缫丝厂，投资规模也基本在 20 万元以下。从面粉业来看，中国在 1912 年共有面粉厂 42 家，每家面粉厂的日产量达不到 5000 包，所有厂家的日总产量则只有 34375 包。除此之外，中国民族资本还在火柴业、卷烟业及机器制造修配业有所发展，但规模都很小，技术水平也很低。而在重工业领域，从采煤业来看，1912 年中国煤炭总产量为 516.6 万吨，而中国民族资本所掌握的煤矿企业年产煤量为 41.7

万吨，仅占当年全国煤炭产量的 8.1%。从铁矿业来看，中国在
1912 年的铁矿产量为 20 多万吨，其中有九成以上的铁矿都运
往了日本。也就是说，中国的铁矿业绝大部分掌握在日本资本
的手中，而民族资本的钢铁企业则根本无法得到任何发展。从
交通运输业来看，民族资本在 1907—1915 年间共修建铁路 780
公里，而此时中国的铁路总里程为 9954 公里，约占全国铁路里
程的 7.8%。[①]

　　孙中山认为，中国民族工业实力，特别是重工业实力的弱
小是国家遭受外国侵略的根源，不提高国家的工业实力，中国
就不能抵抗列强的侵略，实现国家的独立和人民的富裕。为此，
孙中山提出了以工业化为核心的经济发展思想，但由于民族资
产阶级从未实际获得权力，这些思想并没有被转化为具体政策
去实施。特别是随着袁世凯死后，各方军阀开始混战，中国陷
入分裂状态，民国政府无法对地方进行实际控制。在这种情况
下，即使民国政府提出了一些政策想要推动中国的工业化，也
因为执行能力不足而化为空谈。而在国民党"宁汉合流"之后，
随着以蒋介石为代表的大地主大资产阶级向美国靠拢，美国资
本对中国的控制进一步加深，压缩了民族资本工业的生存空间，
使得民族资本工业在轻工业部门虽然得到一定的发展，但在重
工业部门却出现了倒退的情况。中国民族资本工业落后的情况，
一直持续到 1949 年国民政府垮台也没有得到改善。

---

① 汪敬虞. 中国近代经济史（1895—1927）（下册）[M]. 北京：人民出版社，2012：
1653，1675，1689，1706，1742，1745，2055，2073.

第二节　近代中国国家经济治理思想的演变

　　洋务运动是清政府中一部分官员在意识到列强的船坚炮利之后发起的，这意味着清王朝官员对工业的认识开始于军事领域，而他们对工业化的认识也大多局限于此。梁启超评价曾国藩等人的工业化思想"不出二端：一曰军事，如购船、购械、造船、造械、筑炮台、缮船坞等是也；二曰商务，如铁路、招商局、织布局、电报局、开平煤矿、漠河金矿等是也。其间有兴学堂、派学生游学外国之事，大率皆为兵起见"。由于曾国藩等人对工业在国民经济中的地位和作用缺乏深刻的认识，使得他们很难提出一个完整的工业化思想治理体系，也就无法对中国的工业化道路进行指导。后来，许多名人志士加入讨论，提出了不同的治理思想和观点，其中张之洞、康有为和孙中山的思想最具代表性。

一、洋务派国家经济治理思想

　　与曾国藩等人不同，张之洞的经历及其所处的时代使其能够更加清晰地认识到工业在经济发展中的地位和作用，并形成了相对完整的以工业化为核心的国家经济治理思想。

（一）张之洞对工业在经济发展中的作用的认识

　　在张之洞参与洋务活动初期，他的思想和曾国藩等人基本一致，认为清政府自 1840 年以来与列强的战争失败的主要原因就在于武器的落后。清政府在 1884 年爆发的中法战争中失败，而后张之洞提出"自法人启衅以来，历考各处战事，非将帅之不力，兵勇之不多，亦非中国之力不能制胜外洋。其不免受制于敌者，实因水师之无人，枪炮之不具"①。同时，他还受到洋务派"重商主义"思想的影响，十分重视商业在抵抗外国经济侵略中的作用。他发现，洋务派开办的企业"所造皆系军火，于民间日用之物尚属阙如"，导致"棉、布本为中国自有之利，自有洋布、洋纱，反为外洋独擅之利。耕织交病，民生日蹙，再过十年，何堪设想！"因此，张之洞提出"华民所需外洋之物，必应悉行仿造。虽不尽断来源，亦可渐开风气……我多出一分之货，即少漏一分之财，积之日久，强弱之势必有转移于无形者"②。

但从促进国家发展的角度来看，仅仅重视武器装备和商业显然是较为肤浅的，随着张之洞对西方工业化社会运行本质的了解日益加深，他终于认识到西方各国和日本迅速发展的秘诀在于发展工业。他提出，"查西洋入中国之货，皆由机器捷速，工作精巧。较原来物料本质，价贵至三四倍、十余倍不等。甚至毡羽、煤油、洋红、水泥之类，则尤属贱质弃物，一加制造，便成天下大利。即如日本，尤重工政……是以百工竞劝，制造日精，销流日广。"由此他提出工业发展才是国家富强的根本，是其他产业发展的基础。他指出，"世人皆言外洋以商务立国，此皮毛之论也。不知外洋富民强国之本，实在于工。讲格致，通化学，用机器，精制造，化粗为精，化贱为贵，而后商贾贸迁之资，有倍蓰之利""就外洋富强之术统言之，则百工之化学、机器、开采、制造为本，商贾行销为末"③。在这样的认识

① 李光泉. 张之洞经济思想实践与近代中国经济的发展[J]. 求索，2008（1）.
② 黄长义. 张之洞的工业化思想与武汉早期工业化进程[J]. 江汉论坛，2004（3）.
③ 同②.

下，张之洞最终摒弃了"重商主义"的思想，转而确立了以工业化为核心的强国富民的治理思想，并以此为指导在湖北进行工业建设。在洋务派官僚中，张之洞第一个认识到工业在经济体系中的重要地位。

（二）张之洞以工业为核心的产业治理体系思想

在确立了"以工为本"的思想之后，张之洞对于如何建设完整的产业体系，促进各产业协调发展也有一定的思考。他清晰地认识到，工业的发展与经济中其他产业的发展有密切的联系。首先，工业的发展是推动其他产业发展的关键力量，他提出，"工者，农商之枢纽也。内兴农利，外增商业，皆非工不为功。"其次，他也认识到了其他产业的发展会对工业的发展起到促进作用，工业部门与其他产业部门是相互促进的关系。他在《劝学篇》中提到，"农之利在畅地产，工之利在用机器，商之利在速行程、省运费""大抵农工商三事互相表里，互为钩贯。农瘠则病工，工钝则病商，工商聋瞽则病农，三者交病，不可为国矣"。这些治理思想的提出，表明张之洞认识到一个结构完整、运行良好的经济体系对促进国家的发展和强大有重要的作用。

对于工业和商业的关系，张之洞认为，商业的发展可以为工业的发展起导向作用，因为商人对市场信息十分敏感，其掌握的信息可以为工业的发展寻找潜在的市场："其精于商术者，则商先谋之，工后作之。先察何器利用，何货易销，何物宜变新式，何法可轻成本，何国喜用何物，何术可与他国争胜，然后命工师思新法，创新器，以供商之取求。"从而使得工业能够正确把握市场的状态，从而沿着正确的方向发展。同时，商业的发展能够促进商品的流通，对工业产品在各地市场的销售有巨大的作用，为工业带来巨大的利润。这将刺激更多的人进入工业部门，推动工业部门规模的扩大和产量的增加。因此，张之洞提出，"货畅路快，运商多，则业此工者自多，制此货者日精。故必商学既博则工艺自盛，若无运商，无销路，则工亦安以劝哉？"①

为了实现"货畅路快"，张之洞十分重视铁路的建设。对于铁路的重要作用，张之洞早就有了一定的认识，他在1889年的《请缓造津通铁路改建腹省干路折》中提出，"窃惟泰西创行铁路，将及百年，实为驯致富强之一大端。其初各国开建干路，以通孔道，迨后物力日裕，辟路日多，支脉贯注，都邑相属，百货由是而灌输，军屯由是而联络，上下公私，交受其益。初费巨资，后享大利，其功效次策，实在于此。"在1895年的《吁请修备储才折》中，他又再次提出清政府应该重视铁路的建设："方今地球各国。无一国不有铁路，千条百道，交错纵横，军民农商，事事称便……即以日本论之，该国变法才二十年，而国势日强，几与各大国抗衡，寻其收效之著，实莫如铁路一端……使中国各省铁路全通，则国家气象大变，商民货物之蓄息当增十倍，国家岁入之数亦增十倍。"②根据这一主张，张之洞先后修建了芦汉铁路、京汉铁路等重要铁路干线，为铁路沿线地区的经济发展奠定了一定的基础。

而对于工业发展与农业发展的关系，张之洞也有新的认识。在其任湖广总督之时，由于湖北工商业兴盛，从事农业的劳动人口逐渐减少，造成湖北农业发展出现倒退的局面。为了促进农业的发展，张之洞大力宣扬科学技术和工业对农业发展的作用，希望利用科技和机械设备来提高农业生产效率，增加农业

---

① 黄长义. 张之洞的工业化思想与武汉早期工业化进程[J]. 江汉论坛，2004（3）.
② 李光泉. 张之洞经济思想实践与近代中国经济的发展[J]. 求索，2008（1）.

经营的收益。他在《劝学篇二·农工商学第九》中提出，"劝农之要如何？曰讲化学……仅树五谷，利薄不足以为养。故昔之农患惰，今之农患拙。惰则人有遗力，所遗者一二；拙则地有遗利，所遗者七八。欲尽地利，必自讲化学始。"为此，张之洞于 1902 年在湖北武汉设立农务学堂，并进一步在全国推广。到了辛亥革命前夕，全国的农务学堂大约有 250 所，为中国农业的发展提供了一定的帮助。①

（三）张之洞"先重后轻"的产业间协调发展思想

在探索实现工业化的道路上，张之洞意识到如果没有重工业的发展，中国在面对西方列强的入侵时就没有抵抗的能力，未来的经济发展也就没有坚实的基础。因此，张之洞提出了首先发展以钢铁工业为核心的重工业的治理思想。他认为，"铁厂如果大举不懈，实为利国利民之举。此正今日讲求西法之大端，振兴工艺商务之始基""采铁炼钢一事，实为今日要务。海外各国，无不注意此事……中国创成此举，便可收回利权。各省局厂商民所需，即已甚广……若再不自炼内地钢铁，此等关系海防边防之利器，事事仰给于人，远虑深思，尤为非计"。为此，他在武汉建造了汉阳铁厂。汉阳铁厂在开办之时已是一家拥有 3000 名工人、数十名技师的大型钢铁企业，其在 1906 年的钢铁产量已达到 6.2 万吨。之后，汉阳铁厂与大冶铁矿、萍乡煤矿合并，组成了汉冶萍公司，成为一个雇佣工人约两万人，年产煤铁百万吨的大型钢铁冶炼公司，其规模在当时的中国绝无仅有。

在重视重工业发展的同时，张之洞并没有轻视轻工业的作

---

① 李光泉. 张之洞经济思想实践与近代中国经济的发展[J]. 求索，2008（1）.

用。他认为由于重工业需要大规模的资本投资，见效较为缓慢，在发展初期很可能出现亏损的问题，这就需要来自其他地方的资金支持。而轻工业具有资本周转速度快、利润率高的特点，所以其利润可以用于支持重工业的发展。同时，重工业的发展也能为轻工业提供帮助。他提出，"以湖北所设铁厂、枪炮厂、织布厂自相挹注，此三厂联成一气，通盘筹划，随时斟酌，互相协助，必能三事并举，各睹成功。"①在这里，张之洞将借助轻工业利润发展重工业的措施称为"自相挹注"。这个发展模式在初期对重工业的发展起到了一定的作用，但随着时间的推移，"自相挹注"的轻工业和重工业发展不再协调，反而拖累了经济的发展。

二、维新派国家经济治理思想

在 19 世纪 70 年代，随着民族资本工业的出现，早期民族资产阶级的力量逐渐壮大，并为中国抵抗外国侵略提出了自己的看法，其中较有影响力的有王韬、郑观应、薛福成等。这些早期的改良派人士通过观察认识到，列强的商品倾销对中国经济的发展有巨大的损害，因此国家需要改变重农抑商的政策，大力支持商业的发展。但这些改良派既没有掌握政治权力，其提出的思想也没有形成一个完善的理论体系。因此，他们只能将这些思想停留在口头上，而难以进行实践。直到甲午战争中清政府战败，民族资本有了相对宽松的发展环境，资产阶级力量进一步壮大，他们对经济发展的认识也进一步加深，以康有为为代表的维新派提出了一套完整的经济治理思想体系，并将之付诸实践。

---

① 黄长义. 张之洞的工业化思想与武汉早期工业化进程[J]. 江汉论坛,2004(3).

（一）康有为的以"变法"促进中国经济发展思想

在中国处于内外交困的情况下，康有为认识到"其穷至是尚不思所以变计，是坐而待亡也"①。而对于如何"变计"，康有为有不同的看法。康有为认为，为了抵抗外国的侵略，众人提出了不同的"变计"方法，而这些"变计"方法有四个层次：一是变器，二是变事，三是变政，四是变法。其中，"变器"指的是购买西方列强的军事武器和先进的机械设备。在鸦片战争后，林则徐作为中国"睁眼看世界的第一人"，明确认识到西方列强军事武器的强大，提出要想与之相抗衡就必须要有先进的军事武器。魏源则提出了"师夷长技以制夷"的口号，希望清政府引进外国的先进军事技术，建立中国自己的军事工业。同时，在建立军事工业的基础上，还可以发展民用工业来提高群众的生活水平。但这只是最为表面的解决方法。"变事"则进了一步，指的是建立中国自己的军事工业和一部分民用工业，洋务派和早期资产阶级改良派都属于这一层面。但两者之间的差异在于，洋务派在兴办近代军事工业和民用工业企业时，大部分采用官办的形式，其资金和管理人员都来源于清政府。这就导致很多腐朽僵硬的封建思想进入企业当中，影响到企业的健康发展。而资产阶级改良派则希望将所有企业都交由民众开办，清政府不再过问。"变政"则指的是设立相应的机构保护民族资本的发展，这种保护并非来自清政府，而是由资产阶级自己掌控权力，以保护自己的经济利益。"变政"虽然开始触及政治制度的改革，是促进经济发展的重要措施，但这些措施只能在局部范围内实施，不能全面保护资产阶级的利益，实现

---

① 朱永. 评康有为变法图强的经济思想——纪念戊戌变法 100 周年[J]. 经济科学，1998（6）.

国家的强盛和人民的富裕。

因此，康有为认为"变法"才是促进国家经济发展的根本措施，因为"非尽弃旧习，再立堂构，无以涤除旧弊，维新气象。若仅补罅漏，弥缝缺失，则千疮百孔，顾此失彼，连类并败，必至无功"[①]。只有全面改革政治制度，革新现有的生产关系，才能实现"总摄百千万亿政事之条理，范围百千亿臣民之心态，建斗运枢，提纲挈领，使天下戢戢风从，故为政不劳而后举"[②]，最终增强国家综合实力，保护国家利益。而且，变法是"全变则强，小变则亡"。按照康有为的设想，中国经过全面变法后，"迟以十年，诸学如林，成才如麻，铁路罗织，矿产洋溢，百度举而风俗成，制造极精，创作报众，农业精新，商货四达，地无余利，人有余饶，枪炮船械之俱巧，训练驾驶之俱精，富教既举，武备亦修"[③]。为了实现全面变法，康有为建议光绪皇帝仿照军机处设立制度局，下设十二个分局，以在全国范围内建立有利于资本主义经济发展的制度体系。但这样的想法遭到了守旧派的全面抵制，最终没有落实，等到戊戌政变之后，康有为所有的努力也就付之流水了。

（二）康有为的科工强国及鼓励民营经济发展思想

康有为对于工业的发展是极为重视的，这一切都源于他迫切地希望利用实业或者说近代工业拯救面临危机的国家。而要增强工业实力，康有为认为，一是要提升国家的科技水平，为工业的发展提供强大的助力；二是要放开对民营经济的限制，

---

① 朱永. 评康有为变法图强的经济思想——纪念戊戌变法 100 周年[J]. 经济科学, 1998（6）.

② 同上.

③ 同上.

以消除官办企业的种种弊端，提升工业企业的运行效率。

康有为对科技和工业的认识主要体现在《物质救国论》这一著作中。康有为在游历各国的过程中，认识到西方各国强大、富裕的根本在于"物质"的发达。他指出，"吾遍游欧、美十余国，深观细察，校量中西之得失，以为救国至急之方者，惟在物质一事而已。物质之方体无穷，以吾考之，则吾所取为救国之急药，惟有工艺、汽、电、炮、舰与兵而已。"①在这里康有为提到"物质"，并将其重点概括为"工艺、汽、电、炮、舰与兵"，其中"工艺、汽、电"指的就是近代科学技术体系，"炮、舰与兵"则指的是科技与工业结合所生产的成果。

康有为认识到，科技和工业的发展不仅使得各国内部发生了巨大的变化，也深刻地改变了世界的局势。他指出，科技是"开通新地球之怪物，使新世界突现于人间，非他学之功，而物质之功也。"由于科技的发展，"夫电线能通语意于万里，铁路能缩大地于咫尺……汽船一出，沧海无垠，遂使大地交通，亚欧邻比。"这就使得各国之间的竞争开始加剧，而这种竞争的实质是科技实力和工业实力的竞争，"夫方今竞争之世何世哉？吾敢谓军、兵、炮、舰、工、商之世也。此数者皆不外物质而已。"因此，中国必须学习西方的先进科学技术，增强国家的科技和工业实力，才能最终提高国家的军事实力，抵抗外国的侵略，"故欲自强，不受人凌弱侵分者，又当合治物质种种之科学，遍收其用，而后兵舰、枪炮乃可致精。此欲治兵舰、枪炮者，又仅治兵舰、枪炮者所不能者矣。"

针对当时顽固派提出的科学技术只是末节，国家强盛在"德"而不在于科技与工业的说法，康有为进行了驳斥。他指

---

① 康有为. 康有为全集[M]. 北京：中国人民大学出版社，2007.

出，对于国家发展而言，民族精神是极为重要的，但从当时中国的情况来看，科技和工业的发展却更加重要。他以美国为例，指出美国虽然国民道德素质低下，但国家的科技实力和工业实力却十分强盛，并不妨碍美国成为强大的国家："美国而今富冠大地……非有他也，物质之学盛而工艺最精故也。将谓文明之美耶？则奸诈、贪邪不可枚举。国尚富，以好利为主义，苟富矣，则杀人可不死，重贿陪审员与辩护士足矣；子不养其父，至死于纽约街亭……国人唯逐利，故尚工而不好文学，然以尚富，故人皆讲工艺而致富强矣。"而且，国家科技实力和工业实力的增强，反过来对国民素质的提升有十分积极的意义。他指出，"更因物质而令道德、人群皆一新焉。更上推欧人之学说，拨千年黑暗而致万里光明者。"因此，康有为格外强调说："夫道德、哲学空论之说中国固至美矣……若以立国御敌乎？强军富民乎？则一切空论之学皆无用，而惟物质之为功。然则今日救国之术，惟有急急专从事于物质、工学之事斯已耳。"

总之，康有为认为，科学技术与近代工业是"救国之第一事，宁百事不办，此必不可缺者也"。国家如果不重视科学技术和工业的发展，则"今世必不能以空拳敌白刃，必不能制白挺而挞利兵，必不能以刀石敌枪炮……以吾旧械不治不备，必不足以当之，则只有待亡"。

为了增强国家的科技实力和工业实力，康有为提出了具体的措施，"欲大开物质学于己国，内地之法有八，一曰实业学校，二曰小学增机器、制木二科，三曰博物院，四曰型图馆，五曰制造厂，六曰分业职工学校，七曰赛会勤工场附。七者交举而并行，互摩而致精。"同时，中国需要学习日本的发展经验，以日本为蓝本，建立自己的教育体系和工业体系。通过这种方式，中国可以培养大量的技术人才，实现国家的复兴。"日本于物质学虽远不如欧、美，然各种实用学亦已无不具立，地近而文同，费省而学易……农、工、商、航海诸业学皆可就以采法者也……中国二千县，凡有数万人，分学各实业，四五年后收其效者不可穷究也。"①

对于私营经济在经济发展中的作用，康有为也有着自己的认识。康有为大力反对官办企业，认为私营经济对国家经济的发展有极大的意义。原因如下：首先，康有为认为相对于清政府的官办企业而言，私营经济有更高的效率。他发现，官办企业官僚主义盛行，存在种种封建习气，导致企业管理制度难以建立。同时，由于企业管理人员不懂现代管理知识，"只守旧式，绝无精思创为新制"②，使得企业"技艺不能日新……机器不能日精"，严重影响了国家工业实力的提升。其次，私营经济的发展不需要政府投资，而是从社会中募集资金，可以减轻国家的负担。而且，私营经济的发展可以为政府开拓税源，增加政府的财政收入。康有为以铁路建设为例，指出"铁路之利，天下皆知……所未推行直省者，以费巨难筹耳"，一旦可以吸收社会资本，则"吾民集款，力自能举"。最后，康有为认为政府的力量是不可能涉足所有经济发展领域的，在面对西方列强的经济侵略时，难免左支右绌，无法全面顾及。这就需要清政府放开对私营经济的限制，促进私营经济的发展并与外国资本竞争，从而"无使外国收我利权"③。为此，康有为在戊戌变法中试图建立完善的惠商制度，奖励技术创新，促进私营经济

---

① 蒋贵麟. 康南海先生遗著汇刊（第15集）. 物质救国论[M]. 台北：台湾宏业书局有限公司，1987：26-90.

② 中国史学会. 中国近代史资料丛刊·戊戌变法（第2册）[M]. 上海：上海人民出版社，2000：145.

③ 中国史学会. 中国近代史资料丛刊·戊戌变法（第2册）[M]. 上海：上海人民出版社，2000：141.

的发展。这些措施虽然随着戊戌政变的失败而被废除，但仍对后世产生了巨大的影响。

（三）康有为的消灭私有制及建立"大同社会"思想

康有为在《大同书》中阐述了他对经济社会发展的终极目标治理的看法，主要描述了大同社会的政治结构、社会结构和经济结构。

康有为认为，生产资料的私有制是"万恶之源"，世间一切的不平等都源于此。因此，康有为认为在未来的大同社会中，要彻底消灭生产资料的私有制，实现土地、工业和商业的全面公有制，并在这个基础上建立相应的生产关系和分配关系。从生产资料所有制来看，康有为提出，对于土地等农业生产资料，要"举天下之田皆为公有，人无得私有而买卖之"。在这个制度的基础上，由政府分区设立相应的管理机构，组织人们进行农业生产。在宏观上，农业生产实行计划经济模式，管理机构在农业生产进行之前就对整个社会的粮食需求进行相应的调查，在确立社会需求的总量之后将生产计划分配给各个分支机构，并将所生产的粮食在全社会进行调配。在微观上，每个农业生产的分支机构内部都有细致的分工，劳动者在先进的机械化设备的帮助下进行劳动，这就使得所有劳动者的劳动时间都很短，整个劳动过程也是令人愉悦的。而对于工业生产资料，康有为也提出"不许有独人之私业"，所有工业企业归社会公有。工业企业的生产同农业生产一样，也实行计划经济，由专门机构对其进行管理。在进行工业生产之前，先由专门的部门对社会需求进行调查，再将这些数据交由工厂进行生产。在这些工厂的内部，生产是由受过高等教育的工人操作自动化机械完成的，而这些工人作为劳动者，也参与工厂的管理，是工厂的主人。对于整个大同社会的分配制度，康有为的看法与传统社会对大同社会的看法有很大的区别。在康有为的设想中，整个社会实行的不是绝对平均的分配制度，而是按劳分配制度。每个成年人按照自己的劳动时间获得相应的生活资料，而未成年人则由公共机构提供其成长所需的生活资料。由于在大同社会中生产能力高度发达，物质财富极大丰富，每个人只需要工作不到 4 个小时就可以获得许多生活资料，即使是最低的工资也足以保证人们的健康生活。

康有为在提出大同社会的构想时，并没有读过西方空想社会主义著作，而是"混合公羊三世说、礼运篇小康大同说、佛教慈悲平等说、卢梭天赋人权说、耶稣博爱自由平等说，还耳食了一些其他欧洲社会主义学说，幻想出一个大同之世"。对于这样的想法，梁启超评论如下，"此等理想，在今日之欧美，或不足为奇，而吾独怪乎先生未读一西书，而冥心孤往，独辟新境，其规模如此之宏远，其理论如此之严密也，不得不叉手赞叹曰：伟人哉，伟人哉！"①

三、资产阶级革命派国家经济治理思想

随着辛亥革命的爆发和清政府的垮台，延续两千多年的封建君主专制制度在中国被消灭。孙中山雄心勃勃地希望通过建立资产阶级的民主共和国，实现其国家强大、人民富裕的夙愿。但由于资产阶级革命派无法与以袁世凯为首的北洋派抗衡，孙中山不得不辞去中华民国临时大总统的职位，黯然离开。在这种情况下，中国作为半殖民地半封建社会的局面并没有得到改善，仍然遭受封建主义和帝国主义的压迫。面对这种情况，孙

---

① 何一民. 对小生产平均理想的超越——论康有为的大同学说[J]. 社会科学研究，1998（1）.

中山不屈不挠，在全国各地乃至西方各国进行实地调查，继续充实他的理论体系，以探索出一条强国富民的道路。

（一）孙中山 "民族主义"和"民权主义"的治理思想

孙中山认识到，中国被列强侵略的重要根源之一，就是清政府"政治不修，纲纪败坏，朝廷则鬻爵卖官，公行贿赂；官府则剥民刮地，暴过虎狼……民不聊生"①。而解决的办法就是推翻清政府的统治，"不完全打倒目前极其腐败的统治而建立一个贤良政府……那么实现任何改进就完全不可能"②。为此，孙中山提出了"民族主义"思想，号召中华民族摆脱清政府的奴役。"民族主义"还指出，要实现自身的完全独立，中华民族需要反抗的不仅仅是满清政府，还有帝国主义势力。孙中山认为，"辛亥以后，满人之宰制政策已为国民运动所推翻，而列强之帝国主义则包围如故，瓜分之说变为共管……其结果足使中国民族失其独立与自由则一也。"③面对这种情况，孙中山指出，在没有成为独立国家的情况下，中国的发展权利就得不到保障，而"惟发展之权，操之在我则存，操之在人则亡"④。因此，中国必须"废除中外一切不平等条约，收回海关、租界和领事裁判权"⑤，最终实现政治和经济的独立。只有这样，中国各项产业的发展才能有坚实的基础和后盾。

同时，孙中山还意识到，封建专制制度对人民权利的束缚是阻碍中国近代化的重要因素。他指出，"中国数千年来都是

---

① 孙中山全集（第 1 卷）[M]. 北京：中华书局，1981：21.
② 中国科学院哲学研究所中国哲学史组. 中国哲学史资料选辑（近代之部下）. [M]. 北京：中华书局，1959：605.
③ 孙中山全集（第 9 卷）[M]. 北京：中华书局，1986：118.
④ 孙中山选集. [M]. 北京：人民出版社，1981：212.
⑤ 孙中山选集. [M]. 北京：人民出版社，1981：962.

君主专制政体，这种政体，不是平等自由的国民所堪受的。"①
在这样的政治制度下，人们根本没有进行技术创新的积极性，
也就难以推动经济的发展。对于这种封建专制国家，即使其是
一个汉人王朝，也必须用革命的手段去推翻它。因此，为了实
现经济的发展，必须解放民众，保障人民的各项权利，这样才
能激发人民劳动和创新的积极性，创造出更多的物质财富。根
据这一理论，孙中山提出了"民权主义"思想，提出要建立一
个人人平等的民主共和国家。在这个国家中，人民在政治上是
平等的，各项权利也能得到充分保障，人们也就有更多的积极
性去进行物质财富的生产和科学技术的创新，从而为经济的发
展提供良好的制度支持。

（二）孙中山的工业次序治理思想与农业治理思想

在深入考察了各国的发展历史之后，孙中山充分认识到工
业对国家经济发展的重要性，并结合中国的实际情况提出了自
己的工业发展构想。一方面，孙中山认为必须从全局的角度考
虑工业的发展，而不能只关注单个产业的发展。他指出，"预
谋实业之发达者，非谋一端之可成效也；必也万般齐发，实能
收效。"②另一方面，考虑到国家当前实力尚且十分弱小，不能
兼顾所有产业的发展，孙中山又对工业发展的重点和次序进行
了规划，形成了独具特色的产业发展思想。

第一，孙中山将工业部门分为两个部分，一部分称为"关
键及根本工业"，另一部分则称为"本部工业"。其中，"关
键及根本工业"指的是机械制造业、交通运输业、冶炼业等生
产生产资料的部门，而"本部工业"指的则是生产"个人及家

---

① 孙中山全集（第1卷）[M]. 北京：中华书局，1981：325.
② 孙智君，朱凯. 孙中山工业化思想研究[J]. 河北经贸大学学报，2011（6）.

庭生活所必需，且生活安适所由得"①等消费资料的部门。对于
这两个部门的关系，孙中山指出，生产生产资料部门的发达，
有利于"本部工业"的发展，能够为人民提供更多更好的生活
资料。而且，"关键及根本工业"的发展能够创造更多的就业
岗位，提高人们的收入，也有利于人们生活水平的提高。他提
出，"关键及根本工业既发达，其他多种工业皆自然于全国在
甚短时期内同时发生"，也使"人民有许多工事可为，而工资
及生活程度皆增高"。因此，他将"关键及根本工业"放在整
个经济发展的核心地位。

第二，在产业发展的次序方面，孙中山认为应该首先发展
"关键及根本工业"，而在"关键及根本工业"中，则要特别
重视交通运输业和能源产业。对于交通运输业，孙中山提出"予
之计划，首先注重于铁路、道路之建筑，运河、水道之修治，
商港、市街之建设，盖此皆为实业之利器，非先有此种交通、
运输、屯集之利器，则虽全具发展实业之要素，而亦无由发展
也"②。为此，孙中山从经济角度提出了建设铁路的原则，即
"从利益之点观察，人口众多之处之铁路，远胜于人口稀少者
之铁路。然由人口众多之处筑至人口稀少处之铁路，其利尤
大"③。而对于能源产业，孙中山指出，我国的矿产资源十分丰
富，一旦能够开发出来，对中国的经济发展有巨大的好处。但
由于国家的技术水平落后，使得我国必须从外国进口各种能源
和矿产，造成我国外汇的流失。因此，国家需要加大对这些方
面的技术投入，以更好地利用这些资源。

---

① 孙中山. 建国方略：近代化中国大策划[M]. 郑州：中州古籍出版社，1998：291.
② 孙中山全集（第 5 卷）[M]. 北京：中华书局，1985：134.
③ 孙中山. 建国方略：近代化中国大策划[M]. 郑州：中州古籍出版社，1998：175.

孙中山除了重视工业的发展之外，对农业重要性的认识也十分深刻。他指出，中国自古以来就是农业大国，农业的发展关系到人们的生存和国家的兴亡。所以"诚以中华自古养民之政，首重农桑，非如边外以游牧及西欧以商贾强国可比。且国中户口甲于五洲，倘不于农务大加整顿，举行新法，必至民食日艰，哀鸿遍野，其弊可预决者"①。而到了近代，虽然中国工业实力落后，故须大力发展工业，但农业作为国家发展的根本，仍然需要予以重视。他指出，"军兴以来，四民失业，而尤以农民为最……若全国耕者释末，则虽四时不害，而饥馑之数，已不可免。国本所关，非细故也。"②一旦农业得到发展，那么国家的富强也就有了基础，就可以"以农为经，以商为纬，本末具备，巨细毕赅，是即强兵富国之先声，治国平天下之枢纽也"③。

为了促进农业的发展，孙中山提出了"农政有官，农务有学，耕耨有器"④的治理思想。所谓"农政有官"指的是建立农业生产的管理制度。正如孙中山所言，"文之先人躬耕数代，文于树艺牧畜诸端，耳濡目染，洞悉奥窔；泰西理法亦颇有心得。至各国土地之所宜，种类之佳劣，非遍历其境，未易周知。"⑤由于出生于农民之家，孙中山对于农业的生产和管理十分了解。而在青年时期，他又游历过西方各国，了解了西方国家的农业管理制度。他在对比了中西方的农业生产管理制度之后，明确提出近代中国农业不发达的重要原因之一就在于农民知识水平不高，政府也没有建立相应的管理制度来进行改善。

---

① 孙中山全集（第 1 卷）[M]. 北京：中华书局，1981：24.
② 孙中山全集（第 2 卷）[M]. 北京：中华书局，1982：233.
③ 孙中山全集（第 1 卷）[M]. 北京：中华书局，1981：6.
④ 孙中山文集[M]. 北京：团结出版社，1997：592.
⑤ 孙中山文集[M]. 北京：团结出版社，1997：601.

对于农民知识水平低的情况，他列举了自己的切身经历："远者无论矣，试观吾邑东南一带之山……农民只知斩伐，而不知种植，此安得其不胜用耶？蚕桑则向无闻焉，询之老农，每谓土地薄，间见园中偶植一桑。未尝不滂勃而生，想亦无人为之倡者，而遂因之不讲广耳。"[①]这种问题本来应该由政府加以引导并解决，但由于没有建立相应的管理制度，农民无法获得农业生产和经营相关的知识，使得"农民只知恒守古法，不思变通，垦荒不力，水利不修，遂致劳多获少，民食日艰。水道河渠，昔之所以利农田者，今将而为农田之害矣"[②]。而在西方国家，政府建立了较为完善的农业生产管理制度，使得这些国家的农业生产更为高效。因此，孙中山提出，中国也应该仿照西方建立完整的农业生产管理制度，以提高中国农业生产的管理水平，促进农业的发展和农民的富裕。

"农务有学"指的是要利用科学技术促进农业的发展。孙中山认为，中国当时的人口增长速度是很快的，耕地面积却不能随之快速增加。那么，为了以有限的耕地养活更多的人口并提高人民的生活水平，只能利用科学技术来增加农业的产量。对于如何利用科学技术提高粮食产量的问题，孙中山提出应该将重点放在农作物生长环境的改善和农作物本身的改良上。他指出，"夫土也，草也，固取不尽而用不竭者也，是在人能考土性之所宜，别土质之美劣而已。倘若明其理法，则能反硗土为沃壤，化瘠土为良田，此农家之地学、化学也。别种类之生机，分结实之厚薄，察草本之性质，明六畜之生理，则繁衍可期而人事得操其权，此农家之植物学、动物学也。日光能助物之生长，电力能速物之成熟，此农家之格物学也。蠹蚀宜防，

---

① 孙中山文集[M]. 北京：团结出版社，1997：589.
② 孙中山文集[M]. 北京：团结出版社，1997：593.

疫疠宜避，此又农家之医学也。农学既明，则能使同等之田产数倍之物，是无异将一亩之田变为数亩之用，即无异将一国之地广为数国之大也。"①此外，农业技术在研发出来之后，还需要予以相应的推广。为此，孙中山提出建立技术知识的推广制度，主要是设立农学会对西方农业技术知识进行翻译，并培养农业技术推广人员，将这些技术知识教授给农民。他指出，"伏念我粤东一省，于泰西各种新学闻之最先……今特创立农学会于省城，以收集思广益之实效。首以翻译为本，搜罗各国农桑新书，译成汉文，俾开风气之先。即于会中设立学堂，以教授俊秀，造就其为农学之师……以教农民，照法耕植。"②

"耕耨有器"指的是善于利用农业机械，实现农业的机械化生产。孙中山认为，在农业管理制度建立、科技知识得到推广之后，就应该开始重视对农业机械的使用。而农业机械的大量使用，可以极大地提高农业生产的效率，解放农村劳动力。他提出，"非有巧机无以节其劳，非有灵器无以速其事，此农器宜讲求也。自古深耕易耨，皆藉牛马之劳，乃近世制器日精，多以器代牛马之用，以其费力少而成功多也……机器之于农，其用亦大矣哉。"③而且，农业生产的机械化对解决我国的农业问题有极为重要的意义。因为我国很多荒芜的土地是很难通过人工进行开辟的，而如果利用农业机械进行农业生产，过去不能耕种的土地就可以得到利用。这就增加了中国的耕地面积，能够大大缓解中国人多地少的矛盾。孙中山指出，"中国几千年来耕田都是用人工，没有用过机器。如果用机器来耕田，生产上至少可以加多一倍，费用可减轻十倍或百倍。同时，用人

① 孙中山全集（第1卷）[M]. 北京：中华书局，1981：11.
② 孙中山全集（第1卷）[M]. 北京：中华书局，1981：25.
③ 孙中山文集[M]. 北京：团结出版社，1997：594.

工生产，可以养四万万人，若是用机器生产，便可以养八万万人。所以我们对于粮食生产的方法，若用机器来代人工，则中国现在有许多荒田不能耕种，因为地势太高，没有人灌溉，用机器抽水，把低地的水抽到高地，高地有水灌溉，便可以开辟来耕种。"①

（三）孙中山的"外资""外人""外法"治理思想

孙中山是我国第一位形成系统对外开放思想的革命者，他对对外开放的必要性、意义及如何进行对外开放都有较为深刻的认识。从对外开放的必要性和意义来看，孙中山提出，中国面临的是"世界开化，人智益蒸，物质发舒，百年锐于千载"②的国际局势，而清政府却实行闭关锁国政策，禁止与外国进行交流，这就使得中国在过去一段时间内拉大了与西方国家的差距。这种差距使得中国在与列强进行交流时损失了巨大的利益。而随着闭关锁国的局势被列强打破，清政府仍然故步自封，对与西方交流感到十分恐惧，其"思想则犹是闭关时代荒岛孤人之思想，故尚不能利用外资、利用外才以图中国之富强也"③。在推翻清朝的腐朽统治后，孙中山认为不能再延续清政府那种闭关锁国的政策，而是应该主动开放国门，积极与外国交流。特别是为了发展国内的实业以改变中国贫穷落后的面貌，中国就更要吸收国外的资本、人才和技术，促进本国工农业的发展。他指出，"款既筹不出，时又等不及，我们就要用此开放主义。凡是我们中国应具事业，我们无资本，即借外国资本，我们无人才，即用外国人才，我们方法不好，即用外国方法。物质上

---

① 孙中山文集[M]. 北京：团结出版社，1997：276.
② 孙中山全集（第1卷）[M]. 北京：中华书局，1981：288.
③ 孙中山全集（第6卷）[M]. 北京：中华书局，1985：224.

文明，外国费二三百年功夫，始有今日结果。我们采来就用，诸君看看，便宜不便宜？"为此，他还以美国与日本的发展历史为例，指出对外开放对中国发展有重要意义。他提出，"美国为现在最富强的国家，当其发展实业之初，资本则悉借之欧洲，人才亦多聘之欧洲，而工人且有招之中国。"日本"四十年以前，亦是一个最小最穷最弱之国，自明治维新以后，四十年间，俨然称为列强……它是用何种方针，始能如此，亦只是用开放主义"①。因此，中国必须改变思想，加强对外开放，以引进外国资本和人才，实现国家的富强。对于如何进行对外开放，孙中山提出了三大政策。

首先，要积极吸引外来资本。在中华民国建立之后，为了筹集实施国家建设战略所需的资本，孙中山曾经设想通过发行公债来达到目的。但民众在经历了清政府和帝国主义的剥削之后，已经没有余力拿出资金来购买公债，孙中山的愿望最终没有实现。而在分析了美日等国的发展历史之后，孙中山把目标转向了外资。他指出，"照美国发达资本的门径，第一是铁路，第二是工业，第三是矿产。要发达这三种大实业，照我们中国现在的资本、学问和经验都是做不来的，便不能不靠外国已成的资本。我们要拿外国已成的资本，来造成中国将来的共产世界，能够这样做去，才是事半功倍。"②为此，孙中山提出了多种引进外资的方式："一、借资兴办，二、华洋合股，三、定以期限，批与外人承筑，期满无价收回。"③在引进外资的过程中，孙中山着重提出要注重对国家主权的维护，绝不能答应国

① 俞文冉. 孙中山的对外开放思想及其特点[J]. 武汉水利电力大学学报（社会科学版），2000（6）.

② 孙中山全集（第9卷）[M]. 北京：中华书局，1986：393.

③ 孙中山全集（第2卷）[M]. 北京：中华书局，1982：481.

外在投资过程中附加的政治条件。

其次，要大力吸引外国人才的进入。孙中山很早就认识到人才在国家发展过程中的作用，他提出"教之有道，则人才济济，风俗丕丕，而国以强"①。他对清政府在洋务运动时期只是购买军事武器的做法十分反对，认为清政府的这种做法是舍本逐末，无法让中国真正富强起来。但是，孙中山也意识到如果只依靠中国自己培养的人才，是很难在短时间内提升国力的，"若必俟我教育之普及、知识之完备而后始行，则河清无日，坐失良机"②。在中国学习西方的过程中，为了培养所需的人才，必须向外国派出大量留学生。但要等到这些留学生成才，至少需要十年的时间，无法为当时中国的近代化作贡献。因此，吸引外国人才就十分必要了。他提出，在我国培养本国人才的时候，必须"广罗各国之实业人才为我经营创造也"③。同时，这些人才应该"为我筹划，为我组织，为我经营，为我训练"④，最终达成培养本国人才和进行经济建设并举的目的。

最后，要广泛引进西方的科学技术与管理制度。由于早年的经历，孙中山深刻认识到中国技术的落后对国家的危害。为了改变这种情况，孙中山提出一定要学习外国的先进技术。对于如何实现引进技术并实现技术跨越，孙中山提出了购买与仿制相结合的道路。国家利用大量资本购买国外先进的技术设备，然后由本国人才进行仿造，这样在较短的时间内就可以提高本国的工业实力。除了引进西方先进的技术设备之外，孙中山还提出要学习国外企业的先进管理制度。孙中山认为，"中国近

①　孙中山全集（第1卷）[M]．北京：中华书局，1981：2．

②　孙中山全集（第6卷）[M]．北京：中华书局，1985：228．

③　孙中山全集（第5卷）[M]．北京：中华书局，1985：134．

④　孙中山全集（第6卷）[M]．北京：中华书局，1985：228．

日之情状，恰于富人广有物产，藏于仓库，而未能启其笕钥。所谓笕钥者，即经营新实业之方法是也。"①只有建立先进的管理制度，才能更好地组织人力和物力，充分发挥中国的优势，实现国家的强大和人民的富裕。

（四）孙中山的"民生主义"治理思想

孙中山在对如何进行工业体系建设进行了深刻分析的同时，又对由谁掌握资本以推动工业体系建设，以及如何分配社会生产成果做了详细的论述。孙中山在考察了英国的状况之后发现，虽然在工业革命之后英国的工业实力大幅增强，创造的物质财富远远多于古代，但人民不仅没有得到多少利益，反而愈发贫困："人民的贫穷甚于前代也不止数千倍，并且富者极少，贫者极多。"②而这种情况产生的原因，就在于私人资本的垄断使资产阶级攫取了绝大部分生产成果。因此，孙中山认为，在未来的发展过程中，中国"惟所防者，则私人之垄断，渐变成资本之专制，致生出社会之阶级、贫富之不均耳。防之(之)道为何？即凡天然之富源，如煤铁、水力、矿油等，及社会之恩惠，如城市之土地、交通之要点等，与夫一切垄断性质之事业，悉当归国家经营，以所获利益，归之国家公用"③。

孙中山除了从防止资本垄断社会财富、致使社会贫富差距拉大的角度强调了"节制资本"的重要性之外，还从中国的国情出发，分析了利用"发达国家资本"的必要性。他指出，"中国不能和外国比，单行节制资本是不足的。因为外国富，中国贫，外国生产过剩，中国生产不足。所以中国不单是节制私人

① 孙中山全集（第3卷）[M]. 北京：中华书局，1984：18.
② 孙中山全集（第1卷）[M]. 北京：中华书局，1981：327.
③ 孙中山全集（第5卷）[M]. 北京：中华书局，1985：135.

资本，还是要发达国家资本。"而之所以要利用发达国家资本，是因为自然垄断行业"如果不用国家的力量来经营，任由中国私人或者外国商人来经营，将来的结果也不过是私人资本发达，也要生出大富阶级的不平均"。而且，"中国今日单是节制资本，仍恐不足以解决民生问题，必要加以制造国家资本，才可解决之。何谓制造国家资本呢？就是发展国家实业是也。"①可以看到，孙中山之所以提出由国家来掌握资本以推动工业建设，是为了使大部分社会生产成果能够由人民群众享用，而不是被少数人所占有，这样才能实现人民生活富裕，达成"民生主义"中提出的目标。

　　对于如何实现"节制资本"，孙中山也提出了相应的措施。他指出，"凡本国人及外国人之企业，或有独占的性质，或规模过大为私人之力所不能办者，如银行、铁道、航路之属，由国家经营管理之，使私有资本制度不能操纵国民之生计，此则节制资本之要旨也。"②但是，节制资本并不是完全禁止私人资本的发展，而是禁止私人垄断资本的存在，同时鼓励中小资本的自由发展。孙中山指出，"中国实业之开发应分两路进行，(一)个人企业、(二)国家经营是也。凡夫事物之可以委诸个人，或其较国家经营为适宜者，应任个人为之，由国家奖励而以法律保护之……至其不能委诸个人及有独占性质者，应由国家经营之。"③此外，孙中山还提出了"节制资本"的几项具体政策。第一，对资本家征收累进税和遗产税，因为"资本家的入息极多，国家直接征税，所谓多取之而不为虐"④。这样既可以

---

① 孙中山全集（第9卷）[M]. 北京：中华书局，1986：391-393.
② 孙中山选集[M]. 北京：人民出版社，1981：593.
③ 孙中山选集[M]. 北京：人民出版社，1981：217.
④ 孙中山选集[M]. 北京：人民出版社，1981：593，815.

限制资本家财富过度膨胀，又可以为国家增加财政收入，并将
这些资金投入社会民生领域，提高广大民众的生活水平。第二，
对垄断企业进行征收，交由国家管理。孙中山认为，国家应该
制定相应的政策，使其在私人资本垄断整个市场时有权力对企
业进行赎买回收，将这些企业收归国家经营。第三，设置相关
法律，保障工人的正当权益，改善工人的生活。孙中山指出，
"国民党之主张，则以为工人之失业者，国家当为之谋救济之
道，尤当为之制定劳工法，以改良工人之生活。"孙中山认为，
通过这些手段，国家能够较好解决贫富差距较大的问题，使中
国不再重蹈西方发达国家的覆辙。

　　同时，孙中山又对土地所有制问题及土地财富的分配进行
了分析，集中体现在其"耕者有其田"和"平均地权"的思想
中。"耕者有其田"指的是土地收归公有，使农民能够永久获
得耕种土地的权利。对于为什么要将土地收为公有，孙中山指
出，近代中国"一般农民有九成都是没有田的。他们所耕的田，
大都是属于地主的。有田的人自己多不去耕……农民耕田所得
的粮食，据最近我们在乡下的调查，十分之六是归地主，农民
自己所得到的不过十分之四，这是很不公平的"①。而且，"原
夫土地公有，实为精确不磨之论。人类发生以前，土地已自然
存在，人类消灭以后，土地必长此存留，可见土地实为社会所
有，人于其间又恶得而私之耶……而欲求生产分配之平均，亦
必先将土地收回公有，而后始可谋社会永远之幸福也。"②因
此，为了全体国民的利益和未来国家的发展，中国不能学习西
方资本主义国家的土地私有制度，否则"将来大地主必为大资
本家，三十年后又将酿成欧洲革命流血之惨剧。故今日之主张

---

① 孙中山全集（第9卷）[M]. 北京：中华书局，1986：399.
② 李国环. 孙中山平均地权与节制资本经济思想述评[J]. 中州学刊，2007（6）.

社会主义，实为子孙造福计也"[1]。

"平均地权"主要包括四个方面：核定地价，征收土地税，按核定之地价收回土地和涨价归公。其中很多思想即使以当代标准来衡量也是非常先进的。从核定地价来看，是指将全国的土地划分为公有土地和私有土地。公有土地主要分配给农民，实现"耕者有其田"。随后，由私人自行上报自己所拥有的土地的价格，由国家颁布地契并记录下来。在确定土地价格之后，国家就可以按照该价格进行征税。这就解决了由私人自行上报价格可能产生的虚报问题。因为一旦私人特意多报自己拥有的土地，其就须缴纳更多的税收。而随着经济的发展，国家"若修路道，若辟市场，其所必经之田园庐墓或所必须之地亩，即按照业户契税时之价格，国家给价而收用之"[2]。之所以按照当年地契规定的价格购买土地，是因为"土地价值之增加，咸知受社会进化之影响，试问社会之进化，果彼地主之力乎？若非地主之力，则随社会及增加之地价，又岂应为地主所享有乎？可知将来增加之地价，应归社会公有"[3]。通过这种方式，政府以当年定下的价格购买土地，就可以获得土地因社会经济发展增值的部分，实现"涨价归公"的目标。政府则可以将这一部分收益用于国家建设，使全国人民享受到经济发展的成果。同时，"涨价归公"的策略还可以防止出现地主瞒报土地的现象。因为一旦地主存在瞒报，在未来国家将土地收归公有时，其所能获得的土地收益就会减少。孙中山认为，通过上述这些措施，可以在不引起地主们激烈反抗的情况下，使农民得到足够的土地进行耕种，政府也能获得大量财政收入。

---

① 李国环. 孙中山平均地权与节制资本经济思想述评[J]. 中州学刊，2007（6）.
② 孙中山全集（第1卷）[M]. 北京：中华书局，1981：372.
③ 孙中山全集（第1卷）[M]. 北京：中华书局，1981：522.

第三节　近代中国国家经济治理思想的
当代启示

近代中国国家经济治理思想是以实现工业化为核心的，主要包括对工业在近代经济体系中的地位、实现工业化所需的环境、推动工业化的主体力量，以及社会各阶层如何分配经济发展的成果等问题的思考。随着经济社会条件的发展变化，虽然这些国家经济治理思想总体上不符合当代中国经济发展的实际，但某些经济治理思想仍然闪烁着智慧的光芒。因此，对前人的经济治理思想进行深入的比较分析，并继承和发扬其合理部分，对当代中国的经济建设和国家治理现代化有一定的指导意义。

一、对近代中国国家经济治理思想的传承与超越

在中国的百年屈辱史上，工业对国家经济发展和综合国力提高的重要性逐渐在人们心中形成共识。无论是地主阶级中的洋务派，还是后来的资产阶级和无产阶级革命者，都认识到了工业的重要性。但在认识到工业的重要性之后，他们对如何实现工业化及如何分配社会生产成果却有着不同的认识。

第一，对工业化进行的前提有不同的看法。从张之洞的思想来看，其明确认识到了工业化对提高中国实力的作用。但作为地主阶级的一员，其进行工业化的目的是维护封建社会的生产关系。而他没有认识到的是，封建生产关系是中国实现工业

化的重要阻碍。在不改变封建生产关系的情况下，大量的农民只能被束缚在土地上，无法为工业化的进行提供自由劳动力。同时，封建生产关系下出现的各种思想也对人们产生了束缚，使得民族资本难以发展起来。显然，对于清政府而言，改革封建生产关系是绝无可能的，这会直接威胁到他们的统治。因此在清政府的统治下，中国只能依靠洋务运动掀起一时的工业化热潮，而无法将工业化运动持续深入下去。后来的维新派虽然认识到了封建生产关系对工业发展带来的阻力，但他们不敢彻底推翻封建生产关系，只是希望对封建制度进行改良以使其适合资本主义的发展。但这种方法并不能使他们免受封建顽固势力的反对，最终导致维新运动彻底失败。

而以孙中山为代表的资产阶级革命派则清醒地认识到，如果不能推翻封建制度，获得国家独立和民族解放，中国就没有实现国家工业化的前提条件。只有建立了适合近代工业发展的新型生产关系，中国的人力和物力优势才能得到真正的发挥，中国的工业化才有坚实的基础。但孙中山最终也没能取得革命的彻底胜利，完成反帝国主义和反封建主义的任务，实现中国工业化的任务交到了中国共产党的手中。以毛泽东为代表的中国共产党同样认识到，封建生产关系的存在和帝国主义的压迫是中国工业化难以进行的根源。因此，毛泽东一方面提出"打扫干净屋子再请客"，宣布废除一切与帝国主义签订的不平等条约，使中国免受外国的政治军事压迫和经济侵略；另一方面则在全国范围内对农业和家庭手工业进行改造，全面清除国内的封建生产关系，为中国工业化的进行提供了良好的环境。

第二，对推动国家工业化和经济发展的主体的认识有所不同。洋务派在建立军事工业和民用工业的过程中，采取了官办、官商合办及官督商办等方式。其中，国家出资的部分占绝大多数，只有部分小企业是民间资本建立的。即使张之洞在后期认识到了工业的重要性，他也仍然没有意识到民营资本在工业发展中的作用，而是始终希望依靠清政府运用国家力量推动工业化的进行。康有为等维新派成员作为资产阶级的代表，在考察了西方工业化历史之后，认定私营经济才是推动国家进行工业化的主要力量，因此主张以私营经济为核心发展中国经济。但他们没有认识到民间资本的力量实在太过弱小，对内不能迅速积聚资本，只能投资轻工业获取利润，在短期内对提高国家的工业实力没有效果，这对于当时情况危急的中国而言是缓不济急的；对外则无法适应当时所处的垄断资本主义时代，难以与西方国家的垄断资本相抗衡，无法抵抗外国的经济侵略，甚至很难在与外国的竞争中生存下来。因此，可以说维新派的改革方式是不切实际的。

而孙中山则认为，工业化的进行和国家经济的发展应该以国有经济为主要力量，只有运用国家力量推动工业化，将经济发展的命脉掌握在国家手中，才能保障全国人民的利益，使私人资本不能肆意妄为。然而，需要注意的是，孙中山本来希望利用"平均地权"所带来的收益来获取工业化所需的资金，但通过这种方法获取资金的速度相对缓慢，因为当时社会的发展并不能让土地迅速升值，而国民党所拥有的力量也无法真正执行这一政策，最终孙中山的设想落空了。毛泽东也认同孙中山的思想，他认为中国经济的发展既要依靠国有经济的力量，也需要民营经济的支持。但是，国有经济才是经济发展特别是国家工业化过程中的主体，只有保证国有经济在国民经济中的主体地位，才能保障工业化进行的社会主义方向。同时，只有利用国家力量推动工业化的进行，中国才能在短时间里建立较为完善的工业体系，从而快速提升国家的综合实力，使得国家能够更好地应对外国势力的威胁。因此，在社会主义改造过程中，国有经济的比重不断上升，并在随后成为推动我国工业化进行和经济发展的唯一力量。

第三，对对外开放的认识不同。在洋务运动过程中，洋务派本身并没有形成完整的对外开放思想，张之洞虽然认识到需要学习外国的先进技术，并且积极聘用外国技术人员建设工业，但他对于吸收国外资本和学习外国先进管理制度并没有具体的概念。其中的主要原因在于外国资本并不是通过正常方式进入中国的，而是在列强通过战争打败中国之后，强迫清政府签订不平等条约的情况下进入的。并且，机器大工业的生产方式使得他们的商品质优价廉，中国的家庭手工业完全无法抗衡，诸多农民因此破产，这成为晚清社会动荡的重要原因。在这种情况下，外资的每一次进入都意味着清政府遭受了屈辱，并导致清朝的社会局面不断恶化，使得清政府对任何外国资本的进入都抱有恐惧和戒备的心理。以康有为为代表的维新派也是如此。虽然康有为等人认为在变法过程中要学习国外的先进制度，但对于引进外国资本却基本不置一词。这是由于在华外国企业拥有强大的技术实力、先进的企业管理制度，同时还享受很多不平等条约带来的经济特权，使其在中国市场上占据了绝对优势的地位。而民族资本所建立的企业不仅规模很小，技术水平也很低，难以在与外国资本的竞争中生存。因此，民族资本对外国资本的态度是较为敌视的，很多民族资产阶级改良派都提出过"商战"这一口号，希望通过发展本国资本来驱逐外国资本，使中国免受外国的经济侵略。[1]在这种思想的影响下，维新派自然很难提出完整的对外开放战略。

---

① 张寿彭. 试论中国近代经济思想的变迁[J]. 青海社会科学，1987（3）.

孙中山在考察各国发展历史的过程中发现，新兴资本主义强国的发展都有外国资本的推动。由此，他认为只要不损害中国的国家利益，中国完全可以吸收外国资本来帮助本国工业的发展和经济建设。除了欢迎外国资本在中国投资之外，孙中山还认为中国需要学习外国的先进科学技术和思想文化，引进西方企业的现代管理制度，这样才能使中国企业的实力发展壮大，甚至在世界市场上与其他国家的企业相竞争。毛泽东吸收和发展了孙中山的对外开放思想①，提出不管是社会主义国家还是资本主义国家，只要愿意与中国进行正常平等的交流，一律欢迎。但由于处在"冷战"前沿，中国很难与以美国为首的西方国家进行大规模的经济和人员往来，主要还是与以苏联为首的社会主义阵营国家进行交流，并取得了十分丰硕的成果。同时，毛泽东对西方国家科技文化思想等方面的先进部分仍然持肯定态度，主张积极向它们学习，并着力改善与美国的关系。到了1971年，中美关系出现了重大突破，两国关系有了大幅改善，并在几年后建立了正式的外交关系。而随着中美关系的缓和，美国的盟友也开始与中国建立正式的外交关系，这为我国未来的改革开放营造了良好的国际环境。

第四，对社会生产成果如何分配的认识不同。实际上，洋务派和维新派虽然思考了强国富民的问题，但他们对于如何富民没有进行过深入的思考。在洋务派的思想中，"求富"的口号主要是针对清政府财政枯竭的状况提出的，至于提高人民的生活水平，并不是他们考虑的重点。而对于维新派而言，他们并没有意识到鼓励民众开办私营企业只能让小部分民族资产阶级获益，对于广大农民的生活则没有太大的影响。在他们的思

---

① 王文章. 继承与发展——孙中山、毛泽东与邓小平对外开放思想探析[J]. 理论月刊，2010（4）.

想中，民的概念只局限于民族资产阶级，而对于资产阶级社会下普通工人的贫穷没有清晰的认识。在意识不到问题的情况下，他们也就没有对相应的问题进行深入的思考。

孙中山看到了西方发达国家大资产阶级的贪婪和奢侈，也看到了普通民众的贫困，对于资本主义社会的贫富差距有清晰的认识。这使他意识到，中国绝不能完全模仿西方列强的发展模式，否则中国的发展就不能实现人民的普遍平等和共同富裕。因此，孙中山希望用"平均地权"和"节制资本"的方式来限制大资本家无节制地聚敛财富，使人们能够共享社会发展的成果。而对于处在计划经济中的社会主义中国来说，根源于生产关系的贫富差距是不存在的，存在的只是政策原因导致的城乡差距。对于这一差距，毛泽东也有深刻的了解，但为了快速实现工业化，为中国未来的发展打好基础，毛泽东不得不维持这种贫富差距。而且，其并非不重视农村人民生活的改善，他曾多次提出要适当提高农民的生活水平。但在重工业优先发展的政策环境下，这种改善是微小的。

二、近代中国国家经济治理思想对当代的启示

一国经济的良好运行离不开正确理论的指导，而对中国而言，近代以来的国家经济治理思想虽然是基于其所处的时代提出的，具有鲜明的时代特色，但从其中一些治理思想的内容来看，其仍然具有一定的指导意义。在当代中国经济发展的过程中，需要继承和发扬前人经济治理思想中的精华，并将之运用到我国当前的经济实践当中，从而促进我国经济的健康发展。

（一）坚定发展实体经济，防止"脱实向虚"

自鸦片战争以来，洋务派、资产阶级维新派和革命派、中国共产党都以如何促进工业发展作为经济治理的核心问题，这固然是由于我国一直面临着生死存亡的危机，不得不以提高自身实力，特别是军事实力为主要任务。还有一个原因就是，自工业革命以来，对于任何国家而言，工业或者说制造业都是整个经济发展的核心，没有以工业为代表的实体经济的发展，就没有其他产业的繁荣。

然而，从 20 世纪 70 年代开始，世界范围内的发达国家却出现了"去工业化"的浪潮。"去工业化"的总特征表现为以下两点：第一，制造业或者说工业产值在一国经济体创造的总产值中的比例下降，服务业产值所占比例上升；第二，制造业中就业人口在总就业人口中所占比例不断下降，某些国家甚至出现了制造业就业人数的绝对下降。从工业产值占比来看，全世界的工业产值占比从 1970 年的 34.3%降至 2016 年的 26.1%；服务业产值占比从 1970 年的 56%升至 2016 年的 69.7%；从服务业就业人数占比来看，美国服务业就业人数占比从 1980 年的 65.7%升至 2016 年的 80.0%，日本从 54%升至 70.7%，英国从 58.9%升至 79.7%，法国从 56.2%升至 75.3%。而德国自东西德合并以来，服务业就业人数占比也从 1991 年的 55%上升到了 70.9%。[①]而在服务业中，金融业的发展尤为迅猛，其所获得的利润远超制造业。在这种情况下，大量资金进入以金融业为代表的虚拟经济产业当中，这对发达国家经济的健康发展产生了不良影响，导致这些国家经济增长率逐渐下降，劳动者收入不断降低，各阶层的收入差距也不断拉大，社会矛盾日益尖锐。

---

① 数据来源：世界银行数据库，data.worldbank.org.cn。

从中国的情况来看，近年来我国产业结构也经历了巨大变化。2019 年上半年，我国的第三产业占 GDP 比值已经达到54.9%，超过第二产业 15 个百分点。自 2009 年以来，我国实体经济，特别是制造业的固定投资增速明显下降，到 2016 年，制造业固定资产投资增速降至原来的五分之一。而以房地产为代表的虚拟经济却得到了迅速发展，仅在 2016 年，金融业向房地产投放的贷款就占当年新增贷款的三分之一以上。从工业增加值和虚拟经济占 GDP 的比重来看，2006 年工业增加值占 GDP 的比重为 42%，2015 年则降至 34.3%，而虚拟经济占 GDP 的比重从 8.5%（2005 年）升至 14.5%（2015 年）。[①]更糟糕的情况是，由于虚拟经济产业利润率极高且制造业利润率下降，很多企业将原本投资于实体经济的资金抽出，转而投向了虚拟经济产业，这进一步加剧了我国实体经济资金不足的困境，对我国实体经济的发展造成了严重的危害。而实体经济的发展对每个国家都有重要的意义：其不仅是国家经济增长的发动机，也是促进居民收入提高的主要产业。因此，中国必须遏制住国民经济"脱实向虚"的趋势，以保证我国经济良好健康发展。

为此，中国需要采取以下措施：首先，遏制资本对虚拟经济的过度投机。虚拟经济拥有的高利润率是其能迅速发展的根本原因，因此要防止虚拟经济过度膨胀，不宜过早、过快"去工业化"。最主要的措施就是对在虚拟经济中的资本投机进行限制，使资本不能轻易在虚拟经济中获取高额利润。只有这样，虚拟经济才能回归到其本来位置，真正为实体经济的发展服务。其次，要加强对我国制造业的产业升级，提高我国制造业的利润率。国家在推动"供给侧"结构性改革的过程中，要加强对

① 舒展，程建华. 我国实体经济"脱实向虚"现象解析及应对策略[J]. 贵州社会科学，2017（8）.

落后产能的淘汰和改造，同时要以科技创新为主要手段推动我国高端制造业的发展，最终从整体上提高我国制造业的平均利润率。最后，对虚拟经济和实体经济的关系要有正确的认识。虚拟经济产生之初的主要功能在于服务实体经济的发展，但由于其高利润及能够自我循环的特点，使之可以脱离实体经济发展，并在过度膨胀后对实体经济的发展产生危害。但是，我国绝不能因为虚拟经济的危害而放弃对其发展的支持，只要能够协调好虚拟经济与实体经济的关系，虚拟经济作为实体经济运行的润滑剂，其对实体经济的发展是有很大帮助的。

（二）"节制资本"，引导民营经济发挥作用

孙中山在发现西方国家内部存在的巨大贫富差距之后，提出了"节制资本"的思想，力图解决国家发展过程中贫富差距拉大的问题，实现全国人民的共同富裕。对于孙中山的"节制资本"思想，我们可以从生产领域和分配领域两个方面来理解。从生产领域来看，孙中山的"节制资本"思想主要体现在国有经济要控制好国家经济发展的命脉，私营经济则在其他行业进行发展。而从分配领域来看，"节制资本"思想主要是希望通过国家掌握某些自然垄断行业，将这些行业产生的利润用于国计民生。同时，也要防止私人资本过度发展而使得少部分人获取巨额财富，普通民众却一无所得，最终导致贫富差距不断拉大现象的发生。孙中山的这一思想，对我国当前的改革仍然有很大的启发意义。

第一，从生产领域来看，"节制资本"的思想对如何正确处理我国国有经济和民营经济的关系有一定的指导意义。随着改革开放的不断深入，我国逐渐确立了以公有制为主体、多种所有制经济共同发展，以按劳分配为主体、多种分配方式并存，以及社会主义市场经济制度等基本经济制度。民营经济不断发

展壮大，为我国经济的发展做出了重要的贡献。与此同时，国
有企业则由于体制过于僵化，同时又背负了大量政策性负担，
在与民营企业竞争的过程中处于不利地位，导致国有经济在经
济中所占的比例下降，截至 2016 年，国有经济占整个经济的比
重不到 30%。[①]为了激发国有企业内部的活力，提高国有企业
的经营效率，处理好国有经济与民营经济的关系，国家开始了
国有企业混合所有制改革。

　　从"节制资本"的思想来看，要解决国有经济和民营经济
的关系问题，主要应该坚持的原则是"分类改革"战略，以保
证国有经济在国民经济发展过程中居于主导地位。对于社会主
义中国来说，事关国家命脉的某些公益类行业绝对不能由民营
资本掌控，即使进行了混合所有制改革，国有资本也应该在这
些企业中占主导地位，而不能让社会资本来控制。但是，对于
民营经济的正常发展，国家应该加强政策鼓励和支持。民营经
济作为我国经济建设的重要力量，其存在能够为人民提供大量
的就业机会，较好地满足人民的生活需求，也为国家带来了大量
的财政收入，其作用不是国有经济能够取代的。因此，在国家层
面，应改革中小企业贷款制度和行业准入制度等各方面制度，支
持民营企业在国民经济的各个领域全面发展。在坚持国有经济
主导地位的前提下，大力支持民营经济的发展，从而提高人民的
生活水平，促进全国共同富裕，不拘泥于"国进民退"或"国退
民进"，这才是处理国有经济和民营经济关系的正确方案。

　　第二，从分配领域来看，"节制资本"的思想对解决我国
收入分配不均、贫富差距过大的问题有较强的指导意义。数据
显示，在 2017 年，我国的基尼系数达到了 0.467。而从发达国

---

　　① 景维民，莫龙炯. 经济转型时期国有经济最优规模研究——基于省际数据的实
证分析[J]. 经济学家，2017（9）.

家的数据来看，各国的基尼系数基本为 0.3~0.35。①我国的基尼系数已经超过了国际公认的收入差距警戒线，这意味着我国收入分配的不平等程度已经较高，可能会对国民经济的健康发展造成损害。我国作为发展中国家，资本仍然处于相对稀缺的状态，而劳动力则相对丰富。这就使得资本在与劳动者谈判的过程中处于强势地位，劳动者很难获得较高的工资。②同时，由于我国的法律法规制度尚不健全，对于企业侵犯劳动者合法权益的行为不能及时制止，使得劳动者在利益受到损害时难以维护自己的合法权益。在这种情况下，民营企业主获得的收入远远高于普通劳动者，最终导致我国贫富差距不断拉大。

为了缩小我国的贫富差距，促进我国经济健康发展，国家需要通过各种方式"节制资本"，提高劳动者的收入。十九届四中全会后，"按劳分配为主体，多种分配方式并存"已经成为基本经济制度的一部分。党的十九届四中全会强调必须"坚持多劳多得，着重保护劳动所得，增加劳动者特别是一线劳动者劳动报酬，提高劳动报酬在初次分配中的比重。健全劳动、资本、土地、知识、技术、管理、数据等生产要素由市场评价贡献、按贡献决定报酬的机制"。从调节民营企业主过高收入和提高劳动者收入的方面来看，最主要的就是通过各种方式增强工人对企业的谈判能力。只有增强劳动者的谈判能力，民营企业主才不能利用其优势地位随意降低劳动者的收入，并为劳动者提供良好的工作环境。而且，国家需要建立完善的社会福利和社会保障制度，为劳动者和低收入群体提供相应的收入补贴，以提高他们的收入水平。只有"节制资本"和提高劳动者收入双管齐下，才能有效缩小我国的贫富差距，实现人民的共同富裕。

---

① 数据来源：世界银行数据库，data.worldbank.org.cn。

② 文雁兵，陆雪琴. 中国劳动收入份额变动的决定机制分析——市场竞争和制度质量的双重视角[J]. 经济研究，2018（9）.

第四章　现代中国国家经济治理思想

　　本章首先对现代中国国家经济治理思想的形成背景进行分析，探寻经济思想演进背后的事实逻辑基础，在此基础上对现代中国国家经济治理思想进行抽象提炼，把握其发展的基本脉络，最后从国家经济治理思想的演进中探寻基本规律和原则，从而进一步指出国家经济治理思想转变的启示。

第一节　现代中国国家经济治理思想的
形成背景

　　中华人民共和国成立后，以毛泽东同志为代表的党的第一代领导集体进行了深入研究，提出了指导社会主义建设的一系列思想。1978 年，党的十一届三中全会召开，"实现新中国成立以来党的历史上具有深远意义的伟大转折，开启了改革开放和社会主义现代化的伟大征程"①，确立了以经济建设为中心的思想，实现了 1949 年以来国家经济治理思想的一次重大转变。

---

① 习近平. 在庆祝改革开放 40 周年大会上的讲话[N]. 人民日报，2018-12-19（2）.

一、中华人民共和国成立时面临的国内外形势

近代中国饱受封建主义、官僚资本主义和帝国主义的压迫和阻碍，历经战乱摧残，到中华人民共和国成立之时，我国的经济已经处于崩溃的边缘，亟须采取措施加以扭转，以进一步巩固革命的胜利果实。

从农业的发展状况来看，在 1949 年之前，我国粮食的最高年产量曾达到 2774 亿斤（1 斤＝0.5 千克，下同），棉花总产量则为 1698 万担（1 担＝50 千克，下同）。而到了 1949 年，在接连经历了抗日战争和解放战争后，我国粮食年产量降至 2162 亿斤，棉花产量降至 889 万担，平均每亩（1 亩＝0.067 公顷）的产量则分别只有 142 斤和 22 斤。[①]除此之外，与 1949 年之前的最高产量相比，其他重要农产品的产量也出现了大幅下降：黄麻红麻产量从 10.9 万吨降至 3.7 万吨，茶叶产量从 22.5 万吨降至 4.1 万吨，牛羊等大型牲畜数量从 7151 万头降至 6002 万头，生猪数量从 7853 万头降至 5775 万头。[②]而从工业部门的状况来看，我国的工业生产也遭到了极大的破坏，与 1949 年之前的最高产量相比有巨大的下降。其中，原油产量从 32 万吨降至 12 万吨，煤炭产量从 0.62 亿吨降至 0.32 亿吨，发电量从 60 亿千瓦·时降至 43 亿千瓦·时，盐产量从 392 万吨降至 299 万吨，钢产量从 92.3 万吨降至 15.8 万吨，铁产量从 180 万吨降至 25 万吨。[③]上述这些工业产品的产量，大多数只有美国产

---

① 国家统计局. 伟大的十年[M]. 北京：人民出版社，1959：105，107，108.

② 国家统计局. 中国统计年鉴（1983）[M]. 北京：中国统计出版社，1983：177，178，181.

③ 国家统计局. 中国统计年鉴（1983）[M]. 北京：中国统计出版社，1983：279，242-248.

量的几十分之一或者几百分之一，其中原油的产量甚至只有美国的两千分之一。即使与当时的印度相比，我国也处于相对落后的状态。更重要的是，由于我国在 1949 年总人口超过了 5.4 亿，而美国和印度的人口分别大约为 1.4 亿和 3.5 亿，这就使得我国的人均工业产品数量相对于这两个国家更加稀少。除了在工业产品的总产量上落后于世界主要国家之外，我国工业部门的技术水平也十分落后。从工业结构来看，我国的工业主要集中于采矿业和冶金业，机器制造业的占比很低，仅占整个工业总产值的千分之一。[①]而在机器制造业中，大的机械制造厂很少，大部分都是小型机械制造厂。这些机械制造厂主要从事的并不是机器制造，而是机器的修理和装配。资料显示，1946—1947 年间，上海登记注册了 708 家机械制造厂，其中有 3/4 的工厂专门从事机器的修理和装配，而兼营机器制造的只占总数的 1/4。[②]对此，毛泽东非常忧虑，他评价道："现在我们能造什么？能造桌子椅子，能造茶碗茶壶，能种粮食，还能磨成面粉，还能造纸，但是，一辆汽车、一架飞机、一辆坦克、一辆拖拉机都不能造。"[③]在国内工农业极度落后的状态下，迫切要求政府尽快恢复国计民生，并带领全国人民走上富强的道路。

同时，严峻的国际形势也要求中国迅速实现工业化，抵抗和防备以美国为首的西方阵营对中国的侵犯。在第二次世界大战即将结束之时，美苏等国签订了《雅尔塔条约》，其中规定了美国和苏联在全球的势力范围。随后，美苏两个超级大国开始在全球范围内争夺世界的领导权。为了抵制苏联在欧洲地区的

---

① 巫宝三. 中国国民所得（上册）[M]. 北京：商务印书馆，2011：64.

② 上海市机器工业史料组. 上海民族机器工业 [M]. 北京：中华书局，1979：689.

③ 毛泽东文集（第 6 卷）[M]. 北京：人民出版社，1999：329.

扩张，温斯顿·丘吉尔于 1946 年在美国发表了著名的"铁幕演说"，指出，从波罗的海边的斯德丁到亚得里亚海边的里雅斯特，一幅横贯欧洲大陆的铁幕已经拉下，冷战正式开始。中国在雅尔塔体系中本属于美国阵营，但随着国民党的统治被推翻，中国共产党建立了社会主义新中国，极大地充实了社会主义阵营的力量，而资本主义阵营的力量则被大幅度削弱，雅尔塔体系因此被打破。在这种状况下，以美国为首的资本主义阵营对新生的社会主义政权十分敌视，采取各种行动企图推翻中国社会主义政权，以对社会主义阵营造成重大打击。为此，美国采取了一系列军事行动。

1949 年，随着国民党军队在大陆的节节失利，蒋介石等人开始为退守台湾做准备。而等到蒋介石退守台湾后，解放军并没有停下自己的步伐，继续朝着解放台湾的目标前进。尽管遭受了金门战役的失利，但解放军迅速恢复过来，吸取失利的经验准备一鼓作气拿下台湾。但同一时期，朝鲜战争爆发，美国第七舰队也随后开进台湾海峡，阻止人民解放军解放台湾。而人民解放军由于海军实力弱小，无法与美国海军抗衡，解放台湾的进程由此搁置下来。在随后的一段时间，美国利用其强大的海军优势，持续阻挠人民解放军解放台湾，阻碍中国的完全统一。同时，美国舰队还不断在我国大陆周边游弋，对我国沿海地区造成严重的威胁。

而在我国的东北方向，美国军队入侵朝鲜半岛，阻碍朝鲜半岛统一，并企图以朝鲜半岛为跳板，威胁我国东北地区和苏联的安全。1950 年 6 月 25 日，金日成领导的朝鲜人民军与以李承晚为首的军队爆发战争，朝鲜人民军以摧枯拉朽之势击败了李承晚军队，并将控制整个朝鲜半岛，实现国家的统一。而美国军队发现李承晚集团难以抵挡朝鲜人民军的攻势，立即策划仁川登陆，插手朝鲜内战。在对朝鲜人民军进行打击的同时，美国空军以地图有误为名屡次向我国边境地区投掷炸弹，造成我国居民受伤。毛泽东认识到，一旦美军支持的李承晚军队控制整个朝鲜半岛，美国将会借此获得整个朝鲜半岛的控制权，直接威胁我国的安全，使我们无法安心进行国家的经济建设。为此，应朝鲜政府的请求，毛泽东决定派彭德怀率领中国人民志愿军入朝抗击美军。经过三年的战斗，中国获得了抗美援朝战争的胜利，将美韩联军赶回"三八线"以南，美军也在朝鲜半岛上驻扎下来，对我国造成重大威胁。

严峻的国内外政治经济形势迫切要求尽快形成新的、符合我国当时基本国情的国家经济治理思想，我国的第一代中央领导集体开始了艰辛的探索，并取得了宝贵的经验。

二、改革开放后的思想解放运动

1978 年开启的改革开放是一场思想解放运动，同时也是我国经济领域的一次伟大革命。中华人民共和国成立后的前 30 年，社会经济发展虽然取得了巨大成就，但与此同时，我国社会主义建设事业也遇到了极大的挫折，"文化大革命"的发生导致我国社会主义建设事业停滞，而发达资本主义国家则抓住了第三次工业革命的机遇，生产力得到了快速的发展。改革开放前，我国国家经济治理的实践在一定程度上脱离了实际，国民经济完全由指令性计划调节，经济体制僵化。改革开放破除了我国经济发展中的"左"的思想，中国社会经济发展出现了崭新局面，实践上的一系列突破反映了我国国家经济治理思想的成熟与发展。

第一，农村体制改革出现突破性进展。改革的浪潮始于农村，甚至早于党的十一届三中全会。1978 年 11 月，安徽省凤阳县小岗村 18 位农民签下了包产到户协议，第二年小岗村的粮食产量和人均收入得到了大幅提升，从而开启了我国的农业改革，这种改革后来被称为家庭联产承包责任制，但在当时引发了较大的争议，许多人认为包产到户是复辟倒退，必须予以纠正。1980 年 5 月，邓小平发表了《关于农村政策的谈话》，明确支持小岗村的农业改革，认为在政策转变之后，适合实施包产到户的地区逐步开始实施并取得了较好的结果，应该予以支持。[1]1982 年 1 月 1 日中央批转《全国农村工作会议纪要》，文中指出，目前实行的各种责任制，包括小段包工定额计酬，专业承包联产计酬，联产到劳，包产到户、到组，包干到户、到组等，都是社会主义集体经济的生产责任制。[2]第一次正式肯定了包产到户等农业改革的社会主义性质。1984 年初，中央再次宣布土地承包期延长至 15 年以上，进一步解放了农业改革思想，解决了农民的后顾之忧，使得农业改革能够稳步推进。

　　第二，全方位的对外开放格局开始形成。对外开放是改革开放进程中的一个重要组成部分，早在党的十一届三中全会开始之前，党中央先后派考察组前往日本、新加坡和西欧各国，学习西方经济发展经验。1979 年，党中央决定在广东、福建两省实行"特殊政策，灵活措施"，决定在深圳、珠海、汕头和厦门设立经济特区，邓小平于 1984 年考察广州、深圳、珠海、厦门和上海，认同了经济特区的发展方式，随后提出："我们建立经济特区，实行开放政策，有个指导思想要明确，就是不是收，而是放。"[3]随后我国区域开放政策不断扩大，1984 年党中央和国务院批准了《沿海部分城市座谈会纪要》，决定开放大

---

① 邓小平文选（第二卷）[M]. 北京：人民出版社，1994：315-317.

② 全国农村工作会议纪要. 中国网，http://www.china.com.cn/aboutchina/data/zgncggkf30n/2008-04/09/content_14684460.htm.

③ 邓小平文选（第 3 卷）[M]. 北京：人民出版社，1993：51-52.

连、秦皇岛、天津、烟台、青岛、连云港、南通、上海、宁波、温州、福州、广州、湛江、北海等 14 个沿海港口城市。1985 年设立沿海经济开放区，1988 年设立海南经济特区，1992 年批复设立浦东新区，1998 年开放沿江、沿边和内陆省会城市，从而形成了沿海、沿江、沿边、内陆地区相结合的全方位、多层次、宽领域的对外开放格局。2013 年 8 月，国务院批准成立中国（上海）自由贸易试验区，我国对外开放格局再次扩大。党的十九大以后，开放再上新台阶，进一步扩大开放。

第三，财政制度改革快速推进，动力机制调整初见成效。改革开放后的财政体制改革起始于 1980 年 2 月国务院颁布的《关于实行"划分收支、分级包干"的财政管理体制的暂行规定》，但这种体制之下，中央财政较弱，1985 年开始实行"划分税种、核定收支、分级包干"的新型财政体制，财政体制变革对我国经济体制改革进程产生了重要的影响，地方政府拥有了更多的财政自主权，地方政府促进本地经济发展的动力更加充足。1994 年"分税制"改革，中央上收财权，我国现代化的财政体制基本建立。张军（2008）通过实证分析，验证了地方财政分权促进经济的增长。[1] 当然在改革开放的思潮之下，我国展开了许多方面的改革以适应新情况，解决出现的新问题，包括实行价格"双轨制"，计划、物资、投资及金融体制改革，粮棉流通体制改革等。[2]

第四，企业制度的探索为思想演进提供了微观基础。改革开放前，国营企业和集体企业占据我国工业生产的绝大部分，国营企业高度集中的计划管理体制，效率低下，缺乏活力。1979

---

[1] 张军. 分权与增长：中国的故事[J]. 经济学（季刊），2008（1）.

[2] 国家发展改革委经济体制综合改革司，国家发展改革委经济体制与管理研究所. 改革开放三十年：从历史走向未来[M]. 北京：人民出版社，2008：26-30.

年，国务院发布《关于扩大国营工业企业经营管理自主权的若干规定》等文件，逐步将国营企业"扩大自主权"的试点推向全国，随后推行"利改税"制度，进一步明确企业的"权、责、利"，赋予企业自主权和活力，为国有企业的进一步改革奠定了基础。在我国国有企业改革之时，私营经济、城镇集体经济和乡镇企业也开始了蓬勃发展，企业发展的活力被进一步激发。

改革开放作为一场伟大的思想解放运动，改变了之前错误的发展理念，写就了一部伟大的思想解放史。改革开放极大地调动了我国居民生产的积极性，使我国从高度集中的计划经济体制成功转变为充满活力的社会主义市场经济体制，从封闭保守的社会转变为开放包容的社会。正如习近平总书记于 2018 年在庆祝改革开放 40 周年大会上所说，"改革开放是我们党的一次伟大觉醒，正是这个伟大觉醒孕育了我们党从理论到实践的伟大创造。改革开放是中国人民和中华民族发展史上一次伟大革命，正是这个伟大革命推动了中国特色社会主义事业的伟大飞跃！"①改革开放的思想来自广大人民群众的实践，只有在坚持改革开放的前提之下，坚持从实际出发，实事求是，才能真正地走上中国特色社会主义经济发展道路，才能促进我国经济更好更快地发展。

第二节　现代中国国家经济治理思想的演变

从中华人民共和国成立到改革开放，我国的国家经济治理

---

① 习近平. 在庆祝改革开放 40 周年大会上的讲话[N]. 人民日报，2018-12-19（2）.

思想与社会主义发展的实践相结合不断发展，新的突破不断涌现，成为中国特色社会主义政治经济学理论体系的重要组成部分。

一、毛泽东的国家经济治理思想

自晚清以来，实现工业化才能真正使中国富强的理念就已经萌发，历经洋务运动、戊戌变法和辛亥革命而逐渐完善，但直到 20 世纪 30 年代末，这种思想才被中国社会广为接受。青年时期的毛泽东也受到时代思潮的影响，逐渐意识到中国发展中的工业化治理对中国的重要性。中华人民共和国成立之后，毛泽东将以工业化为核心的经济治理思想付诸实践，中国工业化和现代化的探索正式启动。

（一）毛泽东对实现工业化所需基本条件的认识

在目睹了抗日战争中中国军队与日本军队的差距后，毛泽东深刻地认识到了落后就要挨打的真理，他指出，"中国落后的原因，主要是没有新式工业。日本帝国主义为什么敢于这样地欺负中国，就是因为中国没有强大的工业，它欺侮我们的落后。因此，消灭这种落后，是我们全民族的任务。"因此，即使在抗日战争最艰苦的时候，中国共产党在各个革命根据地也没有放弃对工业的建设。毛泽东不仅明白要打败日本帝国主义，需要工业；要使中国的民族独立有巩固的保障，就需要工业化，他也清晰地认识到工业化对未来中国的意义，他在与外国记者的谈话中提到："五年前边区才真正开始有了一点工业，当时只有七百多人，现在有一万二千个工人，所以边区工业的进步是很快的。它的数目虽小，但它所包含的意义却非常远大。"[①]在

---

① 毛泽东年谱（1893—1945）（中卷）[M]. 北京：中央文献出版社，2002：514-515.

给党内同志的信中，毛泽东更是将工业的发展与革命的生死存亡联系起来，指出："新民主主义社会的基础是机器，不是手工。我们现在还没有获得机器，所以我们还没有胜利。如果我们永远不能获得机器，我们就永远不能胜利，我们就要灭亡。"

同时，毛泽东也分析了中国实现工业化所需要的前提条件。他指出，"在一个半殖民地的、半封建的、分裂的中国里，要想发展工业，建设国防，福利人民，求得国家的富强，多少年来多少人做过这种梦，但是一概幻灭了。"①因此，没有独立、自由、民主和统一，不可能建设真正大规模的工业。没有工业，便没有巩固的国防，便没有人民的福利，便没有国家的富强。可以看到，毛泽东认为新制度的建设是工业化前提，而工业化是新制度的保障，两者必须同时进行，不能偏废。因为没有生产关系的变革，就难以解放中国的农民，为工业的发展提供足够的劳动力。而如果不同时进行工业化，中国也就没有能力抵抗帝国主义的压迫，为新制度的存在和发展提供坚强的支撑。

在中华人民共和国成立之后，中国进入了新民主主义社会。随着各项制度的建立和不平等条约的废除，封建残余逐步被消灭，帝国主义的压迫也不复存在。虽然还面临着一定的外部威胁，但独立自主的国家已经完全确立，实现工业化的前提条件已经得到满足，中国的工业化进程正式开始。而在这个过程中，又面临着另一个重要的问题：工业化实现的标准是什么？对于这个问题，根据苏联的经验，中共大部分同志都认为只要中国建立了完善的工业体系，同时工业生产值在工农业生产总值中的占比超过 70%，那么中国就成为一个真正的工业国家。对于什么是完善的工业体系，周恩来解释说完整的工业体系是指能够生

① 毛泽东选集（第 3 卷）[M]. 北京：人民出版社，1991：1080.

产主要的原材料、机器、武器、化学工业、轻工业、农业等。①

　　但对于工业产值占比超过 70% 这个标准，随着中国工业的发展，毛泽东提出了质疑。他指出："苏联在第一个五年计划完成以后，大工业总产值占工农业总产值的 70%，就宣布实现了工业化。根据统计，我国 1958 年工业总产值占工农业总产值的 66.6%，1959 年计划完成后，估计一定会超过 70%。即使这样，我们还不可以宣布实现了工业化。我们还有 5 亿多农民从事农业生产。如果现在就宣布实现了工业化，不仅不能确切地反映我国国民经济的实际状况，而且可能由此产生松劲情绪。"②可以看到，毛泽东认为将苏联的这个标准生搬硬套到中国头上是不合适的。因为中国有庞大的农业人口，如果工业化不能提高农业的生产效率，那么即使工业产值占比超过了 70%，我国农业落后的局面也没有得到改善。而且，由于我国人口众多，就算工业产值所占比重较高，但如果工业产值的总量不高，对于改善人民的生活也没有太大的作用。因此，毛泽东改变了他对中国成为工业化国家的标准的认识，他指出："到一九六七年第三个五年计划完成的时候，工业产值将占百分之六十几，农业产值将占百分之三十几，这样我国就可以说基本上有了现代工业了，就可以说初步地实现工业化了。"③但按照人均来算，我们还需要很长时间才能接近最发达国家的水平。

　　（二）毛泽东对实现工业化以及协调发展的认识

　　对于如何实现中国的工业化，毛泽东做了很多思考，最终

---

①　周恩来选集（下卷）[M]．北京：人民出版社，1984：232．

②　毛泽东文集（第 8 卷）[M]．北京：人民出版社，1999：125．

③　逄先知，金冲及．毛泽东传（1949—1976）[M]．北京：中央文献出版社，2004：529．

决定仿照苏联的经济发展模式，优先发展重工业，以实现工业化。毛泽东于 1950 年访问了苏联，参观了苏联的众多城市并考察了它们的经济发展情况。在回国之后，他对党内的同志们说，"他们现在的工厂有很大的规模，我们看到这些工厂，好像小孩子看到了大人一样，因为我们的工业水平很低。""第一个社会主义国家发展的历史，就给我们提供了最好的经验，我们可以用他们的经验。"[①]毛泽东看到，苏联正是因为优先发展了重工业，才能在较短的时间内迅速提高了国家的工业实力，并为国家的迅速工业化打下了良好的基础。因此，中国应该借鉴苏联的工业发展经验，优先发展重工业。

除了苏联的经验之外，毛泽东对重工业的优先发展对国家经济发展的意义也有清晰的认识。他指出，通过建立强大的重工业才能实现建立起包括轻工业、农业和军事装备业的有序发展，才能提升消费品工业的生产，改善人民的生活条件。[②]但是，当时有些党内同志和党外民主人士对优先发展重工业有不同的看法。为了实施优先发展重工业的战略，国家必须向农村收税，并利用工农业产品的"剪刀差"以募集重工业发展所需的资金。在这种情况下，农民的生活水平受到了很大的影响，因此部分人员提出要停止实施这种牺牲农民利益来促进重工业发展的战略。但是毛泽东批评了这种思想，他认为在国家建设过程中有两种利益，一种是长远利益，一种是当前利益。如果不实施优先发展重工业的战略，那么就是放弃人民的长远利益而去追求当前的小利益。从这里可以看出，毛泽东并非不清楚

---

① 逢先知，金冲及. 毛泽东传（1949—1976）[M]. 北京：中央文献出版社，2004：53.

② 全国人大财政经济委员会办公室，国家发展和改革委员会发展规划司. 建国以来国民经济和社会发展五年计划重要文件汇编[M]. 北京：中国民主法制出版社，2008：618.

农业和轻工业的发展在提高人民生活水平上的意义。但是，为了人民的长远利益，必须实施优先发展重工业的战略。在这里，毛泽东提出了人民长远利益和当前利益的划分，这对我国当前的经济建设也有重要的指导意义。

在赫鲁晓夫做了苏共二十大报告之后，毛泽东对如何协调农业、轻工业和重工业的发展的认识进一步加深。他提出，"特别值得注意的是，最近苏联方面暴露了他们在建设社会主义过程中的一些缺点和错误，他们走过的弯路，你还想走？过去我们就是鉴于他们的经验教训，少走了一些弯路，现在当然更要引以为戒。"为此，毛泽东在著名的《论十大关系》的报告中提出，在未来的发展过程中，国家既要重视重工业的发展，也要重视农业和轻工业的发展，而轻工业的发展对重工业在未来的发展有十分积极的作用，长远来看后一种办法更加稳固。随着毛泽东农轻重发展同时并举的思想的确立，中国逐渐脱离了苏联发展模式的桎梏，走上了具有中国特色的工业化道路。

（三）毛泽东对私营经济在发展中的作用的认识

对于由谁来推动中国经济的发展，毛泽东的思想是一贯的，那就是通过发展国有经济来实现工业化并推动其他产业的发展。但毛泽东并不否认私营经济在国家经济发展中的作用，只是在不同的时期，他对私营经济的看法是不同的。

在抗日战争时期，革命根据地内的经济就是以私营经济为主。私营经济的发展不仅为根据地提供了财政资金，也支持了革命根据地的抗日斗争，对维护国家的利益有巨大的帮助。在这种情况下，毛泽东提出对于私营经济，只要其在合法范围内运营，那么中国共产党就应该予以保护和鼓励。不仅如此，毛泽东还提出要吸引抗日根据地之外的资本进入，为根据地事业的发展提供支持。在解放战争时期，随着人民解放军进入战略反攻阶段，毛泽东再次重申了他对民营经济的立场。他指出，对于民族资本家，共产党要在政治上孤立他们，在经济上保护他们，允许他们在政府规定的范围内发展私人资本，以帮助经济的恢复。毛泽东还从新民主主义革命的性质的角度肯定了私营经济的重要性，他指出，"拿资本主义的某种发展去代替外国帝国主义和本国封建主义的压迫，不但是一个进步，而且是一个不可避免的过程"①，认为其是更有利于无产阶级的。在毛泽东看来，发展资本主义是新民主主义革命的必要阶段，也是国家发展不可缺少的动力。因此，他认为在中华人民共和国成立以后，也要借助民族资产阶级的积极性，促进国民经济的发展。

在中华人民共和国成立初期，随着私营经济的发展，出现了一部分腐败现象，这引起了一部分共产党员对私人资本的敌视。在这种情况下，毛泽东认为不应该将党员自身对资本主义思想的敌视无限制扩展，忽视资本主义在发展国家经济中的作用，中国共产党必须明确地将这两种情况区分开，以免影响国家经济的发展。他提出，"一部分共产党员被资产阶级所腐化，在党员中发生资本主义的思想，是可能的，我们必须和这种党内的腐化思想作斗争；但是不要把反对党内资本主义思想的斗争，错误地移到社会经济方面，去反对资本主义的经济成分。"②当然，保护和支持资本主义经济发展并不是无限制的，必须采取各种措施阻止资本主义的过度发展。毛泽东指出，"中国资本主义的存在和发展，不是如同资本主义国家那样不受限制任其泛滥的。"③

---

① 毛泽东选集（第 3 卷）[M]. 北京：人民出版社，1991：1060.
② 毛泽东选集（第 3 卷）[M]. 北京：人民出版社，1991：793.
③ 毛泽东选集（第 4 卷）[M]. 北京：人民出版社，1991：1432.

随着中华人民共和国成立之后国民经济的恢复，中国共产党开始进行针对各行业的社会主义改造运动。在这个阶段，毛泽东的思想从保护和鼓励私营经济发展转变为要消灭私营经济。1953年，中国开始了社会主义三大改造运动，对于毛泽东思想的突然转变，学界有很多的疑问。但从毛泽东的思想发展历程和中国当时的现实状况来看，其思想的变动是有迹可循的。早在1939年，毛泽东就提出了未来要消灭资本主义的想法，他认为"在社会主义的社会制度中是不要资本家的"①。而在中华人民共和国成立之后，部分资本家唯利是图的本性暴露无遗，为了获取利润无所不用其极，肆意违反国家法律，破坏国家经济稳定。据统计，在"五反"运动当中，有75%的商户有偷税漏税、偷工减料、贩卖劣质产品的行为，这种行为甚至影响了正在进行的抗美援朝战争，使得部分战士因为劣质产品而白白牺牲。这对毛泽东思想的震动是巨大的，使他坚定了对私营经济进行国有化改造的决心，并加速推动社会主义改造的完成。

但是，对私营经济的社会主义改造毕竟过于急切，国有经济生产的产品不能在短时间内满足人们的需要，因此部分群众不得不从一些地下工厂和地下商场获取生活必需品。对于这种现象，毛泽东提出可以在消灭了资本主义之后，再搞资本主义，他将其称为"新经济政策"。他对黄炎培等人说："现在我国的自由市场，基本性质仍是资本主义的，虽然已经没有资本家。它与国家市场成双成对。上海地下工厂同合营企业也是对立物。因为社会有需要，就发展起来。要使它成为地上，合法化，可以雇工。"②

从这段谈话中我们可以看到，毛泽东对私营经济还是持肯

---

① 毛泽东选集（第2卷）[M]. 北京：人民出版社，1991：563.
② 共和国走过的路（1953—1956）[M]. 北京：中央文献出版社，1991：308.

定态度的。首先，他认为在社会主义发展的初期，私营经济和国有经济是一对矛盾运动体，在相互对立中不断发展。私营经济的存在，可以与国有经济进行竞争，以促进国有经济效率的提高。其次，毛泽东本身希望"新经济政策"持续较长的时间，让私营经济有充分的时间去发展，这样可以更好地发挥私营经济在满足人们需要方面的作用，促进人民生活水平的提升。最后，私营经济的规模是可以扩大的，只要人民有需要，私营经济就可以根据人们的需要扩大规模，从而更好地满足人们日益增长的需求。但是，随着"左"倾思想的扩散，毛泽东的思想又出现变化，再次转为支持消灭资本主义，"新经济政策"作为毛泽东经济治理思想的一道闪光，终究没有继续实行下去。

（四）毛泽东的开放治理思想

早在土地革命时期，毛泽东对于通过对外开放支持中国经济的发展这一问题就有过思考。毛泽东认为，中国的大门是由列强通过战争方式强迫打开的，在打开大门之后，虽然列强获得了巨大的收益，但也陷入了人民抵抗的大潮当中。而如果中国人民能获得独立和解放，并自愿与国外进行交流，那么外国就能获得比之前更多的利益。他指出，"如果中国真正赢得了独立，外国人在中国的合法贸易利益将会有比过去更多的机会。我国几亿人民一旦真正得到解放，他们巨大的生产潜力一旦被解放出来，并被用于各个领域的创造性活动，就能促进经济发展，提高全世界的文化水平。"因此，在保证国家独立的前提下，当时的苏维埃政府十分愿意与外国进行经济交流，并欢迎外国资本的投资。同时，毛泽东还意识到，只有得到了彻底的解放，中国才能在发展过程中慢慢偿还外国资本的利息和本金，使外国资本获取更高的收益。他指出，"苏维埃政府欢迎外国资本的投资。只有在中国取得真正的独立和民主之后，才有可能把大量外资用于大规模地发展生产事业。"①而如果中国没有获得自由，那么经济的发展永远不会有起色，也就很难偿付外国资本的本金和利息，使外国投资难以获得足够的收益。因此，资本在中国获得解放后进入中国进行投资，对双方来说是一件"双赢"的事情。

在解放战争即将取得完全胜利的时候，毛泽东再一次提及他对对外开放的看法，他说："关于同外国人做生意，那是没有问题的，有生意就得做……我们必须尽可能地首先同社会主义国家和人民民主国家做生意，同时也要同资本主义国家做生意。"②在随后的政治协商会议上，他也向全世界宣布："中国人民愿意同世界各国人民实行友好合作，恢复和发展国际间的通商事业，以利发展生产和繁荣经济。"③在毛泽东看来，中国作为世界的一部分，要实现国家发展这一目标，虽然主要依靠国内市场，但与国外的交流也是必不可少的。在中国这张巨大的白纸上，中国人可以在上面作画写字，外国人也可以将自己的文化和思想描绘上去。而在共同促进中国经济发展和国家建设的过程中，不仅中国可以受益，世界也会因此而获得巨大的利益。

中华人民共和国成立后，由于西方国家的敌视和封锁，我国与世界主要资本主义国家几乎没有任何经济往来。但毛泽东并没有因此就放弃与欧美国家进行交流，他在《论十大关系》中明确提出，"我们提出向外国学习的口号，我想是提得对的……应当承认，每个民族都有它的长处，不然它为什么能存

---

① 毛泽东自述[M]. 北京：人民出版社，1996：125.
② 毛泽东著作选读（下册）[M]. 北京：人民出版社，1986：663.
③ 毛泽东选集（第4卷）[M]. 北京：人民出版社，1991：1466.

在？为什么能发展？"①每个国家都有自己的长处和短处，中国也不例外，中国必须正视自己的短处，并积极吸收国外的政治、经济和科技等方面的先进部分，取长补短，促进自身的发展。即使是帝国主义国家，其发展过程中也拥有很多值得中国学习的部分。对此，毛泽东认为，不管是社会主义国家还是资本主义国家，"一切国家的好经验我们都要学，不管是社会主义国家的，还是资本主义国家的，这一点是肯定的。"②

对于如何实施对外开放战略，毛泽东定下了两大原则：一是坚决以独立自主、自力更生为原则；二是以批判继承和吸收创新的态度学习外国先进科学技术和文化思想。从坚持独立自主和自力更生来看，毛泽东在 1936 年与埃德加·斯诺谈话时就指出，中国革命的胜利需要一定的国际援助，但绝不能幻想依赖国际援助来获得革命的成功，更不能放弃原则去换取外国的帮助。在中华人民共和国成立之后，毛泽东强调了要在"以我为主"的基础上去学习先进国家的经验，他总结道："我们要熟悉外国的东西，读外国书。但是并不等于中国人要完全照外国办法办事，并不等于中国人写东西要像翻译的一样。中国人还是要以自己的东西为主。"③而对于如何学习吸收国外先进科学技术和思想文化，毛泽东提出不能严格照搬，"必须有分析有批判地学，不能盲目地学，不能一切照抄，机械搬用。他们的短处、缺点，当然不要学。"④同时，中国也绝不能一味地排斥外国的科技和文化。他提出，"对外国的科学、技术和文化，不加分析地一概排斥。和前面所说的对外国东西不加分析地一

---

① 毛泽东文集（第 7 卷）[M]. 北京：人民出版社，1999：41.
② 毛泽东文集（第 7 卷）[M]. 北京：人民出版社，1999：242.
③ 毛泽东文集（第 7 卷）[M]. 北京：人民出版社，1999：77.
④ 毛泽东文集（第 7 卷）[M]. 北京：人民出版社，1999：41.

概照搬，都不是马克思主义的态度，都对我们的事业不利。"①毛泽东认为，在这两大原则的指导下，中国在经济发展过程中才不会只能"跟在别人后面一步一步地爬行"，并最终创造出属于自己的东西，实现对先进国家的赶超。

二、新中国发展战略思想的演变

发展战略是一个国家为了实现经济发展而提出的经济社会治理思想的载体，它具有全局性、长期性和根本性，这种战略既包括发展目标的选择，也包括为了实现发展目标所确定的发展路径、实施步骤、战略重点和政策举措等方式和手段。对发展战略的规划是国家经济治理思想的重要体现，新中国发展战略规划的演变，也体现了国家经济治理思想的演变。

（一）过渡时期总路线的提出

新中国成立以前，中国长期处于半殖民地半封建社会。一方面，帝国主义侵略中国，操纵着中国的经济命脉；另一方面，封建主义依然存在，并与外来侵略势力相结合形成官僚资本主义。这样，帝国主义、封建主义和官僚资本主义成为压在旧中国人民头上的三座大山，阻碍了社会生产力的发展。中国社会的主要矛盾也相应地表现为帝国主义同中华民族的矛盾，封建主义同人民大众的矛盾。

毛泽东在深入分析近代中国社会性质和矛盾的基础上，在1948 年 4 月的晋绥干部会议上提出了新民主主义革命的总路线，即无产阶级领导的、人民大众的，反对帝国主义、封建主义和官僚资本主义的革命。②与此相对应，中国要想摆脱半殖民

---

① 毛泽东文集（第 7 卷）[M]. 北京：人民出版社，1999：43.
② 毛泽东选集（第 4 卷）[M]. 北京：人民出版社，1991：316-1317.

地半封建经济，建立新民主主义经济，就必须取消帝国主义在中国的一切政治经济特权，没收官僚资本归无产阶级的国家所有，使社会主义性质的国营经济取得领导地位，没收地主的土地归农民所有，同时保护民族工商业。这就是新民主主义革命的三大经济纲领。[①]

新中国的成立，标志着新民主主义革命任务基本完成。社会的主要矛盾转化为工人阶级和资产阶级之间、社会主义道路和资本主义道路之间的矛盾。社会主要矛盾的变化，要求对非社会主义经济成分进行社会主义改造，使社会主义经济成为国民经济的主体。1953年，党中央提出了过渡时期的总路线：要在一个相当长的时期内，逐步实现国家的社会主义工业化，并逐步实现国家对农业、对手工业和对资本主义工商业的社会主义改造。[②]随着三大改造任务完成，1956年党的八大指出，社会主义制度在我国已经建立起来，国内主要矛盾也不再是工人阶级和资产阶级的矛盾，而是人民对于经济文化迅速发展的需要同当前经济文化不能满足人民需要的状况之间的矛盾。全国人民的主要任务是集中力量发展社会生产力，实现国家工业化，逐步满足人民日益增长的物质和文化需要。

（二）"四个现代化"战略目标的形成与"两步走"战略

1956年三大改造任务完成，毛泽东在正确分析苏联经验教训的基础上，意识到社会主义工业化不能片面发展重工业，而忽视了农业和轻工业，并提出要独立探索适合中国国情的社会主义建设道路。具体而言，就是要把国内外一切积极因素调动起来，为社会主义事业服务。正确处理重工业和轻工业、农业

---

① 毛泽东选集（第4卷）[M]. 北京：人民出版社，1991：1253.
② 毛泽东文集（第6卷）[M]. 北京：人民出版社，1999：316.

的关系，沿海工业和内地工业的关系，经济建设和国防建设的关系，国家、生产单位和生产者个人的关系，中央和地方的关系，汉族和少数民族的关系，党和非党的关系，革命和反革命的关系，是非关系，以及中国和外国的关系。①在 1957 年《关于正确处理人民内部矛盾的问题》讲话中，毛泽东特别指出，中国工业化的道路问题，主要是重工业、轻工业和农业发展的关系问题，经济建设应当以重工业为中心，但同时必须充分发展农业和轻工业。②在 1957 年全国宣传工作会议上的讲话中，毛泽东把社会主义建设的目标归结为"建设一个具有现代工业、现代农业和现代科学文化的社会主义国家"③。

　　1964 年，随着社会主义经济建设的不断深入，在总结和反思"一五"计划和"二五"计划的经验教训基础上，我们党对中国发展战略的目标、重点、实施步骤、外部条件的思考更为成熟。于是，在周恩来向第三届全国人民代表大会第一次会议所作的《政府工作报告》中，正式提出实现"四个现代化"任务和"两步走"发展战略，即"在不太长的历史时期内，把我国建设成为一个具有现代农业、现代工业、现代国防和现代科学技术的社会主义强国，赶上和超过世界先进水平。为了实现这个伟大的历史任务，从第三个五年计划开始，我国的国民经济发展，可以按两步来考虑：第一步，建立一个独立的比较完整的工业体系和国民经济体系；第二步，全面实现农业、工业、国防和科学技术的现代化，使我国经济走在世界的前列"④。

　　"四个现代化"战略目标的确立，突出了发展生产力在社

---

① 毛泽东文集（第 7 卷）[M]．北京：人民出版社，1999：23-44．
② 毛泽东文集（第 7 卷）[M]．北京：人民出版社，1999：240-241．
③ 毛泽东文集（第 7 卷）[M]．北京：人民出版社，1999：268．
④ 周恩来在第三届全国人民代表大会上所作的政府工作报告[N]．人民日报，1964-12-31（1）．

会主义建设中的中心地位,为社会主义国家的发展指明了方向。但是在实践过程中,当时党对全面建设社会主义的思想准备不足,工作重心并未完全转到经济建设上来,而是延续过去"以阶级斗争为纲",停留在生产关系和上层建筑的调整上,导致阶级斗争扩大化,进而演变为"文化大革命"十年内乱。"四个现代化"发展战略因而没有得到很好的实行,社会主义建设虽然取得了许多成就,但也遭到了严重挫折。直到 1975 年第四届全国人民代表大会第一次会议上,周恩来重申了分两步走,实现"四个现代化"的发展战略,具体是"第一步,用十五年时间,即在一九八〇年以前,建成一个独立的比较完整的工业体系和国民经济体系;第二步,在本世纪内,全面实现农业、工业、国防和科学技术的现代化,使我国国民经济走在世界的前列"[①]。

(三)"三步走"战略的形成

1978 年 12 月召开的党的十一届三中全会,果断结束"以阶级斗争为纲",做出了改革开放的历史性决策,把党和国家的工作重心转移到社会主义现代化建设上来。随着解放思想、实事求是的思想路线的重新确立,以邓小平同志为主要代表的中国共产党人深刻总结我国社会主义建设正反两方面经验,把对社会主义经济建设和发展的认识提高到新的科学水平。在1982 年召开的党的十二大上,不但重申了"四个现代化"的发展目标,而且将其规定为中国共产党在新的历史时期的总任务,即团结全国各族人民,自力更生,艰苦奋斗,逐步实现工业、农业、国防和科学技术现代化,把我国建设成为高度文明、高度民主的社会主义国家。并且,根据我国的具体国情将中国经

---

① 周恩来在第四届全国人民代表大会第一次会议上所作的政府工作报告[N].
人民日报,1975-01-21(1).

济建设从 1981 年到 20 世纪末的 20 年奋斗目标重新设定为,
在不断提高经济效益的前提下,力争使全国工农业的年总产值
翻两番。实现了这个目标,我国国民收入总额和主要工农业产
品的产量将居于世界前列,整个国民经济的现代化过程将取得
重大进展,全国人民的收入将成倍增长,人民的物质文化生活
可以达到小康水平。

从十一届三中全会到 1987 年党的十三大召开,社会主义
经济建设取得了显著成效。党的十三大在预期完全有把握在 20
世纪末实现十二大提出的经济发展目标的情况下,明确提出了
经济发展的"三步走"战略,把党的十一届三中全会以后我国
经济建设的战略部署分为三步:第一步,实现国民生产总值比
1980 年翻一番,解决人民的温饱问题。第二步,到 20 世纪末,
使国民生产总值再增长一倍,人民生活水平达到小康水平。第
三步,到下个世纪中叶,人均国民生产总值达到中等发达国家
水平,人民生活比较富裕,基本实现现代化。

（四）"三步走"战略的完善和深化

党的十三届四中全会以来,"三步走"战略的实施过程不
断得到完善和深化。1992 年党的十四大明确指出,通过改革开
放,解放和发展生产力,建设有中国特色的社会主义。就其引
起社会变革的广度和深度来说,是开始了一场新的革命。它的
实质和目标,是要从根本上改变束缚我国生产力发展的经济体
制,建立充满生机和活力的社会主义新经济体制,同时相应地
改革政治体制和其他方面的体制,以实现中国的社会主义现代
化。十四大确定了我国经济体制改革的目标,即建立社会主义
市场经济体制,以利于进一步解放和发展生产力。1993 年党的
十四大通过的《中共中央关于建立社会主义市场经济体制若干

问题的决定》对社会主义市场经济体制作了总体规划，成为20世纪90年代进行经济体制改革的行动纲领。

到了1997年党的十五大，中国已经进入实现"三步走"战略的第二步战略目标、向第三步战略目标迈进的关键时期。为了把建设有中国特色社会主义事业全面推向21世纪，党的十五大提出了"两个一百年"奋斗目标，即21世纪第一个十年实现国民生产总值比2000年翻一番，使人民的小康生活更加宽裕，形成比较完善的社会主义市场经济体制；再经过十年的努力，到建党一百年时，使国民经济进一步发展，各项制度更加完善；到世纪中叶建国一百年时，基本实现现代化，建成富强民主文明的社会主义国家。"两个一百年"奋斗目标是对"三步走"战略的第三步的深化和完善，确定了中国跨世纪发展的宏伟蓝图，为中国特色社会主义在21世纪的发展做出了规划。

进入21世纪以后，现代化建设"三步走"战略的第一步、第二步目标均已顺利实现，人民生活总体上达到小康水平。在这个过程中，社会主义初级阶段以公有制为主体、多种所有制经济共同发展的基本经济制度已经确立，全方位、宽领域、多层次的对外开放格局基本形成，社会主义市场经济体制也从初步确立进入到完善阶段。2002年党的十六大上提出，21世纪的头二十年，是实现现代化建设第三步战略目标必经的承上启下的发展阶段，也是完善社会主义市场经济体制和扩大对外开放的关键阶段。经过这个阶段的建设，再继续奋斗几十年，到21世纪中叶基本实现现代化，把我国建成富强民主文明的社会主义国家。为此，党的十六大拓展了"小康"的内涵，提出了全面建设小康社会的发展目标，即不仅要实现国内生产总值到2020年比2000年翻两番，而且要在经济更加发展、民主更加健全、科教更加进步、文化更加繁荣、社会更加和谐、人民生活更加殷实的基础上，实现中国特色社会主义经济、政治、文化的全面发展。

要实现全面建成小康社会的目标，必须促进社会主义物质文明、政治文明、精神文明协调发展，坚持在经济发展的基础上促进社会全面进步和人的全面发展，坚持在开发利用自然中实现人与自然的和谐相处，实现经济社会可持续发展。2004年召开的党的十六届四中全会提出了构建社会主义和谐社会的重大任务，使社会主义物质文明、政治文明、精神文明建设和和谐社会建设全面发展，中国特色社会主义事业总体布局也由社会主义经济建设、政治建设、文化建设"三位一体"发展为社会主义经济建设、政治建设、文化建设、社会建设"四位一体"。2007年召开的党的十七大更加明确地提出，要把我国建设成为富强、民主、文明、和谐的社会主义现代化国家。十七大报告指出，在新的发展阶段继续全面建设小康社会，发展中国特色社会主义，必须深入贯彻科学发展观。科学发展观，第一要义是发展，核心是以人为本，基本要求是全面协调可持续，根本方法是统筹兼顾。没有科学发展就没有社会和谐，没有社会和谐也难以实现科学发展。2012年召开的党的十八大又把"四位一体"扩展为经济建设、政治建设、文化建设、社会建设、生态文明建设"五位一体"的总体布局，从而把生态文明建设融入经济建设、政治建设、文化建设、社会建设的各方面和全过程。十八大报告指出，建设中国特色社会主义，总依据是社会主义初级阶段，总布局是"五位一体"，总任务是实现社会主义现代化和中华民族伟大复兴。相应的，把全面建成小康社会的各项任务具体化为经济持续健康发展，人民民主不断扩大，文化软实力显著增强，人民生活水平全面提高，资源节约、环境友好型社会建设取得重大进展。

三、改革方式的思想及优势

习近平指出，改革开放是我们党的一次伟大觉醒，是决定当代中国命运的关键一招。[①]党的十一届三中全会以后，随着解放思想、实事求是的思想路线的重新确立，通过经济体制改革解放和发展社会生产力，成为我国社会主义经济建设的主要任务。而"摸着石头过河"，以渐进的方式来进行经济体制改革，在暂时不破坏旧体制的前提下通过培育新体制来实现新旧体制的转换，从而让市场在资源配置和经济发展过程中发挥更大的驱动作用，体现了现代中国国家经济治理思想的智慧。

渐进式改革既是实践的产物，也是一种国家经济治理思想。与俄罗斯和东欧国家采取激进式改革来实现新旧体制的转换不同的是，渐进式改革的着眼点不在于作为存量的旧体制，而在于作为增量的新体制；也不认为经济体制改革过程应当是一次性的，而是认为改革应当是部分推进且分阶段的；在速度上并不认为越快越好，而是强调改革的先后顺序；在范围上不认为应当直接进行全面改革，而是主张可以部分地方先行试点，然后再逐渐推广到全国范围。

张宇（1996）系统分析和比较了渐进式改革与激进式改革思路的差异，指出相对于苏联和东欧国家，我国的改革从农村开始，更加从实际出发，同时鼓励多种经济共同发展，改革与开放并存，并以经济建设为中心，符合我国的实际情况。他认为，激进式改革与渐进式改革的重要差别是对宪法秩序的态度，以及由此带来的改革方式的问题，"激进式改革的核心是产权私有化、经济市场化、政治和意识形态的多元化，而渐进式改

---

① 习近平. 在庆祝改革开放 40 周年大会上的讲话[N]. 人民日报，2018-12-19（2）.

革的核心则是坚持社会主义制度并在此基础上逐步改革经济与政治体制，建立社会主义的市场经济。"张宇总结的渐进式改革的特征还包括："强制中的诱致性变迁""双轨过渡、增量先行""从局部到整体""体制内改革与体制外推进相结合""改革、发展与稳定相协调""经济市场化与政治多元化分离以及实践理性"。①

　　渐进式改革之所以能够取得成功，是建立在对中国社会所处的历史阶段和实际国情的正确分析判断基础上的。邓小平指出，我们的现代化建设，必须从中国的实际出发。把马克思主义的普遍真理同我国的具体实际结合起来，走自己的道路，建设有中国特色的社会主义，这就是我们总结长期历史经验得出的基本结论。②党的十一届三中全会以来，我们党通过对中国国情的正确分析，指出中国最大的实际就是现在处于并将长期处于社会主义初级阶段，这是制定和执行正确的路线和政策的根本依据。由于我国的社会主义脱胎于半殖民地半封建社会，生产力水平远远低于发达的资本主义国家，这就决定了必须在社会主义条件下经历一个相当长的初级阶段，去实现工业化和经济的社会化、市场化、现代化。社会主义初级阶段不是泛指任何国家进入社会主义都会经历的起始阶段，而是特指我国在生产力落后、商品经济不发达条件下建设社会主义必然要经历的不可逾越的历史阶段。十一届三中全会前我国在建设社会主义中出现失误的根本原因之一，就在于提出的一些任务和政策超越了社会主义初级阶段。十一届三中全会以后改革开放和现代化建设取得成功的根本原因之一，就是克服了那些超越阶段的

---

　　① 张宇. 过渡之路：中国渐进式改革的政治经济学分析[M]. 北京：中国社会科学出版社，1997：68-104.

　　② 邓小平文选（第三卷）[M]. 北京：人民出版社，1993：3.

错误观念和政策，又抵制了抛开社会主义基本制度的错误主张。

渐进式改革之所以能够取得成功，是建立在把解放和发展生产力作为社会主义的根本任务的基础之上的。正像邓小平在南方谈话中所指出的那样，"革命是解放生产力，改革也是解放生产力"。[①]在社会主义改造完成以后，我国的社会主要矛盾是人民日益增长的物质文化需要同落后的社会生产之间的矛盾。这就要求党和国家工作的重点必须转移到以经济建设为中心的社会主义现代化建设上来，把以经济建设为中心确立为党的基本路线，集中力量发展社会生产力，并在这个基础上逐步改善人民的物质文化生活。为了发展社会生产力，就必须大胆吸收和借鉴人类社会创造的一切文明成果，吸收和借鉴当今世界各国包括资本主义发达国家的一切反映现代社会化生产规律的先进经营方式、管理方法。计划多一点还是市场多一点，不是社会主义与资本主义的本质区别，计划经济不等于社会主义，资本主义也有计划；市场经济不等于资本主义，社会主义也有市场。计划和市场都是经济手段。"发展才是硬道理"[②]"中国解决所有问题的关键是要靠自己的发展"[③]，要把是否有利于发展社会主义社会的生产力、是否有利于增强社会主义国家的综合国力、是否有利于提高人民的生活水平这"三个有利于"作为判断工作得失的根本标准。

渐进式改革之所以能够取得成功，与我们能够在社会现代化建设中正确处理改革、发展和稳定的关系密不可分。发展是硬道理，中国解决所有问题的关键是靠自己的发展。改革是经济和社会发展的强大动力，其目的是进一步解放和发展生产力。

① 邓小平文选（第三卷）[M]. 北京：人民出版社，1993：370.
② 邓小平文选（第三卷）[M]. 北京：人民出版社，1993：377.
③ 邓小平文选（第三卷）[M]. 北京：人民出版社，1993：265.

稳定是发展和改革的前提，发展和改革必须要有稳定的政治和社会环境。只有把改革的力度、发展的速度和社会可承受的程度统一起来，把不断完善人民生活作为处理改革发展稳定的重要结合点，才能在社会稳定中推进改革发展，通过改革发展促进社会稳定。

四、价格双轨制改革的治理思想

让市场在资源配置和经济发展过程中发挥作用，就必须发挥价格机制的作用，因而价格改革是我国经济体制改革的重要内容。价格双轨制作为一种价格改革的策略思想，适应了我国的渐进式改革在较长时期内新体制和旧体制并存的客观实际，保障了经济体制改革的顺利进行。

价格双轨制指的是投入企业的生产资料和企业的产出品在同一时间、同一市场存在两种价格，一种是由国家计划所规定的价格，一种是由市场确定的价格。同时，价格双轨制具有两种表现形式，一种是国家定价的产品也实行了高低不同的价格，如石油和天然气实行了计划内平价和计划内高价，部分煤矿也实行了加价政策。另一种是针对同一种产品对国家计划内的部分实行计划价格，而计划外的部分实行由市场决定的价格。最初主要指的是生产资料的价格双轨制，随后也拓展到生产要素价格的双轨制、权力要素价格的双轨制、交易费用的双轨制。①

改革开放之后，我国部分农产品和生产资料领域出现了两种定价方式并存的现象，随后在 1984 年的"莫干山会议"上，与会的年轻经济学者如张维迎、华生等就价格问题产生了激烈的讨论，形成了价格双轨制的主要观点。张维迎（1985）认为，

---

① 刘宇春，景维民. 价格"双轨制"的遗产与理论启示[J]. 贵州社会科学，2010（11）.

工业企业的价格改革之中，可以使用两种价格，旧价格旧办法，新价格新办法，最后过渡到市场价格。而华生等人于 1985 年发表的《论具有中国特色的价格改革道路》也论证了价格双轨制的形成。[①]2011 年，以华生研究组、田源、张维迎为主要贡献人的"价格双轨制"理论获得第四届中国经济理论创新奖，这是对价格双轨制改革思想的一种肯定。

对于实行价格双轨制的原因，田源、乔刚（1991）指出，价格双轨制是我国生产资料价格改革的必然选择。首先，改革开放后我国的改革战略中，利益关系限制了价格改革，使得改革延后，必须使用双轨制来缓解供求矛盾，稳定经济。其次，我国物资分配的特点及其变化是产生价格双轨制的根源，我国生产资料流通以单一的行政方式进行，而改革开放之后，部分地区已经突破单一价格模式，形成了事实上的双轨制。最后，我国城市经济体制改革的关键是增强企业经营活力，而价格双轨制满足了企业获利的要求，激发了企业的生产积极性。[②]张卓元（1992）提出了实行价格双轨制的三个原因：首先是我国的经济体制的原因，改革开放之后如何在生产资料价格领域实现计划经济与市场经济协调发展是一个重要的问题，将市场机制引入生产资料领域，对一部分生产资料实行计划价格，对另一部分实行市场价格更加合理；其次是生产力的原因，改革开放之初，我国生产力水平低下，存在着严重的商品短缺现象，如果直接引入市场机制、放开价格，必然造成物价飞涨，影响我国经济的平稳发展，商品供求失衡是实行价格双轨制的重要原

---

① 张军."双轨制"经济学：中国的经济改革（1978—1992）[M].上海：格致出版社，2016：87.

② 田源，乔刚.中国价格改革研究（1984—1990）[M].北京：电子工业出版社，1991：245-247.

因；最后是政策原因，虽然我国的经济体制和生产力发展现状决定了需要在生产资料领域实行价格双轨制，但如果没有党和国家的政策支持也无法顺利实施，政策的制定和引导是实施改革的关键所在。①

价格双轨制是一种过渡机制，作为我国价格改革的一个重要理论，它在我国改革开放后的价格改革中发挥了重要的作用，也是我国渐进式改革思想的一个重要体现。在生产资料价格领域，同时实行计划价格和市场价格两种价格，是我国经济治理思想的一个重要创新。作为一种过渡手段，价格双轨制发挥出了其应有的作用，是我国价格改革中由计划过渡到市场的关键。然而，其弊端也相对明显，价格双轨制的实行导致我国价格体系混乱，同一产品两种价格的出现不利于企业间的平等竞争，同时也为"官倒"等腐败现象提供了支持。随着中国经济市场化的不断推进，必然要求取消价格双轨制并转向统一的市场价格。1992年，国家开始着手消除价格双轨制，对很多产品的价格实行"并轨"。1993年放开了钢铁价格，1994年放开了煤炭价格，其他工业品的价格也陆续放开，以市场供需形成价格的机制逐渐形成。直到1996年，"价格双轨制"在中国最终成为历史。

价格双轨制的实行并逐渐"并轨"，将市场机制引入了我国生产资料价格领域，进一步拓展到生产要素价格领域、权力要素价格领域和交易费用领域，同时为我国的渐进式改革提供了成功的经验。生产资料领域价格改革的成功，消除了经济体制改革中最容易引起震荡的因素，是我国经济体制改革成功的关键所在，为我国国民经济稳定发展创造了必要的条件，对改

---

① 张卓元. 中国生产资料价格改革[M]. 北京：经济科学出版社，1992：87-92.

革开放之后我国的国家经济治理具有重要的意义。

五、农业改革的治理思想

　　为什么只有中国 1978 年开始的改革开放取得了成功？原因就在于，这次经济体制改革与以往不同，不是直接从城市里的国有企业①开始的，而是首先在农业领域开始并取得突破的。对此，邓小平进行了深刻阐述："我们的改革和开放是从经济方面开始的，首先又是从农村开始的。为什么要从农村开始呢？因为农村人口占我国人口的百分之八十，农村不稳定，整个政治局势就不稳定，农民没有摆脱贫困，就是我国没有摆脱贫困。坦率地说，在没有改革以前，大多数农民处在十分贫困的状况，衣、食、住、行都非常困难。党的十一届三中全会以后决定进行农村改革，给农民自主权，给基层自主权，这样一下子就把农民的积极性调动起来了，把基层的积极性调动起来了，面貌就改变了。"②

　　农业改革的成功来自农村经济治理思想的变化，主要是突破人民公社"一大二公"三级所有、集中经营、统一分配的模式，推行家庭联产承包责任制，探索适合我国农村实际、有利于农业生产发展的新体制。在我国农业发展的历史长河中，早就有过"包产到户"的制度安排，1956 年、1959 年和 1961 年分别出现过三次包产到户的浪潮，但是都被严厉地制止了。十年"文化大革命"结束以后，面对满目疮痍的农村经济，一些地方的农民和党政领导焦急地寻求摆脱困境的道路。小岗村隶属安徽省凤阳县，是淮河岸边的一个普通小村庄。1975 年以

---

　　① 由于传统社会主义国家实行重工业优先发展的战略，因而城市里的国有企业主要集中在工业领域。
　　② 邓小平文选（第三卷）[M]．北京：人民出版社，1993：237-238．

前的小岗村，只有 20 户人家 100 多人，是远近闻名的"三靠村"——"吃粮靠返销，生活靠救济，生产靠贷款"。每年秋后，家家户户都要背起花鼓去讨饭。1978 年，安徽 9 个月没下过透雨，出现了百年不遇的大旱。针对这种情况，小岗村农民们做出了一个大胆决定：包产到户，"交足国家的，留够集体的，剩下的就是自己的"，凤阳县几位公社书记暗中串联实行"包产到组"的家庭联产承包责任制，俗称"大包干"，农村改革由此拉开序幕。这一事件后来成为中国经济体制改革的突破性标志，"包产到户"也找到了复活的机会。1978 年末，安徽实行"包产到户"的生产队达到 1200 个，1979 年又发展到3.8 万个，约占全省生产队总数的 10%。同期，四川、贵州、甘肃、内蒙古、河南等地的"包产到户"也有了相当规模的发展。中央高层的一些明智之士发现"大包干"是解放农村生产力的有效手段，对"大包干"给予了积极支持。在中共十一届三中全会对"大包干"基本肯定、1979 年中共十一届四中全会对其进一步明确之后，"大包干"如星星之火，迅速燃遍了中国农村大地。从 1982 年开始，中共中央连续五年发布"一号文件"，对以家庭联产承包责任制为核心内容的农村政策一步一个脚印地进行充实和规范，从而使家庭联产承包责任制成为"党的农村政策的基石"。家庭联产承包责任制赋予农民部分土地产权和生产自主权，农民生产积极性空前高涨，粮、油、棉产量连年增加，甚至翻番，农民生活普遍改善。农民家庭由原来的消费单位，变成了生产经营单位，使农民的生产成果同经济利益直接挂钩，极大地调动了农民的生产积极性，迅速解放了长期被压抑的农村生产力，振兴了整个农业。除了推行家庭联产承包责任制、变革农村人民公社体制外，国家还大幅提高了农副产品的收购价格，减免农业税，恢复扩大自留地，开放农贸市场，并对农村流通体制和产业结构进行局部改革和调整。

　　家庭联产承包责任制之所以能够取得成功，是因为它确立了农民农业生产经营者的主体地位，赋予了农民土地承包经营权，使得权利、责任和利益相统一，成功地调动了农民的经营积极性（冀县卿，2011）。[①]中华人民共和国成立后，我国农村土地制度是集体土地所有制，虽然产权明晰，土地为集体所有，但集体的劳动无法激励农民生产的积极性。林毅夫认为，生产队中对劳动的激励主要取决于对劳动的监督程度，监督程度低时，激励就较低。而家庭联产承包责任制有效实现了劳动监督，解决了集体劳作所产生的监督困难问题，农民的积极性得以提高。[②]

　　家庭联产承包经营责任制的实行，充分体现了现代中国国家经济治理中"摸着石头过河"和顶层设计相结合的思想，一方面尊重群众的首创精神，着眼于解放和发展生产力，放手支持群众大胆实践、大胆探索、大胆创新；另一方面及时发现、总结和推广群众创造的成功经验，从而充分发挥人民群众在改革开放和现代化建设中的主体作用，实现了问题导向和目标导向相统一，试点先行和全面推进相促进，把改革、发展、稳定有机统一起来。

　　家庭联产承包责任制实行至今，农村的经济环境发生了巨大的变化，党的十八届三中全会提出将传统的所有权和承包经营权两权分置更改为所有权、承包权和经营权三权分置。孙宪忠（2016）根据其多年的调查，指出"三权分置"解决了实行

---

①　冀县卿. 改革开放后中国农业产权结构变迁与制度绩效：理论与实证分析 [M]. 北京：中国农业出版社，2011：1.

②　林毅夫. 制度、技术与中国农业发展 [M]. 上海：格致出版社、上海三联书店、上海人民出版社，2014.

家庭联产承包责任制以来我国的土地碎片化和农民家庭经营限制了农业经营规模的问题，同时能够更加便捷地引入规模化农业、绿色农业和科技农业等新型农业经营方式，从而提高农民收入，有利于解决我国长期以来的"三农"问题。①

第三节　现代中国国家经济治理思想转变的启示

中华人民共和国成立以来，中国共产党人不断探索符合中国国情的发展道路，取得了巨大的成就，也积累了丰富的国家经济治理思想。中华民族迎来了从站起来、富起来到强起来的伟大飞跃，中国特色社会主义迎来了从创立、发展到完善的伟大飞跃，中国人民迎来了从温饱不足到小康富裕的伟大飞跃。概括总结现代中国国家经济治理思想的演变，贯穿其中的三条基本原则是：必须坚持解放思想、实事求是、与时俱进和求真务实的原则，必须坚持走中国特色社会主义市场经济发展道路的原则，必须坚持推进国家治理体系和治理能力现代化的原则。

一、坚持解放思想、实事求是、与时俱进和求真务实的原则

改革开放以来，我国经济社会发展取得了巨大的成就，同时我国的经济治理思想也实现了历史性的转变。改革开放的思想解放运动是我国经济治理思想转变的前提、经济发展的动力之源，40多年的发展经验表明我国必须坚持改革开放，建立适

---

① 孙宪忠. 推进农地三权分置经营模式的立法研究[J]. 中国社会科学,2016(7).

合我国发展的经济制度，才能保障我国经济的持续健康发展。

首先，关于真理标准问题的讨论是我国改革开放的思想解放运动的开端，党的十一届三中全会的召开进一步确立了实事求是的思想。实事求是是马克思主义理论的重要思想，改革开放 40 年的经济发展经验表明，经济治理思想的演变一直顺应我国经济发展的实践。改革开放之初的家庭联产承包责任制就是人民群众根据当地经济现实走出的一条变革之路，最终推广至全国并与各地的现实情况相结合，演变出多种不同的形式，而面对我国生产资料从计划价格走向市场价格的现实状况，形成了价格双轨制的经济治理思想。在我国社会主义宪法秩序的基础之上，为了避免"大爆炸"式的激进变革对国内经济社会发展造成的损失，根据各地已经逐步形成的政策实践，逐步形成了渐进式改革的经济治理思想。2014 年，面对我国新出现的经济新常态，以及产生的新问题、新情况、新实践，创造性地形成了供给侧结构性改革的经济治理思想。由此可知，我国改革开放之后 40 年来的经济治理思想的演进一直离不开经济发展的实践，只有适应我国经济发展现实，建立适应我国现实的财政制度、金融制度、贸易制度、对外开放制度，深深扎根经济社会发展实践，才能真正发展出适合我国国情的国家经济治理思想。

改革开放 40 年的发展经验告诉我们，必须坚持改革开放，对内要加强改革力度，提升改革水平，进一步完善中国特色社会主义市场经济体制，发展中国特色社会主义市场经济，提高经济活力；对外要扩大开放程度，强化开放质量，进而完善中国特色社会主义开放体系建设，构建沿海、沿江、沿边、内陆地区相结合的全方位、多层次、宽领域的对外开放格局。同时改革开放必须以人民利益为中心，以提高居民生活水平、增强居民幸福感为目标。正如习近平总书记在庆祝改革开放 40 周年大会上指出的,改革开放"必须坚持以人民为中心,不断实现人民对美好生活的向往""必须坚持扩大开放,不断推动共建人类命运共同体"。①根据我国的发展现状不断扩大对外开放水平,才能更好地改善人民的生活水平,实现全球共同发展。

其次,我们需要在习近平新时代中国特色社会主义经济思想的指导之下进一步完善社会主义基本经济制度。中华人民共和国成立以来,我国的基本经济制度逐渐发展和完善,党的十五大报告中首次提出"公有制为主体、多种所有制经济共同发展,是我国社会主义初级阶段的一项基本经济制度"②。正如改革开放之后我国的国有企业改革的核心就是所有制改革,改革过程中对所有制的改革的标准逐步变为是否有利于社会生产力的发展,同时非公有制经济也逐步从社会主义初级阶段的必要补充变为重要的组成部分。党的十九大报告也强调,"必须坚持和完善我国社会主义基本经济制度和分配制度,毫不动摇巩固和发展公有制经济,毫不动摇鼓励、支持、引导非公有制经济发展,使市场在资源配置中起决定性作用。"③在所有制的改革进程中,我国积极推行公有制实现形式的创新,实践表明,股份制是我国社会主义市场经济科学的组织形式,并逐步成为我国公有制经济的主要实现形式,国有资本、集体资本参股的混合所有制经济在国内逐渐兴盛,个体、私营经济和中小企业已经成为我国经济的重要组成部分,对我国经济社会的发展起到了重要的推进作用。因此,我们需要在习近平新时代中国特色

---

① 习近平. 在庆祝改革开放 40 周年大会上的讲话[N]. 人民日报,2018-12-19.

② 江泽民. 高举邓小平理论伟大旗帜,把建设有中国特色社会主义事业全面推向二十一世纪. 中国共产党历届全国代表大会数据库.

③ 习近平. 决胜全面建成小康社会 夺取新时代中国特色社会主义伟大胜利——在中国共产党第十九次全国代表大会上的报告[M]. 北京:人民出版社,2017.

社会主义经济思想的指导之下，不断地发展和完善我国的基本经济制度，促进国民经济健康发展。

最后，只有坚持改革开放才能真正实现经济治理思想的转变。改革开放确立了以经济建设为中心的思想，破除了"以阶级斗争为纲"的束缚，重新确立了实事求是的方针。第一，农村地区通过家庭联产承包责任制解放了农村生产力，破除了经济发展过程中的僵化思想，进而通过乡镇企业的发展实现了农村地区经济的多样化发展。第二，通过财税改革、金融改革、国有企业改革、教育改革、医疗改革等建立起了完整的经济体系。第三，适应经济发展新常态，党中央又逐步推进以供给侧结构性改革为代表的新一代改革。

改革开放 40 年的经验表明，完善经济治理思想、促进经济健康发展必须坚持改革开放，进一步完善社会主义经济制度。新时代的改革开放仍然需要扩大开放程度、拓展开放领域、提升开放层次，以便更好地服务经济发展，我国于 2013 年开始的自由贸易区建设就是新时代改革开放的重要举措。同时需要在此基础上进一步完善基本经济制度，如非公有制经济进入过去未涉及的垄断领域等，促进非公有制经济与公有制经济平等竞争，共同服务于我国社会主义市场经济。

二、坚持走中国特色社会主义市场经济发展道路的原则

坚持走中国特色社会主义市场经济发展道路是我国实现经济腾飞的关键。从国际比较的视角来看，每个国家都有适合其自身发展的道路，必须适应该国现实的经济社会条件和历史文化因素。俄罗斯和东欧国家经过渐进式的缓慢改革未能破除阻碍经济活力的因素，致使其推行了"大爆炸"式的激进式变革，

造成了俄罗斯和东欧国家在 20 世纪八九十年代的经济衰退，居民生活水平大幅下降。而我国在 1949 年后经历了 30 年不合理的经济治理方式，随后在改革开放中找到了适合自身发展的道路，即中国特色社会主义市场经济之路，通过渐进式改革扭转了我国经济体系中的不合理成分，并逐步改革了财政、金融、国有企业等体制以更好地适应经济的发展。改革开放 40 年的经验表明，我国走出了一条成功适应自身发展的道路。

一方面，走中国特色社会主义经济发展道路要在中国特色社会主义理论体系的指导之下展开。中国特色社会主义理论体系包括邓小平理论、"三个代表"重要思想、科学发展观和习近平新时代中国特色社会主义思想。中国特色社会主义理论体系凝结了几代中国共产党人探索实践的智慧和心血，是党和国家发展的理论基础，同时也是一个不断发展的开放的理论体系。改革开放 40 年的经济治理思想的演进，体现了中国特色社会主义理论体系的指导作用。40 年来，党和国家不断破除传统僵化的经济治理理念，推陈出新，在实践中探索和完善新的理论、新的思想、新的政策，指导我国经济发展。与此同时，中国特色社会主义理论体系也随着我国发展的变化而逐渐演变。随着我国改革开放进程的不断发展，在马克思列宁主义、毛泽东思想的基础上，逐渐形成以社会主义初级阶段理论、社会主义市场经济理论等为代表的邓小平理论；面对国内外形势的变化，为了加强党对国家发展的指导作用而形成了"三个代表"重要思想；面对我国城乡关系、发展理念的新认识而形成了科学发展观；面对我国新的时代条件和时代要求，逐渐形成了习近平新时代中国特色社会主义经济思想。中国特色社会主义理论体系是我国经济发展的理论指导，只有理论跟上时代的变化，跟上实践的发展，不断推进理论创新、实践创新、制度创新、文化创新及各方面创新，才能够展现出更强大、更有说服力的真理力量。

　　另一方面，走中国特色社会主义经济发展道路要坚持人民群众的主体地位。正如习近平总书记在党的十九大报告中指出，"人民是历史的创造者，是决定党和国家前途命运的根本力量。必须坚持人民主体地位，坚持立党为公、执政为民，践行全心全意为人民服务的根本宗旨，把党的群众路线贯彻到治国理政全部活动之中，把人民对美好生活的向往作为奋斗目标，依靠人民创造历史伟业。"①我国政府在经济发展中始终坚持马克思主义的指导地位，通过马克思主义的历史唯物主义看待发展，始终坚持人民群众是历史的创造者，坚持全心全意为人民服务的观点，坚持一切为了群众，一切依靠群众，从群众中来，到群众中去的群众路线。坚持人民群众的主体地位是党和政府执政的根本所在，也是中国特色社会主义理论体系的根本所在，人民群众是中国特色社会主义市场经济的创造主体，也是发展成果的享受主体，经济的发展必须解决人民群众所关注的民生问题，必须以是否有利于人民群众的幸福安康为标准，必须以能够实现全面建成小康社会为标准。

　　因此，我们要在中国特色社会主义理论体系的指导之下，以中国的经济发展实践为基础，同时坚持人民群众的主体地位，走出一条适合中国自身发展的中国特色社会主义经济发展道路。

三、坚持推进国家治理体系和治理能力现代化的原则

　　由我国经济治理思想的演变发展可知，要想实现国民经济

---

① 习近平. 决胜全面建成小康社会　夺取新时代中国特色社会主义伟大胜利——在中国共产党第十九次全国代表大会上的报告[N]. 北京：人民出版社，2017.

的平稳健康发展，必须建立一套在中国特色社会主义理论体系指导下的现代化的经济治理体系，提高治理效率，同时这套体系必须深深扎根于我国社会主义建设的实践之中，符合我国的经济发展现实，成为我国国家治理体系和国家治理能力现代化的一个重要组成部分。

其一，要推进政府职能转变，构建现代化的服务型政府。朱光磊、于丹（2008）认为，建设服务型政府，是中国政府为适应社会主义市场经济的发展，继续深入推进政府职能转变的新阶段。[①]改革开放和社会主义市场经济的发展要求不断创新发展政府职能工作，我国社会结构和经济结构的变化要求政府将促进经济发展、平衡社会发展中公平与效率之间的关系、缓解社会矛盾、提供公共服务作为工作的重点。在此基础上，以中国特色社会主义理论体系为指导，提高政府公共物品提供能力，加大公共服务财政投入，同时注重提高公民对公共服务的参与度，平衡政府和社会在公共服务提供方面的均衡关系，精简机构，提高行政效率，更好地服务于社会发展。在经济治理方面，要减少政府对经济的直接行政干预，充分发挥市场在资源配置中的决定性作用。完善宏观调控体系必须从完善财政政策、金融政策、产业政策、区域政策着手，正如习近平总书记在党的十九大报告中指出的"创新和完善宏观调控，发挥国家发展规划的战略导向作用，健全财政、货币、产业、区域等经济政策协调机制"[②]。宏观调控的主体是宏观调控政策的制定者和实施者，客体主要是市场和企业。改革开放40年以来，我

---

① 朱光磊，于丹. 建设服务型政府是转变政府职能的新阶段——对中国政府转变职能过程的回顾与展望[J]. 政治学研究，2008（6）.

② 习近平. 决胜全面建成小康社会 夺取新时代中国特色社会主义伟大胜利——在中国共产党第十九次全国代表大会上的报告[M]. 北京：人民出版社，2017.

国宏观调控政策实施方式一直处于变化之中，并逐渐从直接的行政干预转化为以经济和法律手段为主，财政政策、货币政策的作用愈加凸显。我国财政管理体制经过多次变更，在改革过程中逐步强化了政府财政的宏观调控能力，在促进我国投资和消费的增长、完善社会保障制度、提高居民收入等方面发挥了重要的作用。货币政策的改革与我国整体金融体制改革相协调，逐步完善金融法治建设、扩大金融开放程度、抑制金融风险扩大，深化利率与汇率改革，激发货币政策在宏观调控中的作用。健全国家产业政策的体制机制，同时规范市场秩序，减少垄断企业对行业的控制，形成企业之间公平竞争的状况。我国区域政策的制定一直以促进国内各区域协调发展为宗旨，从东部优先发展到西部大开发、东北振兴、中部崛起，从经济特区到国家级新区、自由贸易区，我国区域发展政策一直是调控我国经济发展不平衡的重要手段。我国要形成财政、货币、产业、区域等经济政策协调发展的体制机制，更好地发挥宏观调控的作用。

其二，要继续深化经济体制改革，进一步提高经济活力。经济体制改革是提高我国经济活力，解放生产力，提高资源配置效率的重要手段。改革开放40年来，我国经济体制改革逐步深化，从"计划经济为主、市场经济为辅"过渡到"市场在资源配置中起决定性作用"。经济体制改革的主要对象是高度集中的计划经济体制，从而激发企业的市场活力，进而逐步转向社会主义市场经济体制，因而在我国经济体制改革过程中一直不断增强市场在经济发展中的作用，发挥市场在资源配置中的决定性作用。

改革开放40年来，经济体制改革取得了巨大的成就，社会主义市场经济体制初步建成。股份制成为企业治理的主要形式，政府职能逐步适应市场经济发展，政府提供公共服务的能力得到了较大的提升，财政、金融、贸易、教育、医疗体制改革成效初显，统一开放的市场体系基本形成。在此基础上，我国要进一步完善市场经济体制，激发市场活力，同时控制市场中的自发性与盲目性，以解决我国粗放式经济发展模式带来的环境污染、能源短缺、城乡二元经济等问题，促进经济发展的可持续性。面对更加复杂的新形势、新情况，深化经济体制改革必须以习近平新时代中国特色社会主义经济思想为指导，"必须以完善产权制度和要素市场化配置为重点，实现产权有效激励、要素自由流动、价格反应灵活、竞争公平有序、企业优胜劣汰。"[①]进一步深化国有企业改革，完善财政金融体制改革，激发市场活力，才能真正建立社会主义市场经济体制，真正实现国家经济治理的现代化。

---

① 习近平. 决胜全面建成小康社会 夺取新时代中国特色社会主义伟大胜利——在中国共产党第十九次全国代表大会上的报告[M]. 北京：人民出版社，2017.

第五章　新时代中国国家经济治理思想

　　党的十九大报告指出，中国特色社会主义进入新时代，这是我国发展新的历史方位。就我国自身而言，正处于全面建设社会主义现代化国家、实现中华民族伟大复兴的关键时期；就世界发展趋势而言，正经历百年未有之大变局，国际形势复杂多变，全球增长动力不足、发展不平衡已经成为世界各国面临的共同问题。为了应对风险挑战、赢得主动，为了把新时代改革开放推向前进，实现"两个一百年"奋斗目标，党的十九届四中全会对坚持和完善中国特色社会主义制度、推进国家治理体系和治理能力现代化的重大成就和历史经验，必须坚持的重大原则和根本制度、基本制度、重要制度，以及面临的主要问题和重大任务，需要采取的重要举措做了总体设计和部署，开辟了国家治理现代化的新境界，也体现了新时代国家经济治理思想的最新发展。

第一节　新时代中国国家经济治理思想的形成背景

　　随着中国特色社会主义进入新时代，我国社会主要矛盾已经由人民日益增长的物质文化需要同落后的社会生产之间的矛盾转化为人民日益增长的美好生活需要和不平衡不充分的发展之间的矛盾。这一重大历史性变化，对发展全局产生了广泛而深刻的影响。不仅发展理念和发展方式有重大转变，发展环境和发展条件也有重大变化，这些都对国家经济治理的目标、范围、方式和手段提出了新的要求，从而成为新时代中国国家经济治理思想的形成背景。

一、从高速增长阶段转向高质量发展阶段

从高速增长阶段转向高质量发展阶段是新时代中国经济的基本特征。改革开放以来，中国社会主义经济建设取得的一项伟大成就就是经济保持连续四十多年的高速增长。改革开放 40 年来，我国国内生产总值由 3679 亿元增长到 2017 年的 82.7 万亿元，年均实际增长 9.5%，远高于同期世界经济 2.9%左右的年均增速。我国国内生产总值占世界生产总值的比重由改革开放之初的 1.8%上升到 15.2%，多年来对世界经济增长贡献率超过 30%。[①]快速的经济增长使中华民族迎来了从站起来、富起来到强起来的伟大飞跃，中国特色社会主义迎来了从创立、发展到完善的伟大飞跃，中国人民迎来了从温饱不足到小康富裕的伟大飞跃，也使中国的社会需求和社会生产两个方面的情况都发生了变化。一方面，随着十几亿人温饱问题的解决，人民美好生活需要日益广泛，不仅对物质文化生活提出了更高要求，而且在民主、法治、公平、正义、安全、环境等方面的要求日益增长。另一方面，社会生产力水平总体上显著提高，发展的不平衡不充分问题更加突出，这已经成为满足人民日益增长的美好生活需要的主要制约因素。因而，在中国特色社会主义进

---

① 习近平. 在庆祝改革开放 40 周年大会上的讲话[N]. 人民日报，2018-12-19（2）.

入新时代后，需要提高发展的质量和效益，增强发展的公平性和可持续性，从而更好满足人民在经济、政治、文化、社会、生态等方面日益增长的需要，解决发展的不平衡不充分与人民日益增长的美好生活需要之间的矛盾。通俗地说，从高速增长转向高质量发展，就是从"有没有"转向"好不好"，从注重量的增长转向注重发展质量和效益的提高。通过转变经济发展方式、调整经济结构、转换增长动力，使我国经济向形态更高级、分工更优化、结构更合理的阶段演进。

（一）全面贯彻新发展理念

新发展理念是中国特色社会主义进入新时代后，进一步推动我国发展朝着更高质量、更有效率、更加公平、更可持续的方向前进的总体原则。党的十八大以来，以习近平同志为核心的党中央着眼新的发展实践，在深刻总结国内外发展经验教训的基础上，针对我国发展中的突出矛盾和问题提出了创新、协调、绿色、开放、共享的新发展理念，集中反映了我们党对我国发展规律的新认识。主要包括：

第一，创新是引领发展的第一动力。发展动力决定发展速度、效能、可持续性。如果动力问题解决不好，就难以实现经济的持续健康发展。增强发展动力、把握发展主动权，就必须树立创新发展理念，把创新摆在国家发展全局的核心位置，不断推进理论创新、制度创新、科技创新、文化创新等各方面创新，让创新贯穿党和国家一切工作，让创新在全社会蔚然成风。

第二，协调是持续健康发展的内在要求。协调既是发展手段，又是发展目标，同时还是评价发展的标准和尺度；协调是发展两点论和重点论的统一，既要着力破解难题、补齐短板，又要考虑巩固和厚植原有优势，两方面相辅相成、相得益彰，才能实现高质量发展；协调是发展平衡和不平衡的统一，协调发展不是搞平均主义，而是更注重发展机会公平、更注重资源配置均衡；协调是发展短板和潜力的统一，协调发展就是找出短板，在补齐短板上多用力，通过补齐短板挖掘发展潜力、增强发展后劲。树立协调发展理念，就必须牢牢把握中国特色社会主义事业总体布局，正确处理发展中的重大关系，重点促进城乡区域协调发展，促进经济社会协调发展，促进新型工业化、信息化、城镇化、农业现代化同步发展，在增强国家硬实力的同时注重提升国家软实力，不断增强发展的整体性。

第三，绿色是永续发展的必要条件和人民对美好生活追求的重要体现。绿色发展，就是要解决好人与自然和谐共生问题。人类发展活动必须尊重自然、顺应自然、保护自然。只有尊重自然规律，才能有效防止在开发利用自然上走弯路。树立绿色发展理念，就必须坚持节约资源和保护环境的基本国策，坚持可持续发展，坚定走生产发展、生活富裕、生态良好的文明发展道路，加快建设资源节约型、环境友好型社会，形成人与自然和谐发展的现代化建设新格局，推进美丽中国建设，为全球生态安全做出新贡献。

第四，开放是国家繁荣发展的必由之路。实践表明，要发展壮大，必须主动顺应经济全球化潮流，坚持对外开放，充分运用人类社会创造的先进科学技术成果和有益管理经验。树立开放发展理念，就必须顺应我国经济深度融入世界经济的趋势，奉行互利共赢的开放战略，坚持内外需协调、进出口平衡、引进来和走出去并重、引资和引技、引智并举，发展更高层次的开放型经济，积极参与全球经济治理和公共产品供给，提高我国在全球经济治理中的制度性话语权,构建广泛的利益共同体。

第五，共享是中国特色社会主义的本质要求。共享发展理念的内涵主要有四个方面:一是全民共享,即共享发展是人人享有、各得其所,不是少数人共享、一部分人共享。二是全面共享,即共享发展就要共享国家经济、政治、文化、社会、生态文明等各方面建设成果,全面保障人民在各方面的合法权益。三是共建共享,即只有共建才能共享,共建的过程也是共享的过程。四是渐进共享,即共享发展必将有一个从低级到高级、从不均衡到均衡的过程,即使达到很高的水平也会有差别。树立共享发展理念,就必须坚持发展为了人民、发展依靠人民、发展成果由人民共享,做出更有效的制度安排,使全体人民在共建共享发展中有更多获得感,增强发展动力,增进人民团结,朝着共同富裕方向稳步前进。

创新、协调、绿色、开放、共享的新发展理念是具有内在联系的集合体,创新发展增强发展的动力,协调发展提高发展的平衡性,绿色发展保障发展的可持续性,开放发展实现发展的内外联动,共享发展明确发展的目标。新发展理念相互贯通、相互促进,具有统一的目标,使科学发展的内涵进一步具体化,对破解发展难题、增强发展动力、厚植发展优势更具针对性、指导性、可操作性。

(二)建设现代化经济体系

建设现代化经济体系,是党的十九大着眼于实现"两个一百年"奋斗目标,贯彻新发展理念做出的重大决策部署,既顺应了转变经济发展方式、优化经济结构、转换经济增长动力的迫切要求,也顺应了中国特色社会主义进入新时代为建设社会主义现代化强国提供有力支撑的客观需要,对于实现更高质量、更有效率、更加公平、更可持续的发展具有重要意义。

我国经济之所以大而不强,是因为一直以来走的是一条以增量扩能为主的发展之路，重规模轻质量、重速度轻效益，主要依靠资源和低成本劳动力等要素投入作为发展动力。长此以往，资源不可接续、环境不可承载、经济不可持续。因此，必须坚持质量第一、效率优先，以供给侧结构性改革为主线，把发展经济的着力点放在实体经济上，把提高供给体系质量作为主攻方向，把创新作为引领发展的第一动力，用较少的要素投入、较小的资源环境代价产出较多的产品，获取较大的经济效益，推动发展方式从规模速度型转向质量效率型，经济结构调整从增量扩能为主转向调整存量、做优增量并举，发展动力从主要依靠资源和低成本劳动力等要素投入转向创新驱动。

现代化经济体系是由社会经济活动各个环节、各个层面、各个领域的相互关系和内在联系构成的一个有机整体，涉及产业体系、市场体系、收入分配体系、城乡区域发展体系、绿色发展体系、全面开放体系，以及充分发挥市场作用、更好发挥政府作用的经济体制，是一个统一整体，需要一体建设、一体推进。

第一，创新引领、协同发展的产业体系。综合分析当前制约我国经济发展的因素，其中最突出的是结构性问题，矛盾的主要方面在供给侧。我国不是需求不足或没有需求，而是需求变了，供给的产品却没有变，质量、服务跟不上。解决这些问题需要立足实体经济，推进结构调整，减少无效和低端供给，扩大有效和中高端供给，增强供给结构对需求变化的适应性和灵活性，提高全要素生产率。科技创新、现代金融、人力资源，共同构成了实体经济发展的要素支撑。创新是引领发展的第一动力，是建设现代化经济体系的战略支撑。金融是实体经济的血脉，为实体经济服务是金融的天职，有助于优化生产要素配置和组合，降低实体经济成本。人力资源是发展的第一资源，人才是创新的根基，是创新的核心要素。建设现代化经济体系，就是要实现实体经济、科技创新、现代金融、人力资源协同发展，使科技创新在实体经济发展中的贡献份额不断提高，现代金融服务实体经济的能力不断增强，人力资源支撑实体经济发展的作用不断优化。

第二，统一开放、竞争有序的市场体系。经济发展就是要提高资源，尤其是稀缺资源的配置效率，以尽可能少的资源投入生产尽可能多的产品，获得尽可能大的效益。理论和实践都证明，市场配置资源是最有效率的形式。市场决定资源配置是市场经济的一般规律，市场经济本质上就是市场决定资源配置的经济。统一开放、竞争有序的市场体系，是使市场在资源配置中起决定性作用的基础，主要包括公平开放透明的市场规则、统一的市场监管、法治化的营商环境，主要是市场决定价格的机制、完善的金融市场和金融监管体系等。建设现代化经济体系，就是要实现市场准入畅通、市场开放有序、市场竞争充分、市场秩序规范，加快形成企业自主经营公平竞争、消费者自由选择自主消费、商品和要素自由流动平等交换的现代市场体系。

第三，体现效率、促进公平的收入分配体系。改善民生，实现发展成果更多更公平惠及全体人民，体现了以人民为中心的发展的根本目的。收入分配是民生之源，是改善民生、实现发展成果由人民共享最重要最直接的方式。建设现代化经济体系，就是要实现收入分配合理、社会公平正义、全体人民共同富裕，推进基本公共服务均等化，逐步缩小收入分配差距。

第四，彰显优势、协调联动的城乡区域发展体系。促进城乡协调发展，是改变我国发展不平衡不充分现状，实现持续健康发展的内在要求。建设现代化经济体系，就是要实现区域良性互动、城乡融合发展、陆海统筹整体优化，培育和发挥区域比较优势，加强区域优势互补，塑造区域协调发展新格局。

第五，资源节约、环境友好的绿色发展体系。我们要建设的现代化是人与自然和谐共生的现代化，既要创造更多物质财富和精神财富以满足人民日益增长的美好生活需要，也要提供更多优质生态产品以满足人民日益增长的优美生态环境需要。改革开放以来，由于一些地方、一些领域没有处理好经济发展同生态环境保护的关系，以无节制消耗资源、破坏环境为代价换取经济发展，导致能源资源、生态环境问题越来越突出。这种情况不改变，能源资源将难以支撑、生态环境将不堪重负，反过来必然会对可持续发展造成严重影响，我国发展的空间和后劲将越来越小。因此，必须坚持节约优先、保护优先、自然恢复为主的方针，形成节约资源和保护环境的空间格局、产业结构、生产方式、生活方式，还自然以宁静、和谐、美丽。建设现代化经济体系，就是要通过推进绿色发展，着力解决突出环境问题，加大生态系统保护力度和改革生态环境监管体制，实现绿色循环低碳发展、人与自然和谐共生，牢固树立和践行绿水青山就是金山银山理念，形成人与自然和谐发展的现代化建设新格局。

第六，多元平衡、安全高效的全面开放体系。全方位对外开放是发展的必然要求。打开国门搞建设，既立足国内，充分运用我国资源、市场、制度等优势，又重视国内国际经济联动效应，积极应对外部环境变化，可以更好地利用两个市场、两种资源，推动互利共赢、共同发展。建设现代化经济体系，就是要发展更高层次开放型经济，推动开放朝着优化结构、拓展深度、提高效益方向转变。

第七，充分发挥市场作用、更好发挥政府作用的经济体制。经济体制改革仍然是全面深化改革的重点，经济体制改革的核心问题仍然是处理好政府和市场的关系。发展社会主义市场经济，既要发挥市场作用，也要发挥政府作用，但市场作用和政府作用的职能是不同的。健全社会主义市场经济体制，一方面需要切实发挥市场在资源配置中的决定性作用，着力解决市场体系不完善、政府干预过多和监管不到位问题；另一方面要更好发挥政府作用，在保证市场发挥决定性作用的前提下，管好那些市场管不了或管不好的事情。科学的宏观调控、有效的政府治理，是发挥社会主义市场经济体制优势的内在要求。建设现代化经济体系，就是要通过健全宏观调控体系、全面正确履行政府职能、优化政府组织结构，发挥政府在保持宏观经济稳定、加强和优化公共服务、保障公平竞争、加强市场监管、维护市场秩序、推动可持续发展、促进共同富裕、弥补市场失灵方面的职责和作用，实现市场机制有效、微观主体有活力、宏观调控有度。

二、新时代的中国发展处于重要的战略机遇期

当今世界正处于大发展大变革大调整时期，国际环境的变化使中国发展面临的不确定性更大，风险挑战更多。但也应当看到，一方面我国经济发展健康稳定的基本面没有改变，支撑高质量发展的生产要素条件没有改变，长期稳中向好的总体势头没有改变。经过四十多年的改革开放，我国的经济实力、科技实力、国防实力、综合国力已经进入世界前列，当代中国已不再是国际秩序的被动接受者，而是积极的参与者、建设者、引领者。另一方面，世界多极化、经济全球化、社会信息化、文化多样化深入发展，全球治理体系和国际秩序变革加速推进，各国的相互联系和依存日益加深，国际力量对比更趋平衡，和

平发展大势不可逆转。因此，综合来看，我国发展仍处于重要
战略机遇期和历史机遇期。只要能够从新的历史方位科学认识
和全面把握国际局势和周边环境的新变化，调动和运用好国内
外形势变化带来的一切积极因素，充分发挥我们的独特优势，
全面利用好我国发展的重要战略机遇期，就可以化危为机，在
推动中国经济的高质量发展的同时，为解决全人类问题贡献中
国智慧和中国方案。

（一）世界经济进入到深度调整期

从世界历史来看，国际体系是在资本主义的产生和发展过
程中形成并不断运动变化的。在殖民主义时代，资本主义国家
的殖民扩张促进了国际体系的形成，而当时国际关系的主要内
容和矛盾也就表现为宗主国压迫、奴役和剥削殖民地国家，掠
夺殖民地国家的资源，打开殖民地国家的市场，"它使地球的一
部分转变为主要从事农业的生产地区，以服务于另一部分主要
从事工业的生产地区"①。在帝国主义时代，资本主义国家之间
争夺殖民地的斗争变得日趋激烈，而为了更好地服务于资本主
义国家对殖民地的控制，殖民地在政治上被迫和母国连在了一
起。这样，国际体系中的国家被划分为两大基本类型：一方是
奴役其他国家的宗主国，另一方是被奴役的、丧失主权的殖民
地国家。国际关系的内容除了资本主义强国剥削、压迫和奴役
落后国家之外，还包括资本主义国家之间为了重新瓜分殖民地
和划分势力范围所展开的竞争、冲突和对抗。

俄国无产阶级革命的胜利动摇了帝国主义的统治基础，为
被压迫的民族和国家实现民族独立和国家自主指引了方向。第

---

① 马克思恩格斯文集（第五卷）[M]. 北京：人民出版社，2009：520.

二次世界大战结束之后，中国和亚非拉广大第三世界国家纷纷兴起了民族独立解放运动，以摆脱来自资本主义国家的政治压迫和控制，实现国家的独立自主发展。这在很大程度上改变了不合理的国际旧秩序，使国际体系朝着制度化、机制化的方向发展。①在这一时期，一方面两次世界大战使人们记住了战争的惨痛教训，另一方面中国和亚非拉广大第三世界国家的民族解放运动已经极大地改变了国际旧秩序，因而国际体系逐渐从原来弱肉强食的丛林法则向着制度化和机制化的方向发展。在这个过程中，国家治理的重心逐渐从实现阶级统治转变为调和阶级矛盾、解决各种社会问题。相应的，全球治理的基本框架逐渐确立，国际组织及基于双边或多边的对话机制在协调国际事务中发挥越来越重要的作用。因此，虽然劳动和资本的对立关系依然存在，但政治压迫越来越不得人心，和平与发展已经成为时代主题，国家与国家之间通过对话协商解决争端分歧已经获得越来越多的国家的支持和拥护，这就为国际体系的和平变革创造了前提条件。这既是无产阶级不断进行斗争的结果，也是无产阶级的觉悟不断提高、斗争方式更加灵活、更加有效的体现。

国际体系的和平变革是资本主义基本矛盾进一步发展的结果。一方面，在科技进步和经济发展基础上形成的经济全球化潮流席卷世界，进一步提高了生产的社会化程度，使国家与国家之间的相互联系和依存不断加深，任何国家都不能脱离开国际社会而独自发展、独善其身。另一方面，在资本主义发展的

---

① 比如，成立联合国协调国际关系、维护世界和平和安全；成立关税及贸易总协定（GATT），即后来的世界贸易组织（WTO）协调国际经贸关系；成立国际货币基金组织（IMF）促进国际金融合作；成立世界银行集团（World Bank）为欠发达国家提供发展援助。

过程中，外部市场对于资本主义国家的资本积累一直具有重要的意义。随着生产的社会化程度进一步提高，资本积累和社会总产品，特别是剩余价值的实现之间的矛盾突破了国家的界限，扩展到世界范围。在这个过程中，资本主义的积累形式扩大了生产规模，使生产的社会化和商品化程度空前提高，使生产力高度发展，但同时也在世界范围内加剧了生产的社会化和生产资料的资本主义私人占有之间的矛盾，使外部市场的作用从缓解资本主义基本矛盾逐渐转变为资本主义进一步发展的限制。2008 年世界金融危机的爆发，就是资本积累与社会总产品实现之间的矛盾在世界范围内累积的结果。2008 年世界金融危机之后，不仅发达资本主义国家再也无法回到危机前的繁荣，而且由资本主义基本矛盾所引致的全球增长动力不足、发展失衡已经成为人类面临的共同问题。在这种情况下，各国利益和命运紧密相连、深度交融，需要携手应对挑战，推动建设持久和平、共同繁荣的和谐世界，为人类的未来寻找出路。

　　中国的崛起为国际体系的和平变革贡献了最主要的力量。20 世纪 70 年代以来，为了最大限度地追求价值增值，处于世界资本积累中心的美国经济逐渐"脱实向虚"，从而引致了世界范围内虚拟经济和实体经济的失衡。在这个大背景下，中国的改革开放没有像俄罗斯和东欧国家那样通过依附于资本积累中心的国家，分享一部分资本积累的收益实现经济增长，而是充分利用发达资本主义国家经济"脱实向虚"的契机，在继承和发展自有工业体系的基础上，通过承接来自西方国家的产业转移迅速推进工业化进程，从而成功地取代了美国的"世界制造工厂"地位，成为引领全球经济发展的主导力量之一。中国的发展，一方面使国际力量的对比更加平衡，有助于推动国际体系朝着和平与发展的方向变革。另一方面，中国没有走国强必霸的老路，而是寻求一条包容开放而非封闭对抗、合作共赢而非剥削掠夺的更加平衡、更加可持续的发展道路，为国际体系的和平变革贡献中国智慧和中国方案。正如习近平所说，"弱肉强食、丛林法则不是人类共存之道。穷兵黩武、强权独霸不是人类和平之策。赢者通吃、零和博弈不是人类发展之路。和平而不是战争，合作而不是对抗，共赢而不是零和，才是人类社会和平、进步、发展的永恒主题。"①

随着国际力量对比消长变化和全球性挑战日益增多，数百年来列强通过战争、殖民、划分势力范围等方式争夺利益和霸权逐步向各国以制度规则协调关系和利益的方式演变，建立国际机制、遵守国际规则、追求国际正义成为大多数国家的共识，加强全球治理、推进全球治理体系变革是大势所趋。党的十九大提出，中国秉持共商共建共享的全球治理观，倡导国际关系民主化，坚持国家不分大小、强弱、贫富，一律平等，支持联合国发挥积极作用，支持扩大发展中国家在国际事务中的代表性和发言权。中国将继续发挥负责任大国作用，积极参与全球治理体系改革和建设，不断贡献中国智慧和力量。推进全球治理体系变革并不是推倒重来，也不是另起炉灶，而是创新完善，使全球治理体系更好地反映国际格局的变化，更加平衡地反映大多数国家特别是新兴市场国家和发展中国家的意愿和利益，让世界各国人民共享经济全球化发展成果。

（二）构建人类命运共同体开始从理念转化为行动

坚持推动构建人类命运共同体，是新时代中国特色社会主义外交思想的重要内容，是习近平新时代中国特色社会主义思

---

① 习近平. 铭记历史，开创未来[N]. 俄罗斯报，2015-05-07.

想的重要组成部分。构建人类命运共同体，就是坚持对话协商、共建共享、合作共赢、交流互鉴和绿色低碳，建设持久和平、普遍安全、共同繁荣、开放包容和清洁美丽的世界。推动构建人类命运共同体，体现了中国致力于为世界和平与发展做出更大贡献的崇高目标，体现了中国将自身发展与世界发展相统一的全球视野、世界胸怀和大国担当。

坚持对话协商，建设一个持久和平的世界，就是要相互尊重、平等协商，坚决摒弃冷战思维和强权政治，走对话而不对抗、结伴而不结盟的国与国交往新路。其根本要义在于国家之间构建平等相待、互商互谅的伙伴关系。大国要尊重彼此核心利益和重大关切，管控矛盾分歧，努力构建不冲突不对抗、相互尊重、合作共赢的新型关系。大国对小国要平等相待，不搞唯我独尊、强买强卖的霸道。任何国家都不能随意发动战争，不能破坏国际法治。出现矛盾和分歧，要通过平等协商处理，以最大诚意和耐心，坚持对话解决。

坚持共建共享，建设一个普遍安全的世界，就是要坚持以对话解决争端、以协商化解分歧，统筹应对传统和非传统安全威胁，反对一切形式的恐怖主义。国家不论大小、强弱、贫富及在历史文化传统、社会制度上存在多大差异，都要尊重和照顾其合理安全关切。各方应树立共同、综合、合作、可持续的新安全观。要恪守尊重主权、独立和领土完整、互不干涉内政等国际关系基本准则，深化双边和多边协作，促进不同安全机制间协调包容、互补合作，实现普遍安全和共同安全。各国都有平等参与地区安全事务的权利，也都有维护地区安全的责任，要以对话协商、互利合作的方式解决安全难题。要加强协调，建立全球反恐统一战线，为各国人民撑起安全伞。

坚持合作共赢，建设一个共同繁荣的世界，就是要同舟共济，促进贸易和投资自由化便利化，推动经济全球化朝着更加开放、包容、普惠、平衡、共赢的方向发展。各国特别是主要经济体要加强宏观政策协调，兼顾当前和长远，着力解决深层次问题。抓住新一轮科技革命和产业变革的历史性机遇，转变经济发展方式，坚持创新驱动，进一步发展社会生产力、释放社会创造力。维护世界贸易组织规则，支持开放、透明、包容、非歧视性的多边贸易体制，构建开放型世界经济。经济全球化是历史大势，要加强协调、完善治理，引导经济全球化健康发展，着力解决公平公正问题。

坚持交流互鉴，建设一个开放包容的世界，就是要尊重世界文明多样性，以文明交流超越文明隔阂，以文明互鉴超越文明冲突，以文明共存超越文明优越。文明没有高下、优劣之分，只有特色、地域之别。促进和而不同、兼收并蓄的文明交流对话，在竞争比较中取长补短，在交流互鉴中共同发展，使文明交流互鉴成为增进各国人民友谊的桥梁、推动人类社会进步的动力、维护世界和平的纽带。

坚持绿色低碳，建设一个清洁美丽的世界，就是要坚持环境友好，合作应对气候变化，保护好人类赖以生存的地球家园。要牢固树立尊重自然、顺应自然、保护自然的意识，以人与自然和谐相处为目标，解决好工业文明带来的矛盾，实现世界的可持续发展和人的全面发展。倡导绿色、低碳、循环、可持续的生产生活方式，采取行动应对气候变化的新挑战，不断开拓生产发展、生活富裕、生态良好的文明发展道路，构筑尊崇自然、绿色发展的全球生态体系。

构建人类命运共同体的基本路径，就是推动建设相互尊重、公平正义、合作共赢的新型国际关系，倡导各国秉持相互尊重原则，共同追求国际关系和国际秩序的公平正义，携手合作、同舟共济、互利共赢。相互尊重是前提，公平正义是准则，合作共赢是目标。中国是现行国际体系的参与者、建设者、贡献者，是国际合作的倡导者和国际多边主义的积极参与者。中国秉持共商共建共享的全球治理观，倡导国际关系民主化，坚持国家不分大小、强弱、贫富，一律平等，支持联合国发挥积极作用，支持扩大发展中国家在国际事务中的代表性和发言权。

共建"一带一路"是构建人类命运共同体的重要平台。政策沟通、设施联通、贸易畅通、资金融通和民心相通，是"一带一路"建设的核心内容。通过深化贸易投资合作、促进基础设施互联互通、加强创新能力开放合作、加强全球经济治理合作，把"一带一路"真正打造成一条和平之路、繁荣之路、开放之路、创新之路和文明之路，有利于推动经济全球化朝着更加开放、包容、普惠、平衡、共赢的方向发展，打造国际合作新平台，增添共同发展新动力，推动建立公正合理的国际秩序，实现持久和平与繁荣稳定。

三、新时代的改革开放要求加强顶层设计

社会生产力的不断发展，要求生产关系不断变革。实践发展永无止境，改革创新也永无止境。在改革开放 40 多年历程中，党的十一届三中全会是划时代的，开启了改革开放和社会主义现代化建设历史新时期。习近平总书记指出，改革开放是我们党的一次伟大觉醒，是中国人民和中华民族发展史上一次伟大革命，是决定当代中国命运的关键一招。①当时，世界经济快速发展，科技进步日新月异，而"文化大革命"十年内乱导致我国经济濒临崩溃的边缘，人民温饱都成问题，国家建设百

---

① 习近平. 在庆祝改革开放 40 周年大会上的讲话[N]. 人民日报，2018-12-19（2）.

业待兴。因此，在把党和国家的工作重心转移到经济建设上来之后，深刻理解社会主义的本质、建设中国特色社会主义，都需要在解放思想、实事求是的基础上，坚持一切从实际出发，理论联系实际，在实践中探索改革开放的具体举措。这也就决定了改革开放主要采取"摸着石头过河"和顶层设计相结合的方式，通过自上而下的改革和自下而上的改革相结合来不断推动社会主义制度的完善和发展。

中国是一个大国，绝不能在根本性问题上出现颠覆性错误。坚持"摸着石头过河"和顶层设计相结合，就是要处理好改革、发展和稳定的关系。党的十一届三中全会拉开了我国改革开放的大幕之后，1984年党的十二届三中全会通过了《中共中央关于经济体制改革的决定》，开始从根本上改变束缚生产力发展的经济体制。1993年党的十四届三中全会通过了《中共中央关于建立社会主义市场经济体制若干问题的决定》，明确了经济体制改革的目标和方向，从而逐渐改变了传统的计划经济体制，确立了公有制为主体、多种所有制经济共同发展的社会主义初级阶段的基本经济制度，以及按劳分配为主体、多种分配方式并存的社会主义初级阶段的分配制度，形成了全方位、宽领域、多层次的对外开放格局。这些成就的取得，都与我们能够在现代化建设中正确处理改革、发展和稳定的关系密不可分。发展是硬道理，中国解决所有问题的关键是靠自己的发展。改革是经济和社会发展的强大动力，是为了进一步解放和发展生产力。稳定是发展和改革的前提，发展和改革必须要有稳定的政治和社会环境。只有把改革的力度、发展的速度和社会可承受的程度统一起来，把不断改善人民生活作为处理改革发展稳定的重要结合点，才能在社会稳定中推进改革发展，通过改革发展促进社会稳定；才能坚持问题导向和目标导向相统一，坚持试点先行和全面推进相促进，既鼓励大胆试、大胆闯，又坚持实事求是、善作善成，确保改革开放行稳致远。

党的十八届三中全会也是划时代的，开启了全面深化改革、系统整体设计推进改革的新时代，开创了我国改革开放的新局面。习近平总书记强调指出，"相比过去，新时代改革开放具有许多新的内涵和特点，其中很重要的一点就是制度建设分量更重，改革更多面对的是深层次体制机制问题，对改革顶层设计的要求更高，对改革的系统性、整体性、协同性要求更强，相应地建章立制、构建体系的任务更重。"①

从我国发展战略的选择来看，我国早在 20 世纪 60 年代就提出了"四个现代化"的任务和"两步走"发展战略。1975 年第四届全国人民代表大会第一次会议上，周恩来重申了分两步走，实现"四个现代化"的发展战略，具体是"第一步，用十五年时间，即在 1980 年以前，建成一个独立的比较完整的工业体系和国民经济体系；第二步，在本世纪内，全面实现农业、工业、国防和科学技术的现代化，使我国国民经济走在世界的前列"②。

从十一届三中全会到党的十三大召开，社会主义经济建设取得了显著成效。党的十三大明确提出了经济发展的"三步走"战略，指出到 21 世纪中叶，人均国民生产总值达到中等发达国家水平，人民生活比较富裕，基本实现现代化。党的十五大提出了"两个一百年"奋斗目标，即 21 世纪第一个十年实现国民生产总值比 2000 年翻一番，使人民的小康生活更加宽裕，形成比较完善的社会主义市场经济体制；再经过十年的努

① 习近平. 关于《中共中央关于坚持和完善中国特色社会主义制度、推进国家治理体系和治理能力现代化若干重大问题的决定》的说明[N]. 人民日报，2019-11-06（4）.
② 周恩来在第四届全国人民代表大会第一次会议上所作的政府工作报告[N]. 人民日报，1975-01-21（1）.

力，到建党一百年时，使国民经济更加发展，各项制度更加完善；到本世纪中叶建国一百年时，基本实现现代化，建成富强民主文明的社会主义国家。

党的十六届四中全会提出了构建社会主义和谐社会的重大任务，使社会主义物质文明、政治文明、精神文明建设和和谐社会建设全面发展，中国特色社会主义事业总体布局也由社会主义经济建设、政治建设、文化建设"三位一体"发展为社会主义经济建设、政治建设、文化建设、社会建设"四位一体"。党的十七大更加明确地提出，要把我国建设成为富强民主文明和谐的社会主义现代化国家。党的十八大又把"四位一体"扩展为经济建设、政治建设、文化建设、社会建设、生态文明建设"五位一体"的总体布局，从而把"生态文明"建设融入经济建设、政治建设、文化建设、社会建设各方面和全过程。并指出，建设中国特色社会主义，总依据是社会主义初级阶段，总布局是"五位一体"，总任务是实现社会主义现代化和中华民族伟大复兴。

党的十八大以来，我们党把制度建设摆到更加突出的位置，强调"全面建成小康社会，必须以更大的政治勇气和智慧，不失时机深化重要领域改革，坚决破除一切妨碍科学发展的思想观念和体制机制弊端，构建系统完备、科学规范、运行有效的制度体系，使各方面制度更加成熟更加定型"。党的十八届三中全会首次提出"推进国家治理体系和治理能力现代化"这个重大命题，并把"完善和发展中国特色社会主义制度、推进国家治理体系和治理能力现代化"确定为全面深化改革的总目标。党的十八届五中全会进一步强调，"十三五"时期要实现"各方面制度更加成熟更加定型，国家治理体系和治理能力现代化取得重大进展，各领域基础性制度体系基本形成"。

党的十九大做出到本世纪中叶把我国建成富强民主文明和

谐美丽的社会主义现代化强国的战略安排，其中制度建设和治理能力建设的目标是：到 2035 年，"各方面制度更加完善，国家治理体系和治理能力现代化基本实现"；到本世纪中叶，"实现国家治理体系和治理能力现代化"。党的十九届二中、三中全会分别就修改宪法和深化党和国家机构改革做出部署，在制度建设和治理能力建设上迈出了新的重大步伐。党的十九届三中全会指出，"我们党要更好领导人民进行伟大斗争、建设伟大工程、推进伟大事业、实现伟大梦想，必须加快推进国家治理体系和治理能力现代化，努力形成更加成熟更加定型的中国特色社会主义制度。这是摆在我们党面前的一项重大任务。"

可见，新时代统筹推进"五位一体"总体布局战略目标需要加强改革的顶层设计。中国特色社会主义进入新时代之后，为了完成党的十九大确定的到 21 世纪中叶把我国建成富强民主文明和谐美丽的社会主义现代化强国，就必须要加强改革的顶层设计，统筹推进"五位一体"总体布局、协调推进"四个全面"战略布局，提出与时俱进完善和发展的前进方向和工作要求，坚持中国特色社会主义根本制度、基本制度、重要制度相衔接，统筹顶层设计和分层对接，统筹制度改革和制度运行，体现总结历史和面向未来的统一、保持定力和改革创新的统一、问题导向和目标导向的统一，推动各方面制度更加成熟更加定型，把我国制度优势更好转化为国家治理效能。

第二节　新时代中国国家经济治理思想的新内涵

党的十九届四中全会通过的《中共中央关于坚持和完善中

国特色社会主义制度、推进国家治理体系和治理能力现代化若干重大问题的决定》（以下简称《决定》），从党的十九大确立的战略目标和重大任务出发，全面阐述了坚持和完善中国特色社会主义制度，推进国家治理体系和治理能力现代化的重大成就和历史经验，必须坚持的重大原则和根本制度、基本制度、重要制度以及面临的主要问题和重大任务，需要采取的重要举措，对于推动各方面制度更加成熟更加定型，把我国制度优势更好转化为国家治理效能具有重大而深远的意义。具体而言，这一重大决定为新时代的国家经济治理赋予以下三个方面的新内涵。

一、突出强调中国共产党的集中统一领导

《决定》指出，坚持党的集中统一领导是我国国家制度和国家治理体系的首要优势，是国家治理的关键和根本。中国共产党领导是中国特色社会主义最本质的特征，是中国特色社会主义制度的最大优势，党是最高政治领导力量。"坚持和完善党的领导制度体系，提高党科学执政、民主执政、依法执政水平。必须坚持党政军民学、东西南北中，党是领导一切的，坚决维护党中央权威，健全总揽全局、协调各方的党的领导制度体系，把党的领导落实到国家治理各领域各方面各环节。"

美国政治学家亨廷顿认为，第二次世界大战后的发展中国家社会生活不稳定和动荡的根源并不在于落后，而是在快速的现代化进程中缺乏一个强有力的政府能够为社会提供稳定的秩序。而"强大政党"与"强大组织"是形成"强政府"的重要条件。[1]美国政治学家福山的研究则表明，国家是集约型经济增

---

[1] [美]塞缪尔·P.亨廷顿.变革社会中的政治秩序[M].北京：华夏出版社，1998：46-47；韩保江.中国奇迹与中国发展模式[M].成都：四川人民出版社，2008：236-237.

长的基本条件，除了国家提供基本秩序外，强大的行政能力与经济增长呈现明显的正相关关系。通过国家建设形成强大的国家能力是连接政治发展与经济增长的关键要素。①中国共产党在构建国家基本制度和培育强大国家能力方面，无疑发挥了关键性塑造与引领作用。近代中国长期陷入秩序分裂、贫穷落后的根源，就是缺乏一套强有力的现代国家制度体系，能够整合国家秩序，组织动员经济资源，进行现代化建设。要使中国摆脱衰败状态，为发展积聚力量，就需要创新国家制度，实现社会的组织化。

中国共产党是中国工人阶级的先锋队，同时是中国人民和中华民族的先锋队，在推动中国历史前进中发挥着无可替代的领导核心作用。中华人民共和国成立以前，中国长期处于半殖民地半封建社会。一方面，帝国主义侵略中国，操纵着中国的经济命脉；另一方面，封建主义依然存在，并与外来侵略势力相结合形成了官僚资本主义。自此，帝国主义、封建主义和官僚资本主义成为压在旧中国人民头上的三座大山，阻碍了社会生产力的发展。由于中国的资产阶级具有软弱性，不能完全断绝与帝国主义和封建主义的经济联系，因而不可能进行彻底的反帝反封建斗争。中国的无产阶级深受帝国主义、封建主义和资本主义的三重压迫，具有彻底的革命性，是近代中国社会最有觉悟、最进步、最有组织性的阶级，只有在无产阶级的领导下，才能真正推翻帝国主义、封建主义和官僚资本主义对中国的统治。此外，在半殖民地半封建社会中，同时并存着帝国主义、封建主义、官僚买办资本主义、民族资本主义和小生产者多种所有制，地主阶级对农民的剥削同买办资本、官僚资本和

---

① ［美］弗朗西斯·福山. 政治秩序的起源：从前人类时代到法国大革命［M］. 桂林：广西师范大学出版社，2012：459-460.

高利贷资本的剥削结合在一起。革命的基本力量是工人阶级、农民阶级以及农民以外的各种小资产阶级。其中，民族资本一方面受到封建势力和买办资本的压迫和迫害，另一方面又常常需要适应帝国主义殖民地贸易的需要，并依靠封建势力剥削工人阶级，因而具有革命和妥协的两重性。只有工人阶级和农民阶级才能够进行最为彻底的反帝反封建的斗争。

中华人民共和国成立后，中国共产党即着手推进政治、经济、社会等领域制度变革，完成了近代以来最大规模的国家基础制度构建任务。[①]一是创建国家的根本政治制度、基本政治制度和行政管理体制，形成上下通贯、集中高效、便于发挥高度组织动员能力的国家政权体系，从而建立起中国历史上最为强大有效的国家行政管理系统，促进国家从秩序分裂走向秩序整合。二是创建社会主义基本经济制度，即通过没收旧中国官僚资本，以及对农业、手工业和资本主义工商业的社会主义改造，确立公有制经济的主体地位，在此基础上建立起高度集中的计划经济管理体制。以基本经济制度为依托，国家得以集中组织稀缺资源，推进以优先发展重工业为核心的赶超型发展战略，为实现国家工业化和建立比较完整的国民经济体系奠定坚实物质基础。三是推动社会结构和社会管理体制变革。通过废除落后的生产关系，建立人民民主政治等上层建筑，国家从根本上改变了旧中国极不合理的社会结构。由地主和官僚资产阶级所垄断的社会政治权力及巨大社会财富，转移到绝大多数普通工农大众手中，社会结构更加平等，底层民众的社会地位明显提升。国家还利用"单位制"对社会进行统一管理，将一切社会成员的行动和思想集中统一起来，服务于国家战略目标。尽管

---

① 胡鞍钢，等. 中国国家治理现代化[M]. 北京：中国人民大学出版社，2014：4.

这一时期形成的国家治理模式存在权力过度集中、体制过于僵化、经济运行效率低下等弊端，但它使得中国从一个四分五裂、一盘散沙的传统国家转变为一个高度集中化、组织化的现代国家，具备了实施秩序治理和推动经济社会发展的强大能力，从而为当代中国的一切进步和发展奠定了根本政治前提和制度基础。

1978 年后，基于对原有国家治理模式内在弊端的深刻反思，中国共产党做出把国家的工作重心转移到经济建设上来、实行改革开放的历史性决策，开启新一轮制度变迁和国家治理模式变革的历史帷幕。在国家治理理念层面最重要的变革就是党充分发挥理论创新和理念引领能力，使全社会形成广泛的"发展共识"。邓小平曾明确指出，"社会主义阶段的最根本任务就是发展生产力，社会主义的优越性归根到底要体现在它的生产力比资本主义发展得更快一些、更高一些，并且在发展生产力的基础上不断改善人民的物质文化生活"[1]，"发展才是硬道理"[2]，"中国解决所有问题的关键是要靠自己的发展"[3]。此后，中国一直把经济建设作为国家的中心任务，把发展视为治国理政的第一要务和解决中国所有问题的关键。在"发展共识"引领下，全国上下形成"聚精会神搞建设，一心一意谋发展"的强大社会氛围，能够排除一切其他干扰，把国家和社会的各方力量凝聚到建设繁荣富强的中国这一目标上来。[4]同时，党围绕经济建设和改革开放中心任务推动经济、政治、社会、文化等领域重要制度变革，促进国家治理模式的改

---

① 邓小平文选（第三卷）[M]. 北京：人民出版社，1993：63.
② 邓小平文选（第三卷）[M]. 北京：人民出版社，1993：377.
③ 邓小平文选（第三卷）[M]. 北京：人民出版社，1993：265.
④ 张慧君. 构建支撑高质量发展的现代化国家治理模式：中国经验与挑战[J]. 经济学家，2019（11）.

革与完善。一是国家治理主体更加多元化，尤其是市场和社会主体获得更大发展空间；二是国家权力结构配置更加合理，国家权力的运行和监督体系更加完善；三是国家治理的法治化程度不断提高，"依法治国"成为建立市场经济和现代国家制度体系的本质要求；四是国家治理的民主化程度不断提高，民主建设的理念、内涵和程序日益完善；五是政府职能发生重大转变，政府对经济社会的管理方式不断优化，更加适应社会主义市场经济发展的要求。[①]

可见，坚持党对一切工作的领导，是党和国家的根本所在、命脉所在，是全国各族人民的利益所在、幸福所在。正像习近平同志所强调的那样，"把中华民族伟大复兴的事情办好，把弘扬中华文明的事情办好，把中国特色社会主义的事情办好，最根本的是要把中国共产党的事情办好。"[②]坚持和完善中国特色社会主义制度、推进国家治理体系和治理能力现代化，是全党的一项重大战略任务，必须在党中央的集中统一领导下，科学谋划、精心组织、远近结合、整体推进。

二、系统概括社会主义的基本经济制度

以经济体制改革为重点带动其他领域改革，是中国国家治理模式变革的显著特征。改革开放以来，中国从自身国情出发并遵循市场经济演化内在规律，采取了从易到难、从简单到复杂、从增量到存量、从体制外到体制内、从分兵突进到综合协调的改革方式，探索出一条稳健有效的渐进式改革道路。与俄罗斯等国的"休克疗法"不同，中国的改革开放是在坚持社会

---

① 俞可平. 中国治理变迁 30 年（1978—2008）[M]. 北京：社会科学文献出版社，2008：4-9.

② 习近平. 推进党的建设新的伟大工程要一以贯之[J]. 求是，2019（11）.

主义基本经济制度的前提下进行的，这对于保证中国的改革方向不变、道路不偏、力度不减具有重要意义。社会主义基本经济制度在经济制度体系中具有基础性决定性地位，对其他领域制度建设及国家治理效能有重要影响。在完善和发展社会主义基本经济制度方面不断取得新的进展，将社会主义制度和市场经济有机结合起来，通过不断解放和发展社会生产力，推动我国经济社会持续健康发展，这也成为中国改革开放的鲜明特征，是中国国家制度和国家治理体系的显著优势。

自 20 世纪 50 年代开始，苏联、东欧国家及中国都进行过旨在通过引入市场机制来改革传统的社会主义经济体制，从而实现社会主义公有制与市场经济相结合的市场社会主义改革。然而苏联、东欧的市场社会主义改革遭遇了重大挫折，导致了东欧剧变、苏联解体，最终放弃了社会主义；而中国的改革却使中国平稳地走上了建立社会主义市场经济的道路，创造了经济奇迹。总结中国经验和反思苏东教训可以发现，在传统社会主义体制和市场社会主义体制中存在"国家能力悖论"，即它们都过于依赖国家对社会经济活动进行管理，通过提供有效制度供给和公共政策来促进社会经济持续发展的能力，但又无法防止国家为了实现自身的目标偏好而对社会经济长期发展带来的损害。这决定了传统社会主义体制的不可持续性，也决定了市场社会主义体制的过渡性和不稳定性。市场社会主义试图通过局部分权和引入市场机制完善传统社会主义体制，实现社会主义与市场经济的兼容，从而化解传统社会主义体制固有的"国家能力悖论"，建立一种远远超越发达资本主义的"强国家"治理模式。但是苏联和东欧国家试图在不触动计划经济体制基本框架的前提下通过局部分权和引入市场机制的方式，实现市场与社会主义有机结合。这在实践中主要表现为把国有制看作社会主义公有制的唯一实现形式，因而试图在探索社会主义公有制的实现形式方面没有取得突破，反而加速了国家能力的弱化，最终触发了国家解体与制度剧变的进程，结果社会主义的"强国家"反而退化为无效的"弱国家"。与苏东国家不同，中国的经济体制改革在探索社会主义公有制的实现形式方面取得了突破，从而发展和完善了社会主义基本经济制度，使得经济体制改革与国家能力构建之间形成一种良性互动的协同演进关系。在这一过程中，不仅国家促进社会经济发展的能力得到极大的提升，而且在社会经济持续快速发展的基础上赢得了社会对国家合法性的认同与支持，因而也在整体上提高了国家维护政权稳定并顺利实现自身目标偏好的能力。这种对"国家能力悖论"的化解，使中国成功地超越了市场社会主义改革阶段，顺利进入建立社会主义市场经济体制阶段，从传统的全能主义的强国家向市场经济与民主法治体制下的现代强国家迈进。

改革开放以来，中国将社会主义制度优势与市场经济长处有机结合，形成稳定而有活力的社会主义市场经济体制。一是形成公有制为主体、多种所有制经济共同发展的所有制结构，构筑起社会主义市场经济的微观基础，形成促进经济发展的多元混合动力。公有制的主体地位是社会有计划调节经济，防止两极分化，实现共同富裕的根本制度保障。非公有制经济从小到大、由弱到强、快速发展，在稳定增长、促进创新、增加就业、改善民生方面发挥了重要作用，成为支撑经济持续健康发展的重要力量。二是形成按劳分配为主体、多种分配方式并存的分配制度，为社会主义市场经济发展提供强有力的激励机制。社会主义初级阶段的生产力水平决定了以公有制为主体的多元所有制结构，进而决定与之相适应的以按劳分配为主体的多元分配关系。这一基本分配制度把按劳分配与按要素分配相结合，充分调动了劳动、资本、土地、知识、技术、管理、数据等要素所有者的积极性，使一切生产要素的活力竞相迸发，让一切创造社会财富的源泉充分涌流。三是把市场这只"看不见的手"与政府这只"看得见的手"有机结合，形成市场在资源配置中起决定性作用，更好发挥政府作用的有效市场经济体制。市场决定资源配置是建立和完善社会主义市场经济体制的内在要求，但市场经济的自发运行会产生垄断、信息不对称、外部性、公共产品供给不足、经济周期性波动、收入分配差距扩大等"市场失灵"问题。因此，要更好发挥政府在保持宏观经济稳定，加强和优化公共服务，保障公平竞争，加强市场监管，维护市场秩序，推动可持续发展，促进共同富裕，弥补市场失灵方面的作用。由于始终坚持处理好政府和市场之间的关系，使二者形成相互支撑的互惠共生关系，中国在改革进程中才能形成稳定而有活力的市场经济秩序。

党的十九届四中全会审议通过的《中共中央关于坚持和完善中国特色社会主义制度、推进国家治理体系和治理能力现代化若干重大问题的决定》，把公有制为主体、多种所有制经济共同发展，按劳分配为主体、多种分配方式并存，社会主义市场经济体制三项制度并列，都作为社会主义基本经济制度，是对社会主义基本经济制度做出的新概括，是对社会主义基本经济制度内涵做出的重要发展和深化。

根据马克思主义的基本原理，生产关系是由人们在物质资料的生产、交换、分配、消费等方面的关系构成的一个整体。生产关系的各个方面相互联系、相互制约，构成一个统一的整体。由于"一定的生产决定一定的消费、分配、交换和这些不同要素相互间的一定关系"①，生产资料所有制形式是生产关系的基础，一定的生产资料所有制形式决定人们在生产中一定的地位和相互关系、一定的交换关系和一定的产品分配关系，所以生产资料的所有制形式是决定性的问题。在改革开放之初，我国把公有制为主体、多种所有制经济共同发展作为社会主义基本经济制度，其目的是破除与生产力发展不相适应的各方面体制机制弊端，为探索与解放和发展生产力相适应的生产关系提供制度支撑。但是生产资料所有制又总是要通过生产、交换、分配等社会再生产的各个环节来实现。因此，在把公有制为主体、多种所有制经济共同发展确定为社会主义基本经济制度后，还需要进一步探索与之相适应的分配方式和经济运行的体制机制。经过 40 多年的不懈探索，中国已经成功确立了按劳分配为主体、多种分配方式并存的分配制度，以及充分发挥市场在资源配置中的决定性作用和更好发挥政府作用的社会主义市场经济体制。因此，在中国特色社会主义进入新时代的今天，把以上三项制度都作为社会主义基本经济制度，既标志着中国在探索与解放和发展生产力相适应的生产关系方面取得了巨大的历史性成就，也有利于奠定新时代国家治理的经济基础，从而推动中国的国家制度和国家治理体系更加成熟、更加定型，把中国的制度优势更好地转化为国家治理效能，为巩固中国特色社会主义制度、充分展现其优越性提供制度支撑。

三、全面体现以人民为中心的思想和立场

以人民为中心就是要做到发展为了人民、发展依靠人民、发展成果由人民共享，使全体人民在共建共享中有更多获得感。

---

① 马克思恩格斯文集（第八卷）[M]. 北京：人民出版社，2009：23.

党的十八大以来，习近平提出了共享的发展理念，指出人民是推动发展的根本力量，实现好、维护好、发展好最广大人民的根本利益是发展的根本目的。必须坚持以人民为中心的发展思想，把增进人民福祉、促进人的全面发展作为发展的出发点和落脚点。让广大人民群众共享发展成果，是社会主义的本质要求，是社会主义制度优越性的集中体现，是我们党坚持全心全意为人民服务根本宗旨的重要体现。在党的十九届四中全会通过的《决定》中，进一步把坚持以人民为中心的发展思想，不断保障和改善民生、增进人民福祉，走共同富裕道路提升到我国国家制度和国家治理体系的一个显著优势，这更加鲜明地体现了全心全意为人民服务是我们党一切行动的根本出发点和落脚点，是我们党区别于其他一切政党的根本标志。

以人民为中心还体现在治理的方式和手段上。《决定》指出，要实现坚持党的领导、人民当家作主、依法治国的有机统一，构建系统完备、科学规范、运行有效的制度体系。其中，关于坚持和完善党的领导制度体系,《决定》提出要健全为人民执政、靠人民执政的各项制度。坚持立党为公、执政为民，保持党同人民群众的血肉联系，把尊重民意、汇集民智、凝聚民力、改善民生贯穿于党治国理政全部工作之中，巩固党执政的阶级基础，厚植党执政的群众基础，通过完善制度保证人民在国家治理中的主体地位，着力防范脱离群众的危险。贯彻党的群众路线，完善党员、干部联系群众制度，创新互联网时代群众工作机制，始终做到为了群众、相信群众、依靠群众、引领群众、深入群众、深入基层。健全联系广泛、服务群众的群团工作体系，推动人民团体增强政治性、先进性、群众性，把各自联系的群众紧紧团结在党的周围。关于坚持和完善人民当家作主制度体系,《决定》提出要坚持人民主体地位，坚定不移地走中国特色社会主义政治发展道路，健全民主制度，丰富民主形式，拓宽民主渠道，依法实行民主选举、民主协商、民主决策、民主管理、民主监督，使各方面制度和国家治理更好地体现人民意志、保障人民权益、激发人民创造，确保人民依法通过各种途径和形式管理国家事务，管理经济文化事业，管理社会事务。关于坚持和完善中国特色社会主义法治体系，《决定》提出要坚持法治建设为了人民、依靠人民，加强人权法治保障，保证人民依法享有广泛的权利和自由、承担应尽的义务，引导全体人民做社会主义法治的忠实崇尚者、自觉遵守者、坚定捍卫者。此外，《决定》还提出建设人民满意的服务型政府，通过发展社会主义先进文化、广泛凝聚人民精神力量来为国家治理体系和治理能力提供深厚支撑，增进人民福祉、促进人的全面发展是我们党立党为公、执政为民的本质要求，建设人人有责、人人尽责、人人享有的社会治理共同体等。这些表述都集中体现了发展必须相信和依靠人民，人民是推动历史前进的动力的思想。

第三节　新时代中国国家经济治理思想的主要启示

按照马克思主义的基本观点，国家经济治理的客体是生产关系，国家经济治理的目的就是使生产关系适应生产力的发展，使上层建筑适应经济基础的要求，因而随着生产力的发展，国家经济治理现代化在本质上是一个动态调整的过程。本节主要从中国国家经济治理现代化的内在逻辑和实现路径两个方面来分析新时代的中国国家经济治理思想的主要启示。

一、中国国家经济治理现代化的内在逻辑

中华人民共和国成立之初，中国主要是照搬苏联的国家治理模式。政治上建立"政党-国家"体制，政府拥有极大的权力，可以介入经济活动并且深入渗透和控制社会；经济上实行计划经济体制，生产资料高度公有化，市场对经济的调节作用受到极大限制；社会生活上，由于政治和经济权利的高度集中，形成了一种"总体性社会"，即国家利用意识形态、组织机构、干部队伍等手段对社会进行全面的渗透与控制。这种全能主义的国家治理模式在计划经济初期起到了整合社会资源的作用，实现了国家工业化发展的目标，在一定程度上促进了社会生产力的发展。这是一种与当时生产关系相适应的国家治理模式。但是，由于政府权力的过度扩张、市场及社会的发育不全等问题，随之而来的治理弊端也逐渐显现。在政治领域，由于高度集中的国家权力没有有效的制度约束，所以导致腐败寻租问题；在经济领域，由于缺乏经验和计划当局的决策能力不足以应对复杂的经济管理行为，以及劳动主体缺乏必要的激励措施，主观上降低了劳动积极性，所以造成劳动生产率和经济增长速度降低。因此，为了进一步发展生产力，就必须对这种全能主义的国家治理模式进行调整。

纵观改革开放以来中国经济体制的变迁过程，它是从计划经济体制渐进式地转型为市场经济体制的过程，是中国特色社会主义市场经济逐步确立和不断完善的过程，是中国从全能主义国家治理模式迈向现代国家治理模式的过程。随着国家治理模式走向现代化，中国社会生产关系发生了巨大变化。具体地说，随着生产资料所有制及分配制度的调整，国家对私有产权的保护力度增强，劳动者积极性被充分调动；维护市场经济运

行的各项规章制度不断完善，整个社会生产过程持续高速运转；政府对市场的干涉程度逐渐降低，更注重加强法治建设，提高行政管理效率；社会运行充满活力，人民群众的自主意识增强。

改革开放以来国家经济治理的现代化，就是从政府严格排挤市场并深入渗透和控制社会的全能主义国家治理迈向政府、市场及社会三元并存与互补的现代国家治理结构。在此过程中，中国整体的国家治理结构要实现从单一型治理向多元复合型治理、从集权型治理向集权与分权相结合型治理、从封闭型治理向开放型治理的三重转变。①这样的国家治理现代化不仅促使政府的目标、角色、组织、制度和能力发生了明显转变与改善，而且在此基础上创建出一个充满活力的市场体制，并实现了对社会资源的有效整合。我们可以借助一个经过简单修正的新古典生产函数加以表示：$Y=O（G，M，C）F（r，l，k，a，…）$。其中，Y 表示一国的总产出；F 为生产函数，l、k、a 分别表示影响经济增长的因素，如自然资源、劳动力、资本和技术进步等；G、M、C 分别表示政府、市场和社会三大制度系统和治理手段，它们综合作用所形成的国家治理秩序（O）将对经济增长产生类似全要素生产率的影响，它们将共同推动社会的生产可能性边界向外扩展，从而提高全体社会成员的福利水平。因此，国家治理的核心是政府要明确自身制度定位，划定政府同市场及社会的边界，在自身制度边界范围内发挥制度主体作用。首先，在市场主体和政府主体相互作用中，如果市场主体作用范围越过边界，会压缩政府主体的作用空间，这就造成了政府权威和政府职能的过度削减，形成了一个缺乏必要治理能力的

① 俞可平对中国治理变迁的特征做了更为详细的概括，即"从一元治理到多元治理；从集权到分权；从人治到法治；从管制政府到服务政府；从党内民主到社会民主"。俞可平. 中国治理变迁 30 年 [M]. 北京：社会科学文献出版社，2008：4.

"弱政府"。当市场机制不能充分发挥作用（即市场失灵），资源得不到有效配置时，这样的政府没有能力及时进行干预和调节。相反，如果政府主体的范围越过边界，侵占了市场主体的作用空间，就会使过度膨胀的政府权力肆意凌驾于市场经济基本规律之上，腐败、寻租等问题滋生，从而削弱市场高效配置资源的能力，影响市场经济的活力，阻碍市场经济平稳健康发展。其次，政府要引导市场和社会健康有序地发展。市场主体是基于自律性交易基础上自发形成的制度主体，一个健全的市场主体的培育需要政府的引导和监管。从政府与市场关系看，政府为市场经济发展提供了强有力的政治和法律保护，创造了维护市场经济发展的基本制度环境。政府是保障市场经济平稳有效运行的制度来源，如果没有了政府的政治和法律保护，市场经济必定陷入紊乱，社会上各种欺诈、违约、投机行为因为缺乏必要的制度约束而大量出现。最后，政府还要引导市场和社会之间形成良性互动。从两者关系来看，市场经济的平稳健康发展为社会发展提供了重要的资金支持，是社会组织建立、运行及发展的重要资金来源。而社会组织及社会资本能够为市场经济的平稳健康发展提供有效的道德保护，消除参与市场行为各方的误解和沟通障碍，形成诚信、友好的社会环境。综合来看，政府、市场、社会三大主体的相互作用过程，体现的是上层建筑的治理要不断适应经济基础要求的过程，也是国家经济治理现代化的过程。

经过 70 年的发展，中国特色社会主义进入新时代，改革开放与国家经济治理的现代化也进入一个新阶段。在这一新阶段，对改革顶层设计的要求更高，对改革的系统性、整体性、协同性要求更强，建章立制、构建体系的任务更重。这就更需要发挥中国共产党作为最高政治领导力量在推动国家治理模式变革过程中总揽全局、协调各方的核心作用，需要坚持和完善党领导制度体系，着力提高党把方向、谋大局、定政策、促改革的能力和定力。首先，党不仅要确保国家治理模式的变革方向是坚持和完善中国特色社会主义制度、推进国家治理体系和治理能力现代化，还要确保经济体制改革始终沿着完善社会主义市场经济的正确方向前进，确保经济建设始终坚持以人民为中心的发展思想，不断提高经济发展的质量和效益，提高发展的包容性和可持续性。其次，国家治理模式变革涉及转变思想观念、重构利益格局、再造体制机制，因而会面临各种风险和阻力。这就要求作为"使命型政党"①的中国共产党能够始终牢记为民族谋复兴、为人民谋幸福的初心和伟大使命，超越各种狭隘利益、特殊利益、局部利益、短期利益，着眼于国家和民族长远利益来规划执政方略，牢牢把握深化改革与高质量发展这一符合社会长远利益的理性目标，持续推进党的理论创新、实践创新、制度创新，使一切工作顺应时代潮流、符合发展规律、体现人民愿望。最后，制度的生命在于执行力，党不仅是塑造现代国家治理体系的核心政治主体，更要在提升国家治理能力方面发挥关键性作用。在长期革命和建设中，中国共产党已经形成一种"网络治理模式"。②这一治理模式依托 9000 多万名党员、460 多万个基层组织、各级政权组织及各类群众组织，对全社会形成系统性覆盖，实现了党对国家和社会的有效组织管理，确保党的方针政策切实贯彻执行。在全面深化改革时期，党不仅要充分利用好这一"网络治理模式"的传统制度优势，更要强化各级政府的制度意识，维护制度权威，形成集中统一

---

① 唐皇凤. 使命型政党：新时代中国共产党长期执政能力建设的政治基础[J]. 武汉大学学报（哲学科学版），2018（3）.

② 鄢一龙，白钢，章永乐，等. 大道之行：中国共产党与中国社会主义[M]. 北京：中国人民大学出版社，2015：2-4.

的改革领导体制、务实高效的统筹决策机制、上下联动的协调推进机制、有力有序的督办落实机制，这样才能冲破各种阻力机制，不断深化改革，形成支撑高质量发展的国家制度体系。

可见，新时代中国国家经济治理现代化的内在逻辑，就是在"政府-市场-社会"三元分析范式中引入一个更为重要的主体——中国共产党的核心作用，从而在"党-政府-市场-社会"四元互动中更好地发挥党在整个国家治理体系中统领全局、协调各方的核心作用，有效整合经济、政治、社会力量，从而维护经济发展的稳定秩序，建立起组织动员各种要素参与现代化建设的高效领导体制，构建起支撑发展的国家制度和国家治理体系，把中国特色社会主义的制度优势转化为国家治理效能。

二、中国国家经济治理现代化的实现路径

党的十九大做出到 21 世纪中叶把我国建设成富强民主文明和谐美丽的社会主义现代化强国的战略安排，同时提出我国经济已从高速增长阶段转向高质量发展阶段。在这一新的发展阶段，要完成发展方式转变、经济结构优化、增长动力转换等多重经济建设任务，为构建社会主义现代化强国奠定坚实经济基础，必然要求加快推进国家治理体系和治理能力现代化，不断巩固和完善制度建设，形成支撑高质量发展的现代化国家治理模式，为延续中国发展奇迹培育新的制度红利。

（一）在坚持党的全面领导基础上提升政府治理能力

著名政治学家亨廷顿指出，国家之间最重要的差异在于政府的有效程度，而非政府形式；一个低效的政府不仅是无能的

政府，而且是一个坏政府。[①]走向国家治理现代化的一个重要特征是治理主体多元化，在所有的治理主体中，政府起着主导作用，因为市场秩序、社会秩序的维护及公共利益的实现离不开政府。政府作为一个国家最为重要的公共秩序治理主体，之所以区别于其他社会主体，最根本的特征就在于政府具有强大的政策、法令制定能力和执行能力，从而保证了对社会的有力掌控，顺利地贯彻落实自己的意志，并适应性地进行制度协调，推动社会经济持续稳定发展。因此，政府能否顺应经济社会发展的要求，在与市场、社会的互动中，对自身的组织制度、目标、行为进行适应性调整，提升政府自身治理能力，对于推进国家治理现代化具有非常重要的意义。

第一，提升政府能力，首先要处理好党政关系。中国共产党的领导是中国特色社会主义制度最本质的特征，是中国特色社会主义制度最大的优势。处理好党政关系，首先要坚持党的领导，在这个大前提下才是各有分工，而且无论如何分工，出发点和落脚点都是坚持和完善党的领导。党政关系并不是简单的党政分开或党政合一，而是在加强党的集中统一领导基础上理顺和优化党政分工，加强党对各领域各方面工作的领导，确保党的领导全覆盖，确保党的领导更加坚强有力。在完善党的领导制度体系基础上，加强党对各项工作的集中统一领导，发挥党员领导干部的带头作用，提升政府治理能力。

从国家经济治理的理念和方式来看，政府要改变把发展仅仅等同于 GDP 数量增长的观念，在保持稳定增长的基础上，把增进人民福祉、满足人民对美好生活的需要、促进人的全面发展作为发展的出发点、落脚点和评价发展绩效的根本尺度。以

---

① 黄建洪. 论中国社会转型期的政府能力弱化与治理[J]. 四川行政学院学报，2010（1）.

创新、协调、绿色、开放、共享的新发展理念引领发展实践，着力解决重塑发展动力、优化发展方式、拓展发展空间、增强发展可持续性、促进发展成果共享等关键问题。在关注经济发展的同时，更加注重政府在提供优质高效的公共产品和服务、促进社会公平正义等方面的重要职能，建立法治化的服务型政府。为此，应当优化政府的职责体系，完善政府调节经济、市场监管、社会管理、公共服务、生态保护等职能，实行政府权责清单制度，厘清政府和市场、政府和社会的关系。①完善对官员的激励机制，改革政绩评价体系，在考核体系中，赋予创新、就业、公共服务、收入分配、环境生态等指标以更大权重，使政府行为更符合高质量发展要求。进一步理顺中央和地方的权责关系，优化政府间事权和财权划分，建立权责清晰、财力协调、区域均衡的中央和地方财政关系，激发地方政府改革创新的动力。要强化民主监督，规范政府权力运行，提高民众对政府决策的参与度，提高决策有效性，促进政商关系变革，构建"亲"和"清"的新型政商关系。

第二，提升政府治理能力，还要平衡政府权力的赋予和制约，协调政府权力和政府能力。詹姆斯·麦迪逊（James Madison）早在1788年就提出了权力赋予与权力制约相平衡的思想：既要使政府拥有足够的权力来管理社会事务，又要限制和防止政府对权力的滥用。②要推进保证官员权力运用与权力制约相平衡的制度建设，主要从法治和监督两方面入手。

法治是政府实现善治的基本要素之一，也是公共管理的最

---

① 中共中央关于坚持和完善中国特色社会主义制度 推进国家治理体系和治理能力现代化若干重大问题的决定. 党的十九届四中全会《决定》学习辅导百问[M]. 北京：党建读物出版社，学习出版社，2019：13.

② 张凤林. 国家能力与体制转轨——兼论新古典主义理论缺陷与中国改革的若干经验[J]. 学术月刊，2016（4）.

高原则。它要求政府官员遵守法律的约束，但前提是要规范政府的权力和行为。建设法治政府是中国政府转型中的巨大变革，它首先要求通过完善社会主义民主法治建设来规范政府的权力和行为，强化政府的政治责任、自律机能，确保政府为全社会创建安全、平等和民主的政治与法律环境。虽然在 40 年的改革进程中，中国在创建法制领域取得了明显成效，但政府整体的法治化水平仍需进一步提高。除了进一步强化法律体系的建设外，更重要的是依靠政治体制改革、行政体制改革、社会经济结构的优化等综合性措施来强化政府的法治意识与有效实施法律的能力。

健全监督机制，充分发挥各个监督主体对政府行为的有效监督作用是制约政府权力滥用的重要保证。目前我国现行政府监督机制主要包括政党监督、人大监督、行政监察、司法监督、群众监督和新闻舆论监督。党的十八大以来推行的全面从严治党、依法治国、加强党务政务公开化、纪检巡视监督常态化等重要举措，取得了令人可喜的新进展。党的十九大报告明确指出，"中国特色社会主义最本质的特征是中国共产党领导，中国特色社会主义制度的最大优势是中国共产党领导""加强党的集中统一领导，支持人大、政府、政协和法院、检察院依法依章程履行职能、开展工作、发挥作用，这两个方面是统一的"。[①]今后应当进一步推进制度建设，包括强化依法治党、增强对于纪检队伍的选择性激励机制等，以更完善的制度建设保证对权力监督与约束机制的贯彻落实。此外，健全社会舆论监督机制，要注重发挥群众在权力监督与反腐败中的作用。

第三，提升政府治理能力，还要加强政府组织化程度，提高行政效率。政府是一个制度化、组织化的公共治理主体。它

① 习近平. 决胜全面建成小康社会 夺取新时代中国特色社会主义伟大胜利——在中国共产党第十九次全国代表大会上的报告[M]. 北京：人民出版社，2017：20，36.

的权力运行与职能行使需要在一种相互协调、紧密配合的规则和组织体系中完成(如宪政秩序的稳定、政府不同职能部门的相互协调)。如果政府制度结构被拆散、组织体系被分解,那么国家势必无法发挥必要的治理功能,整个社会也将陷入无政府状态。要在确保政府制度和组织结构的整合度、协调性和稳定性基础上,通过进行行政体制改革,明确不同部门、层级的职能分工,加快行政技术创新,提高行政运行效率;健全组织内部激励机制,完善干部的选拔、考核责任机制,提高政府官员的素质、办事效率和创新能力。2018 年,中国共产党第十九届中央委员会第三次全体会议审议通过了《中共中央关于深化党和国家机构改革的决定》和《深化党和国家机构改革方案》,明确指出"深化党和国家机构改革是推进国家治理体系和治理能力现代化的一场深刻变革"。十九届三中全会提出深化党和国家机构改革的目标是"必须构建系统完备、科学规范、运行高效的党和国家机构职能体系,形成总揽全局、协调各方的党的领导体系,职责明确、依法行政的政府治理体系,中国特色、世界一流的武装力量体系,联系广泛、服务群众的群团工作体系,推动人大、政府、政协、监察机关、审判机关、检察机关、人民团体、企事业单位、社会组织等在党的统一领导下协调行动、增强合力,全面提高国家治理能力和治理水平"①。这必然会推动我国在加强党和政府的组织化程度及提高行政效率方面提升到一个全新的水平。

（二）明确政府和市场的边界

理论和实践都证明,市场配置资源是最有效率的形式。市

---

① 中共中央关于深化党和国家机构改革的决定[M]. 北京:人民出版社,2018.

场决定资源配置是市场经济的一般规律，市场经济本质上就是市场决定资源配置的经济。划清市场和政府的边界，原则是市场机制能解决的，政府就不要干预，市场失灵的领域或市场解决不了的问题，如基础设施、制度建设等公共物品问题需要政府来解决。在非市场失灵的领域，政府要坚决退出，让市场在资源配置中起决定性作用。强调市场在资源配置中起决定性作用，要突出市场的自主性。市场的自主性不仅表现为市场自主地决定资源配置的方向，同时也表现为市场调节信号即市场价格也是自主地在市场上形成，不受政府不当干预。市场按照效率原则竞争性地配置资源，能促使资源流向效率高的地区、部门和企业。

　　自 1992 年党的十四大确立社会主义市场经济体制的改革目标，并指出"建立社会主义市场经济体制，就是要使市场在国家宏观调控下对资源配置起基础性作用"以来，十五大、十六大、十七大、十八大一直沿用该说法，十八届三中全会通过的《中共中央关于全面深化改革若干重大问题的决定》首次明确市场在资源配置中起决定性作用。其原因在于，我国已经过了单纯依靠资源投入推动经济增长阶段，资源和环境供给不可持续问题已经非常突出，确确实实到了向资源要效率的阶段。因此，将资源配置的重任交给市场就显得更为迫切。[①]

　　第一，明确政府和市场的边界，要注意发挥政府在纠正市场失灵、提供公共服务方面的作用。市场失灵是政府干预经济的基础，因为市场失灵意味着市场无法实现资源配置的帕累托最优状态。对市场失灵的早期认识和界定仅限于微观经济领域（又称为狭义的市场失灵），包括垄断、外部性、公共物品、信

---

　　① 洪银兴. 关于市场决定资源配置和更好发挥政府作用的理论说明[J]. 经济理论与经济管理，2014（10）.

息不完全。因此，弥补微观领域的市场失灵、提高资源配置效率成为最初的政府职能。而事实上，在宏观经济领域也存在市场失灵：一方面，市场竞争能相对有效地解决资源配置问题，随之而来的分配格局却不一定是公平的。根据福利经济学第二定理，满足帕累托最优配置的竞争性一般均衡可能在不同价格水平上实现，不同价格水平产生的福利分配结果却不同。正是由于市场竞争在推动经济发展的同时也会带来收入分配不公、收入差距扩大问题，因而需要将政府职能扩大到收入再分配、社会公平领域。另一方面，市场经济的一个重要特点是周期性波动，甚至出现严重的经济危机。原因在于市场经济中，生产和消费决策是由分散的生产者和消费者各自独立做出的，总需求和总供给很难维持一个均衡稳定的关系。所以，减小经济波动，保持宏观经济稳定增长也成为政府的重要职能。[①]我国经历了 40 年的改革和转型，社会主义市场经济体制已经基本建立起来，市场在资源配置中发挥着重要作用，也需要建立公共服务型政府纠正市场失灵，提供公共服务，从而提高资源配置效率、促进社会公平、维持经济稳定。

第二，明确政府和市场的边界，还要注意发挥政府在完善社会主义市场经济体制方面的作用。中国作为一个从计划经济向市场经济转型的发展中大国，不同于成熟市场经济的发达国家，不仅会出现"市场失灵"的问题，还会出现市场发育不全、竞争不公平等体制性、结构性问题。虽然说市场自身的演进、社会民众的自主性和创新精神，对于市场经济机制的发育和成熟具有重要作用，但是单纯依靠市场和社会力量的自发作用显然无法完成建立完善的市场经济体制的任务。转型国家的经验

---

① 胡鞍钢，王绍光. 政府与市场[M]. 北京：中国计划出版社，2000：4-6.

表明,由于维系市场经济运行的制度安排具有公共物品的属性,
单纯依靠市场和社会的力量必然会导致有效制度供给不足,某
些非法的私人部门可能介入制度的创设,产生大量无效的制度
安排,甚至滋生出种种有组织的犯罪行为。因此,政府除了承
担纠正市场失灵的一般职能外,还要承担起培育市场、增进市
场的功能。当然在这一过程中,还要着力克服政府缺位、越位
并存的问题,形成一种政府和市场相互促进的良性互动状态。

　　党的十九届四中全会已经把社会主义市场经济体制提升为
社会主义基本经济制度。面对当前国内外发展环境发生的复杂
深刻变化,政府要在进一步完善社会主义基本经济制度基础上,
形成以"权利密集、规则公平、体系完善"为核心特征的高标
准市场经济,才能有效应对各种挑战,为高质量发展注入强劲
动力。这主要包括:

　　(1)完善产权制度,严格有效保护产权。产权制度是市场
经济的基石,只有建立"归属清晰、权责明确、保护严格、流
转顺畅"的现代产权制度,市场主体才能形成稳定预期,放心
投资,持续创业创新。要健全以公平为原则的产权保护制度,
平等保护各类市场主体的财产权利,坚持"公有制经济财产权
不可侵犯,非公有制经济财产权同样不可侵犯"的原则,促进
不同所有制经济平等竞争、共同发展、相互融合,发挥混合
所有制经济的综合优势。加强对各类产权的全面保护,尤其
是加大对知识产权的保护力度,使创新带来的正外部性充分
内部化,形成鼓励创新有效激励机制。进一步完善自然资源
产权制度,有效保护自然资源和生态环境,把生态保护与经
济发展统一起来。

　　(2)推进要素市场改革,完善要素的市场化配置。中国的
要素市场发育仍然滞后,要素市场存在二元分割、竞争机制不

充分、价格形成机制不透明等内在弊端，不仅阻碍了各种生产要素自由流动和优化配置，也导致要素使用成本过高，增加了实体经济运营成本。需要进一步推进要素市场制度建设，重点推进土地、能源、金融、科技、数据等领域健全制度规则，深化市场化改革，降低要素市场进入壁垒，实现要素价格市场决定、要素流动自主有序、要素配置高效公平。

（3）完善公平竞争制度，营造统一开放、有序竞争的市场秩序。公平竞争是市场经济的内在要求，只有实现市场主体机会平等、规则统一、过程透明，才能有效配置资源，促进企业优胜劣汰。要全面实施市场准入负面清单制度，改革生产许可制度，健全破产制度，落实公平竞争审查制度。落实竞争中性原则，在要素获取、准入许可、经营运行、政府采购和招投标等方面，对各类所有制企业平等对待。进一步减少行政审批，提高服务效率，实现权力回归企业和市场，降低公众投资创业的制度性成本，构建便利化、国际化、法治化的营商环境。深化垄断行业改革，打破行政性垄断，防止市场垄断，促进公平竞争的市场环境形成。

此外，完善科技创新体制机制，健全推动发展先进制造业、振兴实体经济的体制机制，健全城乡融合发展体制机制，也是政府建立高标准市场经济体制要完成的重要制度建设任务。

（三）协调政府和社会的关系

在全能主义国家治理模式下，政府与社会的关系主要体现为政府对社会的严密管制，使得整个社会秩序的维系都依赖政府权力的强制控制。在从计划经济向市场经济转型的过程中，政府的逐渐放权使社会体系得到了发育，多元化的社会分层结构逐步形成，社会组织数量增长较快，社会对政府公共政策的影响力不断增强。

　　需要注意的是，与西方语境下的公民社会自发演进机制不同，政府是中国社会体系产生发展的关键要素。中国的社会体系在形成过程中呈现出以下两个特点：一方面，中国的社会体系产生于一个强政治性主导的国家，其形成和发展是政府有意识的权力让渡的结果。①这种权力让渡具体表现为：通过赋予公民个人以择业自由权、经营权、消费权等，逐步把公民推向市场；通过利改税、承包制、股份制等改革，赋予国有企业经营自主权；通过财政分权、下放部分行政管理权和赋予地方政府制度创新的权力，扩大了地方政府的自主权；通过允许村民自治、社区自治，鼓励社会组织发展并让渡一部分社会职能，使社会组织参与到社会管理中来，承担起社会管理的职责。政府有意识权力让渡的结果，在一定程度上瓦解了中国旧有权力分布格局，形成了政府与公民、企业、社会组织，中央政府与地方政府新的权力格局,且这种权力布局在确保中央权威的同时，彼此之间也能互相制衡。②另一方面，社会组织的产生和发展存在对政府的高度依赖。部分社团组织的成立依赖于政府政策的认定，每一个社团组织都隶属于特定的主管单位；社团组织的某些职能是其主管部门职能的下移，多数社团组织的经费全部或部分依托于该社团组织的挂靠单位。③社会组织对政府的这种高度依赖性一定在程度上意味着中国社会体系自主发展的能力薄弱，发展水平还较低。

　　国家经济治理的现代化要求政府与社会的关系应当沿着一

---

　　① 薛澜，李宇环. 走向国家治理现代化的政府职能转变：系统思维与改革取向[J]. 政治学研究，2014（5）.

　　② 张兴华. 当代中国社会治理的现实困境及其向度——基于社会分层理论的分析[J]. 岭南学刊，2016（4）.

　　③ 蔡拓. 市场经济与市民社会[J]. 天津社会科学，1997（3）.

条相互依赖型的路径发展，也就是说，政府需要与社会达成一种共识：一方面，政府可以通过制度化的机制向社会渗透，让社会承担某些公共服务或管理职能，即以税收等形式获取必要资源的同时，保持对社会秩序的有效控制。在此过程中，政府需要时刻警惕狭隘利益集团、恶性社会资本的滋生，避免政府被俘问题的发生；另一方面，政府应当允许社会存在一个必要的自我发展空间，以积极开放的姿态鼓励扶持那些有助于社会秩序治理和提供公共服务功能的民间组织、社会团体和关系网络的存在并在法律框架下规范运行，培育公民社会，增进社会的自组织治理能力。从上述意义上讲，政府与社会的关系不是对抗关系，不是此消彼长的互相竞争的关系，而是互惠共生的伙伴关系，是以社会公平正义、和谐稳定为目标的相互合作、相互补充的关系。这一关系的形成不可能一蹴而就，要完成政府转变和社会建构，需要经历政府与社会双向磨合的过程。具体来说，政府要完成从全能政府到有限政府、从管制政府到服务政府、从权力政府到责任政府的转变；而社会则要完成从被管理对象到自我治理与合作共治主体、从被动性社会到主动性社会、从弱社会到强社会的建构。

　　协调政府和社会的关系，就是要将科学有效的社会治理体制建立在政府转变和社会建构的基础上，在淡化权力主导色彩的同时，充分发挥政府权力主体和社会自主主体的双重作用，形成"良善"的政府与社会协同治理的体制。社会治理是政府、社会组织、企事业单位、社区及个人等多元主体，依法对社会事务和社会生活进行规范和管理，实现公共利益最大化的过程。[①]社会治理其实通俗来说，就是治理社会，主要问题是由谁

---

　　① 张小劲，于晓虹. 推进国家治理体系和治理能力现代化六讲[M]. 北京：人民出版社，2014：80.

治理、如何治理、治理效果如何，实质上是国家与社会关系的总体反映。社会治理是对社会管理的一种超越和进步。社会管理是以政府为核心管理者，为促进社会系统协调运转，对社会系统的组成部分、社会生活的不同领域及社会发展的各个环节进行组织、协调、指导、规范、监督和纠正社会失灵的过程。[①]从社会管理走向社会治理意味着政府和社会的关系走向良性化。一方面，公民和社会组织有权参与公共事务，其社会主体地位得到认可和支持，从而有机会表达自身利益需求，同时承担一定的输送资源的义务；另一方面，政府在还权于民的同时又能保持自身的权威和主导能力，从而有机会获得更多的合法性支持。党的十八届三中全会把社会治理作为国家治理体系和治理能力现代化的组成部分，提出要紧紧围绕更好保障和改善民生，加快形成科学有效的社会治理体制。党的十九届四中全会进一步提出社会治理是国家治理的重要方面，要建设人人有责、人人尽责、人人享有的社会治理共同体。

中国特色社会主义进入新时代，在发展阶段转换期，国家治理面临的重要挑战来自社会分化加剧带来的风险，集中体现为利益结构失衡、贫富分化、城乡差距、区域分化等引发的社会失序。推进国家治理体系和治理能力现代化必然要求通过深化社会体制改革和加强社会建设，增强国家的社会利益整合能力、社会秩序治理能力、防范和化解重大社会风险的能力，形成"共建共治共享型有序社会治理体系"。

一是形成利益整合型社会，特别是塑造一个"橄榄型"社会结构。在这样的社会结构中，利益格局较为均衡，社会流动性较为活跃，社会秩序结构比较稳定。形成"橄榄型"社会结

---

① 张小劲，于晓虹. 推进国家治理体系和治理能力现代化六讲[M]. 北京：人民出版社，2014：82.

构的一个决定性因素是扩大中等收入群体的比重，这就需要深化收入分配制度改革，提高居民收入在国民收入分配中的比重，提高劳动报酬在初次分配中的比重。同时，完善覆盖全民的社会保障体系，加大公共产品和服务的供给力度，降低中低收入群体的实际生活成本。

二是拓宽和畅通社会流动渠道，拓展改善利益关系的空间。转型期的社会分化突出表现为社会结构日益固化。为此，要拓宽和畅通社会流动渠道，使利益相对受损的群体享有公平改进自身福利的机会。为此，必须要构建服务全民终身学习的教育体系，加大政府公共教育投入，拓展受教育的机会，从而增加底层群体的人力资本，提高其在劳动力市场上的竞争力，进一步健全有利于更高质量就业的促进机制，坚决防止和纠正一切就业歧视，营造公平就业制度环境，以充分的高质量的就业带动收入水平提高与社会地位提升。

三是创新社会治理方式和手段，完善党委领导、政府负责、民主协商、社会协同、公众参与、法治保障、科技支撑的社会治理体系。创新社会治理体系的一个重要途径就是完善群众参与基层社会治理的制度渠道，构建基层社会治理新格局。这一创新举措适应了现代社会多元治理模式的需要，将自治、法治、德治有机结合，从而缓解传统社会管理模式所导致的信息不对称、公共服务供给僵化、社会秩序治理失效等问题，增强社会活力，提高社会的自组织能力。此外，要畅通和规范群众诉求表达、利益协调、权益保障通道，综合运用利益调节、心理干预、权益保障等机制，使得社会矛盾能够及时化解，群众权益得到有效保障。

下篇：当代发展

第六章 当代中国政府治理与国家经济治理现代化

政府是国家治理的主体之一，在国家社会经济运行中扮演着重要角色。中华人民共和国成立以来，政府在社会主义经济建设的过程中一直发挥着不可替代的作用。伴随着改革开放，当代中国政府治理在治理理念、职能范围、中央和地方关系等方面都发生了重要的变化。可以说，政府治理的这些变化推动了国家治理其他方面的变化，为中国的国家治理现代化提供了动力。

第一节 政府治理思想定位的转变

中华人民共和国成立之初，鉴于当时的国内外环境及缺少社会主义建设的实践经验，中国主要照搬苏联的政府治理理念，建立了与中央集权计划经济体制相适应的全能政府，主要用政府行政手段来干预经济活动。1978 年党的十一届三中全会以后，中国开始从计划经济向市场经济转型，政府治理理念也从全能政府向有限政府转变，综合运用行政手段和经济手段来干预经济活动。

一、计划经济体制下的全能政府

计划经济体制下，政府决定总供给和总需求，国家的一切经济活动处于政府掌控之中，政府从职能上看几乎是"全能"和"无限"的。经济中的资源配置主要靠政府决策，政府决定生产什么商品、生产多少商品、由谁来生产、如何分配等。全能政府理念下形成的全能型政府治理模式是计划经济的产物，其存在有一定的必然性和必要性，对于当时经济政治环境下稳定经济发挥了巨大的作用。全能型政府利用计划经济手段来解决中华人民共和国成立初期商品短缺等问题，在很大程度上保证了经济发展的有序进行。全能型政府的引领作用在经济、国防等领域起到了重要的支撑作用，为社会主义建设积累了物质基础。

在社会组织方面，政府的控制进入社会生活各个领域、各个角落，对所有社会成员进行政治化的层级隶属组织而直接加以控制。政府对社会的严密管制，完全取代了社会的自组织秩序，使得整个社会秩序的维系完全依赖政府权力的强制性控制。这使政府具有强大的政治动员能力，能够"集中力量办大事"，在一穷二白的经济条件下通过汲取必要的社会资源推动工业发展，也能够有效应对国内外的各种挑战。

但是这种全能型政府同时也对经济社会发展产生了一些不利影响。首先，宏观上形成了不平衡的经济结构和产业结构，不利于经济要素自由快速转移，降低了城市化的速度。其次，中观层面对资源配置的效率低下。最后，微观方面个体缺乏自由和激励，经济缺乏活力。政府对经济的管理任务繁杂，难免顾此失彼，方方面面的事务全部要管，难免力不从心。[①]由此导

---

① 张立荣，冷向明. 当代中国政府治理范式的变迁机理与革新进路[J]. 华中师范大学学报（人文社会科学版），2007（2）.

致政府真正的职能没有发挥好，既浪费资源，又效率低下。此外，政府主导型的治理还会使经济对政府产生依赖，一方面，政府管控的范围越来越大，经济资源越来越多地被政府掌控；另一方面，社会自我调节的能力就会越来越弱，市场或者个体自我调节的能力弱，资源配置的效率比较低，由此在现实层面产生了政府治理理念从全能政府向有限政府转变的诉求。

二、社会主义市场经济体制下的有限政府

改革开放后，随着经济体制改革的不断推进，传统计划经济体制下的大包大揽的全能政府已经不再适用。在社会主义市场经济体制下，必须主要让市场调节经济运行，释放经济活力，使政府和市场摆清各自的位置和角色，相互配合、共同治理，从而促使经济良好运行。我国的经济体制改革是政府主导的，是政府自我革命和市场培育的双重过程。在这个过程中，政府和市场从水火不容到相互配合，经历了一个不断调整的过程。我国政府治理理念从全能政府向有限政府的转变，主要体现在以下几个方面。[1]

一是从直接管理到间接管理。政府在计划经济时代直接管控微观主体，而在市场经济体制下，政府对微观经济主体的管理主要以间接管理为主，通过宏观调控，运用经济总量、价格指标等各种因素来间接引导微观经济主体运行，微观经济主体可根据市场信号来安排自身行为，具有自主性和决策权。

二是从一元治理到多元治理。从党和政府是唯一的权力机关到不断引入其他非政府组织参与到国家和社会的治理中来，集体的事情集体决策、集体监督，包括对公共物品的提供也可

---

[1] 俞可平. 中国治理变迁 30 年（1978—2008）[J]. 吉林大学社会科学学报, 2008（3）.

以引入非政府组织（社会力量和机构，如会计师事务所等中介机构）来发挥集体力量，提高运行效率。引入社会治理、市场治理等参与到协同治理中来，发挥更多主体的作用，共同建设好社会主义市场经济。目前，政府对经济的管理主要是多元治理主体相互协调和联动，调动各种主体的积极性，对经济进行全方位治理，这是里程碑式的进步，政府不再是管理经济的唯一主体，而是让更多非政府组织参与进来，相互配合，协同治理（许耀桐，2014）。

三是从集权到分权。分权的层次包括中央向地方、政府向企业、国家向社会三个方面。政府应该转变自身角色，将更多权力进行转移和分散。中央向地方转移更多权力，地方政府对当地经济具体情况更加了解，便于实施相应的最优政策。政府向企业转移权力，给予企业更多的自由来进行生产组织活动，精简行政审批手续。国家向社会让权，更多地让非政府组织参与到集体决策中来，提高公共事务办理效率。

四是从人治到法治。"法治"是现代市场经济的基本要求，我们必须建立法治社会来维护社会的良好运行，把全面依法治国落到实处。改革开放后，我们一直致力于建立完善法制社会。对于经济运行，要自觉遵守契约规则，遵守相关法律法规。政府制定政策也要依据相关法律政策，尊重经济社会客观运行规律。政府的管理方法要科学化、规范化、法制化、透明化。

五是从管制到服务。政府管理的范围应该越来越小，更多的职能是提供基本的公共物品和服务，为人民、为公众服务是政府工作的重中之重。尤其在经济方面，对于市场可以自我消化和解决的困难和危机，政府只需要做好服务，为市场正常有序运行提供条件即可。强调政府服务责任，增加公共服务支出，提高服务水平。政府需要破除各种体制、机制障碍，使市场能够在资源配置中发挥决定性作用。

在政府治理目标方面，计划经济下政府管理经济的目标是稳定经济和保障国防，所以政府才会举一国之力来规划经济运行，促进重工业发展，保障国防，维护国家和社会稳定有序发展。改革开放之后，我们追求经济快速增长，所以政府对企业等微观主体的干预越来越少，使市场发挥越来越重要的作用，使企业等微观个体拥有更多经营自主权，使企业更具活力，经济快速发展。而进入新常态后，改革进入了深水区，经济快速发展的一些弊端或者负面效应开始显现，政府追求经济的高质量发展，开始反思政府是否存在管理错位、越位、缺位的现象，寻找政府和市场的边界，使市场在资源配置中起决定性作用且更好地发挥政府作用。此时，政府职能最重要的目标就是创造一切条件，使市场在资源配置中起决定性作用，其他市场无法配置或者配置存在缺陷的领域，政府再加以干预。

在政府治理手段或者方法方面，行政型干预越来越少，经济手段更加优化。全能型政府下政府通过经济计划、指令性计划、指导性计划等来全方位控制经济的发展。有限政府下，政府运用市场经济手段，如生产总量、利率、价格水平等市场指标来间接调控企业的经济运行，通过宏观调控来管理经济运行。并不断减少政府对经济的干预，让市场内部通过价格机制、供求机制、竞争机制等来调控经济，政府最重要的作用是破除机制体制障碍，为市场发挥决定性作用提供条件。

在政府治理范围方面，政府经济职能范围不断缩小，但随着经济的转型和发展，对政府经济职能的要求不断提升。在计划经济时代，政府基本上对经济运行的方方面面都要加以管控。市场经济体制下，进入到国家调节市场、市场引导企业时期，政府只进行宏观调控，只通过一些宏观指标如经济总量、价格水平等来间接控制企业发展，使市场在资源配置中起基础性作用，甚至决定性作用，政府不断缩小自己管控经济的范围，市场配置资源的范围不断扩大，政府和市场一直在寻求最优的配合方式。

在政府机构方面，政府机构逐渐精简。由于"无限政府"总是对经济的方方面面事无巨细地进行管理，所以政府机构和人员繁杂冗余，浪费了大量的人力和物力，对经济的管控效率低下，经济发展缺少生机和活力。而随着市场经济的发展，有限政府对经济的干预程度和干预范围不断缩小，简政放权，更多地让市场来对资源进行配置，政府机构也不断"瘦身"，更加注重政府治理的效果和质量。

第二节　政府职能调整的思想基础

改革开放以来，与政府治理的理念转变相伴随的是政府职能的重新划定和调整。总体来看，对政府和市场之间关系的不断重新认识是理解政府职能调整的一条逻辑主线。随着经济转型不断深化，政府的管控范围和领域都在不断缩小，政府职能不断得到优化，纠正了过去很多政府管理错位、越位的地方，弥补了政府以前管理存在的缺位和不足。政府的作用不再是配置资源，而是越来越集中到保持宏观经济稳定、加强和优化公共服务、保障公平竞争、加强市场监管、维护市场秩序、推动可持续发展、促进共同富裕、弥补市场失灵等方面。

一、改革开放初期对政府职能的思想认识

正确处理政府与市场关系问题一直是经济体制改革的争论焦点，我国对政府与市场关系的认识是谨慎和渐进的。在改革开放之初，政府沿袭计划经济时期的做法，主要利用行政手段通过制定经济计划干预经济，因而处理政府与市场的关系就外化为如何看待计划与市场的关系。当时党中央把计划与市场的关系界定为"计划经济为主，市场调节为辅"，改变了一直以来把计划和市场对立起来的传统认识，为进一步推进经济体制改革创造了条件。

其中，市场调节按照本质来说就是价值规律、市场规律、供求规律等的自我调节，即由企业按照市场等变化自觉调节商品和服务的生产和交换。这样，通过赋予企业以决策权自由，整体经济就会变得更有活力，这对促进经济发展和提高人民生活水平起到了很大的作用。而计划经济为主的合理性在于，它有利于防止国民经济结构重大失调，防止宏观经济的混乱和失控。作为社会主义性质的国家，追求的是全体人民的共同富裕，所以应该建立计划经济，但经济事务纷繁复杂，包罗万象，政府不能全面地掌控所有事务，所以又强调以市场调节为辅，一些商品价格由市场决定更能符合价值规律的机制。这一思想就意味着，整个国家形成了政府通过计划的方式对经济中大部分事务进行管控，以维持经济的健康运行。在经济的一些次要方面允许市场发挥作用，对经济调节起到辅助作用。正如薛暮桥所说，我们是社会主义国家，实行的是计划经济，但生活中我们需要的商品和服务有千千万万种，所以政府计划不可能包罗万象，把所有商品和服务都包括其中，因此除了计划经济外，还需要国家指导下的市场调节。计划管理既包括行政措施，又

可以采用计划手段，市场调节采用经济手段，但必要的行政管理也不可或缺。①

1987 年，党的十三大进一步提出"国家调节市场，市场引导企业"，在政府与市场关系上做出了进一步的突破。这个新认识更清楚地界定了国家、市场和企业之间的关系，尤其说明了国家对企业间接调控的作用机制，具体给出了经济运行的链条，因而更好地指出了经济运行的内在规律，也为如何调节经济给出了明确的方向。相应的，这意味着政府职能的转变，政府开始通过经济手段干预经济。对此，卫兴华指出，国家对企业的管理由原来的直接管理转变为间接管理，把经济发展战略和经济目标传递给市场，由市场直接调节企业的经营活动。市场调节经济有两种方式，一种是自发调节，具有自发性和盲目性；另一种是政府引导下的调节，用自觉性和计划性去引导自发性和盲目性。计划主要在两个方面发挥作用，一是调控宏观经济，维护好经济稳定与增长，关注民生，调整结构，调整好供给和需求的平衡；二是调节市场，并通过市场间接调节企业的经济行为。国家从宏观层次调节市场，市场从微观层次调整企业，但也不排除在特殊情况下政府对企业进行直接调节。②

国家调节市场主要指的是国家通过经济杠杆间接调控市场信号来调节总需求和产业结构。国家作用的客体是市场，发挥作用的也是市场。政府对企业、对经济的调节作用是通过市场来传导的，政府不对具体微观客体直接产生作用。政府也是由人组成的集体，在做决策的时候也不能够做到完全理性，也有可能会犯错误，也有可能违反市场的规律，违反保障企业良好运行的规律和机制。所以政府可以先对市场发生作用，调节市

---

① 薛暮桥. 计划经济为主，市场调节为辅[J]. 财贸经济，1982（5）.
② 卫兴华. "国家调节市场，市场引导企业"评析[J]. 东南学术，1998（3）.

场使其良好地运行，然后再让市场作用在具体的微观主体（即企业）身上，使得市场内部消化和调节内部出现的问题。

市场引导企业是指企业可以根据市场信号独立地采取行动。市场信号是根据市场内在机理形成的，不受政府干预，但也不是说政府对市场完全不管理。政府应利用市场引导企业提升技术水平，提高产品质量。市场可以调节劳动力的供求，也可以调节资本配置，等等，其运用价值规律、供求规律和竞争规律等维持经济的健康运行。一方面，政府调节市场，以保证市场失灵能得到有效解决和控制，同时也能为市场发挥作用提供很好的服务和保障；另一方面，市场反过来调节企业运行，保障经济的良好运转。

总的来看，要实现国家调节市场、市场引导企业，需要满足一系列的条件。

一是使企业成为真正的市场主体。[①]要把全民所有制企业改革成国家能够进行间接调节和控制的主体和接受市场调节的主体，完善企业经营体制，使企业成为真正的商品生产者。[②]无论是压力机制、竞争机制、动力机制或者责任机制，要完善新的经济体制，这是毋庸置疑的。企业是运行机制的基础，只有企业有活力，整体经济才能有活力，新的经济运行机制才能良好运行。所以必须赋予企业真正商品经营者的资格，才可以使企业既有压力，又有动力，不断想尽一切方法，提高效率，努力经营，才能适应市场不断变化，培养应变的能力，真正成为有活力的企业。要实现这一点，必须在宏观上实行两权分离改革，推行承包、租赁等责任经营权，处理好国家与企业之间的

---

① 蔡行秀. 关于"国家调节市场，市场引导企业"的几点思考[J]. 社会科学辑刊，1988.

② 张振斌. 完善市场机制，开拓产权市场[J]. 经济理论与经济管理，1988（4）.

关系。国家要通过控制宏观预算规模，完善企业内部各种经营责任制和分配制度，坚持分配方法和经营者个人挂钩，提高企业经营效率，使职工贡献与职务薪酬挂钩，完善职工的主人翁作用，挖掘企业内部潜力，提高经营管理水平。在新的经济运行机制下，企业应有充分权力根据市场信号独立决定自己的投入和产出，包括一定的投资活动，政府不应该任意插手企业的生产决策。

二是建立和健全社会主义市场经济体制，建立良好的传导机制。逐步改变国家对经济的调节形式，要继续发展公有制。在新的运行模式下，市场信号是市场内在形成的。例如，价格信号是由市场中的供求因素决定的，当供给大于需求时，价格会下降，当供给小于需求时，价格会上升。国家直接决定价格会破坏价格的内在机制。当然这不是说国家对价格体系完全不管控，国家对价格的影响主要通过各种间接机制发挥作用。应当利用竞争机制激励企业提升技术、降低成本和提高产品质量。要让生产同类产品的企业进行竞争，优胜劣汰。此外，应该在市场机制下，使劳动力可以自由流动和转移。

三是逐步完善以间接调控为主的宏观调控体系。一个完善有效的国家宏观调控体系，应该由行政指挥系统和经济参数干预系统组成。首先要完善行政指挥系统，把国家作为行政权力行使的职能，与全民所有制的经济职能完全分开。李建钢指出，政府调节经济应该多以经济和法律手段为主，而不应该以行政手段为主。[①]政府的干预必须通过市场这个媒介来发挥作用，通过市场机制达到政府间接管理控制企业的目的，来实现经济计划和目标。政府对经济的干预也必须要充分考虑市场对经济的

---

① 李建钢. 浅谈"国家调节市场，市场引导企业"[J]. 山西财经大学学报，1988（4）.

调节，市场是传递信号的中介，没有了市场，政府的干预就脱离了实际，变成了瞎指挥，甚至可能会对经济产生相反的效果。政府也需要从市场中得到信息的反馈，分析市场动态，根据市场的情况来动态调整干预策略。企业还可以通过自身行为和经营结构来验证国家宏观调控的科学性和有效性，从而为政府干预提供更加科学的市场信息。

二、对社会主义市场经济中政府职能的思想认识

党的十四大以来，建立社会主义市场经济体制已经明确成为经济体制改革的目标，在此之后，对政府与市场之间关系的认识也在不断深化。党的十五大提出"使市场在国家宏观调控下对资源配置起基础性作用"，党的十六大提出"在更大程度上发挥市场在资源配置中的基础性作用"，党的十七大提出"从制度上更好发挥市场在资源配置中的基础性作用"，党的十八大提出"更大程度更广范围发挥市场在资源配置中的基础性作用"。

"市场在资源配置中起基础性作用"思想的提出是一个质的升华，过去虽然政府治理的理念逐渐从全能政府转变为有限政府，但总体来说都是政府对经济发挥主导作用，政府对我国的经济发展拥有重大决策权。强调要使市场在资源配置中起基础性作用，这极大肯定了市场对资源配置的优势，开始重视市场对经济的有效调节作用。在这一思想指导下，经济运行必须要主动熟悉和运用价值规律，依据供求规律和竞争规律等让市场自发调节商品和服务的价格、决定生产多少商品、由谁生产、为谁生产、如何分配等。经济的运行就由市场自己去处理和调节，政府只需要进行宏观监督和调节，运用价值规律同国家宏

观调控联系起来，经济运行主要靠市场调节和自我适应，但政府还是要积极监督和管控，对于市场处理不好的领域和容易发生市场失灵的领域要极度关注，做好宏观调控，关注民生，积极参与和提供公共产品和服务，保障就业，维护国家经济总体稳定。

自觉运用市场客观规律来引导企业生产和发展，具体说来就是市场内在机制发挥作用的情况尽量不加入过多人为力量加以干预。譬如政府的政策制定应尽量不违反价值规律的作用，尽量通过市场内在机制调节经济运行，让市场对资源配置起到主要或者主导作用。按照价值规律的要求，结合经济实践问题，来进行宏观调控和管理经济。尊重价值规律，尊重市场，对市场的信号尽量不予干预。①

市场对资源配置发挥基础性作用，并不代表政府放任不管。由于市场会存在失灵的情况，市场机制也不是完美的，诸如公共物品问题、公平问题、社会保障问题等都需要政府进行解决，而且政府要对经济进行严格的宏观监管和调控，制定重大经济政策来引导整个国家的经济不断良好平稳快速发展。这样一方面微观上由市场来调节经济运行，激发企业活力和经济整体的生命力，另一方面宏观上由政府施加必要的管控，经济才能实现持续健康发展。

党的十八届三中全会提出了"使市场在资源配置中起决定性作用，更好地发挥政府作用"的重大论断。做出这样的判断，一方面是因为我国的社会主义市场经济体制已初步建立，市场化程度大幅提高，我国对市场规律的认识和把握不断加强。另一方面是因为随着改革进程的推进，新旧矛盾不断累积，出现

---

① 刘炳瑛. 论市场在国家宏观调控下起资源配置的基础性作用[J]. 中共宁波市委党校学报，1994（1）.

了一些阻碍改革的不利因素，这促使我们必须推进改革走向全面深化。在改革深水区，迫切需要及时转变政府治理思想，加大力度进行政府职能改革，加快建设服务型政府，为使市场在配置资源中真正发挥决定性作用创造必要的体制条件。

比较而言，市场在资源配置中的基础性作用是指市场对经济调节起主要或者主导的作用，经济行为大部分是靠市场来配置的，政府对资源配置起到次要或者辅助的作用。决定性作用更加强调市场的地位和作用，对于大部分市场可以自行调节的经济活动，全部交由市场来解决，政府需要转变政府职能，厘清政府和市场的权力边界，政府既不能越位，也不可缺位，对于市场无法有效调节的部分才由政府进行宏观调控和微观规制。在这个意义上，更好地发挥政府作用就是为让市场在资源配置过程中起决定性作用提供保障。具体而言，就是强调政府的职责和作用主要是保持宏观经济稳定，加强和优化公共服务，保障公平竞争，加强市场监管，维护市场秩序，推动可持续发展，促进共同富裕，弥补市场失灵。

对于政府和市场的关系，刘世锦（2014）认为不存在谁大谁小，谁强谁弱，而是有效政府和有效市场共生互补的关系。[①]邱海平（2015）认为，政府和市场是互为条件、互为因果的关系，市场发挥作用依靠政府发挥好作用，政府发挥作用依靠市场更好地进行资源配置。政府和市场不是一个层面的关系，政府代表行政机关，代表一定的政治权力，市场是经济运行机制，通过影响经济主体之间的利益关系来影响资源配置，是无形的客观规律。[②]洪银兴（2014）等学者则强调政府行为的影响，提

---

① 刘世锦. 把市场在资源配置中的决定性作用落到实处[J]. 经济研究，2014（1）.
② 邱海平. 使市场在资源配置中起决定性作用和更好地发挥政府作用——中国特色社会主义经济学的新发展[J]. 理论学刊，2015（9）.

出政府行为也要遵守市场秩序。政府行为也要遵守客观规律。市场具有短期、滞后、不确定、缺乏全局性。政府做好对经济的宏观调控，引导好企业的宏观走向。弥补市场失灵，包括公共物品、公平问题等。维护社会公平正义，保障民生。市场在资源配置中起决定性作用不包括市场决定公共资源的配置。区分国家层面和地区层面的管理，中央和地方、地方与地方、不同部门、不同行业之间的管理要协调好。①

第三节　中央与地方关系协同治理的思想

中国作为一个幅员辽阔、各地经济社会发展差异较大的国家，长期以来实行中央集权的等级制行政体制，政府治理始终面临着一个问题：如何处理中央和地方的关系，以及如何在中央集权和地方分权中找寻一种平衡，既能保持中央权威对地方较强影响的同时，又使地方具有积极性和活力。平衡集权和分权、协调好中央政府和地方政府的关系，进而在中央政府与地方政府之间形成一种合理的职责、权限分工体系，以及协同治理机制，是充分发挥政府在国家治理中作用的重要前提，对于实现国家治理现代化具有重要意义。

一、我国中央政府和地方政府关系演进

我国传统计划经济体制下的中央和地方关系主要借鉴了苏联的经验。在这种体制中，从中央到地方各个层级上均设置党

---

① 洪银兴. 论市场对资源配置起决定性作用后的政府作用[J]. 经济研究，2014（1）.

和政府平行且相互交叉的两套管理机构，原则上由党来制定政策，政府负责实施，实际情况却比较复杂。在政策制定和实施过程中，党和政府之间经常进行复杂的互动交流，党直接干预政府行政过程。在这种体制中，中央政府拥有极大的权力，每一个部、委直接领导和控制着自身的全国性组织机构体系（从中央到省、市、县、镇等各个等级，直到最基层的经济组织——国有企业），要求下级机构对上级机构的政策、指令保持绝对服从，因而是一种高度集权、集中的政府治理模式。

但需要指出的是，与苏联 U 型层级结构不同，中国采用 M 型层级结构。区别在于，苏联的 U 型层级结构中，国有企业大多按照工业部门进行分类，由中央政府的各个部委直接进行监督控制，地方政府仅仅是中央的下属机构，它们的职能仅限于从基层搜集信息并执行中央的计划，基本没有管理本地区国有企业的自主权。因此，在 U 型层级结构中，计划经济的管理是垂直的、纵向的，又称为"条条"形式。在中国的 M 型层级结构中，国民经济按照行政区域原则采取多地区、多层次的组织形态，其中每一个层级或行政区域都可以视为一个相对自主的经济运行单元，地方政府能够根据职能方式来管理本地区的企业，在职能和产品供给方面是半自主的和相对自给的。虽然政府层级内部行政机构的相互联系是垂直的，基层政府与其上级政府之间没有多少讨价还价的权力，但它们有很大的自主权，得以在国有部门之外建立市场取向的企业，从而使本地区得到发展。①这种 M 型层级结构在一定程度上延续了中国历史上中央集权、地方自治的传统，赋予地方政府一定的自主权。虽然在计划经济体制下，会引发中央和地方之间权力划分的周期性

---

① 钱颖一，许成钢，董彦彬. 中国的经济改革为什么与众不同——M 型的层级制和非国有部门的进入与扩张[J]. 经济社会体制比较，1993（3）.

动荡，但也为后来地方政府采取各种积极灵活的改革实验创造了空间。[①]

中央很早就意识到中央高度集权模式的弊端，毛泽东在1956年发表的《论十大关系》中指出，我们的国家这样大，人口这样多，情况这样复杂，有中央和地方两个积极性，比只有一个积极性好得多。后来毛泽东在一些场合更是针对中央集权的体制弊端，提出要学习欧美国家的地方分权体制。他指出，欧洲和美国发展比较快，"一条原因是欧洲分成了许多国家，有利于充分发挥积极性，美国发展也快，原因则是各州有相当大的自治权"。[②]从1958年开始，中央政府尝试以下放计划管理权、企业的管理权、物资的分配权等形式进行过几次行政性放权改革，却一直在"一放就乱、一乱就收、一收就死"的怪圈中打转，结果形成了行政权力、经济管理权周期性的收放循环。

1978年改革开放以后，中央政府对地方政府的分权实践大体上可以分为两个阶段。第一阶段是1978—1993年，中央遵循放权让利的思路实施了财政包干制，并将部分事权、城市管理权和企业管理权下放到地方政府，采取的是行政性分权和财政分权相结合的模式，地方政府从此开始逐步成为相对独立的利益主体。1980年以后，中央与地方的财政关系开始以地方与中央签订财政上的"承包"为主，形成了以划分收支为基础的分级包干和自求平衡的协议关系。以1979年的收支预计数作为基数，收大于支的按比例上缴中央，收少于支的，不足部分由

① 景维民，张慧君，黄秋菊，等.经济转型深化中的国家治理模式重构[M].北京：经济管理出版社，2013：285.
② 何显明.政府转型与现代国家治理体系的建构——60年来政府体制演变的内在逻辑[J].浙江社会科学，2013（6）.

中央从工商税中按某一比例进行调节。中央承诺这个方案一定五年不变，地方自求财政平衡。由于各地区的经济发展水平和初始的财政条件不同，在实际执行过程中各地区的包干方案有所不同，且"承包"合同不是一成不变，而是经常调整。[①]这种财政承包制在赋予地方政府一定的剩余收益索取权的同时，由于设计上让中央和地方政府拥有了太多自由裁量权，也为机会主义行为盛行开了方便之门。正如王绍光在《分权的底限》所解释的，"如果地方政府不遗余力地加大征税力度，它们有理由担忧，中央会在下一轮谈判中调高它们的上缴比重。所有地方政府都知道它们与中央达成的分成合同会在几年之内重新讨论，而中央政府则背着'鞭打快牛'的坏名声：财政收入快速增长的省份，基数可能调低，上缴比重可能调高。事先预料到中央的这种事后机会主义，地方政府的响应是自己的机会主义，即征税努力程度上留一手。"因此，财政承包制带来的直接结果是地方政府预算外收入的急速攀升，到 1992 年全国预算外资金的规模为 3855 亿元，是当年预算内财政收入的 97.7%。[②]与此同时，中央政府财政收入占财政收入比重及财政收入占 GDP 比重在 20 世纪 80 年代中期后持续下降。

　　第二阶段是 1994 年分税制改革以来。通过分税制明确划分中央、地方各自的财权和事权，并建立了中央对地方的转移支付制度，同时进一步扩大了地方政府在经济管理领域的权力。由于实行分税制后，中央政府财政收入占全部预算收入的比例得到显著上升、地方政府的财政收入占比明显下降的同时，地方政府财政支出在全部预算支出中所占比例远超过地方政府收入在全部预算收入中所占比例，即使考虑到中央的税收返还、

①　张军. 分权与增长：中国的故事[J]. 经济学（季刊），2007（1）.

②　张军. 分权与增长：中国的故事[J]. 经济学（季刊），2007（1）.

专项补贴等转移支付，地方政府也不能达到收支平衡。许多学者指出，分税制设计上存在事权和财权的划分不对称的问题，在一定程度上包含中央上收财权的成分。更重要的是，财政体制的改革又没有为提高地方政府的融资提供更多的选择机会，在一定程度上激励地方政府努力利用土地、吸引外资等手段获取预算外收入。不过，分税制并没有改变地方政府相对独立利益主体的地位，而是在相对分权的格局内对中央和地方利益分配额进行调整和进一步强化。①

改革开放以来的财政分权体制演变至今，中国已经不再是一个中央集权国家。即使 1994 年的分税制使得中央的收入更加集中了，但依然没有改变由地方担当经济发展和组织投资活动的分块结构。如果用地方政府支出的相对比重来衡量的话，中国可能算是当今世界上最分权的国家了。②1997 年的世界发展报告《变革世界中的政府》提供的数据显示，在发达国家，省（州）级政府财政支出占各级政府支出总额的平均比重只有 30% 左右，美国不到 50%，最分权的加拿大和日本也只有 60%。发展中国家的平均比重是 14%，转型经济是 26%，中国的省级财政支出 20 年来一直维持了占全国财政支出的将近 70%。因此，高度的分权体制就成为观察改革开放后中国经济增长的一个重要的特征性现象。

二、分权、竞争思想与政府治理

对比 1978 年前后的分权实践，一个带来了经济混乱，最后不得不以收权结尾，另一个则带来了 30 多年的经济增长。金太

---

① 傅强，朱浩. 中央政府主导下的地方政府竞争机制——解释中国经济增长的制度视角[J]. 公共管理学报，2013（1）.

② 张军. 分权与增长：中国的故事[J]. 经济学（季刊），2007（1）.

军、汪波（2003）指出，在计划经济下中央-地方关系的制度变迁，完全是由中央推动的，地方绝对服从且无博弈能力。同时，政治生活的高度集权和意识形态的压力限制了地方政府经济职能的扩张，集权与分权只是计划经济的内部调整，因此在计划经济模式下不存在这样一种适度分权模式，即中央-地方关系的"死乱循环"根本上是经济制度的不稳定状态在政府体制上的一种折射。[1]而在从计划经济到市场经济的转型过程中，地方政府的角色是多重的，不仅是中央政府的一级代理人，还是地方经济的代言人，地方政府在区域市场化过程中开始发挥制度变迁的第一行动集团作用。分权机制逐渐取代高度垄断的集权结构，打破了中央政府制度供给的垄断局面，开始出现由中央、地方，甚至多元的制度供给局面。制度变迁带来多元化的利益结构，加快了改革开放的步伐，推动了经济高速增长。[2]

许成钢、钱颖一、杰勒德·罗兰（Gerard Roland），以及政治学家巴里·温加斯特（Barry Weingast）等人联袂合作，发展了早期的分权理论，把向地方的财政分权与地方政府的激励和地方的竞争联系起来，把公共经济学引入了更精彩的领域，形成了今天称为"第二代财政分权"的理论。他们强调了地方的分权促成了"趋好的竞争"，具体来说，促进和维护了不可逆转的市场机制的发展；促进了乡镇企业的发展；促进了城市化和基础设施的建设；导致了改革实验的发生和模仿；促进了外商直接投资的流入。[3]布兰查德和施莱费尔（Blanchard and Shleifer，2000）比较了中国和俄罗斯的财政分权和地方政府的

---

[1] 金太军，汪波. 经济转型与我国中央-地方关系制度变迁[J]. 管理世界，2003（6）.

[2] 傅强，朱浩. 中央政府主导下的地方政府竞争机制——解释中国经济增长的制度视角[J]. 公共管理学报，2013（1）.

[3] 张军. 分权与增长：中国的故事[J]. 经济学（季刊），2007（1）.

行为差异，总结了必要的集权对于分权化改革的意义。"从联邦制可以获得的分权的经济收益关键是依赖于某种形式的政治集权。缺乏这种集权，地方追求地方主义政策的激励就会十分强大，而且难以单纯依赖经济或财政的巧妙安排就可以克服。"根据他们的观察，与俄罗斯不同，中国的财政分权之所以产生"趋好的竞争"，主要是因为中国的中央政府在财政分权的同时维持了政治的集中和奖惩地方官员的能力。[1]周黎安（2007）认为，在中央集权这一基本前提下，中央政府根据地方政府官员发展经济的政绩进行的"晋升锦标赛"，是促进地方政府推动经济增长的强有力的激励机制。[2]

改革开放以来，以财政分权、行政分权为核心的一系列制度安排在一定程度上体现了中央集权与地方分权有机结合的治理结构，比较有效地利用了集权和分权两种决策机制和治理手段的同时，既维护了中央的权威，又调动了地方的积极性，产生"趋好的竞争"，从而取得了较好的治理效果。不过值得注意的是，中央和地方集权与分权的这种治理结构并不完善，产生"趋好的竞争"的同时，也出现了"趋坏的竞争"，而在经济转型和经济增长的后期阶段，"趋坏的竞争"表现更为明显。市场的分割、地方保护主义、重复建设、过度投资和过度竞争、宏观调控的失灵、司法的不公、地区差距的扩大、对环境的破坏、"裙带资本主义"，以及忽视基础教育、卫生保健支出等都是人们用来描述转型和增长中的那些可以称为"趋坏的竞争"的现象。

对于这些"趋坏的竞争"现象产生的原因，张军认为是中

---

① 张军. 分权与增长：中国的故事[J]. 经济学（季刊），2007（1）.
② 张军，周黎安. 为增长而竞争：中国增长的政治经济学[M]. 上海：上海人民出版社，2008：111-139.

国治理地方官员的激励模式与有效的市场体制的培育之间存在内在矛盾。换句话说，以 GDP 考核为主的激励模式与一个良好的市场经济所需的政府"多任务"的职能之间存在严重冲突，使得行政与财政分权可能无法确保市场维护的持久的合理激励。在现有的政治组织和政治集权的体制保持不变的格局下，向地方的分权不仅有收益，也是有成本的。似乎这是一个需要权衡的问题，这个问题本身是无望在财政分权的范畴内找到解决的办法的。[①]王永钦等（2007）从经济组织和政治组织的差异角度，论证了中央对地方政府的激励模式与市场经济所需要的政府职能是不可能协调起来的。他们认为，首先，政治组织委托人的偏好往往是异质的，而企业组织中股东的偏好基本上是一致的，即收益最大化。在政治组织中，每个利益集团都有其偏好和利益，因而无论是任务本身，还是委托人，都很难界定一个指标来对绩效进行衡量。其次，与委托人偏好的异质性相关的是，政治组织一般是多任务的，除了效率和经济增长之外，政治组织还需要追求社会公正、收入平等、环境保护、公共服务质量等目标。所以从理论上来说，由于政治组织的这种多任务性，在政治组织中很难通过基于单一维度（任务）的类似企业中计件工资式的强激励来追求各种目标，而且基于增长目标的考核很容易损害其他社会目标。再次，与企业绩效易于找到同类企业作参照不同，政治组织的绩效难以找到一个可以参照的标准。中国的地方政府之间虽然可以进行一些比较，但地方之间的巨大差异也使得地方政府间的相互参照非常有限。换言之，政治组织是一个垄断组织，因而很难找出一个具有充分信息量的指标来对其进行比较。最后，政治组织在激励机制的设

---

① 张军. 分权与增长：中国的故事[J]. 经济学（季刊），2007（1）.

计方面更多地会采用相对绩效评估，而非绝对绩效评估。在中国所演变出来的一个机制是以相对的 GDP 增长率作为评估的依据。但相对绩效的评估会造成代理人之间相互拆台的恶性竞争。其中，最典型的就是形形色色的地方保护主义。[①]

陈钊、徐彤（2011）认为，在经济发展的早期，由于对公共品偏好不强，且因公众意愿表达机制不畅导致的信息不充分问题较为严重，中央对地方政府采取以经济增长作为较充分信息统计量的"为增长而竞争"的治理模式反而能够实现社会福利最大化。但是，随着外部条件的变化，实现社会福利最大化要求不只是经济增长，还有社会和谐。[②]

这些学者们的研究把解决地方政府"趋坏的竞争"问题与市场和社会的要求相联系，为我们提供了一个有价值的启示：处理中央政府和地方政府的关系问题不能简单地在集权与分权框架下进行，而要在政府、市场、社会关系的国家治理框架下进行思考和探索。首先，处理中央政府和地方政府关系的前提是处理好政府和市场、政府和社会的关系，要在政府和市场、社会的互动中，调整界定政府的职能和任务基础上，确定中央政府和地方政府的责权边界。其次，在对地方政府的考核和评价中，除中央政府外，可以适当引入企业、公众等其他治理主体，以提升对地方政府考核评价的全面性、合理性。最后，将中央与地方关系逐步纳入法治化的轨道，以法治化的形式将改革过程中所形成的中央集权与地方分权的事项范围、运作方式，以及中央对地方的监督程序明确下来，从而形成中央与地方关

① 王永钦，张晏，章元，等. 中国的大国发展道路——论分权式改革的得失[J]. 经济研究，2007（1）.
② 陈钊，徐彤. 走向"为和谐而竞争"：晋升锦标赛下的中央和地方治理模式变迁[J]. 世界经济，2011（9）.

系良性发展的制度基础。

第四节　当代中国政府治理的基本要求

中国经济转型时期的政府职能表现既不同于计划经济，也不同于完全的市场经济，而是呈现出鲜明的过渡性特征，这一特征源自制度自身的特性。制度可以区分为正式制度和非正式制度两种，前者指的是国家的正式法律法规体系，后者则包含了人们的文化、习俗、道德因素。其中，非正式制度是人类长期积累下来的东西，植根于人们的思想深处，因此即使是激进转型也无法在短期内改变。正式制度和非正式制度的这一特性决定了转型期的政府职能必然表现出"混合"特征。一方面，在不对市场调节基础地位构成威胁的前提下，政府的职能继承了某些计划特征。转型时期各种制度的构建和完善尤其需要政府积极主动地发挥其调控功能。例如，庞大的国有资产必须依靠政府进行妥善的管理，各项法律法规需要政府逐步制定，经济转型带来的收入分配和社会保障问题需要政府调节等。另一方面，向市场经济转型就必须让市场主体变成企业，政府不能对社会经济的各个方面进行直接干预，而需要利用各种财政货币政策等手段间接引导经济发展的方向。可见，由于经济转型时期是经济发展的一个特殊时期，与确定的经济形态相比，经济转型时期的经济形态显得更为复杂，而政府的经济职能必须与经济发展阶段相适应，因此完善中国经济转型期的政府治理的基本要求或条件也是"混合的"，既具有一般性，也具有鲜明的特殊性。

一、当代中国政府治理的一般要求

政府经济治理思想的一般内容是指在市场经济条件下的任何政府都必须拥有的经济治理思想。因为转型是从计划经济向市场经济转型，转型的目标之一是建立完善的市场经济体制，所以经济转型具有很强的市场化特点，而经济转型中政府的经济治理思想也就具有市场经济所要求的内容。政府在市场中的经济职能是基于"市场失灵"而导出的，市场不是完美无缺的，在配置资源的过程中，"看不见的手"会失灵，从而需要政府在其中起到积极作用。市场经济中所要求的政府经济治理思想大致包括以下几个方面的内容。

第一，促进并保护有效竞争，限制垄断等市场势力的发展，维护市场公平。市场垄断势力的存在导致资源配置偏离帕累托效率，但市场垄断势力的出现在许多时候又是市场竞争的必然结果，因此其治理不能依靠市场本身得到解决，这就需要市场以外的力量来限制，政府可以在这方面发挥最关键的作用。现代的市场经济对政府的要求是"小而强"，这里的"小"并非单指政府规模，而是要剥离政府的非必要职能，防止政府触角过长而导致国家垄断限制自由竞争，在做"小"的同时还要保证政府在打击垄断方面保持强势和效率。此外，还存在一种间接的方式，即政府引导下的中介组织也可以间接促进市场竞争机制的发挥。

第二，充分界定并维护产权。市场经济中存在着外部性。外部性的产生在一定程度上是由于财产权利不清楚带来的。解决外部性的途径可以从科斯定理中寻求帮助。科斯定理表明，存在交易成本的情况下，产权的最初配置会影响经济效率，而产权的界定和维护都离不开政府职能的发挥。在新制度经济学的分析框架下，产权的维护实际上取决于三个条件，即个人对产权的保护行为、他人试图占有或侵犯的努力行为以及政府对产权的保护程度。在这三个条件里，政府发挥的作用是最为关键的，因为个人维护产权的行为往往成本高昂，政府充分发挥保护产权的作用有利于市场经济的健康发展。

第三，积极提供公共物品，合理开发共有资源。公共物品的"非排他性"和"非竞争性"使私人部门不能提供满足社会需要的足够数量的物品，但公共物品又往往在经济发展中起着基础性的作用。在公共物品的供给上，政府的作用不可缺少。如果任由追求自身利益最大化的个体使用共有资源，其结果就必然导致"公地的悲剧"，妨碍福利最大化的实现，因此共有资源的有效开发利用离不开政府履行其职能。随着市场经济的发展，政府在保护国家安全、提供社会保障等公共物品方面的责任是非线性增长的，市场经济下的可持续发展需要以此类公共物品提供机制的完善作为保障。

第四，调控宏观经济，调节市场的周期性波动。微观经济个体总是根据面临的约束条件进行最大化决策，但在存在"合成谬误"的情况下，个体理性却带来了集体的非理性。当经济前景出现衰退的迹象时，微观个体采取理性的谨慎反应：投资者减少投资，消费者减少消费。这些行为导致总投资急剧减少，经济衰退就真的发生了。当经济前景向好时，投资和消费都活跃起来，于是总投资增加了，但投资所需要的储蓄却减少了，生产能力的过度膨胀为生产过剩埋下了伏笔。因此，市场的自发调节难以避免经济大起大落，国民经济的总体是不稳定的，这就需要政府伸出"看得见的手"来稳定经济。

第五，注重整体性和系统性。政府在进行经济治理时要考虑当时的政治、文化、经济等各个方面的约束。譬如在中华人民共和国成立初期，我国采取了"一大二公"的计划经济体制，由政府统一调配企业生产和消费者消费，由于当时政权还不稳定，不允许剧烈的经济波动，而且需要工业来支撑国防，这个时候由国家控制经济发展是比较稳健的做法，能保证经济更快更有序地发展起来。而到十一届三中全会时期，中国内外部环境基本稳定，各种经济活力需要释放，在这一新的条件下，我们就必须不断探索如何发展社会主义市场经济。政府进行经济治理时不能只考虑到经济方面，还要考虑政治、文化等各个方面的综合状况。发展经济也要考虑民生、公平、公民幸福感等方面，只有这样，经济发展才是有意义的，才是惠及民生的，才能真正提高所有人的生活水平。只有这样，才能做出更全面的决策，才能实现国家的全面协调发展（王浦劬，2014）。

二、当代中国政府治理的特殊要求

除了上述政府经济治理思想的一般内容以外，中国转型期的特殊环境决定了政府经济治理思想的转变必然包含一些特殊的内容，这些特殊内容往往具有举足轻重的作用。所谓特殊治理思想就是指在中国国情的约束下，政府必须具有的经济治理思想，我们把它具体划分为以下几个方面。

第一，不断进行制度创新。经济转型过程是一个制度变迁的过程，这个过程的完成需要一系列的制度创新才能得以实现。然而，在自发性制度变迁中，制度创新者为获得全体成员的一致同意需要付出一定的组织成本。并且，成功的制度变迁很容易被他人复制和模仿，这使得诱致性制度变迁难以激励出满足社会需要的制度创新。因此，制度创新成为政府的首要任务。政府之所以能够进行制度创新主要在于政府拥有公共权力，因此能够以公共利益代表的身份来调整制度变迁中的利益冲突，促进帕累托改进的实现,最终建立符合市场经济运行的新秩序。制度创新可以从以下几个方面着手：①建立与市场经济相适应的法律体系；②建立与市场经济相适应的财产制度,保护人们的合法财产权；③在促进正式制度的发展中，引导非正式制度的良性发展。这些非正式制度包括与市场经济相适应的伦理道德、价值观念、意识形态等。

第二，建立健全社会保障体系。由于市场竞争是通过优胜劣汰来得以实现的，因此市场中必然充满风险，这固然是个人追求自身利益的成本，同时也是社会追求市场效率必须付出的代价。如果没有一种有效的机制在一定程度上规避风险，这种成本和代价就会给市场竞争的失败者和弱者的生存带来威胁，这种状况如果没有得到妥善解决,就会危及社会的稳定和经济的进一步发展。因此，社会保障制度是现代市场经济不可分割的组成部分。由于受到计划经济体制下就业和人事制度的制约,中国的社会保障体系还很不完善,迫切需要政府采取积极措施，健全社会保障体系，使社会保障纳入规范化、法治化的轨道。

第三，调节经济体制的转换秩序。在社会主义条件下建立市场经济体制需要改变传统的计划经济体制，从传统计划经济向市场经济转换是一个长期的过程，不可能在短时期内完成。在这个渐进的过程中，政府必须始终对体制转换的秩序进行控制和调节，消除对经济转型的阻碍与对抗，保证转换过程有序进行，避免出现混乱的状况，只有这样，才能尽可能降低体制转换成本，顺利完成从传统计划经济体制向市场经济体制的转型。

第四，着力培育市场，部分地替代市场。政府应破除市场发展所面临的各种障碍，创造能够促进市场发展的经济条件，切实承担起培育市场的职责。同时，在市场机制尚不能充分发挥作用的领域，必须由政府代替市场行使一部分资源配置的职能，以适应经济发展的需要。中国现阶段市场发育还不完善，如果仅仅依靠"看不见的手"来引导经济的发展，不仅力度不够，而且持续的时间较长，稳定性也较差，甚至在有的地方，市场这只手不是看不见，而是根本就没有，这就在客观上要求政府代替市场行使一部分资源配置的职能，以推动经济的发展。

第五，既要学习其他国家先进经验，又要结合本国经济实践，不断调整优化治理方式和提升治理能力。西方国家在政府治理方面虽然有一些比较成熟的经验，我们也可以借鉴其相关理论和实践来指导我国经济发展，但是资本主义国家和社会主义国家发展经济具有根本性的不同，尤其在政府对于经济治理的思想方面更是千差万别，所以在参考西方社会政府治理经验时需要非常慎重，绝不可以实行简单的拿来主义，只有真正适合我国的政策才能使我们的经济更好地发展。我国正处于改革关键期，政府必须结合过去我们的改革经验和当前经济现实调整好自身角色，制定有效且有针对性的举措来调节经济。我国政府治理的方式一直在改进，政府治理的能力也在不断提升。作为一个社会主义国家，我们发展经济和政府治理经济的思想具有自己的独特之处，一直以来我国都处于在强政府模式下，政府对于经济的管控和治理相对严格，一方面可以弥补市场的不足，另一方面也可能会因为某些地方政府追求政绩等主观原因，对市场造成错误或不当的干预，对此必须要遵循实事求是的原则去具体问题具体分析。

总之，从社会性质上看，我国始终坚持走有中国特色的社会主义道路，提升了对中国特色社会主义本质属性的认识，在党的强有力的领导下克服各种阻碍，修正和调整改革路径，保持了制度的稳定和改革的连续性；从所有制结构上看，我国采取的是渐进性的增量改革策略，在保持国有经济主导战略地位的同时逐步提高非国有经济在国民经济中所占的比重，建立了一种混合经济模式以实现所有制结构优化；从经济运行方式上看，我国在保证市场的基础性地位的同时，强调了政府在市场经济中的重要作用,建立的是一种强市场与强政府并存的模式，既克服了市场的盲目性，又避免了传统计划经济体制的弊端。由于这些因素的综合作用，我国才没有走入类似苏东国家市场社会主义改革那样的死胡同，从而在理论上和实践上印证了中国特色社会主义市场经济体制存在和发展的合理性。

当代政府经济治理思想发生了巨大变化，从计划经济下大包大揽的"无限政府"（全能政府）到社会主义市场经济下的服务型"有限政府"，从不允许市场的存在到鼓励社会主义市场经济，从政府事无巨细地管理经济到使市场在资源配置中起决定性作用，政府治理思想越来越成熟和进步，政府对于经济的调控效果也越来越好。我们一直在寻找最适宜的调节经济的方式，政府无论从思想理论上还是从改革实践上都表现出了巨大的勇气和魄力，从反腐力度到行政精简等，政府一直在进行内部的自我改革，政府一直为提升经济运行效率而努力。政府对于经济的治理也是一个不断学习和调整的过程，这个过程中可能会遇到困难，但是总体来说我国的政府治理能力在不断提升。经历了 40 多年的快速发展，我们对于解决中国经济问题取得了丰富的经验，在建设过程中，我们遇见了前所未有的问题，但都利用集体智慧一一化解了。实践证明，我们经济建设已经取得了巨大进步，经济总量已经成为全球第二，取得了举世瞩目的成绩，伴随着经济的飞跃发展，我国在世界舞台的政治地位也不断提升，文化软实力不断增强，这些成绩的取得显然跟政府经济治理思想的发展密切相关。

第七章 当代中国市场治理与国家经济治理现代化

从中国和苏联东欧国家向市场经济转型正反两方面的经验来看，任何一个国家的市场化进程都必须与本国的特殊初始条件相结合，这些初始条件包括不同的习俗、习惯、文化等非正式制度安排，它们会对转型的绩效产生深刻影响。当代中国市场治理思想的形成也经历了一个渐进发展的过程，为中国特色社会主义市场经济体制的形成奠定了思想基础。

第一节 走向市场的必然性

一、社会生产力和生产关系的矛盾运动

纵观市场的发展史，可以发现，市场的产生及其形态的演进是与生产力的发展密不可分的。在生产力极端不发达的原始社会，所有的物品都归集体所有，没有必要彼此进行交易，因此也就没有市场存在的必要。在生产力发展到一定阶段后，人类社会逐步解决了温饱问题，出现了剩余产品，这时候便有了交易的需要，简单的商品交换形式也就随之产生，但这主要是

通过物物交换的形式来实现的。随着生产力的进一步提高，剩余产品越来越多，交换的范围也开始扩大，最后发展出作为一般等价物的货币，有了一般的交易媒介，市场开始迅速发展壮大。但这只是形成了商品经济，与市场经济的产生还相差甚远。事实上，以小生产为基础的商品经济不是市场经济，只有以社会化大生产为基础，通过建立统一、完整的市场体系并实现了经济关系货币化的商品经济，才能成为市场经济。由此可见，市场经济是社会化、市场化和货币化的商品经济。而符合这些特征的、真正的市场经济需要生产力发展到一定阶段后才能出现。

波兰经济学家弗·布鲁斯（1984）认为，在社会主义生产关系内部仍然存在着一些不适应生产力发展的消极因素，如竞争消除后所产生的垄断和创新不足、生产与消费之间的紧张关系、收入分配的平均主义与劳动激励不足等。他特别强调了在生产资料社会化过程中所形成的中央集中管理与经济民主之间的矛盾，并主张通过在中央计划当局与企业之间分权的模式来克服上述矛盾。[1]

第一，从生产力系统的角度来看，计划经济体制的设置忽视了社会生产还处在传统农业经济向现代工业经济转变的发展阶段，这样就没有认清在发展生产力和奠定新社会制度物质基础方面的基本任务。

第二，从交换关系系统来看，计划经济体制的创立者否定、排斥并企图改变、超越仍然处在商品经济发展阶段（甚至还处在商品经济的初级阶段）这一基本经济现实，因而构建的计划经济体制必然是一种反市场的，且与商品经济的全部经济规律

---

① [波]弗·布鲁斯. 社会主义经济的运行问题[M]. 北京：中国社会科学出版社，1984.

和要求相悖的经济体制，这就为日后经济运行过程中出现各种弊端埋下了隐患。

第三，从所有制关系系统来看，社会主义所有制的发展程度和实现形式应该符合生产力的发展水平，符合商品经济的要求。但是，传统计划经济体制却未能符合这些基本要求：一方面，它追求单一的公有制和日益增强的公有化程度，脱离生产力的现实发展水平；另一方面，它的实现形式又完全不符合商品经济的要求，更准确地说，其实现形式是按照主观构建的直接社会化大生产基础上的计划经济的要求来设置的。因此，在传统计划经济体制的所有制关系系统中，就产生了两个非常要害的问题：其一，所有制结构不符合生产力发展的实际；其二，作为决定社会制度性质的社会主义公有制的实现形式不符合商品经济的要求。

由此看来，传统计划经济体制的制度安排发生了历史定位的失误，其核心问题是经济体制的选择违背了社会经济形态演进方面的基本规律。本来是仍然处在商品经济发展阶段，甚至是商品经济发展的低级阶段，即马克思所讲的社会经济形态发展的"三形态"中的第二形态，但是在认识上和实践中却定位于后商品经济和后市场经济形态，即所谓的"产品经济"形态。结果，一方面忽视了由传统农业经济向现代工业经济转变的问题，因为这种转变也要通过发展商品经济这一基本途径来实现；另一方面则使本来能够产生和存在的社会主义公有制失去了生长的根基，找不到它焕发生命力的合理、有效的实现形式。从经济运行的角度来看，由于在决定经济运行机制的交换关系系统上发生了历史定位的失误，这种经济体制就产生了畸形的反价值、反市场状态，再加上高度集权的产权制度，就形成了经济的非经济化问题，出现了与现代经济发展的基本趋势相违背的经济的行政化和政治化的奇特现象。由于传统计划经济体制历史定位的重大失误，导致经济运行过程中出现了一系列难以克服的矛盾。矛盾累积的结果必然是计划经济体制的解体。

中国是在制度环境基本保持稳定的前提下开始实施从计划经济向市场经济转型的。"文化大革命"结束后，如何尽快恢复"面临崩溃的边缘"的经济，是摆在人们面前的一个难题。1977—1978年经济领域拨乱反正涉及的重大问题有四个：一是纠正否定商品生产和商品交换的错误观点，重新肯定社会主义必须大力发展商品生产和商品交换，重视价值规律的作用；二是批判对所谓"资产阶级法权"和按劳分配原则的错误批判，重新强调按劳分配和物质利益原则；三是批判对"唯生产力论"的错误批判，强调生产力发展在社会主义发展中的重要地位，事实上提出了体制评价的生产力标准；四是提出按经济规律办事，提高经济管理水平。中共十一届三中全会是一个转折点，因为它以中央全会的权威形式明确指出，"实现四个现代化，要求大幅度提高生产力，也就必然要求多方面地改变同发展生产力不相适应的生产关系和上层建筑，改变一切不适应的管理方式、活动方式和思想方式，因而是一场广泛、深刻的革命。"由此迈入了我国经济转型的准备阶段。

中国政府从一开始就把改革开放作为手段，提出"三步走"的发展战略；改革绩效不以私有产权实现程度评价，而以发展绩效来体现。比如，1992年对确立社会主义市场经济体制目标的阐述是"计划经济不等于社会主义，资本主义也有计划；市场经济不等于资本主义，社会主义也有市场。计划和市场都是经济手段"。同时强调"社会主义的本质，是解放生产力，发展生产力，消灭剥削，消除两极分化，最终达到共同富裕"。邓小平将这两个方面同时提出，以告诫当政者，"就是要对大家讲这个道理"。

在市场机制的作用下，人们的个人行为也具有较强的短期化特征。这种短期化损害人的身心健康，导致自然环境和自然资源被严重破坏，资源利用效率不高，支撑经济可持续发展的基础资源不能够形成最优的生产力，引起宏观经济的供给管理失调，经济结构不合理，最终可能形成供给管理型的经济危机。市场目标短期化——以资本市场为例，市场目标的短期化有方方面面的表现，典型的如上市公司经营短期化、机构投资者投资行为短期化等。而形成这种短期化的原因也是多种多样的，政策的迅速改变和调整、市场的不确定性等，都对市场建设造成很大干扰，造成市场扑朔迷离，投机盛行，进而大大降低了市场效率。政府行为短期化——地方政府在现有的考核、激励和约束机制下，片面追求 GDP 增长，希望在任期内实现收益最大化。在一届任期内，政府有内在动机把能够使用的土地、矿产等资源尽可能地用完，无视资源利用效率，最大限度地使用基础资源；不择手段扩大投资、增加出口，很多投资是重复建设，引进项目也是低水平重复，由此造成一些行业出现严重的产能过剩。虽然结果是取得短期内的最大回报，但这种增长造成了一种表面的虚假繁荣。这种成本和收益的非对称性及政府的短期目标特征，形成了政府行为短期化的内在动机，而遗留的问题则很难根治，是宏观调控无法解决的。

没有 1978 年 5 月"实践是检验真理的唯一标准"问题大讨论，就不会有党的十一届三中全会改革开放路线的及时提出；没有邓小平 1992 年南方谈话"三个有利于"判断标准的确立，就不会有此后社会主义市场经济的大发展。现在，我们似乎面临着相同的困境，在产权制度改革问题上反反复复的背后，实际上隐藏着一个重要的理论问题：衡量社会进步的标准究竟是生产力还是所有制？实际上，马克思、恩格斯不仅明确提出生产力是唯一标准，甚至进而指出罪恶的奴隶制社会相比原始社会是历史的一大进步。邓小平南方谈话提出的"三个有利于"判断标准，实际上也明确回答了这一问题。

二、中国经济转型的"阶段性"演进特征

市场经济的发展是有规律的。转型经济作为一种由计划向市场过渡的特殊状态，具有某些纯计划经济和市场经济所没有的特殊性质。对这些特殊性质进行研究，是帮助我们认清转型经济的性质和一般规律性，进而为市场经济发展提出符合规律的建议的根本要求。转型经济中是否存在一般阶段性，如何对其进行划分是市场治理思想演进机制研究的关键问题之一。

从现有文献来看，经济转型的阶段性问题并没有引起经济学家的足够重视，针对这个问题进行研究的人很少，即使有所论述，也都是一笔带过，没有给出系统的理论分析框架。下面先简要回顾一下相关学者对这一问题的主要论述。

科勒德克（2000）认为，向市场经济转轨意味着三个并行的过程：经济自由化与保持稳定；新制度的建立；微观经济基础的建立。贝瓦莱茨则从纯经济发展的角度来划分，他认为，"在转轨的第一个阶段，处于经济衰退时期；而转轨的第二个阶段，已经克服了由转轨引起的经济衰退，经济出现温和的增长"[①]。埃利亚松（Eliasson，1998）认为，从计划向市场的转型包括三个阶段：第一个阶段是获得契约权利（非合作），第二个阶段是分散所有权（私有化），第三个阶段也是最重要的阶段，

---

① 冯肇伯. 论经济转型的三大宏观问题——中东欧国家经济转型研究[J]. 经济学家，1997（1）.

建立动态竞争的市场或开放市场允许自由进入。[①]

比较系统的论述是由冯肇伯（1997）提出的。他提出的经验论断是"第一阶段是实现狭义的转型，包括完成以下任务：宏观经济的稳定，价格自由化，开放外贸与外汇管制，开展体制的、体系的（如金融、财政体系的）和法制的改革，以适应确立一个市场经济的架构，这个架构特别要以开展私有化规划为基础。第二阶段是调整与巩固阶段。一旦新体制和体系的规章制度建立后，新创立的市场体系与机构必须开展一个调整巩固的过程。以后资源的配置、收入的再分配都以发展中的市场作为媒介，特别是劳工、货币、资本和外汇市场更是如此。第三阶段是所谓'规范化'阶段。此时转型经济已经符合规范化的欧洲市场经济的特点，以后的经济趋势和政策问题主要是由'标准的'市场经济体制和进程引发，而与原来的中央计划经济机制无关"[②]。

现有的研究主要存在两个缺陷。第一，对问题的解释过于笼统，很多问题没有给出进一步的阐释。第二，没有相应的指标体系对阶段性特征进行甄别判断，会给转型国家制定具体发展策略带来困难。当然应该看到，这一工作的难度是极其巨大的，形成一套成熟的体系还有很长一段路要走。

一些学者，诸如麦金农（McKinnon，1993）坚持认为，经济转型的过程存在一个最优顺序，按照这个顺序进行转轨，能够以最小的代价完成转型任务。但是到底按照什么样的顺序进行转型则是一个争议很大的问题。社会科学不能像自然科学那

① 冯肇伯. 论经济转型的三大宏观问题——中东欧国家经济转型研究[J]. 经济学家，1997（1）.

② 冯肇伯. 论经济转型的三大宏观问题——中东欧国家经济转型研究[J]. 经济学家，1997（1）.

样提供一个标准的初始条件和可控标准并进行可重复试验，这就决定了我们要想排除掉一些复杂干扰因素来判断何种顺序才是最优的是很困难的。正如罗兰（Roland，2000）所指出，给定关于改革顺序的重要性的讨论，我们能否给出转型经济中改革顺序的通常模式，关于这个问题的系统的经验研究还没有开始。[①]

尽管困难重重，但这并不意味着我们对这一问题束手无策，虽然各个转型国家从总体上看初始条件和转型中的内外部条件有所差别，但从转型历史进程的局部角度分析，就比较容易排除干扰。因此，我们能够找出转型经济中的共性特征，当然这一特征在不同国家的表现和表现的阶段可能有所不同。

麦金农（McKinnon，1993）虽然提出经济自由化次序这个命题，但是他所侧重探讨的主要是金融领域自由化的次序问题。由于现代虚拟经济的发展壮大，金融领域的改革是转型最重要的一步，在这个领域的次序问题对整体次序的讨论也有一定借鉴意义。针对计划到市场经济过渡国家的情况，他提出应该按以下步骤进行：第一步，平衡中央政府的融资；第二步，开放国内资本市场；第三步，贸易自由化。

萨克斯（Sachs，2000）等也认为自由化和私有化改革的顺序很重要，他们认识到激励提供和稳定性之间存在两难冲突，并利用一个蛛网模型说明了过于敏感的反馈也许不是有效率的机制。提高敏感系数（通过提高资本、商品和劳动的流动性都能做到这一点）能够使得经济系统加速向均衡收敛，但这也增加了反馈机制瘫痪的风险。道德风险与市场价格及其静态均衡水平相关，而金融市场的开放程度与反馈敏感系数和交易效率系数相关,它们的关系决定了"激励提供和稳定性的最优折中点"。韩国的例子揭示了道德风险没有降低之前放开国际资本账户的危害,可见转型存在着一个先后顺序的问题。

对于市场化转型的次序问题,斯蒂格利茨认为首先要做的就是放开价格,以建立以市场为基础的刺激。之后先进行市场改革,再进行产权改革和私有化,即强化市场竞争并对金融体制进行改革。这项改革实质上是基础更为广泛的市场改革。最后,在前两个转型步骤结束之后进行民营化改革。如果存在自发的民营化需求,那么这项改革所面对的主要问题与其说是什么时候民营化,不如说是如何民营化和谁来控制民营化。

罗兰(2002)引入事前的和事后的政治约束条件,利用改革的互补性、总和的不确定性、逆转成本等概念,分析了预期结果不同、风险不同和支持者不同三种情况下的改革顺序问题。但同时他也承认自己没有给出"通常模式"。

以上学者虽然针对市场化转型顺序提出了很多观点,但不可否认的是,其中存在一些无法忽略的问题,因为转型过程的独特性和不可重复性,我们往往无法准确地在事前对转型的最优步骤进行评估,事实上,即使是事后对转型的最优顺序进行评估也是困难的。这是因为转型经济的效果存在短期和长期的影响,一些从短期看来对转型进程具有极其强烈破坏作用的措施,从长期来看可能是对转型有利的,而一些短期看有积极作用的措施则为转型的持续埋下了隐患。正如萨克斯等所论述的,在 20 世纪 60 年代和 70 年代早期,在缺乏市场和私有产权下毛泽东的行政分权试验对于中国的经济发展是不利的。但这对中国的中央计划产生了大动摇,并为邓小平的区域分权和其他市场取向的改革扫清了道路。[①]以上简要回顾了现有文献对这一问题的研究成果，下面我们试着提出自己的分析框架。

与前文所述一些学者的研究角度不同，景维民和王永兴（2008）认为应该从几十个转型国家在转型过程中所表现出来的共性入手，找出影响市场化进程的关键因素和必然实施的步骤。经过分析，我们认为这个问题应该从以下方面来把握。[②]

第一个阶段是私有化，或者说是私有制经济成分占国民经济总体比重的上升阶段。转型国家经济转型的动力之一就是要破除旧体制的弊端。在转型前，公有制经济在国民经济中占有绝对优势，但是长期以来计划经济体制的弊端使得公有制经济总体效率极其低下，经过几十年的发展，与西方国家的差距越来越大，同时偏重重工业和资本积累的通病阻碍了人民生活水平的提高，随着矛盾的日益尖锐，改革的呼声越来越高。要想引入市场机制，提高经济的活力，无论哪个转型国家，首先要进行的就是经济所有制方面的改革，提高私有制经济在国民经济中的比重。但是也应该看到，虽然这是一个必经步骤，但每个国家进行的方式和力度是不同的。有的国家是通过逐步解放思想，研究市场经济规律，结合本国国情的特殊性来找到一条合适的提高私有经济比重的方案，对国有经济没有全面否定，而是肯定其在国计民生等重要领域的主导作用。而有的国家则采取全盘快速私有化的方式，认为私有化进行得越彻底、越快越好，没有考虑到西方几百年来的市场经济经验是否完全符合本国的要求，不加批判地继承西方发达国家的发展经验。因此，

---

① Sachs J and Yang X. Development Economics: Inframarginal versus Marginal Analyses, Cambridge, MA, Blacknell, 2000.

② 景维民，王永兴．转型经济的阶段性及其划分——一个初步的分析框架[J]．河北经贸大学学报，2008（5）．

虽然同样一开始都经历了私有化比重上升阶段，但是它们的绩效是截然不同的。

第二个阶段是价格改革阶段，这一个阶段其实是上一个阶段私有制经济从产生到发展的必然要求。我们知道，价格是市场经济中最灵敏的指示器，在计划经济条件下，商品的价格大多由国家制定，价格体系失去了应有的作用，这是与当时公有制占绝对优势的所有制条件相适应的。而在市场经济条件下，商品的买卖、供求等都是通过一套完善的价格体系来自发调节的，这与转型后私有制经济比重上升的所有制条件相适应。价格体系改革在向市场经济转轨的道路上无疑是不可或缺的重要一步。应该看到，虽然所有转型国家都必然经历这一阶段，但是它们所采取的价格改革的形式还是有所不同的。大多数国家采取的是一次性地或者在极短时间内放开几乎所有商品的价格，其后果是长期以来短缺经济下被扭曲的价格关系所隐藏的供需矛盾一下爆发出来，不可避免地发生了恶性通货膨胀，对经济造成了巨大的破坏。而中国则采取的是价格的"双轨制"，这就避免了过于激烈的价格反应，实现了价格体系的平稳过渡，解决了宏观经济的问题，为经济的转型创造了良好的条件。事实上，中国采取的"双轨制"过渡方法被很多经济学家认为是中国经济转型成功的最重要因素之一（张军，1997）。

第三个阶段是预算约束硬化阶段，这一阶段同样是上一阶段价格改革逻辑上的必然延续。预算约束是西方经济学的基本概念，指的是支出不可能超过本身的资金。科尔奈最先提出软预算约束（SBC）的概念，指的就是在社会主义国家里普遍存在的因为国家持续不断地给予国有企业补贴，使得国有企业缺乏破产机制，持续亏损却仍然能够生存的现象。他强调只有持续不断的政府救助行为才能形成软预算约束。软预算约束带来的最严重问题是限制了市场机制创造性破坏作用的发挥，缺乏一个有力的激励和约束机制，向市场经济的成功转型根本无从谈起。相对应的概念则是硬预算约束（HBC），也就是国家不再给予企业持续不断的补贴，让市场机制真正发挥优胜劣汰的作用。对预算约束情况的考察可以从政府的财政补贴情况、税收减免、银行信贷约束和商业信用等方面进行。这实际上是一个用普遍的契约范式代替计划范式的过程。

第四个阶段是完整的市场体系建立的阶段，这一阶段标志着市场化转型的完成。在原有计划经济体制消失，市场开始在资源配置中发挥基础作用的时候，最重要的任务就是健全市场配套体制。任何一个成熟的市场经济体系都是建立在一系列配套的规章制度的基础上的，体现在政治体系、法律体系、社会精神文明（或文化）的建设等方面。这里要强调的一点是，西方几百年的市场经济的发展证明，市场经济的形式是多种多样的，如美国的自由市场经济、瑞典的福利市场经济、日本的法人资本市场经济、德国的社会市场经济等。因此，我们对萨克斯等人的观点不能认同，我们认为不能以宪政改革完成作为转型结束的标志，应该承认转型形式的多样性。

对市场化进程中存在的阶段性特征进行研究的目的并不只是纯理论意义上的探索，而是充分考虑到了认清转型经济的阶段性的确具有非常重要的理论和应用价值。首先，从现实意义上看，如果我们有了对转型经济阶段性的正确认识，就能清楚地认识到我们目前的发展处在哪一个阶段，我们将来会向哪一个方向迈进。这能帮助我们有一个明确的时间上的概念，这样各种发展计划就能按部就班、有条不紊地制定，避免在一些方面犯"左"或"右"的错误，准确把握历史的脉搏，少走弯路；其次，从理论意义上看，对转型经济阶段性的正确认识是对既往转型经济理论的一个重要突破，它能够填补转型经济研究中的一些空白，是对转型理论的进一步完善和发展。

第二节　市场治理思想的确立

当代中国市场治理思想的确立，是和改革开放相伴随的一个思想解放过程，表现为思想领域的进步、融合和创新。当代中国思想的开放和引进并不是对外来思想不加辨别地吸收，而是一种扬弃的过程，在这一过程中认识水平不断提高，认识成果日益丰富，进而指导实践。

一、市场治理思想确立的时代背景

从国际历史背景来看，任何大规模的社会制度变迁都不是孤立发生的，全球化发展使得世界不同经济体之间的联系在一定程度上超越了民族、社会性质等的界限而变得日益紧密。无论是苏共二十大在社会主义世界乃至其对立阵营掀起的滔天巨浪，还是苏联最终解体所引致的多米诺骨牌效应，都昭示了当今时代的改革具有一种独特的"联动"效应。因此，研究我国改革开放的历史就必须把它放在一个国际性的宏大视角下进行系统考察。

事实上，世界范围内社会主义国家的改革序幕远在我国改革开放正式启动以前就已拉开，对传统计划经济体制弊端的讨论及改革的呼声从未停止。根据法国著名学者夏旺斯的观点，传统社会主义国家共经历了三次改革浪潮：第一次改革浪潮发生在 1950—1960 年，这次改革浪潮发端于南斯拉夫，浪潮的核

心是反思斯大林模式的弊端，并开始尝试改革本国的计划经济
体制。第二次改革浪潮发生在 1960—1970 年，苏联和东欧的许
多国家都参与其中，但一些国家的改革发生了部分退却（如波
兰）或受到了遏制（如捷克斯洛伐克），而另一些国家的改革则
坚持了下来（如匈牙利 1968 年的"新经济体制"）。在经历了
20 世纪 70 年代勃列日涅夫的保守主义所造成的改革低潮后，
20 世纪 80 年代掀起了第三次改革浪潮，波兰、匈牙利和苏联
（戈尔巴乔夫执政后）采取了更为激进的政治经济改革，中国
也从 1978 年开始进入了改革开放新时代。[①]

　　从国内历史背景来看，与其他社会主义国家的改革浪潮相
呼应，我国也一直在认真思索如何进行社会主义建设的问题。
与波兰和匈牙利相似，中国的经济改革发端于 20 世纪 50 年代
中后期。随着 1953 年"过渡时期总路线"的提出，我国迅速开
始从新民主主义向社会主义过渡，原本计划 15 年左右完成的
社会主义改造仅用了三年就宣告完成，随后我国形成了"一大
二公"的所有制结构，全面建立起集中计划经济体制。

　　计划经济体制在建立的同时其弊端就立即显现出来，一些
经济学家对此提出了尖锐的批评。例如，孙冶方就提出应提高
利润指标在计划经济管理体制中的地位，并设计了一个类似波
兰布鲁斯的体现分权思想的市场社会主义模式。顾准更是直接
指出问题的根源在于废除了市场制度，进而要求让市场在资源
配置中起基础作用。当时主持经济工作的陈云对于计划经济体
制的弊端也做出了积极的回应并进行了相应调整。在此背景下，
毛泽东在 1956 年发表了《论十大关系》，这实际上宣告了我国
对市场社会主义长达半个世纪的探索正式开始。在这篇文章里，

---

① ［法］贝尔纳·夏旺斯. 东方的经济改革：从 50 年代到 90 年代[M]. 北京：社会科
学文献出版社，1999：8，9.

毛泽东全面论述了我国政治经济建设中存在的各种问题，其对轻重工业比例关系、中央地方关系等的认识在现在看来是很具有前瞻性的，其中蕴涵了市场社会主义改革的思想。他明确提出中央应该下放更多权力给地方，以调动地方和部门的积极性，这实际上是用市场手段减弱中央统配，由部门间的准市场互利关系来促进经济增长。①但在实践过程中，这些思想并未得到有效执行。

二、西学东渐：理论和思想的引入

1978 年是我国市场社会主义改革的重要分界线，在此之前，虽然毛泽东、邓小平、刘少奇和陈云等领导人都不同程度地萌发了要改进计划和运用市场机制的思想，但这些思想只是在极其有限的时间和空间范围内得到了执行，因此总体上这一阶段对市场社会主义的探索只是初步的，没有跳出苏东国家经济改革模式的"改革上限"。1978 年以后，我国的市场社会主义改革进入加速发展阶段。一方面，由于"文化大革命"对经济生活的严重破坏，人民对经济发展的诉求日益高涨，为加速市场社会主义改革提供了社会基础；另一方面，通过解放思想，我们对计划与市场之间的关系有了深刻的认识，从制度环境上为突破原有的桎梏做了充分准备。在这一经济转型的"准备"阶段，我国的改革并非如一些学者所论断的那样是一种缺乏理论指导的实践，事实上，我国改革开放过程中的理论引进与实践发展是交互进行的。在 20 世纪 70 年代末，尽管我国的领导人及很多学者对进行经济领域改革的必要性与紧迫性已经达成共识，但由于长期封闭，我国在经济理论方面的进展是有限的。

---

① Jack Gray. Mao in Perspective. The China Quarterly, 2006.(187): 660-679.

此外，在当时的条件下，我国的理论界和决策层还不可能跳出"计划"的整体框架，只能寻求在计划框架内增强市场的作用，在这种条件制约下，我国的领导人和学者首先想到的是从苏东国家的改革中汲取经验，我国改革早期的思想和理论引进过程可以通过以下几种方式简单地勾画出来。

（一）邀请东欧学者进行学术交流

我国早期的理论引进多以邀请东欧的著名改革理论学者来华讲学或讲座的形式进行，当时在我国产生较大影响的学者是波兰经济学家弗·布鲁斯和捷克经济学家奥塔·锡克。他们的很多观点对我国的理论界乃至决策层都产生了潜在的重要影响。

（1）弗·布鲁斯来华讲学。波兰经济学家布鲁斯是东欧市场社会主义理论的代表性人物之一，与兰格和卡莱斯基齐名，曾亲自参与起草了 1956 年的波兰改革方案，是一位既有理论又有实践经验的学者。他的主要思想最早是被时任中国社会科学院经济所副所长的刘国光引进的，而另一位所长董辅礽则于1979 年底正式邀请布鲁斯来华讲学，这可以视作我国改革开放后思想引进的开端，影响了一大批致力于推动我国改革理论发展的中坚力量，具有非常重要的意义。布鲁斯认为，在社会主义生产关系内部仍然存在着一些不适应生产力发展的消极因素，如竞争消除后所产生的垄断和创新不足；生产与消费之间的紧张关系；收入分配的平均主义与劳动激励不足等。他特别强调了在生产资料社会化过程中所形成的中央集中管理与经济民主之间的矛盾，并主张通过在中央计划当局与企业之间分权的模式来克服上述矛盾（在宏观决策层面集中，在家庭和企业层面分散)。①布鲁斯当时总体上还倾向于认为市场是完成计划的一种工具，并不主张完全市场化的改革，同时他还强调整体改革的必要性，反对零敲碎打地进行单项改革。布鲁斯长期流亡英国并任教于牛津大学，因此也把一些现代经济学的概念介绍到了中国。譬如，布鲁斯在讲学期间介绍了买方市场和卖方市场的概念，提出了买方市场在转型时期的重要性，这一概念和理论一直被中国经济工作者沿用到 20 世纪 80 年代中期。②布鲁斯以流亡者的身份受到了当时国务院副总理薄一波的接见，这在当时的政治环境下传递了非同寻常的信息，其主要论点随后被赵人伟整理并报送到中央主要机构及各学术单位，产生了重要的影响。

（2）奥塔·锡克的中国之行。由于布鲁斯的讲学取得了很好的效果，时任中国社会科学院经济所副所长的刘国光决定再邀请捷克斯洛伐克经济学家奥塔·锡克来华讲学。锡克同样是一位有实践经验的经济理论家，并且也是一位流亡者。与布鲁斯相比，他提出的改革设想曾在捷克得到过更广泛的执行。锡克认为，中央计划经济体制的弊端首先在于国家很难获得企业的全面而可靠的信息，因此也就不可能制订出在充分利用生产要素的条件下满足人民消费需要的最佳生产计划；而在排斥市场机制的条件下，计划机制又不可能提供足够的激励机制，从而导致了经济的低效率。③锡克反对斯大林主义中类似社会均一化和普遍利益至上的教条，他指出了社会主义社会中个人和集体利益存在的多样性和潜在分歧，认为应该建立一种协调机

---

① ［波］弗·布鲁斯. 社会主义经济的运行问题［M］. 北京：中国社会科学出版社，1984：56.

② 林重庚. 中国改革开放过程中的对外思想开放［J］. 比较，2008（38）.

③ ［捷］奥塔·锡克. 经济体制——比较、理论、批评［M］. 北京：商务印书馆，1993：89-96.

制以满足"普遍的社会利益"，而计划与市场两种机制正是在这样一种目标下结合在一起的。锡克主张的改革方案的特殊性在于把政治民主化进程与经济改革进程相结合，这一结合在某种程度上超越了当时改革的"上限"，最终导致"布拉格之春"被苏联直接扼杀。由于锡克具有更丰富的指导社会主义经济建设的经验，当时中央政府更加重视他的到访，吴敬琏负责全程陪同，其间还安排了与马洪、薛暮桥等多位国内著名经济学家的座谈活动。在来访期间，锡克向中国政府和学者传递了价格改革的思想，提出中国的价格改革可以效仿捷克以前的做法，采取"先调后放"的手段，利用投入产出表来计算价格。锡克的思想产生了巨大的影响,正如吴敬琏所评论的那样，"这使中国经济学家开始接触到一些真正改革实务层面的东西了"[①]，在锡克离开中国后，国务院仍继续与他保持联系，锡克还介绍了两位专家帮助我国培训物价改革人才。

（二）邀请国外学者参与重要会议的讨论

布鲁斯和锡克的中国之行为进一步从国外引进先进思想提供了良好的开端，以此为契机，吴敬琏和刘国光等学者开始寻求进一步促进此类交流活动的方式，召开有国外学者参加的国际会议被提上日程。在中国改革开放初期的历史上，从思想引进的角度看，有两次会议起到了非比寻常的作用，后来被学者们津津乐道，这就是分别于 1982 年和 1985 年举行的"莫干山会议"和"巴山轮会议"。

（1）莫干山会议。1982 年 7 月，国家经济体制改革委员会（简称"体改委"）以中国物价学会的名义在浙江莫干山召开

---

① 柳红. 崭新的起跑线（《吴敬琏》连载六）[N]. 人民网，2003-07-15.

了苏联东欧经济体制改革座谈会。这次会议被一些学者称为莫干山会议。[①]会议邀请了以布鲁斯为首的来自波兰、捷克斯洛伐克、苏联、匈牙利和世界银行的众多知名经济学家，他们与以薛暮桥、廖季立和刘卓甫为首的中方经济学家进行了广泛而深刻的讨论。

在这次会议中，布鲁斯等专家深入批判了计划经济体制的弊端，并提出了相应的解决方法，即借用高速计算机等高科技手段来进行价格调整。这次会议可以视作中国本土学者对苏东改革理论在中国的适用性提出质疑和思索的开端，我国学者及中央领导人对靠计算机这种工具解决经济问题的可行性非常怀疑，在当时的背景下能够做出这样的判断体现了中国改革前辈们的睿智。在这次思想的交锋中，中国的改革家最终说服了来自东欧的专家。通过讨论，这些专家们开始认识到中国与东欧的国情存在很大的差别，即"中国经济体制实行基本消费品严格配给制，人才流动受到很大限制，经济生活全面由国家掌控，这是一种极端的'指令性经济'。在东欧，市场机制比较发达，企业和家庭消费层次有更大的自主权，具有较成熟的信息和管理系统"[②]。从实践上看，即使在东欧这种条件下，改革的结果仍然是失败的，所以继续沿用其改革理论是否必要值得深思。根据林重庚先生的记述及世界银行年底发布的"比照东欧经验的中国经济改革"报告，这次会议最终取得了一致的意见。在莫干山会议中，东欧专家全部赞同"一揽子"改革方案，但在会后对中国几个城市进行实地考察后，他们普遍认识到了我国

---

① 这次会议与 1984 年同样在浙江莫干山召开的著名会议同名，二者的区别在于此次会议是以国际交流为主，而后者则是我国青年一代经济学者开始崭露头角的舞台。

② 林重庚. 中国改革开放过程中的对外思想开放[J]. 比较，2008（38）.

的区域差距，对我国的国情有了更深刻的理解，于是纷纷转而支持中国的改革要分步进行的观点，最终来自不同国家的专家取得了共识。会后，薛暮桥、刘卓甫、廖季立撰写了《关于布鲁斯为首的经济体制考察团来访情况的报告》并上报国家领导层，此报告得到了薄一波、万里等国家领导人的充分肯定，并指示应对照研究，对我国的改革产生了重要的影响。

（2）巴山轮会议。莫干山会议使中国学者认识到东欧改革理论的局限，如何突破"苏东"模式的限制，寻找一条有中国特色的社会主义市场经济道路成为理论界和政界思考的核心问题，于是更广泛深入地听取其他国家学者的意见被提上日程。事实上，巴山轮会议的召开还有其特殊的实践背景。1984年第四季度，我国出现信贷失控、投资和消费迅速扩张、物价急剧上涨的现象。面对这种现象，我国理论界缺乏相应的准备，也基本没有公认的理论工具进行解释，迫切需要引入外部理论进行支持。1985年初，廖季立与林重庚协商传达了国家体改委的意见，建议世界银行组织一次国际会议，围绕国家如何管理市场经济、从计划向市场转轨的相关问题、整合计划与市场的国际经验三个方面进行讨论。同年9月，会议在重庆一艘名为"巴山"的轮船上召开，因此这次会议又被称为"巴山轮会议"（正式名称是"宏观经济管理国际研讨会"）。这次会议邀请了包括诺贝尔经济学奖得主托宾在内的数十位国内外顶尖经济学家参加，这些学者来自中、英、美、德、波、匈等多个国家，这在当时无论从规模和影响上都是空前的。与其他会议尤为不同的是，这次会议是问题导向型和需求驱动型的。

在巴山轮会议上，尽管这些国外学者来自不同国家，各自属于不同理论流派，但他们在中国宏观经济过热的问题上却达成了惊人的共识，并一致认为应该实行财政政策和货币政策

"双紧缩"的政策（托宾教授提出收入政策也应紧缩）。在转型方式问题上，与会国外专家多认为应该采取"一揽子"改革方式，并且应该以价格改革为核心。根据张军的论述，他们的意见对我国 1988 年 6 月初中央政治局会议形成的价格-工资改革的"闯关"决定产生了较大的影响。这次会议最终使得我国的政府及学者对市场经济条件下的宏观经济治理的目标、原则和具体措施路径有了更清晰的了解，使得宏观经济政策的制定有了初步的理论依据。时任国家体改委秘书长的洪虎评价说："这是我国举行的第一次真正意义上的国际会议，很多基本观点都是那次会议提出来的。后来的很多研讨会和这些年来所走的路，只是那些基本观点的一些阐述或者是具体化。"①这次会议在思想的传播上起到的作用尤为深远，参与这次会议的我国中青年一代学者如吴敬琏、赵人伟、张卓元、项怀诚、洪虎、楼继伟、郭树清、高尚全等都在以后的改革开放的理论和实践发展中发挥了重要的作用。

（三）引进学术著作

学术著作是思想的载体，与讲座的形式相比，它能够起到更广泛、更深入地传播思想的作用。在改革开放初期，我国在思想领域逐步放开，引进了一批国外经典的理论著作，其中东欧改革家的学术著作在当时备受推崇。这些学术著作包括锡克的《经济-利益-政治》《社会主义的计划和市场》和《第三条道路》，布鲁斯的《社会主义经济与政治》和《社会主义经济的运行问题》，科尔奈的《短缺经济学》和《增长、短缺与效率》等。在改革开放早期引进的诸多学术著作当中，最具影响力的当属

---

① 吴光祥. 巴山轮会议："中国转弯处的脑力激荡"[J]. 党史纵横，2008（11）.

科尔奈教授所著的《短缺经济学》，这是一部揭示社会主义计划经济运行特征的理论著作，其深刻地影响了我国改革开放后的整整一代经济学家，"短缺""软预算约束""父爱主义"等名词风靡一时，其中一些名词时至今日仍然是很多学者研究的对象。

科尔奈是哈佛大学教授和匈牙利布达佩斯大学高级研究所高级研究员，他的主要贡献包括：第一，认识到了短缺是计划经济中普遍和长期存在的现象，无论是生产者还是消费者都能感受到。区分了纵向、横向、内部和社会生产能力四种短缺，认为摩擦和吸纳是短缺的直接原因，软预算约束是根本原因。第二，提出了软预算约束和父爱主义等创造性的概念，在传统体制下企业的预算具有可伸缩性，根源在于政府与企业之间的"父子"关系，国家同时对企业加以控制和保护，企业不承担风险。这种现象对企业行为的影响是使其具有天然的投资扩张冲动，创造出无限的生产资料需求，进而是消费资料需求。此时对企业的约束已经不再是我们熟知的需求约束，而是变成了"资源约束"，最终造成了普遍短缺。第三，把短缺条件下企业的行为具体归纳为强制调节、数量冲动、囤积倾向、扩张冲动与投资饥渴等几个方面，其中企业的扩张冲动与投资饥渴又使得短缺不断地被再生产，资源不断地被错误地配置。第四，认为短缺具有连锁效应，一个企业或部门的短缺往往会导致一系列部门的短缺，进而影响到整个经济，因此短缺条件下的社会主义计划经济具有明显的非均衡性和不稳定性。该书在我国出版后盛况空前，有媒体报道称在书店中《短缺经济学》出现了真正的"短缺"，一时间重现了洛阳纸贵的盛况。

除了东欧学者的著作以外，我国在同时期还引进了一些欧美学者的经典著作，如 1982 年我国翻译出版了萨缪尔森的《经济学》，这些著作的出版对于我国学者进一步解放思想、吸收西方经济理论为我所用具有重要意义。

回顾这一段改革开放的历史进程，我们不难发现，思想领域的解放、融合和自我创新在其中发挥的重要作用。思想的开放和引进并不是不加辨别地吸收，而是一种扬弃的过程，在这一过程中要不断地提高原有的认识高度，进而指导实践的进程。从思想解放的角度回顾改革，其意义不仅在于解释过去，更重要的在于可预见将来，在思想领域上继续保持这种求实精神是推动经济转型继续前进的必然要求。

第三节 市场主客体的治理思想

理论和实践都证明，市场配置资源是最有效率的形式。在中国从计划经济向市场经济转型的过程中，从根本上改变计划配置资源的方式，促进市场发育、规范市场秩序是市场治理的目标和任务。市场治理思想的演进具体包括市场"主体"治理思想和市场"客体"治理思想两个方面。

一、国有经济的治理思想

改革开放之前，在高度集中的计划经济体制之下，国营经济是国有经济部门的主要载体。作为执行政府计划任务指令的一个生产单位，国营经济是政府部门的附属物，不具有自主经营权，一切活动都要靠政府的行政指令和调拨。早在改革开放前就有学者提出采取"放权让利"的方式对国有经济进行改革的观点。例如，高尚全早在1956年就提出企业自主权过小，主管政府单位行使权过多。①孙冶方也提出，经济管理中的"大权"属于扩大再生产范围，应掌握在国家（中央和省）手里，"小权"属于简单再生产范围内的事，应由企业自己管理，国家过多地干涉就会管死。②在此期间，我国也多次进行过尝试，以中央向地方"下放"行政权的方式对国营经济进行改革，但最终未取得理想效果。

　　1978年，党的十一届三中全会指出，我国经济管理体制存在的一个缺点，就是权力过于集中。并在此基础上提出，应该将权力大胆下放，让地方和工农业企业在国家统一计划的指导下有更多的经营管理自主权。同时，应该着手大力精简各级经济行政机构，把它们的大部分职权转交给企业性的专业公司或联合公司。党的十二届三中全会通过的《中共中央关于经济体制改革的决定》明确指出，社会主义经济是公有制基础上的有计划的商品经济。③在十三大报告中明确提出，国家对企业的管理应该逐渐转变为间接管理为主，国家调节市场，市场引导企业的管理方式。实行所有权与经营权的分离，将企业经营权交给企业自己，使企业提高生产效率，促进经济快速发展。④

　　开展国营企业"放权让利"改革又可以具体划分为以下三个阶段：1978—1984年的"扩大自主权"阶段、1984—1989年的"推行经营承包"阶段，以及 1989—1992 年的"转换企业经营机制"阶段。同时，在不同时期出台的文件都体现了国有

---

　　① 高尚全. 企业要有一定的自主权[N]. 人民日报，1956-12-06（2）.

　　② 杨荣俊. 孙冶方同志关于国家和企业权限划分的基本观点及其重要意义[J]. 赣江经济，1984（2）.

　　③ 十二届三中全会. 中共中央关于经济体制改革的决定. 中国共产党历届全国代表大会数据库[1984-10].

　　④ 沿着有中国特色的社会主义道路前进. 中国共产党历届全国代表大会数据库[1987-10].

企业"放权让利"的思想。改革开放初期，经过国务院的批准，四川省的几个国有企业率先实行了放宽国有企业自主权的政策。1979 年，四川省经历了成功的"放权让利"试点，将试点企业扩大到了 100 家工业企业。同年 7 月，国务院颁布了《关于扩大国营工业企业经营管理自主权的若干规定》等五份有关国有企业扩权的文件，明确了企业作为相对独立的商品生产者和经营者应该具有的经营权和相应的利润所得，并且在全国 26 个省级区域 1590 家企业进行了试点运行。1984 年，颁布了《国务院关于进一步扩大国营工业企业自主权的暂行规定》，从生产经营计划、产品销售、价格制定、物质选购、生产处置、资金使用、机构设置等十个方面对放宽企业约束进行了规定，从而更有利在全国范围内对国营企业进行扩大自主权和放权让利。

在经历了一系列"放权让利"改革之后，国有经济较改革开放之初的经营情况有所改善。1993 年，八届全国人大一次会议通过的《中华人民共和国宪法修正案》正式将"国营经济"修改为"国有经济"，将"国营企业"修改为"国有企业"。这一修改体现了全民所有制经济的所有权与经营权的区别，为我国国有企业改革的发展提供了法律依据。

中共十四大正式将建立社会主义市场经济体制作为经济体制改革的目标，国有经济的新一轮改革随之到来。十四届三中全会通过的《中共中央关于建立社会主义市场经济体制若干问题的决定》中明确提出，"我国国有企业改革的方向是建立产权清晰、权责明确、政企分开、管理科学的现代企业制度。"①党的十五大报告再次强调，建立现代企业制度是国有企业改革的方向，要按照"产权清晰、权责明确、政企分开、管理科学"

---

① 十四届三中全会. 关于建立社会主义市场经济体制若干问题的决定. 中国共产党历届全国代表大会数据库[1993-11].

的要求，对国有大中型企业实行规范的公司制改革，使企业成为适应市场化的竞争主体。国家按照投入企业的资本额享有所有者权益，对企业的债务承担有限责任；企业依法自主经营、自负盈亏。政府不能直接干预企业经营活动，企业也不能不受所有者约束，损害所有者权益。因此，要采取多种方式，包括直接融资，充实企业资本；培育和发展多元化投资主体，推动政企分开和企业转换经营机制。并且明确提出，深化国有企业改革，是全党重要而艰巨的任务，力争到 20 世纪末大多数国有大中型骨干企业初步建立现代企业制度，经营状况明显改善，开创国有企业改革和发展的新局面。实行投资主体多元化，重要的企业由国家控股。①

以 2003 年国务院国有资产委员会（国资委）成立为标志，国有经济治理思想的发展开始围绕国有企业和国有经济改革中更具体的问题而展开，其中包括混合所有制改革。十七大报告提出，"要完善基本经济制度，健全现代市场体系，深化国有企业公司制和股份制改革，健全现代企业制度，优化国有经济布局和结构，增强国有经济的活力、控制力和影响力；在国有经济定位方面，围绕如何推进国有资本进一步集中于关乎国家安全、国民经济命脉等重要的战略性领域进行改革；在国有资产管理体制方面，深入探析了现阶段国有企业管理格局的问题，以及在国资委管人、管事和管资产相统一的新国资监管体制下，如何实现国资委有效监管国有资产与充分发挥企业经济性相结合。"②这一时期经济改革的主要任务是由国资委负责监督管

---

① 江泽民．高举邓小平理论伟大旗帜，把建设中国特色社会主义事业全面推向二十一世纪．中国共产党历届全国代表大会数据库[1997-09]．

② 胡锦涛．高举中国特色社会主义伟大旗帜，为夺取全面建设小康社会新胜利而奋斗．中国共产党历届全国代表大会数据库[2007-10]．

理国有企业，解决国有经济管理部门较多、机构复杂及监管效率低下的问题，以实现国有资产的保值增值。

党的十八届三中全会提出，"公有制为主体、多种所有制经济共同发展的基本经济制度，是中国特色社会主义制度的重要支柱，也是社会主义市场经济体制的根基。""国有资本、集体资本、非公有资本等交叉持股、相互融合的混合所有制经济，是基本经济制度的重要实现形式，有利于国有资本放大功能、保值增值、提高竞争力，有利于各种所有制资本取长补短、相互促进、共同发展。"与此同时，"完善国有资产管理体制，以管资本为主加强国有资产监管，改革国有资本授权经营体制，组建若干国有资本运营公司，支持有条件的国有企业改组为国有资本投资公司。"要继续推动国有企业现代企业制度的完善，"国有企业总体上已经同市场经济相融合，必须适应市场化、国际化新形势，以规范经营决策、资产保值增值、公平参与竞争、提高企业效率、增强企业活力、承担社会责任为重点，进一步深化国有企业改革。" 要"准确界定不同国有企业功能。国有资本加大对公益性企业的投入，在提供公共服务方面做出更大贡献。国有资本继续控股经营的自然垄断行业，实行以政企分开、政资分开、特许经营、政府监管为主要内容的改革，根据不同行业特点实行网运分开、放开竞争性业务，推进公共资源配置市场化。进一步破除各种形式的行政垄断"[①]。自此，国有经济的治理进入了一个新的时期，即"分类改革"时期。其基本思路为结合国有经济战略性重组，赋予国有企业具体的使命，基于不同使命的国有企业的产业定位和战略，相应地选择不同的公司治理模式和监管方式。

---

① 胡锦涛. 坚定不移沿着中国特色社会主义道路前进，为全面建成小康社会而奋斗. 中国共产党历届全国代表大会数据库[2012-11].

2015 年 12 月 7 日，国务院国有资产监督管理委员会、财政部、国家发展和改革委员会联合印发了《关于国有企业功能界定与分类的指导意见》①，根据国有企业的功能对其进行定位和分类。国有企业功能界定与分类是新形势下深化国有企业改革的重要内容，对推动完善国有企业法人治理结构、优化国有资产布局、加强国有资产监管具有重要意义。出台的文件从划分类别、分类施策、组织实施三个方面进行规定。在划分类别中，依据国有资本的战略定位和发展目标，结合不同国有企业在经济社会发展中的作用、现状和需要，根据主营业务和核心业务范围，将国有企业界定为商业类和公益类两种。其中，商业类国有企业以增强国有经济活力、放大国有资本功能、实现国有资产保值增值为主要目标，按照市场化要求实行商业化运作，依法独立自主开展生产经营活动；其主业是关系国家安全、关系国民经济命脉的重要行业和关键领域，主要承担重大专项任务的商业类国有企业，以保障国家安全和国民经济运行作为目标，重点发展前瞻性战略性产业，实现经济效益、社会效益和安全效益的有机统一。公益类的国有企业是以保障民生、服务社会、提供公共产品和服务为主要目标的。

针对两类不同功能的国有企业，文件又从分类推进改革、分类促进发展、分类实施监管和分类定则考核四个方面进行分类施策。对商业类国有企业而言，要优化资源配置，加大重组整合力度和研发投入，加快科技和管理创新步伐，持续推动转型升级，培育一批具有创新能力和国际竞争力的国有骨干企业。对公益类国有企业而言，要根据承担的任务和社会发展要求，加大国有资本投入，提高公共服务的质量和效率。严格限定主

---

① 国资委，财政部，发展改革委. 关于国有企业功能界定与分类的指导意见. http://www.gov.cn/xinwen/2015-12/29/content_5029253.htm[2015-11].

业范围，加强主业管理，重点在提供公共产品和服务方面做出更大贡献。在实施监管方面，对商业类国有企业，要坚持以管资本为主加强国有资产监管，重点管好国有资本布局、提高国有资本回报、规范国有资本运作、维护国有资本安全。建立健全监督体制机制，依法依规实施信息公开，严格责任追究，在改革发展中防止国有资产流失。对于公益类国有企业而言，要把提供的公共产品、公共服务的质量和效率作为重要监管内容，加大信息公开力度，接受社会监督。在考核标准方面，对商业类国有企业，要根据企业功能定位、发展目标和责任使命，兼顾行业特点和企业经营性质，明确不同企业的经济效益和社会效益指标要求，制定差异化考核标准，建立年度考核和任期考核相结合、结果考核与过程评价相统一、考核结果与奖惩措施相挂钩的考核制度。对公益类国有企业，重点考核成本控制、产品质量、服务水平、营运效率和保障能力，根据企业不同特点有区别地考核经营业绩和国有资产保值增值情况，考核中要引入社会评价。

　　这一时期我国对国有企业功能界定与分类的组织实施工作也提出了明确的要求。首先，要依据"谁出资谁分类"原则，应由履行出资人职责的机构负责制订分类方案，具体程序为各级政府履行出资人职责机构负责制订所出资企业的功能界定与分类方案，报本级人民政府批准；履行出资人职责机构直接监管的企业根据需要对所出资企业进行功能界定和分类。其次，企业的功能不是一成不变的，应该根据经济社会发展和国家战略的需要，结合企业不同发展阶段承担的任务和发挥的作用，在保持相对稳定的基础上，适时对企业功能定位和类别进行动态调整。最后，考虑到全国各地国有资本状况存在较大差异，《关于国有企业功能界定与分类的指导意见》也给地方操作留出了空间。各地要结合实际，合理界定本地国有企业功能类别，实施分类改革、发展和监管。

二、非国有经济的治理思想

非国有经济主要包括个体经济、私营经济、集体经济和外资经济。在改革开放初期，虽然存在着对非国有经济的种种顾虑和争论，但是为了解决温饱问题和恢复生产力，对非国有经济的发展所持的基本观点是"补充论"。党的十一届三中全会提出，"社员自留地、家庭副业和集市贸易是社会主义经济的必要补充部分，任何人不得乱加干涉。"1979 年 9 月，叶剑英在国庆讲话中首次提出，"个体经济是社会主义公有制经济的附属和补充。"在 1980 年 8 月，《中共中央关于转发全国劳动就业会议文件的通知》中关于就业问题，提出在国营企业、集体企业及合作社之外，要鼓励扶持城镇个体经济发展的解决措施，这也是首个中央文件对个体经济发展的路径规划。1981 年，党的十一届六中全会通过了《关于建国以来党的若干历史问题的决议》这一重要文件，文件提出，"一定范围的劳动者个体经济是公有制经济必要的补充……这是我党的一项战略决策，绝不是一种权宜之计"①。这一提法明确将非国有经济列为未来国民经济发展的重要组成部分。并且，在十二大报告中再次提出，"个体经济是公有制经济的必要的、有益的补充。"②

私营经济是一种生产资料属于私人所有、存在雇佣劳动和剥削关系的私有制经济成分，包含私人独资、合伙企业和有限

---

① 十一届六中全会. 关于建国以来党的若干历史问题的决议. 中国共产党历届全国代表大会数据库[1981-11].

② 胡耀邦. 全面开创社会主义现代化建设的新局面. 中国共产党历届全国代表大会数据库[1982-09].

责任公司等形式。1984 年，党的十二届三中全会审议通过《中共中央关于经济体制改革的决定》，其中明确提出，"在个体经济地位的基础上提出发展多种经济形式和经营方式，并鼓励私营企业可以通过'转租、包干'等方式参与小型国有企业改革，加速了个体经济的发展"。同时，也支持小型国有企业可以转租或承包给个人。①1987 年，党的十三大提出，要"以公有制为主体，发展多种所有制经济""允许私营经济的存在和发展"②。这充分肯定了非国有企业的"补充"地位。1988 年，我国进一步将私营经济这一概念写入宪法，并且颁布了《中华人民共和国私营企业暂行条例》，使非国有企业的发展形式趋于规范。

1997 年，中共十五大报告明确提出，"非公有制经济是我国社会主义市场经济的重要组成部分，对个体、私营等非公有制经济要继续鼓励、引导，使之健康发展"，将"公有制为主体，多种所有制经济共同发展"上升到国家基本经济制度的层面，标志着非公有制经济作为社会主义初级阶段基本经济制度的有机组成部分，将非公有制经济的发展推向了一个全新的时期。报告还在理论上创新了对公有制经济主体地位和国有经济主导作用的认识，指出在坚持公有制为主体和国有经济主导作用的前提下，国有经济比重的减少不会影响我国的社会主义性质。③2001 年，江泽民总书记在庆祝中国共产党成立八十周年大会上发表讲话，进一步明确指出，私营企业主是我国改革开

① 十二届三中全会. 中共中央关于经济体制改革的决定. 中国共产党历届全国代表大会数据库［1984-10］.

② 沿着中国特色的社会主义道路前进. 中国共产党历届全国代表大会数据库［1987-10］.

③ 江泽民. 高举邓小平理论伟大旗帜，把建设有中国特色社会主义事业全面推向二十一世纪. 中国共产党历届全国代表大会数据库［1997-09］.

放以来出现的新的社会阶层之一。

党的十六大报告首次提出坚持和完善基本经济制度原则，提出两个"毫不动摇"，即"必须毫不动摇地巩固和发展公有制经济，必须毫不动摇地鼓励、支持和引导非公有制经济发展"①。这一论断在上一阶段"非公有制经济是重要组成部分"的基础上又前进了一步，将公有制经济和非公有制经济相提并论，二者处于同等地位，并且在随后的宪法修正案中，增加了"国家鼓励、支持和引导非公有制经济的发展"和"公民合法的私有财产不受侵犯"的新规定。2007年，党的十七大在继续坚持"两个毫不动摇"的基础上，强调"坚持平等保护物权，形成各种所有制经济平等竞争、相互促进新格局"。

党的十八大报告继续强调"两个毫不动摇"的论述，十八届三中全会通过的《中共中央关于全面深化改革若干重大问题的决定》也强调了"公有制经济与非公有制经济都是我国经济社会发展的重要基础"。

2016年，习近平总书记提出的"三个没有变"的重要论述，即"非公有制经济在我国经济社会发展中的地位和作用没有变，我们鼓励、支持、引导非公有制经济发展的方针政策没有变，我们致力于为非公有制经济发展营造良好环境和提供更多机会的方针政策没有变"，这一论述是习近平新时代中国特色社会主义经济思想的重要组成部分。这一论述再一次强调了非公有制经济是公有制经济所不能替代的，并且非公有制经济在中国经济发展进程中扮演着重要的角色。2017年，党的十九大报告提出，要"全面实施市场准入负面清单制度，清理废除妨碍统一市场和公平竞争的各种规定和做法，支持民营企业发

---

① 江泽民. 全面建设小康社会，开创中国特色社会主义事业新局面. 中国共产党历届全国代表大会数据库[2002-11].

展,激发各类市场主体活力"①,这是对非国有企业重要地位的
再一次强调。2018 年 11 月 1 日,习近平总书记在主持召开民
营企业座谈会时再次强调"三个没有变"的重要观点,即"在
全面建成小康社会、全面建设社会主义现代化国家的新征程中,
我国私营企业只能扩大、不能弱化,而且要走向更加广阔的舞
台",这为私营企业的发展提供了政策保障。

在非国有经济中,集体经济作为中国社会主义基本经济制
度的重要经济基础之一,其建立和发展在不同时期有不同的存
在形式。集体企业又称为集体所有制企业,指生产资料和产品
由社会主义劳动群众集体占有的企业。它是通过对个体经济进
行社会主义改造而产生的,或者是由劳动群众根据自愿、互利
原则联合组成的。大体分为两类:一是城镇集体企业,包括区
办、县办、街道办的集体企业,以及劳动者集资合伙办的集体
企业等;二是乡镇集体企业,包括乡村企业(过去的社队企业)
和农村合作企业(农民或农户联合举办的小型企业)。集体经济
对于提供基础保障、满足人民生活需要和就业问题有重要的作
用。但随着改革开放的深入,集体经济在国民经济中的总体地
位趋于下降。

外资经济也是非国有经济的一种形式。改革开放初期,我
国将外资限定在一定的区域范围内,经济特区和沿海开放城市
的实验特点把利用外资与区域型的开放试点政策有效地结合在
一起,也为对外开放、吸引外资和区域经济发展的相互融合开
辟了新的道路。这一时期,外商投资企业对中国产业结构升级
带动作用并不强,地域分布也不均衡,外资来源结构对个别国
家的依赖性极强,外资的技术外溢作用不明显。此时,外商投

---

① 习近平. 决胜全面建成小康社会 夺取新时代中国特色社会主义伟大胜利——
在中国共产党第十九次全国代表大会上的报告[M]. 北京:人民出版社,2017.

资的特点与中国外资的法律法规和政策环境、引资目的、国内市场机制发挥作用的程度和政府干预的方式方法有关。

从 20 世纪 90 年代初开始到 2001 年中国加入世界贸易组织，外商投资进入快速发展时期，其产业结构、市场分布、外资来源结构等都发生了不同于上一阶段的显著变化，外资政策也不断调整和完善，外资企业所面临的国内市场环境得到了显著改善。在这一时期，外资企业相关的政策增多。1995 年制定的《指导外商投资方向暂行规定》和《外商投资产业指导目录》，第一次以法规形式公布吸收外商投资的产业政策，并且将外商投资企业划分为鼓励、允许、限制和禁止四大类，使外商投资更加符合国家的产业发展方向，奠定了指导外商进行产业投资的制度规范。1999 年，中国出台了《关于当前进一步鼓励外商投资意见的通知》，这是国内资本市场融资的政策逐渐放开的标志。之后的《关于外商投资股份公司有关问题的通知》《关于上市公司涉及外商投资有关问题的若干意见》等都对外商投资的融资办法进行了规定。

加入世界贸易组织之后，外资企业也进入了一个崭新的发展阶段，引资的质量和规模都到达了一个新的高度。外商直接投资开始在国内区域间转移，一方面表现在高端产业投入与回报在有效克服运输成本条件之下，可以与内陆地区的劳动力和技术人员优势相结合，另一方面表现为沿海地区劳动力成本上升和政府区域发展政策的出台与地区经济发展同步。2002 年以来，外资企业在我国第三产业的投资增长迅速，投资地域分布呈现集中化趋势，外商进入方式中并购的方式增长迅速，在不同国家和地区外商投资企业市场分布差异较大。外商投资对调整出口结构和推动产业升级的作用不断增强，外资结构也发生了巨大变化。在国内经济高速增长和内需增加的刺激下，进入中国的外资企业的市场战略发生转变。这一时期引进外资由优惠政策向公平政策转变,政策调整使国内市场向外资更加开放,在引进外资的区域政策、进入的产业等方面进行调整,逐渐向有利于实现新阶段中国经济社会发展战略目标的方向转变。

改革开放 40 年来,外资经济对中国科技水平的提高、经济管理模式的改善、中国经济的飞速增长起到了巨大的推动作用。鉴于此,习近平主席向世界承诺:"中国利用外资的政策不会变,对外商投资企业合法权益的保障不会变,为各国企业在华投资兴业提供更好服务的方向也不会变。"①这三个"不会变",表明中国利用外资不会停止,更不会走回头路。中国将加强同国际经贸规则对接,增强透明度,强化产权保护,坚持依法办事,鼓励竞争、反对垄断,为外商提供更为广阔、公平的营商环境。

三、混合所有制经济的治理思想

混合所有制经济要求国有资本、集体资本、非公有资本等交叉持股、相互融合。党的十八届三中全会指出,混合所有制经济是基本经济制度的重要实现形式。混合所有制经济有利于国有资本放大功能、保值增值、提高竞争力,有利于各种所有制资本取长补短、相互促进、共同发展。允许更多国有经济和其他所有制经济发展成为混合所有制经济。

改革开放初期,我国经济思想尚处于新旧思想的过渡期,混合所有制经济的企业治理思想的雏形已经破土而出,但理论上还仅仅停留在财产混合的层面,还未从真正意义上提出现代产权制度改革。直到 1984 年,随着东部沿海地区开放,国有企

---

① 习近平. 习近平出席博鳌亚洲论坛 2018 年年会开幕式并发表主旨演讲[N]. 人民日报,2018-04-11.

业和集体企业逐渐开始和外资企业合作，从而形成了最早期的"混合所有制经济"的雏形。与此同时，1992年邓小平南方谈话之后，中央开始提出了经济改革目标，即从政策层面提出了要建设社会主义市场经济体制。基于这一经济体制，十四届三中全会上首次提出"财产混合所有单位"。但是，这并不是真正意义上的混合所有制经济。因此，这一时期可视为混合所有制经济的"雏形"。

从1996年开始，国有企业亏损面从不足10%上涨到20%以上，资产负债率则达到80%以上。发展到1998年，国有及国有控股工业企业当年利息支出接近利润总额的3倍。[①]在这一严峻形势下，国有企业开始探索如何建立现代企业制度，即按照"抓小放大"原则不断优化国有经济的发展布局，开始建立股份制改革试点。其中，一些大型国有企业通过联合及兼并组建成了企业集团，这一时期已经开始逐步建立了现代企业制度。一些中小型的国有企业通过承包及租赁经营的方式，逐渐改制为非公有制企业或者混合所有制企业。此外，以东部沿海地区为混合所有制经济的试点，率先发展了以股份制为核心的产权制度改革。与此同时，政府也第一次提出"混合所有制经济"概念及"股份制"的思想。中国共产党第十五次代表大会提出，"公有制经济还包括混合所有制经济中的国有成分和集体成分。"十五届四中全会提出，"国有资本通过股份制可以吸引和组织更多的社会资本。国有大中型企业宜于实行股份制，要通过规范上市、中外合资和企业互相参股等形式，改为股份制企业，发展混合所有制经济。"[②]总之，这一时期通过股份制改

---

① 刘泉红，王丹. 我国混合所有制经济的发展历程与展望[J]. 经济纵横，2018（12）.

② 十五届四中全会. 开创国有企业改革和发展的新局面. 中国共产党历届全国代表大会数据[1999-09].

革试点和东南沿海产权改革的试验，股份制改造已经开始逐步推进，完成了混合所有制经济发展的前期准备工作，相应的政策文件中也将其视为激发微观主体活力和经济体制动力的重要抓手。

党的十六届三中全会明确将混合所有制经济纳入市场化改革进程中，即"坚持公有制的主体地位，发挥国有经济的主导作用。积极推行公有制的多种有效实现形式，加快调整国有经济布局和结构。要适应经济市场化不断发展的趋势，进一步增强公有制经济的活力，大力发展国有资本、集体资本和非公有制资本等参股的混合所有制经济，实现投资主体多元化，使股份制成为公有制的主要实现形式。需要由国有资本控股的企业，应区别不同情况实行绝对控股或相对控股。完善国有资本有进有退、合理流动的机制，进一步推动国有资本更多地投向关系国家安全和国民经济命脉的重要行业和关键领域，增强国有经济的控制力。其他行业和领域的国有企业，通过资产重组和结构调整，在市场公平竞争中优胜劣汰。发展具有国际竞争力的大公司大企业集团。继续放开搞活国有中小企业。以明晰产权为重点深化集体企业改革，发展多种形式的集体经济"①。以上是十六届三中全会通过的《中共中央关于完善社会主义市场经济体制若干问题的决定》中有关混合所有制的内容，这一文件明确提出了混合所有制经济的具体含义以及国有和非国有部分在不同行业中的占比问题，为混合所有制企业的发展奠定了理论基础。

与此同时，在实践层面，国有经济的战略性调整及改组已经取得了较大的进展。但是与市场经济要求相比，国有资产管

---

① 十六届三中全会. 中共中央关于完善社会主义市场经济体制若干问题的决定. 中国共产党历届全国代表大会数据库[2003-10].

理体制依然存在问题，国有股权仍然太大，国有经济运营效率仍然较低。这一时期仍然是国有企业混合所有制改革的逐渐推进和中间过渡时期，股份制改造仍须向纵深推进，使混合所有制发展进入快车道。混合所有制的基础逐步夯实，为混合所有制经济发展奠定基础。

党的十八届三中全会将发展混合所有制经济提升到基本经济制度重要实现形式，认为混合所有制经济是经济制度理论的重要突破。党的十九大进一步提出国有企业改革的目标，即"深化国有企业改革，发展混合所有制经济，培育具有全球竞争力的世界一流企业"，即通过混合所有制的形式实现国有企业的发展改革。

十八届三中全会以来，经济体制改革成为全面深化改革的核心，这一时期明确了市场在资源配置中的决定性作用，以及如何更好地发挥政府作用，并对混合所有制改革的进一步深化做出重要的战略部署。随后，为了推动混合所有制经济发展，政府又出台了一系列文件鼓励发展非公有资本控股的混合所有制企业，进一步明确了混合所有制经济的发展方向和路径，注重实现各种所有制经济成分的公平竞争和融合创新，使各种所有制资本取长补短、相互促进、共同发展。从实践层面看，混合所有制改革是以完善企业产权结构、现代企业制度和激励机制等为主要内容的改革。这一时期的混合所有制改革已经进入深化阶段。混合所有制经济改革试点工作全面推开，从中央到地方层层推进，为释放国有经济活力和拓展民营经济空间做出了重要贡献。另一方面，在实践探索中不断完善国有企业改革的目标及路径选择，以完成国有企业深化改革的使命，进而促进经济稳定向好增长。

纵观改革开放以来的国有企业混合所有制改革，从宏观层面看，混合所有制指以公有制为主体、多种所有制经济共同发展的经济制度。从微观层面看，混合所有制经济发展模式意味着政企关系已经从单纯的单个企业与政府的关系逐步深化为国有企业内部制度和整个国有经济的功能定位。深入研究混合所有制理论及社会主义市场经济的性质和实现形式对于理解混合所有制经济具有重要的意义。在深入研究现代公司理论，对公司制的各种形式即股份有限公司、有限责任公司等制度进行详细研究的基础之上，确认股份制是公有制的主要实现形式。因此，国有企业应该积极推进股份制公司改革，实现国有企业混合所有制改革。

经过四十年的探索，混合所有制经济企业治理思想不断进步，完善混合所有制经济已经纳入中央改革的顶层设计，从"公有制的有效实现形式"提升到"基本经济制度的重要实现形式"的崭新高度。混合所有制经济从广度和深度上不断发展，成为推动企业改革的重要实现形式。与此同时，混合所有制的经济实现形式同样促进了现代化治理机制及激励机制的完善，对于提升大中型国有企业的核心竞争力具有十分重要的意义。混合所有制改革不仅实现了市场化经营，还激发了微观主体的活力。混合所有制经济不但健全了社会主义市场经济体制，还加快了经济发展方式的转变，实现了国有企业与民营企业之间更有效率的融合，最终加快了经济结构转型升级，为健全现代市场体系奠定了坚实的微观基础。

四、市场体系的培育

培育和发展市场体系是推进经济市场化的重要任务。从党的十四届三中全会提出培育和发展市场体系，到党的十八届三中全会进一步指出建设统一开放、竞争有序的市场体系是使市场在资源配置中起决定性作用的基础，我国对市场体系的培育和发展经历了以下四个阶段。

第一个阶段大致为 1978—1992 年。在这一阶段，改革首先从农村这一体制外、垄断租金较少的领域入手，主要体现为家庭联产承包责任制的试验和推广。伴随着农村改革成效的显现，政府将改革逐步引入城市。个体经济、私营部门有所发展，成为改善市场供应状况、搞活经济、促进增长的重要民间力量。国有企业也迈开改革步伐，国企改革从改革初期的放权让利、承包制，逐步推进到确立了以"产权清晰、权责明确、政企分开、管理科学"为标志的现代企业制度。与微观经济部门改革相伴随的是价格、金融、财税、外贸等宏观领域改革的相继展开（各种形式的"双轨制"改革试验），改革逐步由体制外到体制内、由增量到存量全面、纵深推进。

第二个阶段大致从 1992 年邓小平同志南方谈话开始到 20 世纪末，以邓小平南方谈话和党的十四大的召开为标志。党的十四大将建立社会主义市场经济体制作为经济体制改革的目标，而后党的十四届三中全会通过了《中共中央关于建立社会主义市场经济体制若干问题的决议》，确立了中国所要建立的社会主义市场经济体制基本框架的内容，从而成为经济体制改革的指导纲领。这一框架的主要内容包括：改革国有企业经营机制，建立现代企业制度；培育和发展包括产品市场和要素市场在内的完整的市场体系；转变政府职能，健全宏观调控体系建设；构建合理的收入分配制度和社会保障制度；深化农村经济体制改革；推进对外经济体制改革，扩大对外开放等。①从此，中国的经济体制改革进入整体改革与重点突破相结合、增量改

---

① 吴敬琏. 当代中国经济改革[M]. 上海：上海远东出版社，2004：76-77.

革与存量改革齐头并进的阶段。市场体系、宏观调控体系、国有企业、分配与社会保障制度，以及政府管理体制等多领域的改革也开始相互配套、协同演进。

第三个阶段大致从世纪之交开始至党的十八大之前。世纪之交，中国已经初步建立起社会主义市场经济体制的基本框架，支持市场经济运行的政治、经济与社会基础也得以初步确立。2003 年 10 月，中共十六届三中全会通过了《中共中央关于完善社会主义市场经济体制若干问题的决定》。该决定不仅明确宣告中国已经初步形成了社会主义市场经济，而且提出了进一步完善社会主义市场经济体制的目标与任务。其后召开的中共十六届五中全会通过了《中共中央关于制定国民经济和社会发展第十一个五年计划的建议》，该建议进一步强调了要坚持以科学发展观统领中国社会经济发展的全局，从而不断完善社会主义市场经济体制。[①]中共十七大对我国市场体系的建设成绩提出了肯定，指出这一阶段我国的"市场体系不断健全，宏观调控继续改善，政府职能加快转变"，并提出了"要完善社会主义市场经济体制，推进各方面体制改革创新，加快重要领域和关键环节改革步伐，全面提高开放水平，着力构建充满活力、富有效率、更加开放、有利于科学发展的体制机制，为发展中国特色社会主义提供强大动力和体制保障"。

第四个阶段是党的十八大至今。党的十八大进一步提出了"健全现代市场体系，加快改革财税体制，深化金融体制改革"的新要求，明确提出"更大程度更广范围发挥市场在资源配置中的基础性作用"。相应的，中国的制度改革和社会经济发展呈现出许多新的特点。例如，经济结构从生产主导型经济向流

---

① 张宇. 中国的转型模式：反思与创新[M]. 北京：经济科学出版社，2006：103-104.

通主导型经济转变,从资源约束型经济向需求约束型经济转变,从短缺经济向低层次过剩经济转变;社会结构和组织出现分化和多样化特征,整个社会经济体制由行政审批经济向法治经济和自主经济转变;国内经济的平衡发展与对外开放的不断深入推进相互协调等。①通过全面而深入的制度创新和发展模式转变,中国将跨越转型深化与完善的"临界点",建立起更加完善和更加定型的社会主义市场经济体制。

十八届三中全会明确指出,"建设统一开放、竞争有序的市场体系,是使市场在资源配置中起决定性作用的基础。必须加快形成企业自主经营、公平竞争,消费者自由选择、自主消费,商品和要素自由流动、平等交换的现代市场体系,着力清除市场壁垒,提高资源配置效率和公平性。"2018 年底召开的中央经济工作会议进一步指出,"我国经济运行主要矛盾仍然是供给侧结构性的,必须坚持以供给侧结构性改革为主线不动摇,更多采取改革的办法,更多运用市场化、法治法手段,在'巩固、增强、提升、畅通'八个字上下功夫。"②这说明市场经济在资源配置中的决定性作用必须通过供给侧结构性改革推进。供给侧结构性改革分为要素端和生产端两部分。要素端的改革包括土地、劳动力、技术等生产要素的优化配置及政府治理能力的提高。在这方面需要以市场为抓手,更好地促进资源的优化配置,让生产要素向边际收益最高、边际成本最低的地方流动,提高经济运行效率。

从土地市场的改革来看,家庭联产承包责任制的实行和推广拉开了我国经济体制改革的序幕。随着生产力的提高,农业

---

① 国家发改委宏观经济研究院课题组. 中国加速转型期的若干发展问题研究（上）[J]. 经济研究参考, 2004（16）.

② 人民网. http://theory.people.com.cn/n1/2019/0214/c40531-30670467.html.

的规模化、机械化、集约化生产成为未来的发展方向，这就要求完善土地流转制度，实现土地使用权的集中，同时需要完善产权保护制度和足够的信息予以支持。为了满足普通农民实现土地流转后自身收益最大化的需求，土地的使用者必须提高土地使用效率，选择最适合培育、未来收益最高的农产品进行培养。这种方式既能够提高农民收入，又促进了农业生产与农村经济发展。当然，土地改革不可走向另一个极端，不宜完全依靠市场，因为工业用地和建设用地的价值产出必然高于农业用地，土地市场全面开放将导致农业用地大幅减少，威胁我国农业安全。我国人口众多，粮食需求量大，不可单纯依靠国外进口。因此，土地制度改革应该有效把握"度"的问题，将政府和市场相结合，通过市场传递成本、价格、利润等信息，通过政府规范土地市场，真正做到在改革的过程中以市场为抓手。

从劳动力要素市场的改革来看，包括数量和质量两个方面。劳动力的数量方面，随着农业生产力的提高，越来越多的农村剩余劳动力涌入城市，因此需要放宽劳动力跨区域流动限制，允许劳动力依照市场规律自由流动，实现资源最优配置。政府的不合理干预既会导致高素质人才的浪费，也会使低技能劳动力无法胜任岗位，造成社会福利损失。针对劳动力错配的问题，需要实行劳动力质量方面的改革。而如何传递企业对劳动力技能的需求信息，则需要以市场为抓手，引导农村剩余人口与城镇新增人口获得市场所需要的劳动技能，更好地实现劳动力的供需匹配。

第四节　当代中国市场治理的基本要求

企业是市场经济最重要的微观主体，企业治理是整个治理体系的重要一环，具有基础性作用。没有完善的企业治理，也就不可能有完善的市场治理，政府治理也无法落到实处。新时代对企业治理提出了更高的要求，只有提高标准、严格要求才能进一步提高企业治理的效能，助力中国向第二个百年奋斗目标稳步前进。我们认为，为使企业发展符合新时代的要求，必须全方位立体地坚定信念，多渠道多举措协同推进企业治理思想的进步。

一、推动国有经济做强做优做大

十八届三中全会为新时期国有企业改革指明了新的方向，描绘出了完整、详细的蓝图。2015 年 9 月，《中共中央、国务院关于深化国有企业改革的指导意见》及相应配套"1+N"文件又为进一步深化国有企业改革奠定了政策基础，国企改革下一步的关键是基于指导思想、改革蓝图和政策体系进行实质性的推进。但是在实施过程中，仍然存在一些亟待解决的问题。一是国企改革的目标有待进一步明确。虽然十八届三中全会已经明确了国企改革的目标，但是现阶段又有一些反复，因此需要明确更进一步的改革目标。国有企业作为"全民"企业，改革目标应该既包括把国有企业做强做优做大，同时也应为整体经济创造公平竞争的环境。只有深化国有企业改革的目标，进行国有经济战略性调整，才可以为整体经济创造公平竞争的环

境。二是国有改革的路径有待进一步"上下结合"。十八届三
中全会已经明确了国有企业改革的整个框架和目标，但在实行
的两年多，上下结合的力度有待进一步提高。国企改革上下结
合应该做到上面有框架，下面有试点。试点的前提是允许企业
大胆地进行探索，设立容错机制。三是国企改革的动力机制有
待进一步平衡。在国有企业层面，对员工的激励机制还有待进
一步完善，在激励和约束并不对称时，改革很难推行。四是国
企改革的试点有待进一步系统化，央企层面推行"十项改革"
试点，但是每一家企业都只是进行单项试点，缺乏系统性。而
国有企业推行改革，应该进行综合性、系统性的改革。五是继
续深化对国有企业监督机制的完善。制度不仅是为了规范企业
运行，同时也是国有企业更好运行、创造更多收益的必要因素。
因此，要继续深化国有企业改革，应该注意以下的问题。

第一，继续深化国有企业分类改革思路。十八届三中全会
提出了"国有企业分类改革"的治理思想，若不对国有企业进
行分类改革,将成为制约进一步深化国有企业改革的关键障碍。
因此，当下应该继续深化国有企业分类改革的企业治理思想。
一方面，在实践层面，如果国有企业存在功能定位不清，面临
着营利性和公益性的"使命冲突"，那么不仅会造成企业无所
适从、经营管理行为扭曲，而且无论国有企业经营效益如何都
会面对来自社会的指责。从理论层面看，国有企业分类改革，
需要具体明确国有企业在我国社会主义市场中的基本定位和作
用。作为国有企业改革的前提条件，只有对国有企业进行功能
定位和分类治理，才能从根本上推进十八届三中全会提出的各
项改革任务。根据中央关于国有企业改革指导意见，国有企业
可以分为公益类和商业类两类。其中，商业类又分为主业处于
充分竞争行业和领域的商业类，以及主业处于关系国家安全和

国民经济命脉的重要行业和关键领域、主要承担重大专项任务的带有自然垄断性质的商业类。不同类型的国有企业治理机制不同、混合所有制结构的国有持股比例要求不同。对于三类不同的国有企业，要推进国有资本战略性调整来实现企业功能定位和分类，具体需要通过建立以管资本为主的管理体制。利用国有资本投资公司和国有资本运营公司两个平台，实现国有资本合理流动，以保障国有企业动态地实现其功能定位。在具体监管过程中，要针对不同类型企业建立不同的治理机制，在战略规划制定、经营业绩考核、资本运作模式选择、人员选聘制度等方面建立不同监督管理机制，从而实施更加精准有效的分类监管。因此，深化国有企业改革，必须对不同的国有企业进行功能定位和类型确定。

第二，坚持国有企业治理整体协同推进。在新时期，深化国有企业改革是一项复杂的系统工程，实质推进过程中一定要注意各项任务与政策的协同性。其中，国有企业功能定位、国有经济战略性重组、推进混合所有制改革和建立以管资本为主的国有资本管理体制，以及进一步完善现代企业制度，这些改革任务都不是割裂的，在具体推进过程中应注意它们之间的系统性、整体性及协同性。其中，构建以管资本为主的管理体制，需要注意与国有经济战略性重组、深化垄断行业国有企业改革相协调。以管资本为主加强国资监管，最为关键的改革任务是改组、组建国有资本投资和运营公司。这需要通过行政性重组和依托资本市场的兼并重组相结合的手段，将分散于各个行业、各个企业的国有资产的产权归为这些国有资本投资、运营公司持有，这也是一个国有资本布局战略性调整的过程。改组、组建国有资本投资和运营公司需要与国有企业兼并重组协同推进。一方面，企业重组是通过股权运作、价值管理、有序进退等方式，促进资本合理流动、实现保值增值；另一方面，可以通过开展投资融资、产业培育和资本整合等方式，推动产业集聚和转型升级，优化资本布局结构，同时这也是改组、组建国有资本投资、运营公司的目的所在。不仅如此，在组建国有资本运营、投资公司过程中，应考虑到建立有效市场结构的需要，还应注意改革政策与竞争政策的协同。国有企业兼并重组和国有资本布局调整要有利于形成兼具规模经济和竞争效率的市场结构，有利于化解当前产能过剩的问题。因此，要构建整体协同推进的国有企业治理思想。

第三，推动国有企业改革重点领域的突破。在整体协同推进国有企业改革过程中，有两个领域的国有企业改革的突破是至关重要的。一是煤炭、钢铁等产能过剩行业的国有企业改革，二是石油、电信、电力、民航、铁路等具有自然垄断性质的行业的国有企业改革。这两类行业不仅仅是当前国有企业改革的重点，针对这两类行业推进国有企业改革对营造公平的竞争环境、支持新常态下我国经济发展具有重大意义。对第一类行业进行改革，需要化解产能过剩、处置"僵尸企业"和国有经济在这些行业的逐步退出等难点和重点问题，这些问题同时也是供给侧结构性改革的关键任务，对于国有经济整体布局的优化和整体经济结构的转型升级具有重大意义。第二类行业具有垄断性质，并不是指整个行业都是自然垄断性的，而是指这些行业对非国有企业是开放的，也涉及这些行业国有企业战略重组和混合所有制改革，旨在形成自然垄断性行业的主业突出、网络开放、竞争有效的经营格局。并且，这类行业大多是基础性行业，对整体经济效率影响巨大。这类行业的改革对于市场经济公平竞争环境的形成，以及下游产业的成本降低、实体经济的发展等具有决定性的影响。因此，对这两类行业进行改革，是新时期国有企业改革的重点。

第四，推进国有企业监督管理制度创新。我国国有企业是全体人民共同的财富，保障国有资产安全、防止国有资产流失，是全面建成小康社会、实现全体人民共同富裕的必然要求。进入中国特色社会主义新时代，我国社会主要矛盾已经转化为"人民日益增长的美好生活需要和不平衡不充分的发展之间的矛盾"，这对国有企业监督制度的创新提出了新的要求。当前，国有企业改革进入"深水区"，这就要求国有企业监督制度的改革与创新同步推进。

新时代对国有企业监督制度的创新有以下几点要求。首先，要继续坚持党的领导和建设中国特色现代国有企业制度相结合。我国国有企业具有特殊的产权性质及领导结构，植根于中国特色社会主义市场经济，在实施监督制度改革的同时又需要关注政治适当性。中国共产党在国有企业改革中扮演了指导者、决策者和监督者的角色，并且在国有企业中发挥了政治核心与领导核心作用。应把"坚持党对国有企业的领导和坚持建立现代企业制度作为国有企业的改革方向"的两个"一以贯之"的指导思想，贯穿于国有企业监督制度体系创新中，构建符合中国特色的现代国有企业监督制度。其次，要坚持增强国有企业活力和强化监督制度创新相结合。国有企业监督制度创新应能兼顾国有企业经营效率与监督效果，既不影响国有企业活力的提升，又能保证对国有企业的控制力。目前，虽然初步形成了现代国有企业监督制度，但如何平衡国有企业经营效率与监督效果仍须进一步探索。因此，在新时代，通过混合所有制的改革进一步释放国有企业的活力，同时强化国有企业的控制力和监督力是国有企业制度创新的根本要求。最后，坚持国有企业内部监督和外部监督之间的有效结合。在新时代国有企业监督制度的创新中，需要进一步协调好内部监督与外部监督之间的关系，对国有企业形成内外部结合、纵横交错的监督系统，形成各司其职、协调运转、有效制衡的国有企业监督制度。

第五，深化国有企业的混合所有制改革。在宏观层面，依然要坚持以公有制为主体、多种所有制经济共同发展的基本经济制度。在微观层面，混合所有制企业是现在及未来国有企业的基本组织形式。要完善现代经济体系和产权制度，创建公平的市场竞争环境，使市场在资源配置中起决定性作用。同时，也要强化国有企业激励机制，引入非公有制企业竞争，提高国有经济效率，做强做优做大国有经济，更好地发挥国有经济对经济协调和稳定作用。支持和鼓励非国有经济发展，发挥非国有经济效率和创新的相对优势；同时大力发展国有经济与私营、外资等经济相互融合的混合所有制经济，促进国有资本和民间资本的有效融合，以混合所有制改革推动中国经济高质量增长。

二、继续鼓励支持非国有经济发展

改革开放四十年来，中央坚持解放思想，推动理论不断创新。实践证明，不断突破思想桎梏、提高对非国有企业的全面科学认识，是推动我国非国有企业实现跨越式发展的先决条件。坚持市场化改革方向，尊重市场经济发展规律是非国有企业得以不断发展的必要条件。市场化改革与非国有企业发展是一种双向作用、相互促进的关系。与此同时，出台的有关非国有企业的政策文件也为非国有企业的发展"保驾护航"，更好地促进经济体系的完整性。改革开放四十年来，非国有企业坚持不断扩大对外开放，主动融入全球经济，这也是非国有企业取得巨大成就的原因。我国加入世界贸易组织后，非国有企业"走出去"的步伐不断加快，通过承接全球化的生产，我国成为"世界工厂"，外贸的发展也进一步提升了非公有制企业的国际竞争力。非国有企业具有特殊的地位、性质和作用，在改革全局中占据着极其重要的地位。这就要求我们在永不止步的改革进程中，将非国有企业的发展放在全面深化改革的核心位置。非国有企业根据全面深化改革的任务部署、市场经济发展的客观规律，以及现代企业发展的自我动能，在未来还要不断进行转型和升级。

第一，继续鼓励非国有企业参与混改。党的十八届三中全会将混合所有制经济作为我国基本经济制度的重要实现形式，并放宽了发展混合所有制经济的限制。在混合所有制经济体制之下，国有资本、集体资本和非国有资本的交叉持股和深度融合，能够有效发挥两种不同所有制企业的各自优势，从而推动市场经济发展。对于非国有企业来说，能够借助国有企业提高在上市筹资、拓展市场、银行贷款等方面的便利性；对于国有企业来说，民营企业的加入能够有效降低经营成本、盘活资本存量、提高资源配置效率、强化国有企业的市场属性。对于整体经济发展来说，混合所有制经济对于解放和发展生产力、营造公平竞争的市场环境、加快经济结构转型升级等具有重要意义。

第二，引导非国有企业健全企业制度。十四届三中全会通过的《中共中央关于建立社会主义市场经济体制若干问题的决定》提出了转换国有企业经营机制、建立现代企业制度的任务。但是在实践过程中却相对落后，在我国各类企业中一直未能得以有效实现。国有企业虽然经历股份制改造，实现了投资主体的多元化，但现代企业制度框架下的法人治理结构一直未能得以完善，与现代企业制度相去甚远。同时，在非国有企业方面，虽然私营企业在市场经济发展的推动下，最终以公司制形式取代了曾经大量存在的独资企业与合伙制企业，但很多企业仍旧依靠不规范的管理方式进行经营。现代企业制度的建立是完善非国有企业管理制度建立的法宝。组建混合所有制企业对参股的非国有企业在现代企业制度方面有着严格的规定，无论是出于宏观经济发展的被动要求，还是出于非公有制企业发展的内在选择，完善现代企业制度都将成为下一步非国有企业改革的重点，能够实现经营管理模式由家族化管理向中、高层团队化管理的转变，使非国有企业真正成长为"产权清晰、权责明确、政企分开、管理科学"的现代企业。

第三，加强非国有企业的国际竞争力。随着非国有企业规模的不断扩大，高素质的民营企业家的规模也在不断壮大。党的十九大报告提出要"激发和保护企业家精神"，未来我国将通过政策环境、市场环境等方面为企业家成长创造有利的条件，进而促进非国有企业实力的不断壮大。非国有企业在优秀企业家的带领下，将进一步开拓海外市场、提高市场海外份额，在未来我国企业"走出去"的过程中扮演越来越重要的角色，最终使非国有企业走向世界。

三、科学评价市场化水平

卢中原、胡鞍钢（1993）是国内较早对中国的市场化进程进行定量研究的学者。①他们认为，在从计划经济向市场经济转型过程中，制度变量对经济发展的成功可能具有日益重要的意义。因此他们用由若干代表市场因素的指数加权构建综合市场化指数，作为制度变量的指标，运用统计检验和计算机仿真模型来分析市场化改革对物价上涨、经济增长和经济波动的影响程度，以及市场化改革与经济稳定发展间存在何种关系。用市

---

① 卢中原,胡鞍钢.市场化改革对我国经济运行的影响[J]. 经济研究,1993(12).

场化指数度量我国经济运行机制的市场化程度是该研究的主要特色，他们选择了投资市场化、价格市场化、生产市场化和商业市场化四个单项的市场化指数，并进行加权，结果显示，中国的市场化指数从 1979 年的 24.91% 增长到 1992 年的 63.23%。正如他们在文章中所说，其真正用意在于尝试一种定量地反映中国经济转型过程中市场化程度的计算方法，而并不打算在不完全信息条件下去计算一个十分准确的市场化指数。

　　而江晓薇、宋红旭（1995）的研究则更加丰富和完善，他们试图建立一套综合反映市场经济度的指标体系，对我国的市场经济进行量化，并与西方国家市场经济进行比较。[①]他们认为，现代市场经济涵盖两个概念：市场的开放和政府宏观调控。因此，他们选择了以下指标：（1）企业自主度（企业十四项自主权），包括生产经营权、产品劳务定价权、产品销售权、物资采购权、进口权、投资决策权、税后利润支配权、资产处置权、联营兼并权、劳动用工权、人事管理权、工资奖金分配权、内部机构设置权、拒绝摊派权。（2）市场国内开发度，包括农业生产、工业生产、物资流通、商业流通、价格调节、投资管理。（3）市场对外开放度，包括进口依存度、非关税壁垒、直接投资实际额。（4）宏观调控度，包括赋税负担、政府补贴、贸易管理、社会消费、信贷管理。通过对这四项指标在国民经济总量中所占份额的测算和度量，得出我国 1995 年的市场经济度为 37%。

　　国家计委市场与价格研究所课题组（1996）所定义的"市场化"，是指资源配置方式由政府行政分配向市场调节的转化，具体来说，就是取消或放松国家对商品和生产要素供求数量及

---

　　① 江晓薇，宋红旭. 中国市场经济度的探索[J]. 管理世界，1995（6）.

价格的管制。[①]他们认为，应当采取加权平均的方法来判断整体性市场化程度，具体包括：（1）对生产环节和流通环节进行综合考察来确定商品市场化程度；（2）对劳动力和资金进行综合考察来确定生产要素市场化程度；（3）对商品和生产要素进行综合考察来确定经济总体市场化程度。他们由此得出结论，1996年我国商品市场化程度为80%，生产要素市场化程度为50%，两者的平均数即我国经济总体市场化程度约为65%。因此，从资源配置方式上看，我国已接近准市场经济国家。

从 1995 年起，中国人民大学教授顾海兵就一直对中国经济市场化程度进行跟踪研究。[②]综合这些研究我们可以看到，顾海兵首先对市场化的各个阶段给予了界定：市场化在 0%～15%为非市场经济；市场化在 15%～35%为弱市场经济；市场化在 35%～55%为转轨中市场经济；市场化在 55%～65%为发展中市场经济；市场化在 65%～75%为相对成熟市场经济；市场化在 75%以上为发达市场经济或成熟市场经济。然后顾海兵对劳动力、资产、生产、价格的市场化程度进行研究：（1）劳动力的市场化程度，包括农村劳动力市场、城镇劳动力市场、城乡分割的户口管理体制及城乡的户口封闭体制；（2）资金的市场化程度，包括资金市场的主体结构、资金结构、利率结构；（3）生产的市场化程度，包括第一产业、第二产业、第三产业；（4）价格的市场化程度，包括重要工农产品价格和公用事业的价格、房地产价格、医疗价格、外汇价格等。在考虑到我国庞大的政

① 国家计委市场与价格研究所课题组. 我国经济市场化程度的判断[J]. 宏观经济管理，1996（2）.

② 顾海兵. 中国经济市场化的程度判断[J]. 改革，1995（1）；顾海兵. 中国经济市场化程度的最新估计与预测[J]. 管理世界，1997（2）；顾海兵. 中国经济市场化程度："九五"估计与"十五"预测[J]. 经济学动态，1999（4）；顾海兵. 未来十年中国经济市场化程度展望[J]. 改革，2000（5）.

府机构对经济生活的干预等因素的基础上，他对中国经济市场化程度进行了预测：（1）高位预测。1999 年中国经济市场化程度为 65%，2010 年将超过 80%，中国将成为标准的或成熟的市场经济国家。（2）中位预测。1999 年中国经济市场化程度为 55%～60%，2010 年将达到 70%～75%，中国将成为相对成熟的或较为完善的市场经济国家。（3）低位预测。1999 年中国经济市场化程度为 50%，2010 年将达到 65%，中国将成为准市场经济国家或接近于相对成熟的市场经济国家，他一直是坚持低位预测结论的。顾海兵同时强调，市场化水平高低不能简单等同于 GDP 速度高低；市场化水平低也不意味着一定要快速提高；市场化改革不单纯是一个程度高低的问题。

南开大学经济研究所的陈宗胜教授等（1999）针对中国市场化进程的研究最具有代表性。[①]他们从构成市场经济运行基础的经济体制出发，着眼于经济体制的最主要构成部分——企业、政府、市场等三个方面进行研究：（1）企业是市场经济的行为主体，可以从企业的各项自主权是否落实，经营体制、企业家的选择机制是否改变，所有权形式的选择度及各种所有制的比重等方面衡量企业的市场化程度。（2）政府是市场经济的调控者，政府行为在多大程度上从直接生产领域退出而转移到宏观领域，多大程度上利用间接的经济手段管理经济，政府对宏观调控的时机和艺术的掌握，以及政府机构的官员的精简程度，都可以用来衡量政府行为的市场化。（3）市场是企业运行环境及宏观引导信息的载体，所有市场（包括商品市场和要素市场）的价格、价格形成机制、管理体制的改革程度，都反映了经济的市场化程度。为了全面反映中国市场化的程度，该指

---

① 陈宗胜，吴浙，谢思全，等. 中国经济体制市场化进程研究[M]. 上海：上海人民出版社，1999.

标体系涉及面广，几乎覆盖了经济体制的主要方面和领域，主
要包括四个方面：（1）经济体制主要构成部分的市场化，包括
企业、政府和各类市场（商品市场、劳动力市场、金融市场、
房地产市场、技术市场）的市场化。（2）各主要产业部门的市
场化，包括农业、工业和对外贸易的市场化。（3）不同区域的
市场化，包括各省、直辖市、自治区，以及东西南北中各大区
域的市场化。（4）全国总体的市场化。在对整个经济体制的总
体市场化的测度方面，陈宗胜等采取了五种方法：（1）"社会
总产值流量构成加权"市场化，即以社会总产值流量的构成作
为权数测算总体市场化程度。（2）"投入要素价格几何加权"
市场化，即以生产函数中各投入要素指数作为权数来测算市场
化程度。（3）"三次产业构成加权"市场化。（4）"GNP 构成
综合加权"市场化。（5）"市场参数简单平均"市场化，即以
各类市场的价格参数的平均数来反映市场化程度。按照这五种
方法，测得 1997 年的总市场化程度依次是 62.5%、62.8%、
64.9%、61.4%和 55%。因此，他们得出结论：中国的经济体制
改革已经过渡到制度创新阶段，即建立市场经济新体制框架阶
段；经济体制的市场化的进展是显著的、实质性的；中国经济
的总体市场化程度已经达到 60%以上。

　　然而，同期的常修泽、高明华（1998）的研究认为，分析中
国国民经济总体市场化应把握以下五个重要的方面[①]：（1）产品的
市场化（包括农副产品、工业品和服务产品的市场化）；（2）要素
的市场化（包括资本、土地和劳动力的市场化）；（3）企业的
市场化（包括国有企业、集体企业和非公有企业的市场化）；
（4）政府对市场的适应程度（包括政府从微观经济领域退出的

---

① 常修泽,高明华. 中国国民经济市场化的推进程度及发展思路[J]. 经济研究,
1998（11）.

程度和宏观调控方式由"直控"向"间控"转变的程度等)；
(5)经济的国际化程度(包括贸易依存度、资本依存度和投资
结构水平)。综合以上五个指标的实际经济内涵和各自在中国经
济市场化中的地位及其未来新体制的目标格局,他们初步判断,
到 1997 年,中国经济的市场化程度达到 50%左右。此外,他们
认为,任何一个国家经济市场化的终极目标值都不可能达到
100%,考虑到中国的国情,中国经济市场化的终极目标值不会
超过 85%。

　　北京师范大学课题组(2003)在借鉴国际研究机构的指标
的基础上,从五个方面(含 11 个子因素和 31 项指标)进行测
算[①]:(1)政府行为规范化,包括政府的财政负担、政府对经济
的干预等两个子因素和政府消费与 GDP 的比率、企业所得税
(含费)平均税率、政府投资与 GDP 的比率等五项指标。(2)
经济主体自由化,包括非国有经济的贡献、企业运营等两个子
因素和非国有经济固定资产投资占全社会固定资产投资的比
重、城镇非国有单位从业人员占城镇从业人员的比重、非国有
经济创造的增加值占 GDP 的比重等八项指标。(3)生产要素市
场化,包括劳动与工资、资本与土地等两个子因素和分地区常
住人口数与户籍人口数之差占户籍人口的比重、行业间职工人
数变动率、工资由雇主和雇员资源谈判决定的企业比例等六项
指标。(4)贸易环境公平化,包括贸易产品定价自由度、对外
贸易自由度、法律对公平贸易的保护等三个子因素和社会消费
品零售总额中市场定价的比重、农副产品收购中市场定价的比
重、生产资料销售总额中市场定价的比重等七项指标。(5)金
融参数合理化,包括银行与货币、利率和汇率等两个子因素和

---

① 北京师范大学经济与资源管理经济所. 2003 中国市场经济发展报告[M]. 北
京：中国对外经济贸易出版社，2003.

非国有银行资产占全部银行资产的比重、非国有金融机构存款占全部金融机构存款的比重、三资企业乡镇企业个体私营企业短期贷款占金融机构全部短期贷款的比重等七项指标。通过综合评估，他们得出结论，2001年中国的市场化程度为69%。

赵彦云、李静萍（2000）通过对世界上主要的 46 个国家（或地区）进行市场化研究，认为市场化是一个过程，由于市场失灵的存在，不受政府调控的完全的市场经济是不可能存在的，而国情和传统的差异又决定了各国合理的市场化最高水平各不相同，因此他们不再设定绝对市场化水平，而是以世界各国（或地区）的竞争力状态及其优化发展为基准，从国际比较即世界各国运用市场化因素提高本国竞争力和促进本国经济社会全面发展的角度计算市场化指数，从而在相对意义上观察各国（或地区）的市场化水平，从而揭示国际竞争力。[1]他们设计的市场化进程水平测度统计指标体系包括三个层次、九个方面，共 53 个指标。他们的研究表明，在所有由计划经济向市场经济转型的国家中，中国的市场化进程是相对成功的，然而与世界其他国家和地区相比，中国的市场化进程尚处于比较落后的阶段，市场化总指数为-0.53[2]，仅排在第 39 位；三个层次的市场化指数均为负数，排名均在第 33 位之后。除商品市场和政府对市场环境的维护两个方面的市场化指数为正数外，其他方面与先进水平均存在较大差距。

樊纲、王小鲁（2001）对我国各地区市场化进程进行了研究。他们从五个方面共 15 项指标（不包括分指标）构筑指标体

---

① 赵彦云，李静萍. 中国市场化水平测度、分析与预测[J]. 中国人民大学学报，2000（10）.

② 市场化指数为 0，标志着 46 个国家（或地区）市场化程度的平均水平。市场化指数为正数，表明一国或地区的市场化水平高于平均水平，反之，则低于平均水平。

系①：（1）政府与市场关系，包括市场分配经济资源的比重、减轻农村居民的税费负担、减少政府对企业的干预三项指标。（2）非国有经济的发展，包括非国有经济在工业总产值中的比重、非国有经济在全社会固定资产总投资中所占的比重、非国有经济就业人数占城镇总就业人数的比例三项指标。（3）产品市场的发育程度，包括价格由市场决定的程度、减少商品市场上的地区贸易壁垒两项指标。（4）要素市场的发育程度，包括银行业的竞争、信贷资金分配的市场化、引进外资的程度、劳动力流动性四项指标。（5）市场中介组织发育和法律制度环境，包括市场中介组织的发育、对生产者合法权益的保护、知识产权保护三项指标。

王永兴（2009）在借鉴国内外相关研究的基础上，构建了转型国家相对市场化进程评估指标体系，样本范围覆盖了中国和苏东代表性的转型国家。②该指标体系共由32个指标组成（图7.1），形成一个由目标层、领域层及指标层构成的综合评价指标体系。其中，目标层由"领域层"予以反映，领域层由具体"指标层"予以表征。该研究至少在四个方面大大推进了对市场化测度的理解。首先，对转型国家的"相对市场化进程"而不是"绝对市场化进程"进行测度，测度结果仅表明转型国家在向市场经济过渡的进程中，哪个国家的市场化程度相对更高或更低一些，而不是表明转型国家本身"离纯粹的市场经济还有多远"。这就避免了假定存在一种状态为"100%的市场经济"或"理想的市场经济"，因为这个100%的、纯粹的市场经

---

① 樊纲，王小鲁. 中国各地区市场化进程 2000 年报告[J]. 国家行政学院学报，2001（3）.

② 王永兴. 中国市场经济体制确立过程的再考察——基于思想引进的视角[J]. 人文杂志，2009（3）.

济在现实中基本上是不存在的。其次，在测度转型国家相对市场化进程的过程中，不仅关注以市场化为取向的制度变迁，而且关注这些制度变迁对经济发展产生的影响。为此，对测度制度变迁的变量和测度经济发展的变量各选择一定的权重，并进行加权平均，以全面反映市场化进程中制度变迁与经济发展的综合绩效。再次，该指标体系的评估所涉及的国家比较广泛，即对中东欧、独联体和东亚 19 个具有代表性的国家进行评估与比较。尽管由于数据资料的限制未能对所有转型国家进行评估，但通过对上述代表性国家的评估能够反映出转型国家整体的市场化进程。最后，该指标体系评估所涉及的领域比较广泛，即主要包括了产业结构调整、所有制结构变动、政府职能转变、市场竞争与发育、经济总体运行状况和社会保障及福利 6 个领域，32 项指标。由这些指标构成的体系基本涉及了转型国家制度变迁和经济发展的主要方面，因而可以对各国的相对市场化进程进行比较全面的评估。

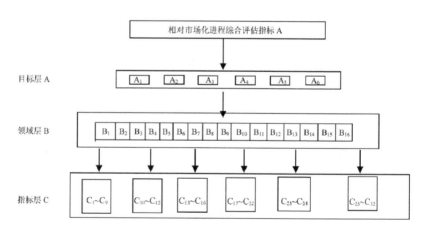

图 7.1　转型国家相对市场化进程评估指标体系的结构模式

第八章　当代中国开放治理与国家经济治理现代化

开放治理是以一国的对外经济活动为基础的，主要指一国对其开放的范围、领域、方式和节奏的把控，以及由此带来的对国家治理与经济发展之间互动关系的影响，反映了一国对国际体系如何运作及如何参与国际经济活动的理解和主张。本章首先介绍开放治理思想的理论来源、主要流派及其观点，以及中国开放治理思想的发展演变，接下来重点从人类命运共同体思想和共建"一带一路"两个方面阐述中国开放治理思想的新发展。

第一节　开放治理思想的演变

开放治理思想的理论来源可以追溯到古典重商主义、古典自由主义和马克思主义，当代西方国际政治经济学理论中也包含着丰富的开放治理思想。然而，中国的开放治理思想主要来自实践，并在实践中不断完善和发展。正如恩格斯所说，"历史从哪里开始，思想进程也应当从哪里开始。而思想进程的进一步发展不过是历史进程在通向理论上前后一贯的形式上的反映；这种反映是经过修正的，然而是按照现实的历史过程本身的规律修正的。"①

一、开放治理思想的理论来源

在"治理"的概念尚未完全形成之时，开放治理思想主要存在于传统经济思想中，并随着国家间经济活动的日益频繁而逐渐发展。从理论来源上来看，开放治理思想更多地体现在人们对于国际贸易活动的认知上。

（一）古典重商主义的开放治理思想

重商主义产生并兴盛于 15～18 世纪中叶的欧洲大陆，当时正值西欧封建社会向资本主义社会过渡时期。重商主义的形成和发展得益于以下几个方面的因素：第一，地理大发现拓宽了世界贸易范围，促进了国际资本流动，并为西欧国家对外殖民扩张创造了条件；第二，资本主义资本原始积累时期，农民脱离土地成为雇佣劳动者，社会生产力提升，资本主义生产关系逐渐确立并发展起来；第三，商业资本的兴起和商人阶级的地位提升，为国际贸易的扩张创造了良好条件；第四，中央集权国家的建立和发展，各国通过扩张势力范围、掠夺殖民地资源等途径积累财富，国与国之间的竞争不断加剧，商业活动受到极大鼓励和重视；第五，文艺复兴，促使人们的思想空前解放，为重商主义提供了人文基础。

重商主义并未形成完整的开放理论体系，对开放治理的观点主要体现在对财富、贸易和国家干预经济的认知上。首先，重商主义认为货币是财富的唯一表现形式。重商主义将金银的

① 马克思恩格斯选集（第 2 卷）[M]．北京：人民出版社，1972：122．

数量与国家财富等同，认为一国的经济活动只以获取金银为目的。因此，国家财富的来源只有两个：一个是金银矿的开采，另一个是通过开展商业，促使贵金属流入。其次，重商主义认为国内贸易和国际贸易对国家财富的积累是存在区别的。由于国内贸易表现为一部分人的货币增加，另一部分人的货币减少，所以国家拥有的货币总量没有发生变化，即国家财富未受影响。而通过国际贸易实行开放则能促进国家财富积累。在国际贸易中，一方面要做到少买多卖，将金银流入本国；另一方面要做到贱买贵卖，在商品转手过程中获取利润。早期重商主义强调货币数量的绝对积累，主张采取强制手段阻止货币外流，形成"货币平衡论"；晚期重商主义认识到货币运动中增值的特性，主张通过长期的、总体上的贸易顺差积累财富。最后，重商主义强调开放中的国家干预经济。由于重商主义认为国际贸易顺差是积累财富的最重要途径，所以主张国家实施进口禁令并提高关税，以减少进口；通过特许经营及提供国家资助等方式，加强部分出口行业垄断，以促进出口。在国家形态上，中央集权的国家制度有利于国家干预能力的提升，也有利于形成强大的军事力量，从而在对殖民地掠夺中占据优势。

（二）古典自由主义的开放治理思想

18世纪末，第一次工业革命首先在英国获得成功，并在欧洲其他国家逐渐展开。一方面，工业革命使机器生产代替了传统的手工劳动，社会生产力得到空前提升；另一方面，圈地运动使大量农民从土地中解放，为工业生产提供了廉价劳动力，进一步促进了生产力的提升。生产力提升的结果是大量商品需要在交换中获取利润，商人进行自由贸易的要求愈发强烈，而政府受重商主义影响，对贸易进行了严苛限制，从而阻塞了商品在国家间自由流通的获利渠道。由此产生的矛盾导致重商主义遭到越来越多的质疑和抨击，古典自由主义的相关思想逐渐兴盛。

亚当·斯密是古典自由主义的集大成者，首先，斯密对于财富的认识不同于重商主义。他坚决否定了货币即财富的观点，认为货币仅是商品流通中的媒介，具有价值尺度职能，而真正的财富是货币所能购买到的物品。因此，财富的增加是社会生产力提高的产物。斯密从人的本性出发，提出了人与生俱来的"交换倾向"产生了劳动分工，而分工又是生产力提高的最根本原因。国家的政策主张，应鼓励自由交换，而不是反其道而行之。由此，斯密认为国家只需执行三种职能：一是维护国家安全，保障国家不受外来社会侵犯；二是维持社会秩序，使社会中的个人不受他人的侵害和压迫；三是维持公共事业，维护公共设施。其次，斯密主张经济自由，即在"经济人"假设下，由"一只看不见的手"，即价值规律自发调节经济。在对外经济上，斯密也主张各国进行自由贸易，扩大商品市场。基于分工和交换学说的"绝对优势理论"是斯密自由贸易主张的理论依据。斯密认为，各国由于一定原因都会在某些物品的生产上具有自己的优势，从而节约劳动时间，降低劳动成本，在国际贸易中获得价格优势。而各国应发挥自身优势，生产优势产品并出口，换取劣势产品，从而形成国际分工，提高劳动生产率。

古典自由主义的另一个代表性人物是大卫·李嘉图。李嘉图发展并完善了斯密的劳动价值论，并提出了国际贸易的"相对优势理论"。李嘉图认为，即使一个国家在各种产品生产上都占据优势，而另一个国家都处于劣势，那么两国依然有进行贸易的基础。一国应主要生产自身相对优势较大（或相对劣势较小）的产品，进口相对优势较小（或相对劣势较大）的产品，从而使双方均能够获利。由此可见，古典自由主义提倡减少国家对经济的干预，主张积极通过国际贸易实行开放治理。

（三）马克思主义的开放治理思想

随着资本主义生产关系在欧洲及世界范围内的广泛建立，资本主义制度内在形成的问题不断暴露，对古典自由主义政策主张的批评声音不断增强。资本主义发展过程中逐渐形成了两个对立阶级——由数量庞大的工人组成的无产阶级和由地主、资本家等组成的资产阶级，并且阶级矛盾日益深化。特别是20世纪初，资本主义在世界范围内发生了一系列变化。垄断和寡头的出现，使生产资料更加集中在少数人的手中，体现在世界范围内则是国与国之间的不平衡更加严重，国际冲突加剧。而随着国际人口的频繁流动，无产阶级和资产阶级间的分化已不仅局限在一国之内，在世界范围内亦日益明显，在此背景下产生并发展的古典马克思主义理论同样也具有"全球性"和"世界性"。

首先，马克思继承并批判了李嘉图的经济学理论，形成了自身的剩余价值论和剥削理论。马克思对于财富的认知较古典自由主义更加深刻。他认为，资本积累是建立在资本家对工人剩余价值剥夺的基础上的，随着资本有机构成的提高，相对过剩人口日益增多，从而导致了无产阶级的绝对贫困和相对贫困，阶级矛盾的不断深化最终导致资本主义社会被社会主义社会所取代。列宁在马克思理论基础上分析了帝国主义的特征，认为世界范围内的殖民加剧和阶级分化最终会导致帝国主义走向灭亡，成为社会主义的入口。其次，古典马克思主义强调，人类历史是由人的自身实践活动推动的，随着生产力的不断发展，生产关系也摆脱了地域限制而在世界范围内蔓延。个人只有开展世界性的交往，"才能摆脱种种民族局限和地域局限而同整个世界的生产（也同精神的生产）发生实际联系，才能获得利用全球的这种全面的生产（人们的创造）能力。"①

二、当代西方国际政治经济学中的开放治理

20 世纪 70 年代以来，西方学术界对国际体系的研究取得了长足的发展，形成了国际政治经济学这一新的学科分支。当代西方国际政治经济学沿袭了古典重商主义、古典自由主义和古典马克思主义的学术传统，并进一步发展出霸权稳定论、相互依存论和依附论三个主要流派，每个流派的理论中都对国际体系的运行机制进行了分析，其中蕴含着开放治理的思想。

（一）霸权稳定论中的开放治理思想

第二次世界大战后至 20 世纪 70 年代初期，国际贸易飞速发展，以美国为首的西方资本主义国家经济增长迅速，在此基础上建立的国际组织也代表并维护着这些国家的利益，美国霸权逐渐确立。但从 20 世纪 70 年代开始，主要资本主义国家陷入了长期"滞胀"，经济增长疲乏，高失业与高通胀并存，美国霸权走向衰落。在此背景下，如何维系和管理自由开放的国际经济体系，成为学者们讨论的议题。

美国经济学家金德尔伯格在分析 20 世纪 30 年代经济危机时，提出了霸权稳定论的主要观点，他认为危机爆发的原因在于英国霸权地位的下降。吉尔平等学者将该理论在不同领域进行了扩充和修正。霸权稳定论认为，国际体系的无政府状态是客观存在的，自由开放的国际经济秩序需要由一个长期占据主

---

① 马克思恩格斯选集（第 1 卷）[M]. 北京：人民出版社，1995：89.

导地位的霸权国维系。因此，和平稳定的国际经济需要满足两个方面的要求：第一，必须存在一个实力具有压倒性优势的霸权国，霸权国有意愿和能力提供国际公共物品；第二，其他国家必须信任霸权国提供的公共物品，并自愿追随其领导。这里的公共物品，借鉴"公共选择理论"，主要指国际安全、稳定的汇率体系、自由的贸易制度、国际本币和国际援助等。[①]对于霸权国和成员国参与全球经济治理的动机，霸权稳定论从成本收益角度进行分析。一方面，霸权国提供国际公共物品，可以使本国获益。霸权国通过构建全球经济治理机制，掌握了全球经济治理的制度性话语权，扩大了本国对世界经济的影响力。另一方面，其他成员国可以从霸权国提供的公共物品中获益。由于国际体系中广泛存在着"搭便车"现象，导致国际公共产品供给不足，因此开放自由的经济体系不可能自行延续。而由霸权国提供公共物品，则弥补了公共物品供给不足，维系了国际体系秩序，保障了所有成员国的利益。霸权国对全球经济治理的作用发挥取决于其合法性大小，即意识形态上的广泛共识。吉尔平指出，自由市场产生和发展的三个必要条件是：霸权国的存在、自由意识形态及一致利益。[②]概而言之，霸权稳定论认为，霸权国在全球经济治理中发挥着举足轻重的作用，即"有霸则稳，无霸则乱"。

20世纪70年代后，美国的霸权地位逐渐衰落，对世界经济的影响力持续下降，与此相对的是新兴经济体的崛起，世界经济格局发生了巨大变化。霸权稳定论在一定程度上解释了全

---

① 李青，等. 全球经济治理：制度变迁与演进[M]. 北京：经济科学出版社，2018：48，49.

② 罗伯特·吉尔平. 国际关系政治经济学[M]. 杨宇光，等译. 上海：上海人民出版社，2006：88.

球经济治理体系的形成，但该理论对霸权衰落之后的国际合作缺乏解释能力。特别是在 2008 年金融危机之后，美国的全球经济治理实践与霸权稳定论背道而驰。金德尔伯格指出，危机爆发后，霸主国至少应承担三个责任：一是为降价出售的商品保持比较开放的市场；二是提供反经济周期的长期的资本贷款；三是在危机时期实行贴现。①但事实上，近年来美国却削减提供公共物品。特朗普政府更是通过缩减联合国经费、退出跨太平洋伙伴关系协定（TPP）和《巴黎协定》等方式，减轻美国承担的国际责任。同时还声称将相机退出世界贸易组织（WTO），并通过对部分进口产品展开安全调查，挑起同中国等多国的贸易摩擦，实施贸易保护政策。

（二）相互依存论中的开放治理思想

20 世纪 60 年代末和 70 年代初，经济全球化的影响日益深入，越来越多的学者对国家间的相互依赖关系逐渐增强、贸易保护主义抬头、区域经济一体化程度不断提高，以及国际争端和冲突加剧等新特征予以关注，古典自由主义思想关于经济全球化带来世界和平稳定的论断受到质疑。因此，如何解释当时的国际经济形势新变化，成为学术界争论的焦点。

相互依存论的集大成者是基欧汉和奈，他们认为世界经济正处于一种"复合相互依赖"的关系之中。古典自由主义认为，参与国际经济活动的各方都能从经济全球化中获利，即世界和平稳定建立在国家间互利的基础上。但相互依存论认为，互利不是相互依存的必备特征，国家之间的交往活动付出代价时才

---

① 查尔斯·P. 金德尔伯格. 1929—1939 年世界经济萧条[M]. 上海：上海译文出版社，1986：348.

称得上相互依存。①相互依存关系的不对等性源于利益分配，不对等性为依存性较小的经济体提供了谈判筹码，因此，相互依存的各国只存在相对获利或相对受损。相互依存论能够合理解释国家间争端和冲突的发生，并提供解决思路。相互依存论认为，解决国际关系问题的核心在于解决国际经济问题，国际经济问题的解决需要国家间的政策协调，而政策协调需要国际制度的构建。相互依存论反映了合作的思想，即主张国家间合作，并在世界范围内建立维系国家合作的制度安排。相互依存论对国际组织的重要作用予以肯定，认为国际组织能够协调解决国际争端，提供一套完整的国际准则来约束国家行为，并提高弱国的话语权。相互依存论针对霸权稳定论关于霸权国兴衰决定世界经济兴衰的观点进行反驳，认为在霸权衰落之后，只要有一套行之有效的国际经济制度正常运行，那么国家间仍能在该制度框架下进行合作。

相互依存论能够在一定程度上解释国家间经济上相互依存和争端冲突发生的现实，特别是其提出的构建国际制度、倡导多边经济合作等主张，对开放经济治理思想的发展大有裨益。但相互依存论也没有从根本上解决全球经济治理中的难题，并且其相关概念存在较大争议。

（三）依附论中的开放治理思想

第二次世界大战结束以后，广大殖民地国家纷纷要求独立，希望摆脱西方宗主国的制约和束缚。但由于长期殖民统治的影响，殖民地国家独立后在发展道路上仍对原宗主国有较大依赖。因此，在全球经济问题上，表现为发达国家与发展中国家之间

---

① 王正毅. 国际政治经济学通论[M]. 北京：北京大学出版社，2010：118.

的差距越来越大，矛盾不断加深。

依附论主要关注的既不是国际经济制度的构建，也不是国际经济体系的维系和管理，而是南北方国家发展不平衡，以及发展中国家贫困的原因及解决措施等。依附论认为，不论是在国家内部还是国际体系中，都存在一个"中心-外围"结构。在国际体系中，中心国家主要指发达国家，外围国家主要指发展中国家。发展中国家为发达国家提供生产所需的原材料和初级产品，本国的产业结构形成受制于发达国家。中心国家和外围国家之间存在不等价交换，即发达国家通过剥削发展中国家获得巨大利益，同时也使发展中国家陷入贫困。依附论不同程度地接受了马克思主义的劳动价值论、资本积累理论、帝国主义理论等，是对马克思主义理论在全球经济治理问题上的继承和发展。依附论认为，正是由于资本主义在世界范围内的扩张，建立了世界性的资本主义生产体系，进而产生了国际分工和国际交换体系，导致发展中国家对发达国家的依附。因此，在全球化进程中，发展中国家始终处于不利地位。对于发展中国家自身工业化发展，依附论主张实行进口替代战略，实行贸易保护主义。

依附论对发展中国家长期贫困及发展中国家与发达国家差距日益扩大的现实做出了重要的解释。尽管支持"新依附论"的一些学者转向认为发展中国家也可以取得"依附型发展"，但依附论贸易保护主义的主张对发展中国家摆脱贫困的作用值得怀疑。中国改革开放四十年来取得的伟大成就，恰恰正是开放而非封闭的结果。特别是 2008 年国际金融危机爆发以来，我们可以观察到，实行贸易保护主义、推动"逆全球化"浪潮的是以美国为首的西方发达资本主义国家，而广大发展中国家对全球化大多持拥护态度。中国的共建"一带一路"受到共建国家的支持就是很好的例证。

综上所述，西方的开放治理思想发展较早，并取得了较多的理论成果，也能从特定角度对现实问题进行分析。但不同理论都存在各自的缺陷，特别是随着世界经济形势的变化，全球经济治理产生了许多新问题，而上述理论解释能力都存在一定程度的不足。因此，开放治理思想应在原有理论基础之上，结合新形势、新问题进一步发展。随着以美国为首的西方资本主义国家经济的衰落和中国等新兴经济体的崛起，世界经济格局正在重构。全球经济治理体系一直在西方治理思想的影响下形成和发展，对世界经济格局的新变化已不能完全适应，因此治理效果日渐式微。面对贸易保护主义抬头、经济全球化发展受阻等现实问题，中国提出了人类命运共同体的思想，为开放治理思想的发展做出了重大贡献。

三、当代中国开放治理思想的发展

中华人民共和国成立之初，以毛泽东同志为核心的党的第一代领导集体，综合研判了复杂多变的国际环境，并坚定确立了独立自主的和平外交政策，为当时中国经济起步和发展创造了良好的外部条件。1954年，中国首次提出以互相尊重主权和领土完整、互不侵犯、互不干涉内政、平等互利、和平共处五项原则指导中印双边关系，并在同年中印、中缅总理联合声明中重申该原则为国际关系指导原则。和平共处五项原则被世界诸多国家所接受，成为处理国际关系的基本准则。在美苏两个超级大国争霸世界，并通过各种方式控制广大亚非拉发展中国家的形势下，毛泽东提出了"三个世界"理论，号召发展中国家团结一致，反对一切霸权主义，维护世界和平。1956年，毛泽东曾指出，"我们认为，侵略就是犯罪，我们不侵犯别人一

寸土、一根草。我们是爱好和平的，是马克思主义的……我们
非常谨慎小心、不盛气凌人，遵守五项原则。我们自己曾是被
欺侮的，知道受欺侮的滋味不好受。"①中国多次强调反霸权立
场，并向世界郑重宣布，中国永远不称霸。"永远不称霸"的
重要思想，也是长期指导中国处理国际问题的基本思想。

以邓小平为核心的党的第二代领导集体，在继续坚持和平
共处五项原则的基础上，根据国际形势新变化，提出了和平与
发展是当今时代两大主题的科学论断。随着国际形势缓和，人
民对提高生活质量的呼声逐渐增强，世界各国间的竞争已经转
向综合实力的竞争。在此形势下，国际新秩序的建立是摆在国
际社会面前的一个重要问题。邓小平认为，和平共处五项原则
仍是国际政治经济秩序的重要准则，而其他方式将激化国际矛
盾。在和平共处五项原则指导下，中国成功解决了香港和澳门
地区问题，维护了祖国统一和领土完整。另外，通过改革开放
的持续扩大深入，中国集中精力推动经济发展，努力提升综合
国力。特别是 1989 年后，世界格局风云突变，国际社会主义事
业发展受挫。面对严峻的国际形势，邓小平高屋建瓴地指出，
西方国家正在针对社会主义、针对第三世界发动一场没有硝烟
的战争。他强调，中国要抓住机遇发展起来，不许干涉别国内
政，永远不称霸的根本国策不能动摇，但中国要积极推动构建
国际政治经济新秩序。我们要用实践向世界表明，中国是维护
世界和平的坚定力量。

冷战结束后，经济全球化和政治多极化进一步发展，国际
格局进入了大变革时期。尽管美苏争霸格局随着苏联解体而被
打破，但霸权主义仍然是威胁世界和平稳定的主要因素。以江

---

① 中共中央文献研究室. 毛泽东外交文选[M]. 北京：中央文献出版社，1994：
256.

泽民为核心的党的第三代领导集体审时度势，在坚持和平共处五项原则的基础上，积极参与国际政治经济新秩序的构建，进一步加强同世界各国的交流合作。江泽民在访问美国时曾指出，中国发展了，人民逐步过上富足的生活，只会促进世界的和平与稳定，不会对任何人构成威胁。今后中国发达起来了，也永远不称霸。党的十六大报告阐明了构建国际政治经济新秩序的具体主张：各国政治上应相互尊重、共同协商，而不应把自己的意志强加于人；经济上应相互促进，共同发展，而不应造成贫富悬殊；文化上应相互借鉴，共同繁荣，而不应排斥其他民族的文化；安全上应相互信任，共同维护，树立互信、互利、平等和协作的新安全观，通过对话和合作解决争端，而不应诉诸武力或以武力相威胁。中国长期奉行的和平发展理念和永远不称霸的根本方针，为社会主义现代化建设营造了良好的外部环境。随着改革开放的持续深化，中国社会主义现代化建设事业在各方面都取得了巨大成就，经济发展日新月异，人民生活水平不断提高，综合国力稳步提升，对国际政治经济新秩序的构建发挥着越来越重要的作用。

进入 21 世纪后，经济全球化进程加快，各国之间的联系交往日益密切。与此同时，国家间矛盾冲突不断显现，旧的国际政治经济秩序已不能适应新形势、新发展。以胡锦涛为总书记的中央领导集体面对世界政治经济格局大变革，审时度势，在新安全观基础上提出了共建"和谐世界"的倡议。2003 年，胡锦涛在莫斯科发表演讲时阐述了推动建立国际政治经济新秩序的五项主张。他指出，中国主张国际关系民主化，各国平等参与国际事务，通过协商解决共同关注的国际问题；主张树立互信、互利、平等和协作的新型安全观；主张尊重公认的国际法和国际关系基本准则，尊重和发挥联合国及其安理会的权威和处理重大国际问题的主导地位；主张尊重世界文明的多样性，在竞争和求同存异中发展；主张通过互利合作，缩小南北差距，妥善解决贫富悬殊等问题，促进全球经济均衡发展。这五项主张代表了中国开放经济治理的新思想，是中国对构建国际政治经济新秩序的重要贡献。2005 年，在联合国成立 60 周年的首脑会议上，胡锦涛发表演讲，倡议世界各国人民携手合作，努力建设一个持久和平、共同繁荣的和谐世界。党的十八大报告进一步阐述了建设"和谐世界"的思想，并在建设和谐世界的基础上，提出了要倡导人类命运共同体意识。

十八大以来，"治理"一词逐渐走入公众视野。党的十八届三中全会提出，"全面深化改革的总目标是完善和发展中国特色社会主义制度，推进国家治理体系和治理能力现代化。"将推进国家治理体系和治理能力现代化作为全面深化改革的总目标，对于中国的政治发展，乃至整个中国的社会主义现代化事业来说，具有重大而深远的理论意义和现实意义。中国国家治理体系是一套行之有效的科学治理体系。在中国共产党的领导下，中国国家治理从政府、市场、社会到生态、网络等各个层面，均取得了显著的成效。党的十九届四中全会审议通过的《中共中央关于坚持和完善中国特色社会主义制度、推进国家治理体系和治理能力现代化若干重大问题的决定》中指出："党的十八大以来，我们党领导人民统筹推进'五位一体'总体布局、协调推进'四个全面'战略布局，推动中国特色社会主义制度更加完善、国家治理体系和治理能力现代化水平明显提高，为政治稳定、经济发展、文化繁荣、民族团结、人民幸福、社会安宁、国家统一提供了有力保障。"

全球经济治理是国家治理在世界范围内的延伸与拓展。习近平总书记认为，"中国梦与中国人民追求美好生活的梦想是相连的，也是与各国人民追求和平与发展的美好梦想相通的。"①一直以来，中国在处理国际问题时一直坚持与世界各国和平共处，共同推进合作共赢的开放体系建设，构建国际政治经济新秩序。习近平新时代中国特色社会主义经济思想全面系统地阐释了构建什么样的国际政治经济新秩序，以及如何构建的问题。习近平指出，全球经济治理应以"合作共赢"为核心，坚持"共商、共建、共享"原则，建设创新型、开放型、联动型、包容型世界经济，共同构建人类命运共同体。

在习近平新时代中国特色社会主义经济思想指导下，中国积极参与全球经济治理、维护和发展同世界各国关系、努力推动国际政治经济新秩序的构建。中国积极打造同周边国家、同发展中国家的共同体，加强金砖国家间的交流合作，参与 G20 峰会等国际合作平台，倡导建立亚投行，成立丝路基金，推进人民币国际化进程……一系列开放成就的取得，都是中国全球经济治理能力提升的重要体现。而最具代表性的成就，则是共建"一带一路"的设计和实践。共建"一带一路"，在世界经济格局开始重构、全球经济治理陷入困境、逆全球化思潮翻涌、国际政治经济秩序紊乱的背景下提出，以中国国家治理体系的不断完善和治理能力的稳步提升为依托，是中国开放经济治理思想的伟大实践。共建"一带一路"受到世界广大国家，特别是沿线发展中国家的认可与支持，中国的国际地位显著提升，制度性话语权不断增强，在全球经济治理中发挥着越来越重要的作用。

---

① 习近平. 在会见 21 世纪理事会北京会议外方代表时的谈话[EB/OL]. 人民网. http://politics.people.com.cn/n/2013/1103/c1024-23412669.html.

四、开放治理从"被动适应"到"主动引导"的转变

中华人民共和国成立至今，我们面临的外部环境发生了重大变化，中国自身经济发展也取得了丰硕成果，国际地位和影响力大幅提升。与此相适应，我国开放治理思想也逐渐从"被动适应"转变为"主动引导"，不断为推动全球治理体系变革、引导经济全球化向更平衡、更可持续的方向发展贡献中国智慧、中国方案和中国力量。

中华人民共和国成立后的很长一段时间，我国在全球经济治理体系中一直处于被动适应地位。中华人民共和国成立初期，作为新兴的社会主义国家，我国面临着战后社会经济百废待兴的国内局势和以美苏为代表的两大阵营冷战的国际局势。"一边倒"战略的实施使我国坚定地站在社会主义阵营中，同资本主义阵营开展长期对峙。但是，当时全球经济治理以美国建立的布雷顿森林体系为重要载体，制度性话语权完全由西方国家掌握，中国自然而然地被排斥在全球经济治理体系之外。西方国家对中国采取孤立政策，实行全面的经济和外交封锁，中国完全处于"被动治理"甚至是"被治理"的地位。①20世纪70年代以后，随着国际形势缓和以及在联合国的合法席位得以恢复，中国开始逐步有限地参与到全球经济治理中。尼克松总统访华及中美邦交正常化使西方国家逐渐解除对华封锁，开始尝试同中国开展经贸合作。但是，因为刚刚融入全球经济治理体系，对西方国家制定的制度和标准还不甚了解，中国需要一定的适应时间。1978年，中国开始实施改革开放伟大战略，经济

---

① 贺鉴，王璐. 中国参与全球经济治理：从"被治理"、被动参与到积极重塑[J]. 中国海洋大学学报（社会科学版），2018（3）.

发展突飞猛进，综合国力显著提升。与此同时，伴随着全球化的不断深入，国家间交流合作日益密切，中国参与全球经济治理的意愿也逐渐加强。在此时期，中国积极参加各类国际会议、谈判、讨论，努力推动区域经济一体化，加强新兴经济体间合作，重视同世界各国的沟通交流。但这一时期的全球经济治理机制仍然受西方发达国家控制，中国尚未在国际机制中占据主导地位，制度性话语权仍比较薄弱。

2008 年金融危机爆发，传统的全球经济治理机制遭遇了前所未有的挑战，新的国际政治经济秩序亟待建立。改革开放以来，中国取得的巨大成就也使我们坚定自信，中国开放治理思想的优越性得以体现，大国责任感促使我们更加积极主动地参与到全球经济治理之中。以"人类命运共同体"思想和共建"一带一路"的提出为标志，我国开启了参与全球经济治理的新篇章，从"被动适应"转变为"主动引导"。近年来，我国在世界政治经济秩序构建、国际公共物品的提供、国际交流沟通平台建设等方面发挥着越来越重要的作用，为全球经济治理体系重构做出了重大贡献。党的十九届四中全会《中共中央关于坚持和完善中国特色社会主义制度、推进国家治理体系和治理能力现代化若干重大问题的决定》指出："积极参与全球治理体系改革和建设。高举构建人类命运共同体旗帜，秉持共商共建共享的全球治理观，倡导多边主义和国际关系民主化，推动全球经济治理机制变革。推动在共同但有区别的责任、公平、各自能力等原则基础上开展应对气候变化国际合作。维护联合国在全球治理中的核心地位，支持上海合作组织、金砖国家、二十国集团等平台机制化建设，推动构建更加公正合理的国际治理体系。"

第二节 人类命运共同体思想与中国的 开放治理

2012 年 11 月，党的十八大报告提出要倡导"人类命运共同体意识"，人类命运共同体理念首次载入中国共产党的重要文件。2016 年 9 月，中国国家主席习近平在杭州举办的 G20 峰会发言中指出，二十国集团成员应"共同构建合作共赢的全球伙伴关系，携手构建人类命运共同体，共同完善全球经济治理"。①党的十九大将推动构建人类命运共同体纳入新时代中国特色社会主义必须长期坚持的基本方略。近年来，习近平主席曾多次在国内国际重要场合谈及"人类命运共同体"，并就共同构建人类命运共同体的理念与实践问题同国际社会交流沟通。人类命运共同体是新时代中国开放经济治理思想的重要体现。

一、人类命运共同体的思想渊源

人类命运共同体思想是在反思西方开放治理思想的基础上，吸收中华民族传统文化，立足于中国国家治理需求形成的，是对马克思主义"共同体"思想的继承与发展。

首先，人类命运共同体思想是对西方开放治理思想的深刻反思。西方开放治理思想体现的是一元主义价值观，强调自身治理思想的优越性和独特性，在此基础上形成的全球经济治理体系也是服务于发达国家的意志，任何反对或质疑都被视为对国际秩序的公然挑衅。因此，西方国家将自身制度在全球强制

---

① 习近平. 中国发展新起点，全球增长新蓝图——在二十国集团工商峰会开幕式上的主旨演讲[N]. 人民日报，2016-09-04.

推行的行为被披上了合法外衣。与此相对，中国提出的人类命运共同体思想基于多元价值观，即"全球治理体系应是由全球共建共享的，不可能由哪一个国家独立掌握"①。

其次，中华民族传统文化对人类命运共同体思想影响深远。习近平主席曾指出，历史是最好的老师，并在多次重要讲话中引经据典，从传统文化中汲取智慧，分析现实问题。中华民族传统文化博大精深，对全球治理思想有诸多启迪。例如，《礼记·礼运篇》记载："大道之行也，天下为公"，"天下为公"是指将个人利益融入集体利益，倡导"先天下之忧而忧，后天下之乐而乐"的道德理想。而人类命运共同体思想也倡导构建和平发展、合作共赢的新型全球经济治理体系，实现全人类的共同价值。

再次，人类命运共同体思想是新时代中国国家治理思想的国际体现。新时代中国国家治理思想的核心是以实现中华民族伟大复兴为奋斗目标，坚持协调推进"五位一体"总体布局和"四个全面"战略布局，坚持以人民为中心的发展思想，贯彻创新、协调、绿色、开放、共享的新发展理念，推进国家治理体系和治理能力现代化。在外部环境上，要构建"合作共赢"的新型国际关系，"建设创新型、开放型、联动型、包容型世界经济"②。中国国家治理体系的完善和治理能力的提升离不开和平稳定的外部环境，同时现代化的国家治理也为中国更好地参与全球经济治理奠定了基础。

最后，人类命运共同体思想是马克思主义"共同体"思想

① 龙明浩.习近平答《华尔街日报》记者问：亚太应成为中美间的合作社而不是角斗场[EB/OL].央广网. http://news.cnr.cn/native/gd/20150922/t20150922_519931403. Shtml.

② 习近平.中国发展新起点，全球增长新蓝图——在二十国集团工商峰会开幕式上的主旨演讲[EB/OL].新华网. http://xinhuanet.com/world/2016-09/03/c-129268346html.

的继承发展。马克思的"共同体"思想立足于人类社会发展的形态和规律，是马克思主义思想的重要组成部分。马克思在《德意志意识形态》中指出，机器大工业引起了广泛的社会分工与商品交换，形成了世界市场，把各国联系为一个整体。马克思认为，人类社会的目标是建立自由人的联合体，他揭示了不同历史形态下的共同体的本质，并强调资本主义及以前的共同体或者是"混沌共同体"，或者是"虚幻共同体"，均不能代表人类共同利益，提出要建立人类社会"真正的共同体"。人类命运共同体思想，是全人类共同利益的集合与实现，是马克思"真正的共同体"思想的继承发展。

二、人类命运共同体的核心理念

2015 年 10 月，习近平主席在主持中央政治局第二十七次集体学习时强调，"要推动全球治理理念创新发展，积极发掘中华文化中积极的处世之道和治理理念同当今时代的共鸣点，继续丰富打造人类命运共同体等主张，弘扬共商共建共享的全球治理理念。"人类命运共同体的核心理念，就是"共商共建共享"。

"共商"是构建人类命运共同体的基本前提。"共商"指各治理主体对全球经济治理的原则、机制、措施、方向等重要议题开展广泛磋商，深化交流，增强互信，达成共识。首先，"共商"要有广泛性。世界不是某几个国家的世界，而是全人类的世界，全球经济治理的主体和客体也不应由几个大国垄断，而应由世界各国共同参与，共同商议。其次，"共商"要有平等性。世界各国，不论人口多少、地域大小、国力强弱，均应在全球经济治理问题上享有平等的话语权，特别是发展中国家的声音应该得到平等对待。最后，"共商"要有包容性。世界经济形势变化莫测，治理问题层出不穷，各国基于自身价值理念和利益考量，在相关问题上必然会产生不同意见。面对不同意见，不应盛气凌人、盲目排他，而应吸纳包容、和平协商。只有在"共商"的基础上达成共识，才能推进"共建"并实现"共享"。

"共建"是构建人类命运共同体的关键环节。"共建"指治理主体在国际规则制定、国际体系建立、国际秩序维护等过程中，发挥自身优势，共同合作，共担责任。首先，"共建"意味着共同参与。全球经济治理是全人类共同的伟大事业，也是一项艰巨而复杂的系统工程。全球经济治理涉及改革国际规则、建立国际体系、维持国际秩序等诸多方面的具体工作，需要构建一个庞大的行之有效的运行机制，这不是几个国家的力量可以达到的，世界各国应该通力合作。其次，"共建"意味着主动治理。在传统的西方资本主义国家主导的全球经济治理体系中，只有少数国家享有治理的主动权，大部分国家都被排斥在治理边缘，只能被动接受主导国家的治理规则和治理效果。但人类命运共同体是所有国家的共同体，是全人类的共同体，因此全球经济治理也应该是世界各国主动参与、主动治理。最后，"共建"意味着共同担责。人类命运共同体思想下构建的全球经济治理体系，可以为世界各国带来发展机遇，创造经济利益。既然享受治理的利益，那么也应承担治理的责任。因此，在面对全球经济低迷、贸易保护主义抬头等治理难题，以及恐怖主义、跨国犯罪、生态失衡等全球性问题时，世界各国均应积极主动应对，而不能敷衍塞责、祸水他引。

"共享"是构建人类命运共同体的最终目标。"共享"指全球经济治理的成果由世界各国共同享有。"共享"的理念要求全球经济治理成果的分配更加平衡，目标是达到"共赢"。

随着全球化的不断发展和持续深入，国家间的联系日益紧密，共同利益逐渐扩大，已形成"一荣俱荣，一损俱损"的命运共同体。单纯强调自身利益最大化而损害他国利益的行为，从长远看最终会损害共同体的整体利益，没有一个国家能独善其身。因此，全球经济治理应"超越经济人的个体理性，寻找利益的兼容性，避免损害他国利益，尽可能多地增加整体利益"①，要求更多关注全球共同利益。只有世界各国共同享有开放包容的国际环境、安全稳定的国际秩序、繁荣发展的国际经济、和谐的国际关系等全球经济治理福利，才能进一步推进各国积极参与全球经济治理，构建人类命运共同体。

三、构建人类命运共同体的途径

首先，继续深化改革开放。中国是一个发展中大国，尽管改革开放以来我们取得了巨大的经济成就，但面临人口基数大、发展不平衡、发展质量有待提高等现实问题，我们仍要坚持集中力量发展生产力，为中国人民谋幸福、为中华民族谋复兴。只有中国自身发展良好，中国人民生活幸福，人类命运共同体思想才能进一步得到国际社会的认可。我国经济发展成就已经证明，改革开放是正确的发展道路，是中国经济发展的内在动力。人类命运共同体构建离不开继续深化改革开放，中国坚持改革开放道路也向世界传递着一个信息：中国的开放大门会越开越大，欢迎世界各国共享开放成果。

其次，加强同世界各国的交流。人类命运共同体的构建离不开世界各国的支持，因此构建人类命运共同体的前提是让世界人民了解什么是人类命运共同体。我们要加大宣传力度，不

---

① 陈伟光，刘彬. 全球经济治理的困境与出路：基于构建人类命运共同体的分析视阈[J]. 天津社会科学，2019（2）.

仅在政府层面通过高层会议、会谈等形式向世界表达我们共同构建人类命运共同体的强烈意愿，也要在社会及民间交流中充分展现人类命运共同体的魅力。例如，可以通过组织文化交流活动，向国际社会生动诠释人类命运共同体的丰富内涵；也可以通过开展学术研讨，以构建人类命运共同体为议题，共邀国内外学者集思广益，畅所欲言。由于人类命运共同体是全体人类的集合，是世界所有国家和地区的集合，因此各国之间的文化、宗教等方面的差异可能造成人类命运共同体构建的障碍。加强同世界各国交流，有助于各国"求同存异"，在核心问题上达成共识，推动人类命运共同体构建。

最后，依托"一带一路"平台促进经济合作。"一带一路"平台是世界涵盖地域范围最广、人口数量最多的合作平台，为人类命运共同体的构建提供了良好载体。"一带一路"倡导平等公平，受到共建国家的普遍欢迎和支持。在"一带一路"倡议下，各国加强经济合作，必将实现"共赢"。因此，"一带一路"是人类命运共同体的重要实践，共建"一带一路"取得的合作成果将进一步推动人类命运共同体的构建。

四、人类命运共同体的时代价值

人类命运共同体思想丰富和发展了开放治理思想，是全球经济治理的中国贡献，具有重要的理论意义和实践价值。

首先，开放治理思想是一系列思想的总称，不同的意识形态会产生不同的开放治理思想。人类命运共同体思想是中国特色社会主义开放治理思想的具体体现。全球经济治理是伴随着资本的全球扩张而产生的重要议题，是资本主义生产力发展的结果。因此，相对于其他思想，真正意义上的开放治理思想形成较晚，且构成较为单一，开放治理思想只有在思辨和争鸣中才能更好地发展。人类命运共同体思想，就是对开放治理思想的丰富和发展。其次，任何一种思想都不是凭空产生的，人类命运共同体思想的形成也并非偶然，而是有着深厚的理论来源和现实基础。人类命运共同体思想不是对西方开放治理思想的全面否定，而是在深刻批判和反思西方思想的基础上，结合现实世界经济的新形势、新变化提出的思想，是开放治理思想的新发展。此外，人类命运共同体思想滋养于博大精深的中华文化，又是科学社会主义的最新成果，还是站在超越国家中心主义的更高层次、寻求不同价值观的最大公约数。因此，相较其他治理思想，其更具包容性、适应性、灵活性。

人类命运共同体思想指导着全球经济治理的重大实践。首先，人类命运共同体思想使国家间的联系更为紧密。人类命运共同体反映了中华文明崇尚和平的鲜明特征，我国始终坚持同世界各国和平共处，决不推行霸权主义和强权政治，因此获得了众多国家支持。我国积极发展同周边国家关系，着力打造以中巴命运共同体、亚太命运共同体为代表的双边和地区组织命运共同体。同时，我国也重视同发展中国家间的往来，努力打造中非、中拉、中阿等发展中国家命运共同体。在中国带动下，世界其他国家之间也在加强联系，共同推动人类命运共同体的构建。其次，人类命运共同体思想使全世界共享发展红利。改革开放40年来，中国的发展与世界的发展相互成就，取得了巨大的成绩，如今已成为世界第二大经济体。"一带一路"倡议是人类命运共同体思想的伟大实践，推动了共建国家的基础设施建设和经济发展，从长远看必将成为一条造福全人类的幸福之路。最后，人类命运共同体思想推动国际新秩序构建。在全球治理出现严重危机，传统治理体系遭受越来越多质疑时，我国在人类命运共同体思想指导下，进一步促进金砖国家等新兴经济体间交流合作、主张在多边机制下商议全球经济问题、主动维护发展中国家利益，积极构建更加平等、包容、开放的国际新秩序。

第三节　共建"一带一路"与中国的开放治理

共建"一带一路"是我国主动应对全球经济增长格局变化，扩大和深化对外开放程度的重大战略决策，是我国对国际合作和全球治理新模式的积极探索。共建"一带一路"践行了我国人类命运共同体的开放治理新思想，展现了我国提供国际公共物品、协调同世界各国关系、建立并维护国际经济新秩序的能力，更体现了我国的大国责任感和历史使命感。

一、共建"一带一路"的提出

"一带一路"是"丝绸之路经济带"和"21 世纪海上丝绸之路"的简称。2013 年 9 月，中国国家主席习近平在对哈萨克斯坦进行国事访问期间，发表了题为《弘扬人民友谊　共创美好未来》的演讲，首次提出了邀请中亚各国共同建设"丝绸之路经济带"的倡议。同年 10 月，习近平主席出访东盟，在印度尼西亚国会发表了题为《携手建设中国-东盟命运共同体》的重要演讲，表达了中国愿同东盟各国加强海上合作，发展良好伙伴关系，共同建设"21 世纪海上丝绸之路"的美好愿望。此后，共建"一带一路"获得了国内外的广泛关注。党的十八届三中全会将"推进丝绸之路经济带、海上丝绸之路建设，形成全方位对外开放新格局"写入了《中共中央关于全面深化改革若干重大问题的决定》。十九大报告更是 5 次提到共建"一带一路",重申了中国积极参与全球治理的新方案。党的十九届四中全会进一步指出,要推进合作共赢的开放体系建设,推动共建"一带一路"高质量发展。

共建"一带一路"的提出,具有悠久深厚的历史和文化基础。两千多年前的西汉时期,张骞奉命出使西域,开辟出一条连接亚欧大陆、绵延数千公里的"丝绸之路"。六百多年前的明代,郑和下西洋,繁荣了古已有之的"海上丝绸之路"。"丝绸之路"和"海上丝绸之路"的开辟和繁荣,极大地方便了沿线各个国家和地区相互之间的贸易沟通,加速了当地的经济发展。这两条道路将古老的中华文明、印度文明、阿拉伯文明、波斯文明等世界几大文明贯穿在一起,促进了各文明之间的交流融合,增进了各地区各民族之间的情感与友谊。时至今日,共建"一带一路"的提出再一次将历史上的传奇之路、辉煌之路展现在世界眼前,在共建国家的竭诚合作之下,海陆两条"丝绸之路"必将重现昔日光彩。

共建"一带一路"国家在经贸合作上具有独特的地理优势。亚欧大陆幅员辽阔,资源丰富,各国之间紧密接壤,沟通便利。东临太平洋、南临印度洋,海路交通发达,航线交错。"丝绸之路经济带"的主要针对方向是中亚、西亚和中东欧大部分国家,而"21世纪海上丝绸之路"的主要针对方向是东南亚、南亚、中东及北非地区。两条路线针对方向明确,涵盖范围涉及亚欧大陆大部及非洲小部地区。具体而言,共建"一带一路"国家大致包括中国,东北亚2国(蒙古国、俄罗斯),东南亚11国(印度尼西亚、泰国、马来西亚、越南、新加坡、菲律宾、缅甸、柬埔寨、老挝、文莱、东帝汶),南亚7国(印度、巴基斯坦、孟加拉国、斯里兰卡、尼泊尔、马尔代夫、不丹),

西亚北非 20 国（沙特阿拉伯、阿联酋、阿曼、伊朗、土耳其、以色列、埃及、科威特、伊拉克、卡塔尔、约旦、黎巴嫩、巴林、也门共和国、叙利亚、巴勒斯坦、格鲁吉亚、阿塞拜疆、亚美尼亚、阿富汗），中东欧 19 国（乌克兰、白俄罗斯、摩尔多瓦、波兰、捷克共和国、斯洛伐克、罗马尼亚、保加利亚、匈牙利、拉脱维亚、立陶宛、斯洛文尼亚、爱沙尼亚、克罗地亚、阿尔巴尼亚、塞尔维亚、马其顿、波黑、黑山），以及中亚 5 国（哈萨克斯坦、乌兹别克斯坦、土库曼斯坦、吉尔吉斯斯坦、塔吉克斯坦）。①

　　"一带一路"是中国进行国际贸易的"通路"，具有重要的战略意义。随着多哈回合陷入僵局，WTO 框架下的多边贸易谈判进展缓慢，各国纷纷采取其他办法寻求贸易合作，区域贸易安排逐渐兴起。据 WTO 官方统计，在 1948—1994 年期间，关税及贸易总协定（GATT）共收到 123 项区域贸易协定的通知，而自 1995 年 WTO 成立以来，又增加了 300 多个区域贸易安排。从 20 世纪 90 年代开始，各国开展区域合作的速度明显加快。1990 年，向 WTO 通告的各种贸易互惠协定数为 40 个，短短 20 年间该数值增长了数十倍之多。中国作为亚太区域的重要经济体，近年来开始着力推进同世界各国的区域贸易合作。中国的区域贸易合作战略虽然起步较晚，但发展非常迅速。目前，中国已签和在谈区域贸易安排所涉及的经济体遍及亚洲、非洲、拉丁美洲、欧洲和大洋洲五大洲，其中中国周边地区的贸易合作数量占大多数。共建"一带一路"不只是一个区域贸

---

① 根据传统的全球大洲和次区域划分方法，将共建"一带一路"64 个国家（不含中国）划分为东北亚、东南亚、南亚、西亚北非、中东欧和中亚 6 个区域，具体参考国家信息中心"一带一路"大数据中心."一带一路"大数据报告（2017）[M]. 北京：商务印书馆，2017：209-210.

易安排,而是将若干区域贸易安排整合、贯通的倡议构想。中国一直秉承着平等公平、和平共处、互利互惠的原则同世界各国开展区域贸易合作,走的是一条"共赢"之路,并未谋求在某一地区拥有绝对的领导权,因此获得了大多数国家的支持与认可。然而,有些国家为了争夺亚太地区的控制权或者出于其他目的,一直将中国的和平崛起视为极大威胁,想方设法对中国的崛起加以阻挠。美国起初主导跨太平洋伙伴关系协议(TPP),作为其重返亚太战略的重要棋子。特朗普政府上台后退出了该协议,但却挑起了对中国的贸易战。显而易见,美国的目的是为自身谋求全球经济治理规则制定者的地位,并打压崛起中的中国。

中国经济在面临"外患"的同时,也需要着力解决"内忧"问题。改革开放以来,中国经济建设取得了骄人成果,GDP总量排名世界第二,在国际经贸谈判中掌握着越来越重要的话语权。但是,随着经济转型的不断深入,各种社会矛盾日益显现。中国经济进入"新常态"后,面临着经济增长速度放缓、产业结构调整和前期刺激政策消化等新问题,而地区之间发展不平衡、内需不足等老问题也急需解决。共建"一带一路"的提出,一是可以扩大内需,带动沿线各省市的经济发展,缓解东西部经济发展不平衡;二是可以增加对外基础设施建设投资和产业转移,加快产业结构调整步伐;三是可以开放中国的制造业和服务业市场,吸引共建"一带一路"国家对华投资,达到互利双赢的结果。因此说,共建"一带一路"是解决中国经济"内忧外患"的一剂良方。

二、共建"一带一路"的实施基础和主要风险

　　共建"一带一路"是中国人类命运共同体思想的具体实践，受到世界大多数国家的积极欢迎和广泛参与，具有坚实的建设基础。于津平、顾威（2016）具体分析了建设"一带一路"的基础。[①]第一，在区域经济合作加速发展的大背景下，中国与共建"一带一路"国家有着建立符合自身发展水平的区域经济合作的共同愿景。第二，中国与共建"一带一路"国家的贸易发展较为迅速，"一带一路"建设将在改善贸易条件、提高通关效率等方面显著促进沿线各国经贸关系的发展。第三，"一带一路"建设有利于中国发挥其基础设施供给端的优势，改善共建国家基础设施落后的现状。第四，"一带一路"贯穿我国西部，在推动我国与共建国家互联互通的同时，也促进了我国西部地区的基础设施建设，进而促进我国西部大开发战略的发展。第五，在我国人口红利消失，且传统制造业竞争力下降的背景下，共建"一带一路"是促进我国企业实现"走出去"的重要策略。此外，我国企业的发展经验及技术将会促进沿线发展中国家的经济发展。总之，共建"一带一路"对于推动沿线各国及各地区的经济发展有着显著的正向推动作用。"一带一路"的建设，一方面有利于促进沿线各国对资源的需求，增加各国资源出口，另一方面有利于沿线各国人口及产品向世界市场的转移，进而促进全球经济增长。共建"一带一路"对于加强沿线发展中国家的对外交流与合作，发挥自身的比较优势，促进区域内部的资源与要素流动、提高资源利用效率具有重要

---

　　① 于津平，顾威."一带一路"建设的利益、风险与策略[J]. 南开学报（哲学社会科学版），2016（1）.

意义。同时，"一带一路"的建设对于促进沿线各国广泛参与国际合作、提高产品竞争力具有重要的推动作用。

但与此同时，共建"一带一路"也面临着挑战与风险。首先，共建"一带一路"面临着大国博弈带来的战略反制。"一带一路"倡议同美国、日本及部分欧洲国家的全球利益存在一定冲突，势必引起这些国家的警惕甚至排斥。共建"一带一路"涵盖了亚欧大陆大部分国家和地区，是一个范围广泛的合作平台，共建国家互联互通的实现将引起地缘政治和经济格局的重构，各国在亚太区域的掌控能力将重新洗牌。鉴于对共建"一带一路"可能带来利益损失的猜测，个别国家将在一定程度上予以抵制，并通过实施其他战略布局实现对中国的战略反制。其次，共建"一带一路"国家的政治和投资风险不容小觑。共建"一带一路"部分国家长期面临着内战困扰，国内政治、经济秩序混乱。随着国际安全环境的整体趋紧，国际恐怖主义、极端主义有抬头迹象，严重威胁着沿线区域和平稳定。中国对共建国家的投资主要是建设和投资回报周期均较长的基础设施投资，共建国家的政治环境是重点防范的投资风险之一。最后，中国同共建国家的文化、宗教等方面的差异，也是共建"一带一路"面临的挑战。共建"一带一路"国家数量众多，文化、宗教方面的差异较大，将对各国之间交流沟通造成一定影响。中国应秉承"求同存异"的原则，加深同沿线国家之间的了解和信任，消除隔阂，携手合作。

三、共建"一带一路"的思想价值和发展前景

共建"一带一路"蕴含的思想不同于传统的开放治理思想，是中国为全球经济治理贡献的智慧。在共建"一带一路"

的指引下，中国将在全球经济治理中发挥越来越重要的作用。

"一带一路"的重要思想价值体现在：第一，"一带一路"倡议的核心是"合作共赢"。共建"一带一路"是站在世界全体人民共同发展的层面提出的，是中国人类命运共同体思想的具体实践，超越了狭隘的国家主义和民族主义。因此，"一带一路"框架下，各国的关系主要体现的不是竞争而是合作，不是零和博弈而是共同获益。当然，各国在某些领域的竞争不可避免，但竞争的结果不是一方铩羽而归，而是双方共同进步。从长远利益和总体利益上看，一定是"共赢"的结果。第二，共建"一带一路"倡导平等公平。不同于以往霸权主义思想的压榨性和掠夺性，共建"一带一路"倡议，国家间交流合作的前提是平等公平。各国无论大小贫富，在国际事务中均享有平等的话语权，对发展成果也同样享受公平的分配权。正因如此，共建"一带一路"受到世界大多数国家的欢迎与支持。第三，共建"一带一路"不是对现有全球经济治理体系的挑战，而是强有力的补充。共建"一带一路"维护联合国的合法地位，尊重 WTO 等国际组织的重要职能，努力维持国际政治经济秩序稳定。与此同时，共建"一带一路"通过设立丝路基金、亚投行等全球经济治理新机制，对解决全球经济治理困境提出了新思路、新方案，使现有全球经济治理体系更加完善。

共建"一带一路"在实践中受到共建国家的热烈响应和积极支持，取得了初步成功，未来发展前景乐观。首先，在共建"一带一路"下，沿线发展中国家间合作将更加紧密。"一带一路"沿线以发展中国家为主，经济发展水平普遍较低，未来经济发展潜力巨大。中国同共建国家，特别是同俄罗斯、印度等发展中大国，将开展更为深入的合作。其次，亚洲和欧洲国家间的联系将更为密切。传统的全球经济治理体系存在"二元论"和"中心-外围"理论的影子,发达国家和发展中国家间联系较为松散,地位不平等。但共建"一带一路"将使亚洲国家和欧洲国家间实现互联互通,共同促进整个欧亚大陆发展。总而言之,"一带一路"的包容性和战略高度,必将带来更为广阔的发展前景。

第九章 当代中国治理创新与国家经济治理现代化

按照马克思主义的观点，国家治理及其现代化的内在逻辑是对生产关系的治理要适应生产力发展的要求，对上层建筑的治理要适应经济基础的要求。这意味着国家经济治理现代化是一个动态的调整过程。随着中国特色社会主义进入新时代，中国的发展站在了新的历史方位上，这必然要求通过治理创新来适应中国在发展理念、发展方式、发展环境和发展条件等方面出现的重大变化。

第一节 共享发展理念与国家经济治理现代化

在党的十八届五中全会上，党中央提出了"创新、协调、绿色、开放、共享"五大发展理念，为我国社会经济的发展指明了方向。其中，"共享"作为社会主义中国发展的价值旨归，如何在我国未来发展过程中促进社会发展成果由全体人民共享，最终实现社会的共同富裕和人的全面发展，是我国国家治理过程中需要解决的关键问题之一。对此，以习近平同志为核心的党中央对共享发展的内涵做出了全面而深刻的阐释，引起了国内学者的广泛探讨，这必将对中国特色社会主义建设过程中理论的发展和实践的进行产生重大影响。

一、共享发展理念的形成及其内涵延伸

共享发展理念在我国的形成不是一蹴而就的，而是在我国社会主义建设过程中提出并逐渐发展完善的。在社会主义制度确立之初，毛泽东就在《论十大关系》中提出要处理好生产成果在不同群体中的分配，实现国家、工厂、合作社、工人和农民对生产成果的共享，他指出："关于工资，最近决定增加一些，主要加在下面，加在工人方面，以便缩小上下两方面的距离""国家和工厂，国家和工人，工厂和工人，国家和合作社，国家和农民，合作社和农民，都必须兼顾，不能只顾一头"。①改革开放之后，邓小平明确指出了社会主义的本质就是"解放生产力，发展生产力，消灭剥削，消除两极分化，最终达到共同富裕"。"走社会主义道路，就是要逐步实现共同富裕"。②共同富裕理念的提出，为共享发展指明了最终奋斗目标。在党的十五大上，党中央提出了实现共同富裕的重要手段，即"坚持和完善按劳分配为主体的多种分配方式，允许一部分地区一部分人先富起来，带动和帮助后富，逐步走向共同富裕。"从而使人民能够"共享经济繁荣的成果"。③

进入 21 世纪后，中国共产党对共享发展的认识越发深刻，理论也更加成熟，开始明确提出让人民共享发展成果的思想。在党的十六大上，江泽民指出，我国要"在经济发展的基础上，促进社会全面进步，不断提高人民生活水平，保证人民共享发

---

① 毛泽东. 论十大关系[M]. 北京：人民出版社，1976：8，11.
② 邓小平文选（第三卷）[M]. 北京：人民出版社，1993：373.
③ 中国政府网. http://www.gov.cn/test/2008-07/11/content_1042080.htm.

展成果"①。在党的十七大上，胡锦涛指出，我们必须"走共同富裕道路，促进人的全面发展，做到发展为了人民、发展依靠人民、发展成果由人民共享"②。在党的十八大上，党中央提出："共同富裕是中国特色社会主义的根本原则。要坚持社会主义基本经济制度和分配制度，调整国民收入分配格局，加大再分配调节力度，着力解决收入分配差距较大问题，使发展成果更多更公平惠及全体人民，朝着共同富裕方向稳步前进。"③

在党的十八届五中全会上，以习近平同志为核心的党中央正式提出共享发展理念，并对共享发展的科学内涵做出全面阐述，"一是共享是全民共享。这是就共享的覆盖面而言的。共享发展是人人享有、各得其所，不是少数人共享、一部分人共享。二是共享是全面共享。这是就共享的内容而言的。共享发展就要共享国家经济、政治、文化、社会、生态各方面建设成果，全面保障人民在各方面的合法权益。三是共享是共建共享。这是就共享的实现途径而言的。共建才能共享，共建的过程也是共享的过程。要充分发扬民主，广泛汇聚民智，最大激发民力，形成人人参与、人人尽力、人人都有成就感的生动局面。四是共享是渐进共享。这是就共享发展的推进进程而言的。一口吃不成胖子，共享发展必将有一个从低级到高级、从不均衡到均衡的过程，即使达到很高的水平也会有差别。我们要立足国情、立足经济社会发展水平来思考设计共享政策，既不裹足不前、铢施两较、该花的钱也不花，也不好高骛远、寅吃卯粮、口惠而实不至。这四个方面是相互贯通的，要整体理解和把

---

① 中国政府网. http://www.gov.cn/test/2008-08/01/content_1061490.htm.

② 中国政府网. http://www.gov.cn/ldhd/2007-10/24/content_785431.htm.

③ 中国人大网. http://www.npc.gov.cn/zgrdw/npc/zggcddsbcqgdbdh/2012-11/19/content_1743312.htm.

握。"①共享发展理念由此正式形成。

随着共享发展理念的形成和提出，国内学术界掀起了一股研究共享发展的热潮，学者们从不同角度对共享发展的内涵进行了研究，从而使我国共享发展理念的内涵不断丰富起来。

从经济学角度理解共享发展的内涵。李炳炎、徐雷（2017）基于马克思的劳动价值论等理论，指出整个社会中的企业生产的价值都是由 $c+v+m$ 构成的，在资本主义企业中，$c+v$ 是企业主的成本，其中 v 由劳动者获得，m 是企业获得的利润。而在公有制企业中，由于劳动者是生产资料的所有者，因此企业生产的成本只有 c，$v+m$ 是劳动者共同占有的部分，公有制经济中的共享就是对这一部分价值进行共享。②刘凤义和李臻（2016）认为，共享发展的实质就是把剩余劳动转化为必要劳动。同时，共享发展的实践不应仅仅局限于分配领域，也存在于生产领域，即要保障劳动者参与企业管理、获得良好的生产环境和劳动条件的权利。③赵振华（2016）认为，共享发展应该更侧重于发展模式，即发展是共享型的发展。这种发展模式是通过建立相应的制度体系，使得全体民众在经济发展过程中共同享有社会发展的成果。④而陈文通（2016）则认为，共享发展是共享社会发展的成果，更侧重于对社会发展成果的分配。⑤

从共享发展与共同富裕的关系理解共享发展的内涵。范从来（2017）在对比共享发展和共同富裕的基础上分析了共享发

① 新华网. http://www.xinhuanet.com//politics/2016-05/10/c_128972667.htm.

② 李炳炎，徐雷. 共享发展理念与中国特色社会主义分享经济理论[J]. 管理学刊，2017（4）.

③ 刘凤义，李臻. 共享发展的政治经济学解读[J]. 中国特色社会主义研究，2016（2）.

④ 赵振华. 关于共享发展的若干问题[J]. 理论探索，2016（4）.

⑤ 陈文通. 更新和端正发展理念具有决定意义[J]. 经济纵横，2016（4）.

展的内涵。他指出，共享发展是发展和分配的统一，即在做大蛋糕的基础上分好蛋糕；共享发展是初次分配和再次分配的统一，强调了正确处理好政府与市场的关系；共享发展是社会各阶层的统一，强调的是激发不同阶层和群体的活力，促进各阶层共建共享，实现全社会的共生共荣。①韩步江（2017）认为，共享发展和共同富裕是手段和目标的关系，即共同富裕是共享发展的目标和动力，而贯彻共享发展理念则是实现共同富裕的主要手段。也有学者认为共享发展并不是实现共同富裕的手段，而是实现共同富裕的指导原则，指引着我们全面建成小康社会，实现共同富裕。②同时，共享发展理念也给了共同富裕新的解读，范迎春（2017）认为，共享发展理念作为党和国家在追求共同富裕道路上对共同富裕内涵的进一步丰富，其本身就包含着对共同富裕的新的理解。③

从多重维度理解共享发展的内涵。李占才（2016）认为，共享发展指的不仅仅是共享发展成果，还包含了共享发展机遇，即打破某些群体对发展机会的垄断，使每个人都公平地享有社会给予的发展条件；共享发展权利，即每个人都有让自己获得自由而全面发展的权利；共享发展过程，即让每个社会成员都参与到社会主义事业的建设当中，形成人人参与、各尽所能的局面；共享发展愿景，就是增强广大人民群众对"两个一百年"目标的认同，对实现中华民族伟大复兴中国梦的认同。④赵满华（2016）提出，共享发展的理念具有很强的普适性，可以适用于不同的领域，共享的层次也随着生产力水平的不同而变动。

① 范从来. 探索中国特色社会主义共同富裕道路[J]. 经济研究，2017（5）.
② 韩步江. 共同富裕：中国特色社会主义共享发展理念的目标指向[J]. 云南民族大学学报（哲学社会科学版），2017（4）.
③ 范迎春. 共享发展：马克思社会学说的当代表达[J]. 河南社会科学，2017（6）.
④ 李占才. 共享发展的思想内涵和实践导向[J]. 湖湘论坛，2016（3）.

他从共享发展与其他经济问题的关系——共享发展与分享经济、共同富裕、公共服务及现实生活的关系——更加清晰地界定了共享发展的内涵边界。①张国清和何怡（2017）则认为，共享主要指的是经济、社会和政治上的共享。经济上的共享主要指的是经济公平，社会上的共享指的是对所有社会成员参与共享权利的认同，政治上的共享则指的是对某些特权的否定。②也有一些学者从全民共享、全面共享、共建共享和渐进共享四个方面来阐述共享发展的内涵。其中，全民共享指的是每个人都能享有改革开放发展的成果，体现了社会主义社会对公平正义的追求；全面共享指的是全体人民共同地享有我国在经济、政治、文化、社会和生态建设过程中的成果，体现了社会主义总布局的统一；共建共享体现了社会发展是由不充分到充分的过程，共享的实现是建立在经济发展的基础上的。同时，这一过程的实现也体现了渐进共享的理念。③苗瑞丹和代俊远认为，共享发展的内涵包括三个方面，一是共享发展的主体是发展成果的"创造者"，这里强调普惠性，即全体社会成员特别是社会弱势群体都能够平等地分享社会发展成果。二是共享发展的客体是"发展成果"，这里强调广泛性，即共享的内容应该体现在社会成员在经济、政治、文化、社会等各方面的权益得到充分的尊重和保障。三是共享发展的目的与宗旨是"共享"，这里强调历史性和渐进性，即共享不是"平均享有"，而是以一定社会经济条件为基础、承认合理差别，通过全国人民的共同奋斗，逐渐实现全面共享。

---

① 赵满华. 共享发展的科学内涵及实现机制研究[J]. 经济问题，2016（3）.

② 张国清，何怡. "共享发展"理念相关问题之考察[J]. 云南社会科学，2017（5）.

③ 陆自荣，张颖. 从"共同富裕"到"共享发展"：理念的继承与创新[J]. 湖南科技大学学报（社会科学版），2017（5）.

二、共享发展理念指引下的国家经济治理观

习近平指出，"共享理念实质就是坚持以人民为中心的发展思想，体现的是逐步实现共同富裕的要求。"[①]为了实现这一目标，党中央在全面建成小康社会、精准扶贫等方面进行了深入的探索，形成了一系列经济治理思想。

在全面建成小康社会方面，党中央主要对全面建成小康社会所处的历史阶段和内涵进行了阐述。从全面建成小康社会所处的历史阶段来看，全面建成小康社会是"实现中华民族伟大复兴中国梦的关键一步"[②]。习近平指出，实现中华民族伟大复兴的中国梦"凝聚了几代中国人的夙愿，体现了中华民族和中国人民的整体利益，是每一个中华儿女的共同期盼"[③]。而在实现这一梦想的过程中，必须实现"两个一百年"奋斗目标，即"到2020年国内生产总值和城乡居民人均收入在2010年基础上翻一番，全面建成小康社会。到本世纪中叶，建成富强民主文明和谐的社会主义现代化国家，实现中华民族伟大复兴的中国梦"[④]。在这种情况下，全面建成小康社会与实现中华民族伟大复兴的中国梦被紧密地联系起来，全面建成小康社会成为实现中华民族伟大复兴的必经阶段。只有实现全面建成小康社会的目标，实现中华民族的伟大复兴才有了坚实的基础。同时，将全面建成小康社会作为实现中华民族伟大复兴的阶段性目标，有利于更好地激励全党和全国各族人民，为党领导人民继续团结奋斗提供精神动力。

---

① 习近平. 深入理解新发展理念[J]. 当代党员，2019（12）.

② 习近平. 在中阿合作论坛第六届部长级会议开幕式上的讲话[N]. 人民日报，2014-06-06（2）.

③ 习近平关于实现中华民族伟大复兴的中国梦论述摘编[M]. 北京：中央文献出版社，2013：3.

④ 习近平接受拉美三国媒体联合书面采访[N]. 人民日报，2013-06-01（1）.

　　同时，全面建成小康社会是我国"四个全面"战略布局的最终目标，指引着党和政府的工作方向。党的十八大以来，党中央逐渐形成了全面建成小康社会、全面深化改革、全面依法治国和全面从严治党的"四个全面"战略布局。这是"从我国发展现实需要中得出来的，从人民群众的热切期待中得出来的，也是为推动解决我们面临的突出矛盾和问题提出来的"①。在"四个全面"战略布局中，全面建成小康社会是首要的，是我国经济社会发展的战略目标，指引着党和政府的各项工作。全面深化改革、全面依法治国和全面从严治党则是实现全面建成小康社会的手段。其中，全面深化改革为我国经济社会的发展提供动力，进而为全面建成小康社会提供物质基础；全面依法治国有利于促进我国法律法规体系的完善，为全面建成小康社会提供良好的法治环境和法律保障；全面从严治党则有利于改善党的作风，巩固和增强党的领导地位和领导能力，使党成为全面建成小康社会的坚强领导核心。在全面建成小康社会目标的指引下，三者相互结合、相互协调，推动我国社会主义建设事业不断前进。

　　从全面建成小康社会的内涵来看，一方面，全面建成小康社会就是解决城乡和区域发展不平衡的问题，让农村、老区和少数民族人民共享社会发展成果。习近平多次在会议中强调，"全面建成小康社会，最艰巨最繁重的任务在农村，特别是在贫困地区。没有农村的小康，特别是没有贫困地区的小康，就没有全面建成小康社会。"②"全面建成小康社会，没有老区

　　① 习近平同党外人士共迎新春 代表中共中央，向各民主党派、工商联和无党派人士，向统一战线广大成员，致以新春的祝福[N]. 人民日报，2015-02-13（1）.
　　② 习近平到河北阜平看望慰问困难群众时强调：把群众安危冷暖时刻放在心上 把党和政府温暖送到千家万户[N]. 人民日报，2012-12-31（1）.

的全面小康，没有老区贫困人口脱贫致富，那是不完整的。"①
"全面实现小康，一个民族都不能少。"②也就是说，在我国全
面建成小康社会的过程中，农村、老区和少数民族地区是国家
需要关注的重点区域，只有这些地区的人民群众也过上了小康
生活，我国全面建成小康社会的目标才能真正得以实现。另一
方面，全面建成小康社会就是建成全面协调发展的社会。习近
平指出："中国特色社会主义是全面发展的社会主义。"在全
面建成小康社会的过程中，最重要的任务之一就是"协调推进
政治建设、文化建设、社会建设、生态文明建设以及其他各方
面建设"③。其中，在经济建设方面，习近平坚持以人民为中心
的发展思想，围绕改善人民的生活提出了衡量全面建成小康社
会的标准，即"更好的教育、更稳定的工作、更满意的收入、
更可靠的社会保障、更高水平的医疗卫生服务、更舒适的居住
条件、更优美的环境"④。这意味着我国要建成的小康社会是在
满足人民基本生活需要之后，经济社会的发展质量不断提高，从
而满足人们对美好生活的需要，使人民群众有更多的获得感的
社会。

　　在精准扶贫方面，党中央主要从精准扶贫的内涵和实现路
径进行了思考。从精准扶贫的内涵来看，习近平指出："扶贫
开发贵在精准，重在精准，成败之举在于精准。各地都要在扶
持对象精准、项目安排精准、资金使用精准、措施到户精准、

　　① 习近平春节前夕赴陕西看望慰问广大干部群众向全国人民致以新春祝福　祝
祖国繁荣昌盛人民幸福安康[N]. 人民日报，2015-02-17（1）.

　　② "全面实现小康，一个民族都不能少"——习近平总书记会见贡山独龙族怒族
自治县干部群众代表侧记[N]. 人民日报，2015-01-23（1）.

　　③ 中共中央文献研究室. 十八大以来重要文献选编（上）[M]. 北京：中央文献
出版社，2014：77.

　　④ 习近平谈治国理政[M]. 北京：外文出版社，2014：4.

因村派人（第一书记）精准、脱贫成效精准上想办法、出实招、见真效。"①从扶贫对象精准来看，就是要精准识别贫困对象，弄清楚贫困地区、贫困户的具体数量和状况，做到心中有数，这样才能有针对性地采取扶贫措施。从项目安排精准来看，就是要针对不同贫困地区、贫困户的情况采取相应的措施。同时，在采取扶贫措施的过程中，要加强对这些措施有效性的评估，及时对扶贫措施进行改进，使之更加适应不同地区和群众的情况。从资金使用精准来看，最主要的是加强对扶贫资金的管理，使扶贫资金主要用于帮助贫困地区和贫困群众自我"造血"能力的提升上，防止扶贫资金在被消耗完之后群众再次返贫。从措施到户精准来看，必须坚持完善扶贫管理机制，确保扶贫资金、扶贫政策落实到每一位贫困户身上，使贫困户能够借助这些资金和政策改善生活环境、提高劳动能力，从而更好地在政府和社会的帮助下依靠自己的力量脱离贫困。从因村派人精准来看，主要是要加强对党员干部的培养，提高基层干部发现贫困地区"穷根"的能力。同时，还要发挥基层党组织的战斗堡垒作用和先锋模范作用，使之成为贫困地区群众脱贫的领路人。通过这些方式，才能使精准扶贫政策取得良好效果，从而改善贫困地区人民的生活水平，提高贫困地区人民的内生发展能力，最终实现脱贫成效精准。

从精准扶贫的实现路径来看，一方面，要促进政府、社会等各方面合力形成巨大的扶贫力量。从我国当前的状况来看，对贫困地区和贫困群众进行精准扶贫需要大量的资金支持，仅依靠政府资金无法满足精准扶贫所需。因此，必须引入社会力量，形成政府和社会共同参与扶贫的局面。对此，习近平指出，

---

① 习近平在部分省区市党委主要负责同志座谈会上强调谋划好"十三五"时期扶贫开发工作,确保农村贫困人口到 2020 年如期脱贫[N]. 人民日报,2015-06-20(2).

我国要"弘扬中华民族扶贫济困的传统美德，培育和践行社会主义核心价值观，动员社会各方面力量共同向贫困宣战，继续打好扶贫攻坚战""全党全社会要继续共同努力，形成扶贫开发工作强大合力"。①而在精准扶贫的过程中，要发挥政府的主导和引导作用，在加大政府对贫困地区的政策和资金倾斜的同时，引导社会资本准确地流入贫困地区中，"坚持政府投入在扶贫开发中的主体和主导作用，增加金融资金对扶贫开发的投放，吸引社会资金参与扶贫开发。"②只有使政府力量和社会力量形成合力，才能广泛汇聚全社会的扶贫资源，帮助贫困地区人民早日脱离贫困。

另一方面则是要增强贫困地区发展的内生动力。在扶贫工作中，防止群众再次返贫是一项重要工作。因此，扶贫工作的重要任务之一就是要加强贫困群众的自我发展能力，使他们在脱贫之后能够依靠自己的努力逐渐富裕起来。习近平强调："摆脱贫困，一定要找到'内生动力'。"③而要增强贫困地区和贫困群众的内生发展动力，最有效的手段就是为贫困群众提供良好的教育资源，从而提高贫困群众受教育水平，增强他们的劳动能力。因此，习近平在多次会议中强调："授人以鱼，不如授人以渔。扶贫必扶智。让贫困地区的孩子们接受良好教育，是扶贫开发的重要任务，也是阻断贫困代际传递的重要途径。"④此外，扶贫还须"扶志"，单纯的物质扶贫很难让没有主观能动性的人脱离贫困。因此，必须重视对贫困群众的精神扶贫，激发贫困群众的脱贫积极性，才能使扶贫工作取得切实成效。对

---

① 中国政府网. http://www.gov.cn/xinwen/2014-10/17/content_2767106.htm.

② 习近平在部分省区市党委主要负责同志座谈会上强调谋划好"十三五"时期扶贫开发工作,确保农村贫困人口到 2020 年如期脱贫[N]. 人民日报,2015-06-20(2).

③ 人民网. http://politics.people.com.cn/n/2014/1017/c1001-25854660.html.

④ 习近平. 携手消除贫困, 促进共同发展[N]. 人民日报, 2015-10-17（2）.

此，习近平在湘西考察时着重指出，"脱贫致富贵在立志，只要有志气、有信心，就没有迈不过去的坎。"在随后的减贫与发展高层论坛上，习近平又再次强调了"扶志"的重要性："我们坚持开发式扶贫方针，把发展作为解决贫困的根本途径，既扶贫又扶志，调动扶贫对象的积极性，提高其发展能力，发挥其主体作用。"可以看到，我国在扶贫开发中必须实现内外合力，才能巩固扶贫开发的成果，使贫困群众走出脱贫再返贫的怪圈，逐渐走上富裕之路。

三、共享发展理念的时代价值

自共享发展理念提出后，学界对其时代价值进行了热烈的讨论，深入分析了共享发展理念对当前中国的理论意义和实践意义。从理论意义来看，很多学者认为，共享发展理念的提出对中国特色社会主义政治经济学的发展有重大的意义。孙宁华和洪银兴（2017）指出，包括共享发展理念在内的新发展理念"是中国特色社会主义政治经济学最简洁、最深刻的凝练和概括，是中国特色社会主义政治经济学的思想精髓，揭示了中国特色社会主义经济发展的新动能，以新发展理念推进中国特色社会主义政治经济学符合时代发展"[①]。杨继瑞（2017）认为，共享发展理念反映了新时代中国特色社会主义政治经济学的价值立场和问题导向，有利于新时代中国特色社会主义政治经济学的理论创新，开辟了新时代中国特色社会主义政治经济学的新境界。[②]邵彦敏、陈肖舒（2017）指出，共享发展理念中所蕴

---

　　① 孙宁华，洪银兴. 新发展理念与中国特色社会主义政治经济学[J]. 毛泽东邓小平理论研究，2017（8）.

　　② 杨继瑞. 新发展理念的经济学解析与思考——基于社会主义基本经济规律的视角[J]. 中国高校社会科学，2017（2）.

含的以人民为中心的价值取向和方法论特色，为中国特色社会主义政治经济学奠定了立场和方法论基础，理应成为未来中国特色社会主义政治经济学的主要研究方向。[①]沈佩翔和蒋锦洪（2019）认为，共享发展的内涵构成了新时代中国特色社会主义政治经济学的逻辑主线，全民共享、全面共享、共建共享和渐进共享分别从主体维度、内容维度、动力维度和过程维度实现了对新时代中国特色社会主义政治经济学的创新。[②]

也有学者从对马克思主义理论进行发展和创新的角度分析了共享发展理念提出的贡献。方凤玲和白暴力（2017）认为，共享发展在继承马克思主义发展目的理论的基础上，发展了马克思主义的生产力价值目标理论，实现了对马克思主义相关理论的深化。[③]傅红冬（2017）也提出，在马克思主义经典作家的论述当中，本身就包含了对共享发展的阐述，而中国特色社会主义共享发展理念的提出，是对马克思主义共享发展理论的继承和创新，实现了马克思主义发展理论的新飞跃。[④]韩英丽（2017）则认为，共享发展理念不仅是对马克思主义发展理论的超越，也是对马克思公平理论的超越。[⑤]胡宇萱和龙方成（2019）认为，共享发展理念是对共产主义理论的继承和创新，是将马克思主义基本理论与中国特色社会主义实际相结合形成的新成果，更

[①] 邵彦敏，陈肖舒. 以共享发展引领供给侧改革[J]. 思想理论教育导刊，2017（4）.

[②] 沈佩翔，蒋锦洪. 共享发展：新时代中国特色社会主义政治经济学的逻辑主线[J]. 西安财经学院学报，2019（3）.

[③] 方凤玲，白暴力. 五大发展理念对马克思主义发展观的丰富和发展[J]. 福建论坛（人文社会科学版），2017（5）.

[④] 傅红冬. 马克思主义共享发展理念的时空转换[J]. 学海，2017（5）.

[⑤] 韩英丽. 共享发展对马克思主义公平理论的继承与超越[J]. 人民论坛，2017（16）.

是中国共产党在我国进入新时代后所提出的新要求。①

　　还有学者从其他方面分析了共享发展提出的理论意义。杨洋和胡近（2018）从三个维度分析了共享发展理念的理论意义。他们认为，从"曾在"角度来看，共享发展理念既是对过去零和博弈思维的突破，也是对资本主义剥削机制的反驳；从"此在"角度来看，共享发展理念所体现的社会正义观，实现了从狭隘的个人主义观向集体共同主义观的飞跃；从"将在"角度来看，共享发展理念为实现每个人自由而全面发展的社会绘制了蓝图。②陈松友和汤克敌（2018）提出，共享发展理念的提出升华了中国共产党的执政理念，为新时代党的建设提供了新的指导思路，有利于将党的治国理政思想提升到新的境界。③郭关玉和高翔莲（2017）则认为，共享发展理念的提出，不仅促进了对共同富裕理论内涵的认识的丰富和深化，还促进了中国特色社会主义发展理论的丰富和深化。④

　　同时，共享发展理念的提出对促进我国社会经济持续健康发展，从而全面建成小康社会，实现共同富裕也有很强的实践指导意义。熊晓琳、王丹（2016）认为，共享发展理念的提出为我国收入分配制度的改革提供了理论指导。从价值目标来看，共享发展理念实现了对资本逻辑的超越，确定了收入分配制度改革的方向；从逻辑方法来看，共享发展理念体现了生产力和生产关系的统一，为收入分配制度改革提供了方法。因此，共

---

① 胡宇萱，龙方成. 共享发展：新时代中国特色社会主义的价值追求[J]. 湖南大学学报（社会科学版），2019（3）.

② 杨洋，胡近. "共享发展"价值意蕴的三重维度[J]. 宁夏社会科学，2018（4）.

③ 陈松友，汤克敌. 共享发展：中国共产党执政理念的升华[J]. 思想教育研究，2018（4）.

④ 郭关玉，高翔莲. 共享发展：中国特色社会主义的本质要求[J]. 社会主义研究，2017（5）.

享发展理念是指导我国社会经济发展，促进我国民生改善的强大思想武器。①杨宏伟、张倩（2018）也认为，共享发展为我国分配制度的改革指明了方向。共享发展有利于提升我国的分配层次，使分配不仅仅局限于物质产品，还包含了对发展机会、发展权利的分配的改善；有利于促进分配内容的扩展，使人们可以获得更多的要素资源，减小因占有要素资源的不平衡导致的贫富差距；有利于革新我国的分配方式，使我国不仅能通过宏观手段来调节分配，也能通过微观方式来调节分配。②张国清（2018）认为，共享发展理念的提出有利于提升人民在物质财富、发展机会和精神方面的获得感。具体来说，共享发展理念内含的公平正义价值观将引导产权制度的变革，使之更符合人民的利益；可以促进政府管理方式的变革和公有制经济的发展壮大；有利于缩小社会不同阶层和群体之间在经济、政治等方面的差距；为我国贫困问题的解决提供切实可行的方案，促进全社会的共同富裕。③代贤萍（2016）认为，共享发展理念具有重要的时代价值，它的提出不仅为我国全面深化改革提供了强大的动力，也为党的长期执政提供了强有力的保障，更体现了中国特色社会主义的本质要求，显示出了社会主义的巨大优越性。④邵彦敏、陈肖舒（2017）认为，共享发展理念的提出对我国供给侧结构性改革有重要的引领作用。在我国供给侧结构性改革的过程中，面临着公共服务供给和需求不平衡等诸多问题，这些问题的产生大多是由于资源配置不均衡，制度体系不公正，

① 熊晓琳，王丹. 共享发展理念的多维探究[J]. 思想理论教育导刊，2016（8）.
② 杨宏伟，张倩. 共享发展是新时代深化分配制度改革的目标指向[J]. 东北大学学报（社会科学版），2018（6）.
③ 张国清. 作为共享的正义——兼论中国社会发展的不平衡问题[J]. 浙江学刊，2018（1）.
④ 代贤萍. 论共享的理论意蕴与时代价值[J]. 湖北社会科学，2016（7）.

需要通过共享发展来解决。^①董朝霞（2016）提出，在我国实施"五位一体"总体布局战略的过程中，贯彻落实共享发展理念有利于实现人们对政治、经济、文化、社会和生态文明发展成果的共享。^②陆自荣和张颖（2017）认为，共享发展从制度理念、内涵、人际关系、实现途径等方面实现了对共同富裕理念的超越和拓展，为我国全面建成小康社会、实现共同富裕提供了制度方案和实现途径。^③刘方喜（2018）认为，在人工智能不断发展的今天，资本运行逻辑下的相对过剩人口正逐渐变成绝对过剩人口，资本主义面临着发展的极限。而共享发展的提出，使我国不会出现资本主义社会生产关系对生产力产生束缚的现象，有利于促进我国生产力的发展，从而为实现每个人自由而全面的发展提供良好的条件。^④左鹏（2016）着重从共享发展在新发展理念中的地位论述了共享发展的作用，他提出共享发展是其他四大发展理念的终极目标和发展质量的衡量标准，也是贯彻落实其他四大发展理念的精神动力。^⑤范慧等（2017）认为，当前我国社会福利制度存在的问题使农民和农民工无法享受到应有的社会福利，违背了共享发展理念中提出的全民共享原则。共享发展的提出，有利于我国以共享发展理念为指导，对社会福利制度进行改革，从而促进我国社会福利制度的完善。^⑥

共享发展理念的提出对调节社会关系、促进社会和谐有重

① 邵彦敏，陈肖舒. 以共享发展引领供给侧改革[J]. 思想理论教育导刊，2017（4）.
② 董朝霞. 论共享发展理念与中国特色社会主义[J]. 思想理论教育，2016（8）.
③ 陆自荣，张颖. 从"共同富裕"到"共享发展"：理念的继承与创新[J]. 湖南科技大学学报（社会科学版），2017（5）.
④ 刘方喜. 共享：人工智能时代社会主义分配关系的新探索[J]. 甘肃社会科学，2018（2）.
⑤ 左鹏. 共享发展的理论蕴涵和实践指向[J]. 思想理论教育导刊，2016（1）.
⑥ 范慧，范和生，杨程. 共享发展理念下社会福利机制的建构逻辑与实践路径[J]. 宁夏社会科学，2017（5）.

要的意义。潘格格和刘爱莲（2017）认为，共享发展理念的提出，有利于缩小我国的贫富差距并缓和由此带来的社会矛盾，从而促进人与人之间关系的和谐，最终促进我国经济的持续健康发展。这为我国全面建成小康社会，实现中华民族伟大复兴的中国梦提供了动力。①邹升平和贾力（2018）认为，我国推进共享发展有利于促进劳动异化的复归。在资本主义生产资料私人占有的逻辑下，劳动者的劳动必然出现异化，中国特色社会主义坚持共享发展并促进劳动成果归劳动者所有，有利于减轻乃至消除这种异化现象。②罗克全和王洋洋（2019）认为，在资本主义条件下，劳动异化导致了资产阶级和无产阶级之间的两极分化，而在中国特色社会主义社会中，贯彻落实共享发展理念将逐渐消除劳动异化，实现全社会共同富裕，体现出了共享发展对劳动异化的超越。③李淑和李松龄（2018）认为，共享发展理念的提出能够促进我国国有企业的混合所有制改革，也有利于资本发挥其改善市场中劳动力供求关系的能力。这使得劳动者可以共同享有社会发展成果，建成社会主义和谐社会。④刘海军和王平（2017）认为，共享发展的提出使农村在治理方面由自治变为共治，农村经济利益由独享变为共享，推动农村价值观念逐渐共通，从而有利于化解农村中出现的"原子化"现象，促进农村中人与人交往的有序进行，从而建立起良好的基层组织生态环境，最终完成对农村命运共同体的构建。⑤

---

① 潘格格，刘爱莲. 论共享发展理念及其时代意蕴[J]. 河海大学学报（哲学社会科学版），2017（5）.

② 邹升平，贾力. 社会主义公有制与共享发展的逻辑共性及实践途径[J]. 思想理论教育，2018（7）.

③ 罗克全，王洋洋. 共享发展对劳动异化的现实超越[J]. 江淮论坛，2019（2）.

④ 李淑，李松龄. 对共享发展理念的几点理论认识[J]. 经济纵横，2018（6）.

⑤ 刘海军，王平. 共享发展理念下的农村命运共同体建构[J]. 西北农林科技大学学报（社会科学版），2017（3）.

第二节 绿色治理思想与国家经济治理现代化

重视人与自然和谐相处，在我国有悠久的历史传统。儒家有"天人合一"的思想，其基本内涵是自然与人类和谐统一、有机融合；道家主张宁静释然，将万物川流不息所遵循的"道"融入人类的生活方式、生产方式之中。中华文明数千年来积淀的丰富的生态智慧至今仍给人以深刻启迪。马克思主义理论体系之中同样也包含了对人与自然关系的深刻思考，马克思主义基本理论与中国实践相结合，为中国特色绿色治理思想的形成和完善奠定了基础。

一、马克思主义经典作家的绿色治理思想

早在一百多年前，经济发展所带来的环境问题就已经引起马克思和恩格斯的高度重视。马克思和恩格斯的经典著作中蕴含着丰富的绿色发展和绿色治理思想，从经济学的角度来看，这些思想可以大致概括为以下几个方面。

第一，自然环境是生产要素。自然界是人类社会赖以存在和演化的基础，物质变换是通过劳动进行的，劳动是人类一切历史的起点。人类通过劳动这一活动，改变自然的物质形态，使其变成能够满足人类自身生产所需的物质产品。与此同时，人类又将这一过程中的废弃物排放到自然环境当中，这两个过程实现了人与自然之间的物质变换。马克思指出，"劳动首先是人和自然之间的过程，是人以自身的活动来中介、调整和控

制人和自然之间的物质变换的过程。"①在《1844 年经济学哲学手稿》中，马克思反复强调："自然界……是人的无机的身体。人靠自然界生活……人是自然界的一部分。""整个所谓世界历史不外是人通过人的劳动而诞生的过程，是自然界对人来说的生成过程。" 在《哥达纲领批判》中，马克思指出，"劳动不是一切财富的源泉。自然界同劳动一样也是使用价值（而物质财富就是由使用价值构成的）的源泉。"在《1844 年经济学哲学手稿》中，马克思进一步强调："没有自然界，没有感性的外部世界，工人什么也不能创造。"恩格斯也在《反杜林论》中指出，"人本身是自然界的产物，是在自己所处的环境中并且和这个环境一起发展起来的。"在《自然辩证法》中，恩格斯指出，"劳动和自然界在一起才是一切财富的源泉，自然界为劳动提供材料，劳动把材料转变为财富。"

第二，工业化与生态环境问题。工业革命在给人类社会带来巨大财富的同时也带来了生态危机和环境灾难，进而导致阶级矛盾进一步激化。马克思从唯物史观的视角研究生态问题，创造性地提出自然环境是生产力中非常重要的一部分，赞成人们可以有计划地利用自然，但并不赞成对自然的根本驾驭。马克思用事实说明了资本主义生产是如何污染环境并引致公共健康等问题的，认为需要通过行动来解决自然的异化，以便创造一个可持续发展的社会。

第三，人与自然关系问题。马克思和恩格斯系统研究了人与自然之间的辩证关系，认为人与自然的关系和人与人的关系是有机统一的，并提出了劳动与劳动过程理论，科学地揭示了人与自然的关系，以及人类应如何正确认识和处理同自然界的

---

① 马克思恩格斯文集（第五卷）[M]. 北京：人民出版社，2009：207-208.

关系。马克思认为，自然是在人类社会的生产过程中形成的自然，是人类生产实践改造的对象，人类社会通过生产活动，将自然逐渐转化为"人化自然"。他强调，不能把人游离于自然界之外，更不能认为人是自然界的主宰。要想真正理解人与自然之间的关系，就要走出人类中心主义的误区。他认为，要解决全球性的生态危机，人类要"一天天地学会更正确地理解自然规律，学会认识我们对自然界的习常过程所做的干预所引起的较近或较远的后果"，要合理使用自然资源。

第四，环境外部性问题。马克思和恩格斯较早发现并提出了人类生产生活对生态环境造成的负外部性问题。正如恩格斯在批判传统生产方式时指出的，"我们不要过分陶醉于我们对自然界的胜利。对于每一次这样的胜利，自然界都报复了我们。"①他们还揭示了环境负外部性的隐蔽性与长期性，"到目前为止存在的一切生产方式，都只在于取得劳动的最近的、最直接的有益效果。那些只是以后才显现出来的、由于逐渐重复和积累才发生作用的进一步的后果，是完全被忽视的。"②

第五，技术进步与可持续发展。生态环境问题是社会历史问题，其彻底解决只能依靠人类社会的发展进步。马克思主义自然辩证法指出了处理人与自然关系的准则，通过人类自身发展与技术进步最终迈向人与自然的和谐。马克思和恩格斯提出利用科技进步来改善环境问题，这是绿色发展的理论源泉。可以说，绿色发展理念是马克思主义生态观的继承与发展。

第六，生产关系将影响和改变人与自然的关系。在资本主义社会里，资本支配一切，生产者都以追求剩余价值最大化为目标，进行社会生产活动，这样人与自然之间的平等关系被弱

---

① 马克思恩格斯文集（第九卷）[M]. 北京：人民出版社，2009：559-560.
② 马克思恩格斯文集（第九卷）[M]. 北京：人民出版社，2009：562.

化，取而代之的是索取与被索取的关系。在这一思想的指引下，人类会不加节制地从自然界掠夺资源，不加节制地向自然界排泄废弃物，导致人与自然之间的物质变换出现断裂，制造人与自然直接的矛盾。可见，资本主义的生产方式破坏了人与自然的内在统一性，造成了人与自然之间物质变换的断裂。正如马克思在《德意志意识形态》中所指出的，"人们与自然界的狭隘的关系决定着他们之间的狭隘的关系，而他们之间的狭隘的关系又决定着他们对自然界的狭隘的关系""资本主义生产发展了社会生产过程的技术和结合，只是由于它同时破坏了一切财富的源泉——土地和工人"。要真正实现人与自然的和谐相处，就必须变革资本主义制度，铲除资本主义私有制，实现生产资料社会所有，即实现社会主义和共产主义。在共产主义社会中，生产资料不再私有化，而是社会占有；人与自然之间的关系不再是索取与被索取，而是平等关系。这样人们才会善待自然、保护自然，合理运用劳动来调节人与自然之间的物质变换关系。社会主义和共产主义克服了劳动的异化，使得人与自然之间的物质变换正常化，化解了人与自然之间的矛盾。正如马克思指出的，"社会化的人，联合起来的生产者，将合理地调节他们和自然之间的物质变换。"这种共产主义，能够真正解决人和自然界之间、人与人之间的矛盾。[①]

马克思和恩格斯的上述思想，是绿色发展的理论源泉。同时，马克思经典著作中蕴涵着大量指导可持续发展的经济学思想，如循环和节约经济思想、适度人口思想、全面协调发展思想、适度和绿色消费思想等，这些思想为可持续发展提供了理论基础和科学的方法论。

---

① 马克思恩格斯全集（第42卷）[M]. 北京：人民出版社，1979：120.

二、当代中国绿色治理思想的发展演变

中国共产党在领导中国人民进行革命、改革、建设的过程中，重视优良传统的弘扬，同时坚持将马克思主义关于生态文明的基本原理与中国实际相结合，积极探索认识自然规律，利用大自然为人类谋福利，逐步形成了中国特色的绿色治理思想。

（一）中国绿色治理思想的产生与发展

毛泽东在认真总结社会主义建设初期经验教训的基础上，认为人要掌握自然规律，与自然和谐相处、平等对话，而不是统治自然、驾驭自然。他指出，"天上的空气，地上的森林，地下的宝藏，都是建设社会主义所需要的重要因素。"同时还强调，要厉行节约，实现废物利用，变废为宝，综合利用资源，提高资源利用率，以生态效益带动经济效益。毛泽东从人与自然关系的角度，以我国的当时国情为基础，统筹生态、工农业发展和人民生活的实际需要，保护生态平衡，促进经济发展。从兴修水利如治理水患、围湖造田、保持水土，发展林业如因地制宜、开荒种地、植树造林，合理利用资源如增产节约、综合利用、减少消耗，实行人口政策如提倡生育、节制生育、控制人口，以及治理公共环境如治理污染、清除四害等多角度多领域，提出相应的计划，处理人与自然的关系，以求为人民群众谋取利益。周恩来意识到资本主义发达国家"先污染，后治理"工业化道路的弊端，提出从源头预防环境污染，避免重蹈资本主义国家的覆辙。在社会主义建设初期关于人与自然关系探索的过程中，虽然在有的方面走过弯路，但总体上为其后的社会主义经济建设积累了宝贵的经验。

邓小平深刻认识到环境保护的重要性，提出要加强环境保护，注重经济与环境协调发展，节约资源，综合利用，讲求经济效益和总的社会效益。改革开放后，邓小平准确把握时代趋势，提出"科学技术是第一生产力"，抓住科技中心，以科技为依托对生态环境进行改善，鼓励从国外引进生态治理技术，改善我国的生态环境。在实践中，对生态环境的保护从农业开始并取得成效。在此期间，我国的环境法律制度得到了长足的进展。1979 年，全国人大常委会颁布了第一部《中华人民共和国环境保护法（试行）》，这是我国关于生态文明建设的首要法律依据，意味着我国的生态文明建设与环境保护开始走上法治化道路。

以江泽民为核心的党中央提出"三个代表"重要思想，从新的高度去认识和发展生态文明和绿色治理体系。并在此阶段，提出了可持续发展战略，强调要解决人口、资源与环境之间的不协调问题，同时继续加强有关生态文明建设的法律法规。不仅如此，还提出了要走新型工业化道路、经济发展与环境保护并行的重要思想。

以胡锦涛为总书记的党中央提出了"以人为本、全面协调可持续"的科学发展观，强调一方面要积极应对全球气候变化，另一方面要抓住绿色经济变革契机，推动经济发展的转型升级。他提出，生态文明建设是涉及生产方式和生活方式根本性变革的战略任务，建设生态文明，要以资源环境承载力为基础，以自然规律为准则，以可持续发展为目标，建设资源节约型、环境友好型社会。党的十七大报告中提出"建设生态文明"，号召"节约能源资源和保护生态环境"，强调"使生态文明观念在全社会牢固树立"，将生态文明建设视为全面建设小康社会的五大新要求之一，这是"生态文明"概念在党的纲领性文件中的首次明确出现。报告还明确了生态文明建设的内涵与本质，利用"科学发展观"对可持续发展战略进行整体展开，并将和谐社会主义构建与社会主义生态文明建设相结合，明确提出生态文明建设的重要战略。报告中指出，"可持续发展，就是要促进人与自然的和谐，实现经济发展和人口、资源、环境相协调，保证一代接一代地永续发展。"这既是从生态文明方面对社会主义和谐社会的描述，也极大体现了中国特色社会主义建设中尊重自然、顺应自然、保护自然的重要思想。在具体实践中，我们坚持了改造传统产业、大力发展环保等战略性新兴产业，同时加大绿色经济、循环经济和低碳经济在整体经济结构中的比重，推动经济绿色转型。

党的十八大以来，以习近平同志为核心的党中央继承和发展了马克思主义，使得马克思主义生态文明建设思想不断发展、不断创新，焕发出强大的生命力。习近平同志指出："走向生态文明新时代，建设美丽中国，是实现中华民族伟大复兴的中国梦的重要内容。"[1]

传统经济理论中，生态资源和环境价值缺位，劳动、资本、土地是参与生产的内生要素，认为在生产过程中，只要对这三个要素进行支付与补偿即可。"两山"理论科学揭示了经济发展与生态环境保护二者之间的辩证统一关系，认为生态环境资源、自然资本都是参与财富生产的要素，在生产过程中应该对其进行必要的投资、保护与补偿。

习近平生态文明思想与马克思主义生态文明思想一脉相承，将可持续发展理论和科学发展观理论提升到了新的高度，是中国特色社会主义进入新时代绿色治理的理论创新、思想指导和行动指南，为从根源上化解生态环境危机提供了新思路和

---

① 贺震. 在美丽中国建设中走向生态文明新时代[N]. 新华日报，2019-05-07.

新战略，进一步丰富了国家治理和全球治理思想。

以习近平生态文明思想为指引，新时代中国特色社会主义开展了卓有成效的绿色治理，秉持尊重自然、顺应自然、保护自然的理念，按照自然规律推动经济社会发展，减少资源消耗，坚持全民共治、源头防治、预防为主、综合治理。具体政策和举措包括：生态文明入宪；组建生态环境部、自然资源部；推动生态环境与自然资源产权制度改革；建立自然资源资产离任审计及终身问责制；推行绿色发展和生态文明建设考核目标体系；确立污染防治攻坚战；实施环保税和全国统一碳交易市场；环评"红顶中介"脱钩；环保公开约谈；省级以下监测监察执法垂直管理；禁止进口有毒固体废弃物等。

（二）新时代中国特色社会主义生态文明思想

新时代中国特色社会主义生态文明思想主要包括以下四个方面的内容。

首先，像对待生命一样对待生态环境。习近平指出："我们既要绿水青山，也要金山银山。宁要绿水青山，不要金山银山，而且绿水青山就是金山银山。"①自然界是人类社会产生、存在和发展的基础和前提，人类可以通过社会实践活动有目的地利用自然、改造自然，但不能凌驾于自然之上，其行为方式必须符合自然规律。生态文明是人类社会进步的重大成果，是实现人与自然和谐发展的必然要求。建设生态文明，要以资源环境承载能力为基础，以自然规律为准则，以可持续发展、人与自然和谐为目标。保护生态环境关系到人民的根本利益和民族发展的长远利益，功在当代、利在千秋。坚持把节约优先、

---

① 绿水青山就是金山银山[N]. 人民日报，2016-05-09.

保护优先、自然恢复作为基本方针，把绿色发展、循环发展、低碳发展作为基本途径，把深化改革和创新驱动作为基本动力。

其次，保护生态环境就是保护生产力。习近平指出："生态文明建设事关中华民族永续发展和'两个一百年'奋斗目标的实现，保护生态环境就是保护生产力，改善生态环境就是发展生产力。"[①]2015 年 10 月底，中共中央在"十三五"规划建议中，明确提出了"创新、协调、绿色、开放、共享"五大发展理念，绿色发展作为新发展理念之一，其基本抓手就是绿色治理和生态文明建设。生态环境问题归根到底是经济发展方式问题。要正确处理好经济发展同生态环境保护的关系，切实把绿色发展理念融入经济社会发展各个方面，推进形成绿色发展方式和生活方式。能源资源短缺与生态环境恶化的状况将对经济可持续发展带来严重影响，我国发展的空间和后劲将越来越小。习近平指出：我们在生态环境方面欠账太多了，如果不从现在起就把这项工作紧紧抓起来，将来会付出更大的代价。作为发展中的大国，我国不能走欧美"先污染后治理"的老路，而应探索走出一条环境保护新路。要正确处理经济发展同生态环境保护之间的关系，决不以牺牲环境、浪费资源为代价换取一时一地的经济增长。要协调推进新型工业化、信息化、城镇化、农业现代化和绿色化，走出一条经济发展和生态文明相辅相成、相得益彰的新发展道路，让良好生态环境成为人民生活质量的增长点、成为展现我国良好形象的发力点，为子孙后代留下可持续发展的"绿色银行"。

再次，以系统工程思路抓生态建设。习近平强调，环境治理是一个系统工程，要按照系统工程的思路，抓好生态文明建

---

① 中共中央文献研究室. 习近平关于社会主义生态文明建设论述摘编[M]. 北京：中央文献出版社，2017.

设重点任务的落实，切实把能源资源保障好，把环境污染治理好，把生态环境建设好，为人民群众创造良好的生产生活环境。大自然是一个相互依存、相互影响的系统，山水林田湖是一个生命共同体。习近平指出，在生态环境保护问题上，就是要不能越雷池一步，否则就应该受到惩罚。要设定并严守资源消耗上限、环境质量底线、生态保护红线，将各类开发活动限制在资源环境承载能力之内。

优化国土空间开发格局，加快实施主体功能区战略，以主体功能区规划为基础统筹各类空间性规划,推进"多规合一"。按照人口资源环境相均衡、经济社会生态效益相统一的原则，统筹人口分布、经济布局、国土利用、生态环境保护，科学布局生产空间、生活空间、生态空间，推动各地区依据主体功能区定位发展，保障国家和区域生态安全，提高生态服务功能。

全面促进资源节约，树立节约集约循环利用的资源观，从资源使用这个源头抓起,把节约资源作为根本之策，推动资源利用方式根本转变。加强能源和水资源、耕地与建设用地、矿产资源等勘查保护与合理开发，提高综合利用水平。大力发展循环经济，促进生产、流通、消费过程的减量化、再利用、资源化。加大生态环境保护力度，以提高环境质量为核心，以解决损害群众健康的突出环境问题为重点，坚持预防为主、综合治理，强化大气、水、土壤等污染防治。

推动形成公平合理、合作共赢的全球气候治理体系，把应对气候变化融入国家经济社会发展中长期规划，坚持减缓和适应气候变化并重。深度参与全球气候治理，积极承担与我国基本国情、发展阶段和实际能力相符的国际义务，从全球视野加快推进生态文明建设。

最后，实行最严格的生态环境保护制度。习近平指出，只有实行最严格的制度、最严密的法治，才能为生态文明建设提供可靠保障。建设生态文明，必须依靠制度和法治，构建产权清晰、多元参与、激励约束并重、系统完整的生态文明制度体系。

完善经济社会发展考核评价体系，把资源消耗、环境损害、生态效益等体现生态文明建设状况的指标，纳入经济社会发展评价体系。建立责任追究制度，建立健全生态环境损害评估和赔偿制度，落实损害责任终身追究制度。建立环保督察工作机制，严格落实环境保护主体责任，完善领导干部目标责任考核制度，明确各级领导干部责任追究情形，对领导干部实行自然资源资产离任审计。

建立健全资源生态环境管理制度，包括自然资源资产产权制度、国土空间开发保护制度、空间规划体系、资源总量管理和节约制度、资源有偿使用和生态补偿制度、环境治理体系和市场体系、耕地轮作休耕制度、省以下环保机构监测监察执法垂直管理制度等。完善生态环境监测网络，加强生态文明宣传教育，增强全民生态文明意识和社会风气。

三、中国引领全球绿色治理

自然资源丰裕程度与生态环境的质量和人类幸福密不可分。一方面，自然资源状况与生态环境质量影响人的幸福感。海洋、大气、森林、河流、湿地等良好的生态环境对提升人的幸福感有积极作用，而雾霾天气、水体等环境污染及极端恶劣气候等环境因素对人的幸福感存在负面影响。生态环境的改变策略可以提升人们的幸福指数。人类通过对自然资源的开采与利用等实现其经济价值，进而促进经济增长，提升人类幸福水平。良好的生态环境对人类的积极影响包括精神疲劳的短期恢复、身体更快地从疾病中康复，以及人类健康和幸福感的长期全面提升。不良的生态环境会降低人们的幸福感。另一方面，人的幸福感也影响着生态可持续发展，具有高幸福感的人会做出更多有利于生态可持续发展的行为，如生态责任行为和亲环境行为等。

经济绿色治理强调的是人类永续福祉和社会全面公平。绿色治理缺位的发展模式将损害自然、破坏环境和生态系统，环境污染严重损害人类健康、威胁人类生命，引发人类的生存危机，使得幸福指数大大降低。贫富分化和发展不平衡，造成人与人之间在发展机会和成果分配等方面的代内不公平；人类过度掠夺自然资源，造成一些不可再生资源的枯竭和环境质量严重下降，严重损害了后代人的发展机会和发展权利，造成发展的代际不公平。绿色治理就是为了改善生态环境、节约高效利用资源、减少污染物排放，增加人民幸福指数，满足人民对美好生态环境的需要，增加发展的公平性和包容性。

保护自然环境就是保护人类，建设生态文明就是造福人类。习近平总书记指出，人与自然是生命共同体，人类必须尊重自然、顺应自然、保护自然。建设生态文明是关系人民福祉、关乎民族未来的千年大计，是实现中华民族伟大复兴的重要战略任务。[①]

改革开放四十年来，我国经济快速发展，取得了历史性的伟大成就，同时也积累了大量生态环境问题。各类环境污染呈高发态势[②]，成为民生之患、民生之痛，环境问题成为日益重要的民生问题。近年来，随着社会发展和人民生活水平不断提高，

---

① 习近平.开创美丽中国建设新局面——习近平总书记在全国生态环境保护大会上的重要讲话引起热烈反响[N].新华社，2018-05-20.

② 统计数据显示，2014年，我国74个重点城市中仅有8个城市空气质量年均值达标，全国地表水近10%为劣五类，土壤环境大幅恶化。

民生福祉的重要影响因素逐渐由"温饱"转变为"环保"，由"生存"转变为"生态"，人民群众对干净的水、清新的空气、安全的食品、优美的环境等要求越来越高，生态环境在群众生活幸福指数中的地位不断凸显。

我们所要建设的社会主义现代化是人与自然和谐共生的现代化，既要创造更多物质财富和精神财富以满足人民日益增长的美好生活需要，也要提供更多优质生态产品以满足人民日益增长的优美生态环境需要。习近平总书记指出，保护生态环境应该而且必须成为发展的题中应有之义，生态环境破坏和污染不仅影响经济社会可持续发展，而且其对人民群众健康的影响已经成为一个突出的民生问题，必须下大力气解决好。

随着经济社会快速发展，人民群众对清新的空气、清澈的水质、清洁的环境等生态产品的需求越来越迫切。当前，雾霾天气、饮用水源不安全等环境问题凸显，必须加快解决突出的环境问题，让人民群众切身感受到污染可以治理、环境能够改善、优质生态产品能够增加。

第三节　数据治理思想与国家经济治理现代化

随着物联网、互联网、云计算的产生与发展，数据治理思想应运而生。物联网与互联网终端每时每刻都在产生大量数据，而云计算的产生为这些数据的存储和计算提供了可能。党的十九届四中全会明确指出，数据是一种重要的生产要素，要"建立健全运用互联网、大数据、人工智能等技术手段进行行政管理的制度规则。推进数字政府建设，加强数据有序共享，依法保护个人信息"。数据治理是当代中国及经济发展到今天的一个显著特征。

一、当代中国数据治理思想的形成和发展

（一）数据治理的基础定义和研究意义

目前为止，学术界对于数据治理仍没有形成公认的准确定义。国内对于数据管理的有关研究活动始于 2010 年，但一直以来，概念界定上都十分模糊。与之含义相近的有数据监护①、数据管理②、数据管护③等，虽然这些名词的研究均有关于数据的控制、保护和利用，但与数据治理的核心要义仍然存在一定的区别。与此同时，多数学者在应用"数据治理"时对其概念均不加以严格的学术定义，主观上认为数据治理与数据管理类似，都是有关数据生命周期的诸如收集、保存、加工、传输、保护等活动。④包冬梅等（2015）梳理了数据治理与数据管理之间的区别，提出治理和管理核心思想的不同之处，"治理负责对管理活动进行评估、指导和监督，而管理根据治理所做出的决策来具体计划、建设和运营。"⑤为了推进数据治理的基础理论研究，有必要尽快形成一致的定义，形成真正的学术共同体。

国内学者在数据治理的应用研究中，均从不同视角强调了

---

① 程莲娟. 美国高校图书馆数据监护的实践及其启示[J]. 图书馆杂志，2012（1）.

② 钱鹏，郑建明. 高校科学数据组织与服务初探[J]. 情报理论与实践，2011（2）.

③ 王芳，慎金花. 国外数据管护（Data Curation）研究与实践进展[J]. 中国图书馆学报，2014（4）；张闪闪，顾立平，盖晓良. 国外信息服务机构的数据管理政策调研与分析[J]. 图书情报知识，2015（5）.

④ 单勇. 以数据治理创新社会治安防控体系[J]. 中国特色社会主义研究，2015（4）.

⑤ 包冬梅，范颖捷，李鸣. 高校图书馆数据治理及其框架[J]. 图书情报工作，2015（18）.

其重要价值。①单勇（2015）认为，"数据治理是以信息化为引领的社会治安防控体系创新的关键性基础环节。"②许晓东等（2015）从高等教育等视角出发，强调了数据治理是一种战略资源，为提高决策科学性、管理效率提供支撑。③朱琳等（2016）提出大数据时代数据治理的新范式——全局数据，其具有"场景化、开放性、可度量、即时性、价值化的特点"，"通过全局数据有助于实现治理决策科学化、智能化、协同化，治理目标精准化"。④陈琳（2016）指出，数据治理会逐渐在国家治理中发挥越来越重要的作用。⑤在图书馆领域，顾立平（2016）提出数据驱动增加了知识服务对象，为图书馆事业带来新的发展机遇，需要图书馆将数据获取、数据共享、数据重用付诸实践。⑥总体来说，数据治理是保证数据质量的重要手段，数据治理的价值贡献在于确保数据的准确性、共享性、安全性和合规性。

（二）数据治理的整体框架研究

为了清晰表达一些复杂和抽象的概念，构建科学的框架是开展数据治理实施工作的首要任务。国内学者如包冬梅等

---

① 苏玉娟. 大数据技术与高新技术企业数据治理创新——以太原高新区为例[J]. 科技进步与对策，2016（6）.

② 单勇. 以数据治理创新社会治安防控体系[J]. 中国特色社会主义研究，2015（4）.

③ 许晓东，王锦华，卞良. 高等教育的数据治理研究[J]. 高等工程教育研究，2015（5）.

④ 朱琳，赵涵菁，王永坤，等. 全局数据：大数据时代数据治理的新范式[J]. 电子政务，2016（1）.

⑤ 陈琳. 精简、精准与智慧政府数据治理的三个重要内涵[J]. 国家治理，2016（27）.

⑥ 顾立平. 数据治理——图书馆事业的发展机遇[J]. 中国图书馆学报，2016（225）.

（2015）在梳理国际权威机构数据治理框架的基础上，"结合高校图书馆行业特点，创新性地提出我国高校图书馆数据治理框架——CALIB框架，包括促成因素、范围和实施评估三个子框架，并对每个子框架进行详细阐述。"①安小米等（2018）以公共价值理论、数字连续性理论和多元价值理论为主要理论支持，提出政府大数据治理规则体系构建研究的基本框架。②郑磊、吕文增（2018）借鉴国际开放数据评估框架，基于目前我国政府数据开放的政策要求和发展现状，汇聚各界专家学者的意见，构建起一个系统科学、多维度、可操作的政府数据开放评估框架，并基于此对我国现有的46个地方政府开放数据平台上的数据进行综合评估。③黄璜、孙学智（2018）认为，"现有机构较多为政府直属机构或政府部门管理机构，通常基于原有数据职责进行重组，主要关注于宏观战略规划和促进数字产业发展，对于统筹整合政府数据资源的重视则较为不足，同时由于隶属部门不同，机构在职责上也会表现出较为明显的差异。"④王金水、张德财（2019）从参与者与组织结构、数据技术支持、落实流程三个方面构建政府治理的具体行动框架。⑤

近五年来，学术界对数据治理的研究进展迅速。沈亚平、许博雅（2014）认为，在我国政治制度背景下，在制度框架方面，应该建立具有综合协调能力的管理机构、整合核心事业单

---

① 包冬梅，范颖捷，李鸣. 高校图书馆数据治理及其框架[J]. 图书情报工作，2015（18）.

② 安小米，宋懿，郭明军，等. 政府大数据治理规则体系构建研究构想[J]. 图书情报工作，2018（9）.

③ 郑磊，吕文增. 地方政府开放数据的评估框架与发现[J]. 图书情报工作，2018（22）.

④ 黄璜，孙学智. 中国地方政府数据治理机构的初步研究：现状与模式[J]. 中国行政管理，2018（12）.

⑤ 王金水，张德财. 以数据治理推动政府治理创新：困境辨识、行动框架与实现路径[J]. 当代世界与社会主义，2019（5）.

位、实行首席信息官制度，以构建政府数据管理体制。在运行载体方面，应该建立统一的政府数据开放平台，改善政府和公众之间的信息不对称。[①]高天鹏等（2016）通过文献检索法确定了 11 个影响开放政府数据的因素，并利用解释结构模型法对各因素直接关系进行分析，其中政府管理体制、政府数据管理体制是第一层次的影响因素，数据开放的思想观念是第二层次的影响因素，监督体制和社会力量参与广泛程度是第三层次的影响因素，战略规划与政策法规支持、数据信息安全、公众信息素养是第四层次的影响因素，开放数据产生的价值、数据开放运动在全球兴起是第五层次的影响因素，信息技术是第六层次的影响因素。[②]夏义堃（2015）梳理了联合国电子政务调查、经济合作与发展组织的开放政府数据指数、世界银行的开放数据准备度、互联网基金会的全球开放数据晴雨表、开放知识基金会的全球开放数据指数、欧盟的开放数据评估项目等六大开放政府数据评估方法，从评估对象与内容体系等角度将其分为开放政府数据准备度评估和发展性评估两类，并在此基础之上提出第三方评估，以保证评估的客观公正，评估指标体系设计应该以主题科学为依据，以数据开放为核心，注重评估方法的整体优化。[③]郑磊、高丰（2015）参考国外评价方法，并据此构建基于"基础""数据""平台"三大层面共 13 个维度的数据平台评估框架，得出我国开放数据平台存在以下问题："数据量少、价值低、可机读比例低，开放的多为静态数据，数据授

---

① 沈亚平，许博雅. "大数据"时代政府数据开放制度建设路径研究[J].四川大学学报（哲学社会科学版），2014（5）.

② 高天鹏，陈晓威，赵秀林，等. 基于解释结构模型的我国政府数据开放影响因素分析[J].电子科技大学学报（社科版），2016（3）.

③ 夏义堃. 国际组织开放政府数据评估方法的比较与分析[J].图书情报工作，2015（19）.

权协议条款含糊，缺乏便捷的数据获取渠道，缺乏高质量的数据应用，缺乏便捷、及时、有效、公开的互动交流。"[①]郑磊（2015）借鉴国外研究数据的生成、开放到利用的过程，构建了一个影响开放政府数据各因素间的系统动态模型，提出要构建数据开放"生态系统"，形成"数据生成-数据开放-数据利用"的良性循环。[②]马广惠、安小米（2019）选择云上贵州大数据产业发展有限公司及贵阳块数据城市建设有限公司为研究对象进行双案例研究，对其大数据治理实践进行分析，通过访谈、文件等多途径搜集证据。案例分析依照大数据汇聚、融合、应用三个阶段先后展开，从治理主体、治理客体、治理工具三个维度进行分析。研究发现，大数据治理实践形成重构式及探索式两类路径，主要区别在于是着重统筹规划还是实践应用。[③]

（三）数据治理政策和标准研究

刘增明、贾一苇（2011）详细介绍了美国政府"一站式数据下载网站"和"一站式云计算服务门户"，并梳理了数据采集、发布和第三方应用开发的信息资源利用机制，对基于政府公用云的服务门户和采用云技术的应用程序商店的建设模式进行了研究，认为美国政府在增强政府责任、提升政府信息服务能力方面不断前行，并总结其对我国电子政务基础设施平台建设的启示和借鉴意义：一是要有应用云计算、虚拟化等新技术

---

① 郑磊，高丰.中国开放政府数据平台研究：框架、现状与建议[J].电子政务，2015（7）.

② 郑磊.开放政府数据研究：概念辨析、关键因素及其互动关系[J].中国行政管理，2015（11）.

③ 马广惠，安小米.政府大数据共享交换情境下的大数据治理路径研究[J].情报资料工作，2019（2）.

的意识，二是要形成政府与公众的良性互动。①陈美（2013）提出美国政府善于利用先进技术实现政府与公众信息的开放互动，主要得益于：第一，信息自由制度保障；第二，战略上高度重视；第三，政府网站建设完善；第四，有效的执行机制；第五，强烈的合作意识。我国要从以上几个方面取长补短，全面推动政府数据开放及政府数据平台的建立。②徐慧娜等（2013）从公共管理的角度梳理了政府数据开放研究的文献，认为已有文献集中于经验研究方法，"在研究内容方面，主要聚焦于标准与原则、意义与价值、挑战及影响因素等方面。其中，在意义与价值方面，国外文献主要强调了开放政府数据创造的公共价值。在挑战方面，主要来自数据层面和管理层面，前者包括数据准确性、数据保密、数据整合、数据背景描述、数据所有权、数据位置、用户对数据的使用和解读能力等，后者包括权力结构、组织架构、部门利益、组织文化和人员意识等，这些影响因素间呈现动态互动关系"③。并在此基础之上提出以下建议措施：第一，提倡基于实践对我国政府数据开放面临的挑战进行研究，避免停留在从理论到理论的阶段；第二，加强学术界与实践界的沟通与合作；第三，利用国外实践经验指导我国实践；第四，立足我国现状，丰富已有理论成果。迪莉娅（2014）界定了政府数据开放的含义，并以此为切入点，重点阐述了政府数据开放的价值与意义，梳理了国外政府数据开放的特点，并据此提出以下建议：第一，制定政府数据开放政策；第二，制定数据安全和隐私保护专门的法律法规；第三，

---

① 刘增明，贾一苇. 美国政府 Data.gov 和 Apps.gov 的经验与启示[J]. 电子政务，2011（4）.

② 陈美. 美国开放政府数据的保障机制研究[J]. 情报杂志，2013（7）.

③ 徐慧娜，郑磊，Theresa Pardo. 国外政府数据开放研究综述：公共管理的视角[J]. 电子政务，2013（6）.

建立统一、集成的政府数据门户；第四，建立有效的管理机制。[1]周大铭（2015）指出，目前的整体形势是大数据倒逼政府数据开放，但是正式制度及机制、意识氛围和管理方式等方面的问题持续存在，因此应结合我国发展实际和大数据应用需求进行改进。[2]周文泓（2015）对加拿大联邦政府数据开放的顶层设计、具体落实计划、配套政策、法律法规进行了梳理，进而提出我国应该加快顶层设计的脚步，依靠多主体协作、善于利用新技术、制定详细的落实政策持续推进政府数据开放。[3]张起（2015）梳理了欧盟在面临大数据技术冲击下，对自身在全球开放政府数据（OGD）运动中的位置进一步明确，制订了以切实可行的创新资助计划、数据再利用法制和基础技术平台为内容的 OGD 实施框架并纳入大数据战略，并以数据保护监管人、统一数据门户、信息安全局等配套制度为辅，为中国在推进 OGD 工作提供了以下有益的启示：第一，建立国家开放数据平台；第二，在政府信息公开条例基础上补充相关条款；第三，重视顶层设计。[4]李平（2016）总结了国内外开放政府数据相关实践，并论述了我国开放政府数据建设在顶层设计层面应该遵循以下三项原则：透明、参与、合作。[5]程光德（2019）以维护数据安全和个人隐私为主线，分析云计算环境中威胁数据安全的因素，并有针对性地提出以下建议：第一，利用混合云加强存储的安全性；第二，灵活应用数据加密方式维护数据和隐私

---

① 迪莉娅. 国外政府数据开放研究[J]. 图书馆论坛，2014（9）.

② 周大铭. 我国政府数据开放现状和保障机制[J]. 大数据，2015（2）.

③ 周文泓. 加拿大联邦政府开放数据分析及其对我国的启示[J]. 图书情报知识，2015（2）.

④ 张起. 欧盟开放政府数据运动：理念、机制和问题应对[J]. 欧洲研究，2015（5）.

⑤ 李平. 开放政府视野下的政府数据开放机制及策略研究[J]. 电子政务，2016（1）.

安全；第三，对外包计算中的数据，务必做好保护和加密工作；第四，提升数据传输技术，保证数据质量。①

（四）数据质量和数据安全研究

数据作为一种重要的生产要素，其作用的充分发挥与土地等要素一样，取决于数量和质量两个因素。一方面，数据的数量要达到一定的规模才能产生理想的结果；另一方面，数据的质量决定了分析的效果。数据质量的高低直接决定了该数据能否满足消费者期望。②

包冬梅等（2015）在高校图书馆数据治理过程中谈到数据质量的重要性，认为一方面应该通过跨界合作提高数据质量，另一方面要建设科研要素基础知识库。③从具体实践角度来看，目前研究主要涉及两个方面，即数据质量的评估和技术提高。④有关数据质量的研究已经较为成熟，并取得了一定的成果，主要关注数据质量评估和质量提高方面。例如，余芳东（2019）提出要借鉴国外数据质量报告、内部自我评估、数据质量审查审计的做法。⑤但目前还有许多问题需要进一步探索，如大数据环境下，非结构化数据难以收集与加工，突出的数据孤岛问题，使得数据质量管理面临全新挑战，"值得从大数据的认知角度和语义层面对数据质量进行深入研究"⑥。

---

① 程光德. 云计算环境大数据安全和隐私保护策略研究[J]. 计算机产品与流通，2019（7）.

② Friedman T, Logan D, Newman D. Governance in an essential building block for enterprise information management [EB/OL]. https://www. Gartner. com/doc/777214/governance-essential-building-block-enterprise.

③ 包冬梅，范颖捷，李鸣. 高校图书馆数据治理及其框架[J]. 图书情报工作，2015（18）.

④ 张梦霞，顾立平. 数据监管的政策研究综述[J]. 现代图书情报技术，2016（1）.

⑤ 余芳东. 国外政府统计数据质量管理及最新发展[J]. 调研世界，2019（11）.

⑥ 张宁，袁勤俭. 数据治理研究述评[J]. 情报杂志，2017（5）.

　　胡小明（2015）认为，"政府原始数据的利用有着多重复杂性，需要提高数据的质量、注重保护个人隐私和企业的商业秘密，增值服务是提高政府数据开放效益的可行之道。"①陈涛、李明阳（2015）通过实地调查武汉市政府数据开放实践情况，指出武汉建设开放政府数据平台的制度环境、建设目标、内容及面临的挑战，强调现阶段武汉市开放数据应该重视以下几方面：第一，有选择、分阶段地开放数据；第二，数据规范与数据更新机制紧密结合；第三，加强各部门之间的分工合作。武汉市面临的问题在我国有一定普遍性。②黄如花、王春迎（2016）从数据的资源、组织、服务三方面分析了我国现有的13个地方性政府数据平台存在总体少、地域间不平衡、建设与利用情况差、数据管理薄弱、服务不完善等问题，建议从加强资源建设、完善数据功能和优化用户体验三个方面来改进开放数据平台建设。③杨瑞仙等（2016）从数据的质量和规范、数据的描述与使用、平台的维护与管理、数据的应用与创新四个方面分析了我国七个有代表性的地方政府的数据开放平台，指出其存在数据量少、实用性和规范性差、缺乏数据描述、平台缺少互动、缺少创新环境等问题。④莫祖英（2018）认为，"大数据结果质量的重要性明显高于原始质量和过程质量，说明大数据质量的重点在于面向应用的结果质量上，而结果质量的形成离不开原始质量和过程质量的保障。大数据质量测度是实施大

　　① 胡小明. 从政府信息公开到政府数据开放[J]. 电子政务，2015（1）.
　　② 陈涛，李明阳. 数据开放平台建设策略研究——以武汉市政府数据开放平台建设为例[J]. 电子政务，2015（7）.
　　③ 黄如花，王春迎. 我国政府数据开放平台现状调查与分析[J]. 情报理论与实践,2016（7）.
　　④ 杨瑞仙，毛春蕾，左泽. 我国政府数据开放平台建设现状与发展对策研究[J]. 情报理论与实践，2016（6）.

数据质量管理与控制的重要基础。"①

除了数据质量，数据的安全性问题也非常重要。刘子龙、黄京华（2012）梳理了国外信息系统领域信息隐私的研究，并从理论基础、研究方法、技术背景、研究主题角度对未来的研究方向提出了建议。②陈火全（2015）通过分析基于信誉机制的P2P 网络安全策略，提出了大数据时代数据治理的网络安全策略。他指出，在大数据背景下，一方面需要提高网络安全性的信誉机制，另一方面需要建立社会信誉机制来加强对隐私的保护。③姜赟（2019）提出在具备专门法律的保障的前提下，各方共同努力，企业非法收集、滥用数据的可能性将越来越小，可以切实提高用户的数据安全感。④谢晓专（2012）、刘子龙和黄京华（2012）呼吁将数据保护纳入国家战略的范畴，并加快完善数据隐私保护的相关立法。⑤

二、数据治理思想的决策和思维模式

（一）数据治理思想的决策模式

"人生而具有的一种能力，这种能力就是理性。理性可以被划分为工具理性和价值理性两种不同的类型，工具理性是指人们用理性的方式和办法来看待使用什么样的'工具'能够更为有效地解决现实中存在的问题；'价值理性'则是人能够按照任何一种其需要的尺度和需求进行生产，并懂得处处把内在的

① 莫祖英. 大数据质量测度模型构建[J]. 情报理论与实践，2018（3）.
② 刘子龙，黄京华. 信息隐私研究与发展综述[J]. 情报科学，2012（8）.
③ 陈火全. 大数据背景下数据治理的网络安全策略[J]. 宏观经济研究，2015（8）.
④ 姜赟. 共同守护数据安全[N]. 人民日报，2019-04-02（5）。
⑤ 谢晓专. 虚拟社区信息治理：内容、理念与策略框架[J]. 情报科学，2012（12）；刘子龙，黄京华. 信息隐私研究与发展综述[J]. 情报科学，2012（8）.

尺度运用于对象，以达到自己的目的。"①作为一个由人类主导的组织，政府也是有理性的，当大数据浪潮来临时，会自然而然地试图运用大数据及大数据技术解决社会治理过程中的难题，由此产生了新型的"数据治理"决策模式。

传统的决策方式一般依靠直接经验，仅通过开会讨论就做出最终决定，缺乏数据分析支撑，出发点可能是好的，但是由于缺乏科学依据，很容易适得其反，不能令公众满意。而且这种决策方式对金字塔顶端的领导人提出了超高的要求，具有较大风险。在经济数据治理中，以数据为中心，数据分析结果直接用于决策。具体来说，就是政府在治理公共事务时，将已有的管理决策模式变为"数据驱动"新模式，其中涉及领导意识、组织文化和工作流程上彻底的转变。现阶段，云治理模式已经逐步迈向实践。例如，在对雄安新区的规划上，《河北雄安新区规划纲要》中明确指出，不应全面复制深圳特区和浦东新区的成功模式，而要坚持数字城市与现实城市同步规划、同步建设，在对雄安新区的概况进行充分的数据调研和数据分析的基础上，预测可能会面临的问题和未来的发展趋势，适度超前布局智能基础设施，推动全域智能化应用服务实时可控，建立健全大数据资产管理体系，打造具有深度学习能力、全球领先的数字城市。

但是，这种决策模式的转变还存在诸多方面的阻碍。一是受到"官本位"传统思想的阻碍。在现实生活中，"官本位"的观念是影响政府治理者素质的重要因素，在"官本位"内在的驱动下，个别领导干部视党和人民赋予的职权，以及自己的地位、影响和工作条件为既得利益，不是用这些职权和条件来为

① 刘媛媛. 大数据背景下我国政府治理创新机遇、挑战与对策研究[D]. 徐州：中国矿业大学，2016：21.

党、为人民更好地工作，而是把从政看作谋取个人或小集团利益的工具，想方设法追逐对公共资源的特权，捞取自己的特殊利益。甚至直接阻碍政府的改革创新，他们不想自己的利益受到威胁，不愿接受一切可能会触动自身利益的新事物。在信息时代，大数据作为一种理性工具，为公民参与社会治理提供了良好的支撑，代表着"以公民为中心"治理思想的需求，必定与"官本位"传统思想产生摩擦。因此，若治理者对这种思维的理解和接受程度不够，即便有大数据及大数据技术的支撑，也难以形成一种有效的治理体系，数据治理也将沦为形式化。二是思维模式难以转变。大数据的到来，带来了思维的改变。大数据及大数据技术的发展和有效运用需要具有大数据思维、计算思维、互联网思维。[①]这种转变给政府的治理者带来了巨大的挑战。传统的政府管理采用的思维方式多是抽样调查，反映的多是片面的、小样本的结果，而且追求的是一种静态的因果关系，导致其缺乏精准性和系统性。此外，传统的治理思维还表现在事后救火的定性思维，数据治理要求政府不但能分析事件背后的相互关系，还要能进行预测分析。作为治理的重要主体，政府的每一项决策都会影响整个社会的发展。而目前来看，地方政府的管理者的大数据意识极为缺乏。传统的管理理念积累的经验优先的习惯，使得部分地方政府的管理者对数据治理理念的驱动力不足。为了部门利益或者个人晋升，经常会出现数据造假的现象，大大影响了政府的统计工作和决策工作。此外，随着大数据时代信息的飞速传播，还要求政府具有开放性的思维，主动公开政府相关信息，但就目前而言，地方政府的政务公开还存在着很多问题。

---

① 杜小勇，冯启娜．"数据治国"的三个关键理念——从互联网思维到未来治理图景[J]．人民论坛•学术前沿，2015（2）．

（二）数据治理思想的思维模式

云治理决策框架要求全面客观地看待某类社会现象，分析其背后潜在的价值，不再依靠传统的经验主义做决策。但要完成从传统的决策模式向以"数据"为中心的决策模式的转变，需要具有量化思维、平台思维、互联网思维、去中心思维等新的思维模式。

1. 量化思维

量化思维发展的核心动力来源于人们对测量、记录和分析世界的愿望。[①]大数据时代最显著的一个特征便是定量思维，即一切皆可量化。以量化思维为代表的数据科学的兴起，为以相关性分析为基础的大数据预测的真实性和可靠性提供了客观保证和理性支持。根据数据的生成方式和结构特点不同，大数据时代数据量化包括六个关键技术领域，具体如表 9.1 所示。[②]

表 9.1　数据量化的领域分类

结构化数据	传统数据分析主要的研究对象
文本	常用的存储文字、传递信息的方式，最常见的非结构化数据
Web 数据	即全球广域网，又称为万维网。Web 数据的高速增长，使其成为大数据的主要来源
多媒体数据	随着通信技术的发展，图片、音频、录像等体积较大的数据，同样可以被快速地传播，其分析方法与其他数据相比，具有独特性
社交网络数据	包含人类社会活动的规律，具有重要的价值
移动数据	具有明显的地理位置信息、用户个体特征等其他信息

---

① 维克托·迈尔·舍恩伯格，肯尼斯·库克耶. 大数据时代[M]. 杭州：浙江人民出版社，2013.

② 张引，陈敏，廖小飞. 大数据应用的现状与展望[J] 计算机研究与发展，2013（C2）.

大数据是网络化高度发展的结果，必将信息网络的"虚拟性"发挥至极致，那么就要求其信息处理的方法在具有能够处理大量数据能力的基础上更加回归计算机本质。一般来说，运用算法思维解决问题的步骤如下：是否可以计算→应用什么算法→是否可以实现（现有资源下）。基于大数据的求解问题的算法不能且没有必要太复杂，究其原因，一是存储条件的客观限制，二是依靠海量的全样本数据可以实现分析结果的"精确化"。因此，在云治理过程中，对于算法的应用需要重新考量，主要包括聚类分析、因子分析、数据挖掘等。①此外，专门用于大数据分析的方法包括 Bloom Filter（布隆过滤器）、Hashing（散列法）、索引、Trie 树（字典树）、并行计算等。

2. 平台思维

大数据平台主要包括数据平台和技术平台，属于大数据底层基础技术范畴。②云治理涉及社会生活的众多方面，不同领域、不同场景的大数据样本随之而来，传统的全能型数据管理系统不再适用。国外比较成熟的数据平台包括 Hadoop、MapR、Cloudera、Hortonworks、Info Sphere Big Insights、ASTERIX、AWS、Google Computer Engine、Azure 等。但我国大部分数据平台建设停留在理论分析和定性分析阶段，目前涉及食品健康安全、生态环境、公共安全、智能交通等众多领域，少数处于运行阶段。

大数据的应用开发过于偏向底层，具有学习难度大、涉及技术面广的问题，这制约了大数据的普及。现在需要一种技术，

① 宋国杰，唐世渭，杨冬青，等. 数据流中异常模式的提取与趋势监测[J]. 计算机研究与发展，2004（10）.

② 陈军君，张晓波，端木凌. 大数据应用蓝皮书：中国大数据应用发展报告[M]. 北京：社会科学文献出版社，2018：21.

把大数据开发中一些通用的、重复使用的基础代码、算法封装为类库，降低大数据的学习门槛，降低开发难度，提高大数据项目的开发效率。目前比较成熟的技术平台有针对数据批处理的 Map Reduce、Dryad 和针对数据流处理的 Storm、S4、Kafka 等。我国在这一领域还处于借鉴学习阶段。

值得欣喜的是，我国云平台发展极为迅速。云平台又称云计算平台，可以划分为三类：以数据存储为主的存储型云平台，以数据处理为主的计算型云平台以及计算和数据存储处理兼顾的综合云计算平台。根据由 eNet 硅谷动力联合中国科学院 Ciweek 互联网周刊发布的"2018 中国云计算企业百强榜"，前五名依次为阿里云、天翼云、腾讯云、沃云、华为云，目前均已得到广泛应用。

3. 互联网思维

Web1.0 的典型特点是信息展示，代表产品有新浪、搜狐、网易等门户网站。Web2.0 的典型特点是用户生产内容（UGC），典型产品如博客中国、新浪微博、人人网等。从 Web1.0 迈向 Web2.0，标志着从一个单向的互动进化成人与人之间双向的互动。Web3.0 是大互联时代，其典型特点是多对多交互，不仅包括人与人，还包括人机交互及多个终端的交互。以智能手机为代表的移动互联网开端，将在真正的物联网时代盛行。现在仅是大互联时代的初期，真正的 3.0 时代一定是基于物联网、大数据和云计算的智能生活时代，进一步实现"每个个体、时刻联网、各取所需、实时互动"的状态。这是一个"以人为本"的互联网思维指引下的新商业文明时代。应该明确的是，不是因为有了互联网，才有了这些思维，而是因为互联网的出现和发展，使得这些思维得以集中爆发。

近年来，互联网思维成为人们关注的焦点，而对互联网思维的定义也有很多种不同的说法。2011 年，李彦宏在中国互联网创业的三个新机会的演讲中首次提到"互联网思维"，此后雷军、马化腾等也相继提及，互联网思维成为人们关注的热点话题。余来文等（2014）给互联网思维下的定义是"互联网思维=技术思维模式+价值思维模式+精神思维模式，是修炼'云物大'（云计算、物联网、大数据）的一种内功心法。互联网从Web1.0 时代单一单向地发布信息，到 Web2.0 时代更多地注重用户之间的交互体验，时至今日 Web3.0 时代，已经将触角更广泛地深入到与其他媒介的合作"①。谈黎红（2015）对互联网思维做出的定义是"所谓'互联网思维'，是以用户价值为导向，适应数字化、网络化时代受众体验、习惯、偏好的变化，而不是简单地理解为某个网站、某个互联网企业的思维"。互联网思维有三个特点，分别是用户至上、注重用户体验和免费。互联网思维可以使用户不仅愿意消费已有的内容，而且愿意去生产新的内容。②梁小昆（2016）给互联网思维下的定义是"在互联网对人们的生产和生活的影响不断增加的大背景下，企业对用户、产品、创新和营销，乃至对整个价值链及生态系统进行重新审视的一种全新的方式"。互联网思维不是单纯的营销思维、技术思维、电商思维，而是一种全新的系统性的商业思维，适用于所有类型的企业。他还强调，互联网思维不是方法论，而是一种新的思维维度。③

　　尽管对互联网思维的定义存在一些差异，但其具体内容在业界和学界基本上存在共识。比如，"互联网思维的体系包括：

① 余来文，封智勇，林晓伟. 互联网思维[M]. 北京：经济管理出版社，2014.
② 谈黎红. 互联网思维下传统媒体融合发展探讨[J]. 中国广播电视学刊，2015（6）.
③ 梁小昆. 互联网思维下的新媒体[M]. 北京：中国传媒大学出版社，2016.

简约思维、用户思维、迭代思维、极致思维、社会化思维、流量思维、平台思维、大数据思维和跨界思维。"又如，"互联网思维共有 12 个关键点：简约思维、标签思维、NO.1 思维、痛点思维、产品思维、屌丝思维、尖叫思维、爆点思维、粉丝思维、流量思维、迭代思维和整合思维。"①尽管对互联网思维存在不同的描述，然而正是这些具体的描述构成了我们在传统媒体中应用互联网思维的路标。互联网的发展过程，本质是让互动变得更加高效，包括人与人之间的互动，也包括人机交互。

4. 去中心思维

在传播领域，电视、广播、报纸、杂志流行的传统媒体时代，信息来源主体十分有限，关键节点很明确，控制也很方便。在这一阶段，监管部门可以直接控制公众能够了解到的信息，而那些不愿意让公众知晓的信息直接被抹去。在互联网时代初期，各种新闻门户、垂直门户习惯于将传统媒体的内容复制下来重复公布，并且对搜索关键字进行导入控制，互联网信息传播的垄断性依旧很强，可以通过控制传统媒体端和重点网站来操控舆论。但是到了 Web2.0 时代，内容不再只是由某些网站和某个人群所产生，而是由网络中地位完全平等的全体网民共同参与、创造。任何人都可以在网络上随时随地发表观点、创造内容。并且随着网络服务形态的多元化发展，去中心化网络模型越来越清晰，也越来越成为可能。特别是 Web2.0 兴起后，Wikipedia、Flickr、Blogger 等网络服务商所提供的服务都是去中心化的，任何一个网民都可以通过这些平台创造原创内容。随着 Twitter、Facebook 等更加适合普通网民的服务的诞生，其简单易用性迅速提升了网民参与内容创造的积极性，增加了去中心化程度。

---

① 哈艳秋，张立雷. 试论新形势下互联网思维对传统媒体新闻工作者的要求 [J]. 西部学刊（新闻与传播），2016（1）.

　　在一个分布有众多节点的系统中，每个节点都具有高度自治性，并对其他节点不具有强制控制性：节点之间自由连接，形成新的连接单元，任何一个节点都可能成为阶段性的中心，节点与节点之间会通过网络形成非线性因果关系。这种同时具有开放、扁平、平等特点的系统现象或结构，我们称之为去中心化。去中心化（decentralization）是互联网发展过程中形成的社会关系形态和内容，是相对于"中心化"而言的新型网络内容生产过程。每一个网民都成为一个平等且独立的信息创造者，这些信息构成了云治理的决策依据。因此，云治理不可避免地也具有"去中心化"特征。

　　总的来看，国内学者关于数据治理的研究起步较晚，大量研究主要借鉴了国外数据治理的思想，目前集中在理论层面的讨论，对数据治理的概念、框架及内容等各个方面的研究均不深入。"作为新领域的研究，国内外多数采用探索性研究的方法，结合叙述性的论述和经验总结，实证性研究较少，少数半结构化访谈的实证研究也存在样本不充足的局限性，对数据治理框架模型的设计还有继续完善和优化的空间，数据治理理论框架的普适性应用仍然需要验证。有关数据治理的框架体系、政策标准、成熟度模型、数据质量、非结构化数据的质量评价、元数据管理等仍然是未来研究的重心，产业界驱动的模型框架的制定需要与理论界融合创新。"[①]

　　特别需要指出的是，在大数据时代，数据质量和数据安全的诉求更加多元化，传统的数据统计方法和安全保护问题面临巨大挑战。我国在数据治理的过程中，应该考虑如何应对，做好提高数据质量和数据安全的工作。云治理中的数据治理在普

---

① 张宁，袁勤俭. 数据治理研究述评[J]. 情报杂志，2017（5）.

适性的数据治理之上，更要求政府发挥主导作用，完善相关制度安排，与大数据、大数据技术紧密耦合，为云治理模式的有效实施奠定基础。

三、当代中国数据治理思想的应用实践

作为一种新型治理工具，经济"云治理"目前主要应用于公共服务领域。云治理体系下的公共服务从整个供给过程来说，具有以下特点：一是供给决策科学化。借助大数据技术，通过全样本分析能够准确感知社会公众对公共服务的需要。二是供给主体多元化。公共部门通过与社会组织、企业甚至公民交换与共享资源，实现多元主体合作共赢。三是供给产出虚拟化。公共服务智慧化供给借助互联网平台，主要提供在线化、虚拟化的智慧公共服务。四是供给效果优越。公共服务智慧化供给效果超越以往公共服务供给方式，信息通信技术特别是大数据技术能够准确感知公众个体化服务需求，超越时空的限制向公众提供精准化、个性化、均等化的智慧公共服务。[①]其中，按照供给主体可以细分为：政府与公众（government to citizen，GtoC）模式、政府与政府（government with government，GwG）模式、政府与公司（government with business，GwB）模式、政府与公共部门（government with public sector，GwP）模式，以及公共部门与企业（public sector with business，PwB）模式，这里的公共部门是指除政府部门外的其他公共部门，如公立医院、公共图书馆等。[②]此外，一些学者指出，"云治理"模式在提升公

① 王法硕，王翔. 大数据时代公共服务智慧化供给研究——以"科普中国+百度"战略合作为例[J]. 情报杂志，2016（8）.

② 张会平，李茜，邓琳. 大数据驱动的公共服务供给模式研究[J]. 情报杂志，2019（4）.

共服务效率的同时，也能完善社会治理制度，缓和社会矛盾，调节社会关系。一方面，大数据可完善收益分配机制。通过大数据分析，能准确把握居民收入状况、企业资金流向，深入分析贫富差距，从而制定科学的税收和转移支付制度，完善收益分配机制。[①]另一方面，大数据能够调整生产关系。通过大数据分析，尤其是社交网络和移动终端的情绪分析，能有效分析社会各阶层的矛盾，从而采取相关措施，调整生产关系，稳定社会发展。[②]经济云治理体系的具体应用领域主要包括以下方面。

（一）精准扶贫领域

目前比较成功的案例是贵州精准扶贫大数据平台、甘肃精准扶贫大数据平台。贵州、甘肃两省主要通过问卷调查、现场访谈的方式收集扶贫开发中的结构化数据（辅以少量非结构化数据），然后人工录入数据库系统之中，较少通过客户端（Web、App、传感器及一卡通等）方式自动采集数据。就贵州而言，数据采集的主要内容是完善建档立卡等级表（即贵州省贫困户登记表）中的七项一级指标（包括家庭基本情况、致贫成因、帮扶责任人、帮扶计划、实施的帮扶项目、帮扶成效及脱贫评估），以及199项二级指标的内容。甘肃省的贫困户数据采集表包括易地扶贫搬迁户级采集表、惠农政策户级采集表、农村危房改造户级采集表等9张表格。贵州省搭建了"云上贵州"云平台，扶贫云作为其构成之一，整合了人社、民政、住建、移民、工商、财政、农委、交通、卫计、教育、水利、金融、国土等19个部门的贫困人口数据，形成了由数据支撑平台、项目申报平

---

① 吴文平，陈沁蓉. 以大数据为支点推动转型[J]. 新闻战线，2014（1）.

② 于晓龙，王金照. 大数据的经济学涵义及价值创造机制[J]. 中国国情国力，2014（2）.

台、资金争取平台、脱贫管理平台、绩效评估平台、任务督查平台、工作考核平台 7 个子系统支撑的大数据扶贫云平台。积极建立"大扶贫"数据交换机制，使贵州省行业部门均通过"云上贵州"平台接口，实时与"扶贫云"交换涉及扶贫的数据，做到线上实时动态更新，形成部门互通、上下联动的"大扶贫大数据"。甘肃省的精准扶贫数据主要是以数据库的形式存储在服务器中，该平台通过对产业扶贫库、行业扶贫库和社会帮扶库进行三位一体的大数据建模，对基础数据、任务目标完成数据、扶贫项目数据、资金使用效益数据和扶贫成效数据进行清洗、转换、计算和分析，进而完成对目标、项目、资金和成效等多个内容的数据分析，实现了建档立卡、扶贫项目填报、扶贫成效展示、统计分析、决策支撑、绩效考核等六大功能。①

（二）医疗卫生领域

2006 年以来，北京市东城区应用大数据框架下的数据分析功能快速提升社区公共卫生服务能力。具体来说，主要依托社区卫生服务信息系统建设,应用大数据技术实现社区卫生资源、居民健康状况、重点疾病分布特征的综合管理创新；借助数据共享与公开促成社区居民与社区卫生服务机构和全科医生的良性互动，实现社区居民健康状况的自我科学管理；通过全区居民慢性病影响因子的关联分析验证，提供区域性病情预警服务，推动基层公共服务模式的创新。该系统承载的大数据，涵盖 38 个社区卫生服务中心约 100 万人的个人医疗档案和 220 多万份

---

① 汪磊，许鹿，汪霞.大数据驱动下精准扶贫运行机制的耦合性分析及其机制创新——基于贵州、甘肃的案例[J]. 公共管理学报，2017（3）.

电子病历档案，以每天新增 3000 多条记录的速度更新。[①]

（三）文化教育领域

近年来，中国科学技术协会以科普信息化建设推动科普服务供给模式创新。2015 年，通过与百度公司合作，建立"科普中国+百度"战略合作。主要举措包括：一是感知公众科普需求。中国科协科普部、百度指数与中国科普研究所从 2015 年起每季度定期发布中国网民科普需求搜索行为报告，基于大数据着重了解中国网民的科普搜索行为特点、科普主题搜索份额、科普搜索人群的年龄、地域、性别等结构特征，并对不同终端上的搜索行为进行分析。报告根据 2011—2015 年百度的搜索数据形成健康与医疗、食品安全、航空航天、信息科技、前沿技术、气候与环境、能源利用和应急避险等八个主题，在参考专家意见基础上提出种子词，调取百度数据对种子词进行计算衍生，将得到的衍生词库作为科普需求热度的计算基础。二是组建智慧化科普服务平台。依托百度公司技术平台优势，在广泛收集涉及科普产品的互联网用户行为数据、百度百科数据、百度地图及实景数据、百度文库数据的基础上，将科普信息化创新项目与运作较为成熟的百度指数平台、百度搜索平台、百度地图平台、百度百科平台有机结合，构筑智慧化科普服务平台，利用大数据、人工智能、搜索引擎、网络爬虫(一种互联网自动搜索程序)、LBS(定位服务)等技术构建智慧化科普服务项目集群，综合图文、视频、虚拟现实等形式，在 PC 端和移动客户端向公众呈现多元化科普创新服务，实现从单向到互动、从可读

---

① 陈之常.应用大数据推进政府治理能力现代化——以北京市东城区为例[J].中国行政管理，2015（2）.

到可视、从一维到多维、从平面媒体到全媒体的转变。①项目目前仍处于推进过程中，成效未知。

浙江省杭州图书馆在信用服务方面的实践具有启示意义。杭州图书馆于 2017 年 4 月 23 日与蚂蚁金服联合推出了"信用借还图书"服务，引入芝麻信用作为图书馆借阅证办理的考核标准，只要持有芝麻信用积分在 600 分（含）以上，根据支付宝的风险考核标准绑定其账号。由于支付宝账号与个人身份证号绑定，而杭州图书馆以身份证号作为个人借阅证号，在绑定账号的同时开通其身份证的借阅功能。如此一来，任何用户都可以随时在线上通过支付宝生活号的 O2O（线上到线下）平台享有网上借阅功能，在线下可以凭借身份证直接到图书馆享受资源服务。芝麻信用将读者借还记录统一收集在芝麻信用的个人信用档案内，根据信用机制的考核原则每月进行风险评估，评估后的结果综合反映在更新后的芝麻信用总积分中。图书馆根据每月的信用积分，定期对读者的信用行为进行考核与重新评估。在联合芝麻信用开通借阅功能的线上信用服务得到读者的高度接受与认可之后，杭州图书馆继续结合自身服务，以信用为依托，推出了一整套从线上到线下的"信用+图书馆"操作模式。②

（四）公共安全领域

排查各类隐患、加强灾害预警、实施应急处置是国家治理能力的重要体现，在这些方面，大数据大有可为。其优越性主要体现在以下方面：一是能够主动排查隐患；二是能够加强灾

---

① 王法硕，王翔. 大数据时代公共服务智慧化供给研究——以"科普中国+百度"战略合作为例[J]. 情报杂志，2016（8）

② 寿晓辉，叶丹，翁亚珂. 公共图书馆开展信用服务的实践与策略——以杭州图书馆为例[J]. 图书与情报，2017（5）.

害预警；三是能够完善应急处置机制。①

广州市天河区依据广东省"智慧广东"发展规划,构建"大数据+消防"安全管理机制,极大地推进了消防行业现代化建设。具体举措如下：一是数字化管理体系,天河区委托第三方对 400 家重点监控单位开展消防安全检测,并对消防安全管理人员与单位负责人员进行消防安全培训,以构建消防安全大数据系统。其中,消防安全检测包括建筑物概况、使用功能、物业管理状况、消防系统等在内的 550 项具体内容的检测,人员消防安全培训主要包括消防控制室管理培训、"四懂四会"和消防"四个能力"培训、不同季节火灾防控工作及消防安全基本知识培训、火灾隐患排查和电气消防安全管理培训等内容。二是精细化管理方案,优化消防安全管理资源配置。消防大数据平台通过现代信息化技术,对管理对象的危险等级进行评估及分类,并结合各片区的危险等级及多时段压力状况,进行精细化人员安排管理和差别化监督预防,从而保证在有限的消防管理人员条件下实现消防资源管理的最优配置,最终达到"散单位集中管,小单位放大管,远单位拉近管,重点单位重点管"的新安全观目标。三是多情境模拟机制,提升消防安全预警专业化与精准化。在构建天河区消防安全管理大数据库的基础上,依托消防安全管理大数据平台,通过数据提取与挖掘,分别模拟不同条件下的消防安全隐患情境及应对措施,实现基于经验与数据共同驱动的消防安全防控机制创新。四是"互联网+"管理模式,提高政府管理服务效率。基于大数据的天河区消防安全管理平台是利用物联网的技术思想,采用专用网络、宽带网络、GPRS（通用分组无线业务）移动数据网络等多种联网方式将分

---

① 陈立. "云物大智"与政府治理模式探索[J]. 人民论坛·学术前沿,2015（2）.

散在城市中各个建筑内部的火灾自动报警、消防联动控制、消防水系统、电气火灾、气体灭火、视频监控、消防巡更、重点部位和消防设施的 RFID（射频识别技术）、NFC（近场通信）管理等系统联成网络，实时对联网建筑物内前端感知设备的报警信息和运行状态信息进行数据采集、数据传输、数据处置、数据查询统计、数据分析、信息发布、警用 GIS（地理信息系统）的智能化消防监控管理系统，实现消防重点单位的动态化、智能化、户籍化、网格化管理，从而提高消防设施的运行率和完好率。[①]

为保障公众出行安全，消除乘坐电梯的心理恐慌，贵州省于 2015 年 6 月启动全省电梯应急救援试点工作，并于 2015 年 12 月完成前期准备工作，正式启用了电梯应急救援服务平台。电梯应急救援平台的具体工作过程包括原始数据整理、标牌、部署、开通、评价等。（1）原始数据整理。试点局按照统一格式要求完成电梯基本信息"电梯救援识别码、电梯 GPS（全球定位系统）、电梯网格救援等数据"的收集和整理工作。（2）标牌。试点局制作电梯救援标牌并粘贴在每台电梯醒目的位置上，当乘客遇到电梯故障时可以通过标牌上提供的救援热线及电梯救援识别码向全国电梯应急处置服务平台进行求救。（3）部署。电梯应急处置服务平台利用"云上贵州"的云计算中心资源完成部署和调试，完成所需虚拟主机、虚拟存储资源的分配，通过运营商开通互联网线路，保证云平台与座席呼叫中心、当地质监部门的互联互通。（4）开通。完成救援和调度座席开通，对座席人员完成岗前培训，在贵州试点开通 12365 救援热线，各地被困乘客拨打救援热线，平台统一调度指挥。（5）评价。

---

① 胡学东，高小平，蔡德伦. 大数据支撑的政府消防安全管理机制创新——以广州市天河区为例[J]. 中国行政管理，2018（5）.

通过大数据分析，对电梯应急救援相关方的工作进行评价，推进持续改进。通过对纳入救援平台管理的电梯信息准确率、贴牌电梯数量等信息进行排名分析，可对各地区电梯安全监管部门的电梯应急处置推进工作进行评价；通过各维保单位电梯维保数、应急救援到达时间等进行综合排位，可大大激励维保单位提高救援效率，进一步落实企业救援的主体责任。[①]电梯应急服务平台试点应用是互联网技术、互联网思维在政府服务中成功运用的典型案例，取得了非常好的效果。

（五）交通运输领域

为了促进我国交通事业的发展，建设现代化的、信息化的智能交通平台，我国开始把大数据云分析平台技术广泛地应用到智能交通建设的项目之中。通过实践，我们可以体会到大数据技术在我国智能交通的发展之中发挥了巨大的作用，促进了交通事业的发展进步。总的来说，其运用的优势主要可归纳为以下几个方面：一是能够有效地整合交通涉及的海量的数据资源。过去采用的云计算技术主要可以实现对分散的系统和异构的数据进行处理整合，使存在于不同系统之中的相关交通信息进行有效的组织处理，而现在利用的大数据处理技术，属于云计算进一步发展的范畴，主要可以解决整合后的海量数据存储的时效性的问题。二是可以有效地提高交通的运行效率。通过运用大数据技术，能够有效地提高交通的运营效率、道路的网通能力及设施的运用效率，不断地根据实际调整交通的需求。我国现在的交通压力巨大，交通的运行效率也非常低，通过广泛地应用大数据技术，可以对交通的运行情况进行实时监控，

---

① 王连印，凌建华，黄景涛，等. "互联网+政务服务"模式创新研究——以电梯应急服务为例[J]. 电子政务，2016（12）.

从而根据实际的要求进行交通的调整，大大提高了交通的运行效率。同时，大数据技术具有较高的预测能力，可以实现对交通动态的有针对性的实时监控。三是能够有效地提高交通安全水平。大数据技术具有实时性、可预测性的重要特点，因此可以有效地联合现有的路边探测器及传感器等设备，实现对车辆轨迹的追踪及数据的整合，分析车辆行驶的安全性能，从而有效地降低交通事故的发生率。同时，在事故的应急处置方面，大数据的高速度处理特点可以快速地对信息进行反馈，使应急人员及时对伤员实施救援，从而切实提高应急救援的能力，减少人员伤亡及财产的损失。①现阶段，各地城市管理部门能够收集到的数据越来越多，也逐渐开始将数据分析投入日常交通治理工作中，其中以北京和杭州最为典型。

北京市在万达广场交通通勤、首都机场出租车运营，以及货运车辆治理方面都实现了以数据分析为决策依据的云治理模式。位于北京市某区的万达广场是城市核心区一个大型休闲娱乐中心。据不完全统计，该广场日均人流量超 50 万人，是中心城区最重要的交通汇集点之一。广场四周道路均为双向两车道，在人流高峰时交通拥堵严重，并会扩散、影响到周边区域的交通通勤，问题不容乐观。为改善该重点区域的交通状况，项目基于出租车的载客上、下车 OD（origin destination）位置数据，采用可视化的手段动态分析万达广场周围 500 米区域的车辆流向。交管人员通过了解区域内的交通流变化，有针对性地改变所有相关路段交通信号灯的整体通行模式，根据实际状况施行科学的交通管制措施，以平衡整个道路系统的通勤压力。又如，北京首都国际机场出租车运营实施可视化治理。北京首都国际

---

① 季振东.大数据分析云平台技术在智能交通中的应用研究[J]. 硅谷,2015(1).

机场是我国三大门户复合枢纽之一，年旅客吞吐量超过 9000 万人次，居亚洲第一、全球第二。在机场的整个公共交通客运体系中，出租车接驳扮演着极其重要的角色。然而，首都机场的出租车管理一直以来饱受诟病。为了避免国内外旅客的大规模滞留，保证机场出租车的高效运营，该项目整合了机场周边 10 公里范围内道路网的车流量数据，利用热力图实时反映机场外围的交通密度，并结合曲线图表等可视化手段对机场内出租车进入、驶出数量变化实时监测。在数据可视化分析的基础上，交管人员能够对机场载客运营的出租车合理调度，提升道路交通系统的运行效率，减少旅客等待时间。由于货运车辆的道路通行和停放会对市区内的整个交通系统运行产生影响，并在一定程度上关系到城市的经济、社会发展和道路周边环境，北京市交通运输管理部门需要清楚准确地掌握各辖区的货运车辆进出情况。过去，对于货运车辆的治理只能凭借决策者的主观经验，各单位执法、管理人员的调配和安排往往难以有效匹配其辖区的实际工作强度，多部门联合执法和新政策的制定也缺乏直接依据。为了实现市区货运交通的精细化管理，项目通过整合区县间、跨市、跨省车辆运输的卫星定位数据，从不同视角对一个月内每天的货运流动状况进行可视化描述。与前两个项目不同，该项目的分析和应用更多是针对历史数据。管理者根据月度货运车辆迁徙变化，提出有针对性的交通规划、维护方案和货运政策，从而科学、有效地协调交管、安监、工商等相关部门共同完成货物运输管理工作。①

2016 年 12 月，杭州市委、市政府专门成立了由省委常委、市委书记任组长，五位市委常委任副组长的"城市大脑"建设

---

① 孙轩，孙涛. 基于大数据的城市可视化治理：辅助决策模型与应用[J]. 公共管理学报，2018（2）.

领导小组的组织框架结构，汇聚政府、企业、公安，以及产学研各方力量，整合了建委、公安、财政等十个部门，形成合力。为解决数据归集资源统筹等问题，杭州市政府专门成立了市数据资源管理局，着力消除信息孤岛、信息壁垒，真正发挥数据价值，为推进项目研发提供支撑和保障。同时，在政府与企业、社会之间，坚持需求引领技术，通过政府主导，主控主推，会同阿里巴巴等 13 家高新企业、浙大等高校组成工作专班，开展日常研发工作，规划设计杭州治堵方案。通过这三个阶段，积极探索"用数据研判、用数据决策、用数据治理"的城市交通治理新模式。实现了以数据技术为支撑，找出交通管理的影响因子、非直接关系的关联因子，并立足视频、信号、匝道、断面等检测技术，分门别类地建立交通特性分析模块，以规律性、反复性、周期性的统计科学，预判交通流、拥堵、安全风险等趋势，实现城市交通管理的预警、预判、预决。[1]该项目于 2017年 10 月 9 日在杭州市萧山区通过了初步测试，结果显示道路车辆通行速度得到了显著改善，平均提升了 3~5 个百分点，部分路段甚至提升了 11 个百分点。[2]

---

[1] 张建文.探索城市交通治理新模式 杭州城市数据大脑治堵新实践[J]. 汽车与安全，2018（5）.

[2] 连玉明. 大数据蓝皮书：中国大数据发展报告[M]. 北京：社会科学文献出版社，2018.

第十章　结束语

　　国家治理体系和治理能力是国家管理经济、政治、文化、社会、生态文明等各个领域的体制、机制和法律法规安排，是一整套紧密相连、相互协调的国家制度体系，治理能力是提升治理效能的前提保证。国家经济治理思想是国家治理体系和治理能力的重要基础，是国家关于经济治理方面的理念和思想。系统研究中国经济治理思想对我国跨越中等收入陷阱、实现经济高质量发展、推进国际治理体系和治理能力现代化具有重要意义。作为古老的文明大国，中国历史源远流长、传统文化博大精深，国家经济治理思想具有悠久而深厚的历史。那么，中国历史上经济治理思想演进逻辑是否有规律可循？对我国社会经济发展的影响效果如何？对当代中国经济治理有何借鉴和启发？对这些问题的回答有助于总结和归纳中国经济治理思想演化逻辑，提炼当代中国经济治理体系和治理能力的趋势性问题，揭示出中国国家治理思想的时代特征。这必然会促使新时代中国经济实现高质量发展，满足人民对美好生活向往的需求。

第一节 中国国家经济治理演进的八大定理

一、从管理走向治理

经济发展理论和实践有力证明，一国经济持续发展的关键在于形成一种有效的国家治理模式。[①]国家治理模式在不同的时代具有截然不同的内容，从而形成不同时代的国家治理模式。从理论上看，国家治理模式是从管理模式走向治理模式的，近现代以来，主要表现为从一元治理走向多元治理再到中国特色社会主义治理。一元治理模式的代表是全能主义的国家治理模式，而多元国家治理模式被视为由政府、市场和社会相互耦合所形成的整体性制度结构模式，三者相互协调，共同维系一个国家的秩序治理，协调资源配置，促进经济发展。但是，要真正理解中国的变革与发展，需要在"政府-市场-社会"三元分析框架中引入一个更为关键的要素——中国共产党的核心领导，这是中国特色社会主义国家治理模式。中华人民共和国成立 70 多年来，中国共产党为经济发展创建了稳定的秩序，建立起组织动员各种要素参与现代化建设的高效领导体制，塑造了支撑发展的经济社会体制，极大地降低了社会经济运行的制度成本和不确定性。换言之，正是由于党在整个国家治理体系中发挥统领全局、协调各方的核心作用，才能有效整合经济、政治、社会力量，形成能够推动经济发展的强大国家治理模式，

---

① 克里斯蒂娜·阿尔恩特，查尔斯·欧曼. 政府治理指标[M]. 杨永恒，译. 北京：清华大学出版社，2007：4.

铸就中国经济发展奇迹。

二、从政府干预走向更好发挥政府作用

政府干预思想不仅是对国内外经济治理经验的借鉴，也是从我国古代政府经济管理智慧中汲取的营养。中国古代经济思想中，干预宏观经济的思想十分丰富。西汉时期的桑弘羊在《盐铁论·错币》中有言："交币通施，民事不及，物有所并也。计本量委，民有饥者，谷有所藏也。智者有百人之功，愚者有不更本之事。人君不调，民有相万之富也。此其所以或储百年之余，或不厌糟糠也。民大富，则不可以禄使也；大强，则不可以罚威也。非散聚均利者不齐。故人主积其食，守其用，制其有余，调其不足，禁溢羡，厄利涂，然后百姓可家给人足也。"[①]以上言论指出了由于市场调节的不足，实施政府调控的必要性。春秋末期的范蠡和战国初期的李悝都提出了调控粮食价格的思想，通过政府收购和抛售粮食的办法使粮食的价格保持在一个合理的范围内，避免谷贱伤农，之后形成了平籴、平粜、常平仓等调节粮食丰歉、平抑粮价的措施手段。战国秦汉时出现了"重则至，轻则去""有以重至而轻处者"等思想，某种商品为了吸引顾客，就抬高其价格，这种货物就会多起来，从而导致价格下降，又由于货物长途运来，再运走损失较大，只好低价出售，这种思想被运用于后来的救灾中。我国古代也有通过货币投放调节物价的思想，如汉代的贾谊所言："上挟铜积以御轻重，钱轻则以术敛之，重则以术散之，货物必平。"[②]

党的十八大以来，我们强调要"更好发挥政府作用"。中央政府总结历史经验，不断创新宏观调控思路，大力推进"放

---

① 〔汉〕桓宽. 盐铁论[M]. 上海：上海人民出版社，1974：9.
② 〔汉〕班固. 汉书[M]. 北京：中华书局，2007：165.

管服"改革。"创新和完善宏观调控，发挥国家发展规划的战略导向作用，健全财政、货币、产业、区域等经济政策协调机制。"[1]在"放管服"改革中，不断减少行政审批事项、改革商事制度、削减职业资格、清理审批中介、实行减税降费、加强事中事后监管、优化政府服务等，有效地推动了政府职能转变、改善了营商环境、促进了经济社会发展。

三、 从农本思想走向农村振兴

我国历史悠久，社会虽然经历了成百上千年的发展演化，但农业大国的基本国情没有改变，人口结构没有改变，所以"农本"思想中的重农思想也一以贯之。战国时期法家的代表人物商鞅，首次将农业称为"本"。他指出，富国的唯一途径在于农业建设，农业是国民经济的命脉，而农民是农业之根本。习近平总书记高度重视农业农村农民工作，对"三农"问题有独到见解，提出许多当代"三农"问题的新思想和新理念。这些新思想继承并发展了我国古代的"农本"思想，形成了科学系统的习近平"三农"思想。在国家治理中坚持习近平总书记的"三农"思想，针对新时代"三农"问题，实施乡村振兴战略，把解决好"三农"问题作为全党工作的重中之重。农业的发展奠定了经济稳定发展的基础。

四、 从民本思想走向以人民为中心的治理思想

民本思想在我国源远流长。早在商周时期，就有"古我前

---

① 习近平. 决胜全面建成小康社会 夺取新时代中国特色社会主义伟大胜利——在中国共产党第十九次全国代表大会上的报告[M]. 北京：人民出版社，2017：34.

后，罔不惟民之承保"①的论断，用以总结夏朝灭亡的教训。《尚书·五子之歌》中提出了"民惟邦本，本固邦宁"的思想。春秋战国时期，民本思想得到进一步丰富和发展，孔子主张的"仁者爱人"、孟子主张的"民为贵、社稷次之、君为轻"、荀子的重民学说等都为民本思想的发展奠定了基础。在中国几千年的历史中，民本思想始终发挥着重要作用，充分体现了中华民族在国家治理实践中的智慧卓识。中国古代民本思想的根本特征是重视民意、体恤民生、赢得民心。

以人民为中心的发展思想是新时代我国社会主义市场经济建设思想的重要构成部分。以人民为中心的发展思想不仅符合马克思主义唯物史观的基本原理，更是结合新时代我国基本国情、符合共产党根本宗旨的创新性发展思想。以人民为中心的发展思想具有丰富的内涵，主要包括发展的目的论、发展的主体论、发展成果的分配论。其一，发展的目的论。我们推动经济高质量发展的目的是满足人民对美好生活的需求，是实现人民的根本利益，是增强人民的幸福感、获得感和安全感。可以说，人民群众是否满意，是衡量经济发展水平的重要标尺。其二，发展的主体论。以新发展理念实现经济新发展，必须重视发挥人民的主体作用。人民是实现经济实践创新的动力源，是经济社会发展的主力军，是建设中国特色社会主义现代化强国的主导者。其三，发展成果的分配论。在推动经济不断向前向好发展的过程中，积累国家财富是非常重要的方面，与此同时，更要重视发展成果如何实现更加公平、合理的分配，发挥二次分配、三次分配的重要作用，创新成果分配的方式和机制，以科学的成果分配来提升人民生活质量，优化社会结构，增强国

---

① 冀昀. 尚书[M]. 北京：线装书局，2007.

家实力。在国家治理的政治实践中，根据《中共中央关于坚持和完善中国特色社会主义制度、推进国家治理体系和治理能力现代化若干重大问题的决定》，我们认为，应着眼于城乡的社会保障，不断增进人民福祉，在促进人的全面发展的同时坚持满足人民日益增长的美好生活需要。健全国家公共服务体系，加强民生建设。在民众教育、高质量就业和民众健康方面建立相应的制度保障。

五、从节制资本走向基本经济制度

孙中山提出了"节制资本"的思想，力图解决国家发展过程中的贫富差距拉大问题，实现全国人民的共同富裕。对于孙中山的"节制资本"思想，可以从生产领域和分配领域两个方面来理解。从生产领域来看，孙中山的"节制资本"思想主要体现在国有经济要控制好国家经济发展的命脉，民营经济则在其他行业进行发展。而从分配领域来看，"节制资本"思想主要是希望通过国家掌握某些自然垄断行业，将这些行业产生的利润用于国计民生。同时，也要防止私人资本过度发展而使得少部分人获取巨额财富，普通民众却一无所得，最终导致贫富差距不断拉大。节制资本思想对我国基本经济制度的丰富和发展具有很大的启发意义。

中国共产党十分重视社会主义制度的建设，试图探索出一条具有中国特色的社会主义道路，为我国经济的持续健康发展提供良好的制度环境和坚实的制度保障，最终建立了我国的基本经济制度，即坚持和完善公有制为主体、多种所有制经济共同发展，按劳分配为主体、多种分配方式并存，以及社会主义市场经济体制，把社会主义制度和市场经济有机结合起来，不断解放和发展社会生产力。

六、从被动治理走向主动治理

1840 年之前，中国是一个以自然经济为基础，拥有独立主权的传统封建专制国家。随着第一次鸦片战争的失败，清政府与英国签订了中国历史上第一个不平等条约——《南京条约》，条约涉及割地、赔款和通商等事宜，并向英国让渡了一部分国家主权。《南京条约》的签订，让其他西方列强闻风而来，先后强迫清政府签订了一系列不平等条约，开启了中国沦为半殖民地半封建社会的历程。

中华人民共和国成立后的很长一段时间，我国在全球经济治理体系中一直处于被动地位。中华人民共和国成立初期，作为新兴的社会主义国家，我国面临着战后社会经济百废待兴的国内局势和以美苏为代表的两大阵营冷战的国际局势。"一边倒"战略的实施使我国坚定地站在社会主义阵营中，同资本主义阵营展开长期对峙。但是，当时全球经济治理以美国建立的布雷顿森林体系为重要载体，制度性话语权完全由西方国家掌握，中国自然而然地被排斥在全球经济治理体系之外。西方国家对中国采取孤立政策，实行全面的经济和外交封锁，中国完全处于"被动治理"甚至是"被治理"的地位。[①]20 世纪 70 年代以后，随着国际形势缓和以及在联合国的合法席位得以恢复，中国开始逐步有限地参与到全球经济治理中。尼克松总统访华及中美邦交正常化使西方国家逐渐解除对华封锁，开始尝试同中国开展经贸合作。但是，因为刚刚融入全球经济治理体系，对西方国家制定的制度和标准还不甚了解，中国需要一定的适应时间。1978 年，中国开始实施改革开放伟大战略，经济发展

---

① 贺鉴，王璐. 中国参与全球经济治理：从"被治理"、被动参与到积极重塑[J]. 中国海洋大学学报（社会科学版），2018（3）.

突飞猛进，综合国力显著提升。与此同时，随着全球化的不断深入，国家间交流合作日益密切，中国参与全球经济治理的意愿也逐渐加强。在此时期，中国积极参加各类国际会议、谈判、讨论，努力推动区域经济一体化，加强新兴经济体间合作，重视同世界各国的沟通交流。但这一时期的全球经济治理机制仍然受西方发达国家控制，中国尚未在国际机制中占据主导地位，制度性话语权仍比较薄弱。

2008年金融危机爆发，传统的全球经济治理机制遭遇了前所未有的挑战，新的国际政治经济秩序亟待建立。改革开放以来，中国取得的巨大成就使我们坚定自信，中国开放经济治理思想的优越性得以体现，大国责任感促使我们更加积极主动地参与到全球经济治理之中。以"人类命运共同体"思想和共建"一带一路"的提出为标志，我国开启了参与全球经济治理的新篇章，从"被动治理"转变为"主动治理"。近年来，我国在世界政治经济秩序构建、国际公共物品的提供、国际交流沟通平台建设等方面发挥着越来越重要的作用，为全球经济治理体系重构做出了重大贡献。党的十九届四中全会决议指出："积极参与全球治理体系改革和建设。高举构建人类命运共同体旗帜，秉持共商共建共享的全球治理观，倡导多边主义和国际关系民主化，推动全球经济治理机制变革。推动在共同但有区别的责任、公平、各自能力等原则基础上开展应对气候变化国际合作。维护联合国在全球治理中的核心地位，支持上海合作组织、金砖国家、二十国集团等平台机制化建设，推动构建更加公正合理的国际治理体系。"

七、从大同社会走向中国特色社会主义制度

如前文所述，康有为运用"混合公羊家三世说、礼运篇小

康大同说、佛教慈悲平等说、卢梭天赋人权说、耶稣教博爱平
等自由说，还耳食了一些欧洲社会主义学说，幻想出一个大同
之世"①。中华人民共和国成立后，以毛泽东同志为首的中国共
产党人，推翻了压在中国人民身上的三座大山，从民主主义走
向社会主义，建立了社会主义制度。改革开放后，我们秉承马
克思列宁主义、毛泽东思想、邓小平理论、"三个代表"重要思
想、科学发展观和习近平新时代中国特色社会主义思想，探索
出一条社会主义发展道路，最终建立了中国特色社会主义制度。

八、从对外开放走向人类命运共同体

近代以来，中国面临的是"世界开化，人智益蒸，物质发
舒，百年锐于千载"②的国际局势，而清政府所实行的闭关锁国
政策，禁止与外国进行交流，导致中国在过去一段时间内拉大
了与西方国家的差距。这种差距使得中国在与列强进行交流时
损失了巨大的利益。而随着闭关锁国的政策被列强打破，清政
府仍然故步自封，对与西方进行交流感到十分恐惧，其"思想
则犹是闭关时代荒岛孤人之思想，故尚不能利用外资、利用外
才以图中国之富强也"③。在推翻清朝的腐朽统治后，孙中山认
为不能再延续清政府闭关锁国的政策，而是应该主动打开国门，
积极与外国交流。特别是为了发展国内的实业，以改变中国贫
穷落后的面貌，中国就更要吸收国外的资本、人才和技术，促
进本国工农业的发展。他指出，"款既筹不出，时又等不及，
我们就要用此开放主义。"中华人民共和国成立后，我国依然实
行对外开放政策，但由于帝国主义的制裁和封锁，对外开放步

① 范文澜. 中国近代史（上册）[M].北京：人民出版社，1955.
② 孙中山全集（第1卷），[M].北京：中华书局，1981：288.
③ 孙中山全集（第6卷），[M].北京：中华书局，1985：224.

履艰难。1978 年改革开放后，中国积极实行开放政策，积极融入经济全球化。新时代，我国提出人类命运共同体的概念，倡导"人类命运共同体意识"，首次将人类命运共同体理念载入中国共产党的重要文件。2016 年 9 月，中国国家主席习近平在杭州举办的 G20 峰会上指出，二十国集团成员应"共同构建合作共赢的全球伙伴关系，携手构建人类命运共同体，共同完善全球经济治理"[①]。党的十九大将推动构建人类命运共同体纳入新时代中国特色社会主义必须长期坚持的基本方略。人类命运共同体是新时代中国开放经济治理思想的重要体现。

研究表明，除八大定理外，中国国家经济治理思想的演进还存在着鲜明的趋势性倾向。其主要包括从商品治理走向市场经济治理；从实体经济走向防止脱实向虚；从平均地权走向共享发展治理；从企业内部治理走向环境治理；从天人合一走向绿色治理；等等。

第二节　新时代中国国家经济治理思想的时代特征

一、坚持原则、兼容并包和理论创新共生

新时代中国特色社会主义治理思想是在继承马克思列宁主义、毛泽东思想、邓小平理论、"三个代表"重要思想和科

---

① 习近平. 中国发展新起点 全球增长新蓝图——在二十国集团工商峰会开幕式上的主旨演讲[N]. 人民日报，2016-09-04.

学发展观的基础上提出的。其中，马克思主义基本原理是党和国家首先需要遵守的原则。这是因为马克思主义历史唯物论、唯物辩证法和政治经济学理论都为其创立提供了共同的理论基础。

在历史唯物论中，马克思从生产力与生产关系的相互作用、经济基础和上层建筑的关系分析了历史发展的基本规律，认为这两大矛盾从根本上推动了人类社会的发展。同时，正是在这两大矛盾的推动下，使得资本主义必将会被社会主义所取代，进而使人类社会步入共产主义阶段。马克思还从历史唯物论出发，得出了人民才是历史的主体、是历史的创造者的结论。在中国共产党第十九届全国代表大会上，习近平提出要抓住当代中国社会的主要矛盾，坚持以人民为中心大力发展生产力，以更好地满足人们对美好生活的需要，体现了习近平新时代中国特色社会主义经济思想对马克思主义历史唯物论的运用。马克思主义唯物辩证法是研究自然和社会的重要方法，提倡以整体的、联系的和发展的观点看待和解决问题。而在习近平新时代中国特色社会主义经济思想中，党中央提出要坚持全面深化改革，以改革来解决我国经济发展过程中产生的问题；要坚持中国特色社会主义建设"五位一体"总体布局，从经济、政治、文化、社会和生态文明五个方面建成富强民主文明和谐美丽的社会主义现代化强国；坚持贯彻落实创新、协调、绿色、开放、共享新发展理念，建成社会主义现代化经济体系，体现了马克思主义唯物辩证法精神。马克思主义政治经济学以劳动价值论和剩余价值论为基础，揭示了社会经济发展的本质和内在规律。对此，习近平强调，在我国经济发展过程中，要注意对我国的经济实践经验进行总结和提炼，并使之上升为系统性的思想，从而不断开拓当代中国马克思主义政治经济学新境界，实现对中国特色社会主义政治经济学的新发展。这就需要以马克思主义政治经济学为指导，体现了习近平新时代中国特色社会主义经济思想对马克思主义政治经济学的坚持和创新。

习近平新时代中国特色社会主义经济思想具有兼容并包的特征，主张继承和发扬中国优秀传统文化，借鉴和吸收西方经济学的合理部分，习近平将此总结为"不忘本来、吸收外来"。从继承和发扬中国优秀传统文化来看，习近平在十九大报告中指出，中国共产党是中国优秀传统文化的忠实传承者和弘扬者。因此，在中国特色社会主义新时代，中国共产党应该实现对中国优秀传统文化的创造性转化和创造性发展，从而建成具有中国特色的社会主义文化。而这种创造性转化和创造性发展是以马克思主义基本原理为指导，以中国当代社会的发展现状为根据进行的。从借鉴和吸收西方经济学的合理部分来看，习近平指出，在我国社会经济发展过程中，要积极学习西方最新的社会科学成果。其中，要实现对中国特色社会主义政治经济学的发展，则不可避免地需要借鉴和吸收西方经济学中的合理部分。西方经济学经历了几百年的发展，已经形成了较为完整的体系，内涵也十分丰富。虽然其中包含了很多被马克思批判的部分，但对经济实践的确具有一定的指导作用。从习近平新时代中国特色社会主义经济思想的内容来看，全要素生产率等概念已经被这一思想所吸纳，并为指导我国经济的发展发挥了有益的作用。可以看到，习近平新时代中国特色社会主义经济思想坚持以马克思主义基本原理为指导，既实现了对中国优秀传统文化的继承和创新，也吸收了西方经济学发展成果中的有益部分，充分体现了其兼容并包的特征。

习近平新时代中国特色社会主义经济思想开辟了马克思主义政治经济学的新境界。习近平新时代中国特色社会主义思想是党基于中国发展现状，结合中国特色社会主义发展规律，对中国特色社会主义道路不断探索而取得的理论创新成果，其中经济治理思想也是如此。第一，习近平新时代中国特色社会主义经济思想是对毛泽东思想的继承和发展，在十九大报告中，习近平提出要保持艰苦奋斗、戒骄戒躁的作风和时不我待、只争朝夕的精神。第二，习近平新时代中国特色社会主义经济思想继承和发展了邓小平理论、"三个代表"重要思想和科学发展观，突出体现在其坚持解放和发展生产力，坚持以人民为中心，维护和实现人民的利益，坚持完善社会主义市场经济体制等方面。而在此基础上，习近平又提出了我国社会主要矛盾的转化、社会主义建设"五位一体"总体布局，以及新发展理念等新思想。同时，习近平新时代中国特色社会主义经济思想也是在建设中国特色社会主义的实践中发展起来的。自中国共产党第十八次全国代表大会以来，党中央根据我国经济发展的新形势，提出了经济发展新常态、供给侧结构性改革、提高经济发展质量等思想。而在十九大上，党中央又根据我国生产力发展状况和人民群众需要的变化，提出我国虽然仍处于社会主义初级阶段，但社会主要矛盾已经发生了转化等论断。这些思想和论断构成了习近平新时代中国特色社会主义经济思想的主要部分。

综上所述，习近平新时代中国特色社会主义经济思想是党中央在坚持马克思主义基本原理，吸收古今中外的优秀思想文化的成果，也是继承和发展改革开放以来中国特色社会主义经济思想的基础上取得的成果，实现了对马克思主义政治经济学的新飞跃。

二、立足实际、顺应趋势和抓住根本宗旨

习近平强调，"时代是出卷人，我们是答卷人。"①从历史发展的角度来看，习近平新时代中国特色社会主义经济思想是中国共产党在进行中国特色社会主义事业建设的过程中总结出来并不断完善的，其具有立足我国经济发展的实际、顺应国内外经济社会发展趋势和注重我国经济发展过程中的根本因素等特征。

第一，从习近平新时代中国特色社会主义经济思想的形成过程来看，它是在解决新时代中国社会主义初级阶段主要矛盾的基础上发展起来的。在新中国成立初期，我国的社会主要矛盾在于工业实力和农业实力都十分落后，难以满足人们的基本生活需求，因此实现国家的工业化，并以此为基础促进农业的发展就成为当时经济治理的首要任务。而在改革开放之后，虽然我国实现了初步的工业化，但由于过于注重积累，导致我国还有大量人口没有解决温饱问题。对此，党中央提出，我国当时的矛盾在于人民日益增长的物质文化需要和落后的社会生产之间的矛盾。为了解决这个主要矛盾，我国坚持以经济建设为中心，坚持改革开放，千方百计促进我国生产力的发展。在中国特色社会主义新时代，我国的主要矛盾又发生了变化，以习近平同志为核心的党中央根据这一现实，提出我国经济的发展应该是可持续的、具有包容性的发展。因此，必须坚持以经济建设为中心，提高我国经济发展的质量，从而实现经济的持续健康发展。

---

① 习近平在学习贯彻党的十九大精神研讨班开班式上发表重要讲话强调：以时不我待只争朝夕的精神投入工作，开创新时代中国特色社会主义事业新局面[N].人民日报，2018-01-06.

　　具体而言，对于十八大以后我国经济发展所处的"三期叠加"状态，习近平指出要谋定而后动，即必须在对我国经济发展状态进行仔细观察之后才能采取行动。而在确定我国已经进入经济发展新常态后，习近平又提出，通过立足我国经济发展实际，贯彻落实党中央制定的各项方针政策，有助于我国更好地适应和引领经济发展新常态，促进我国未来经济的持续平稳发展。同时，习近平基于对经济发展新常态的认识，提出了推进供给侧结构性改革和贯彻落实新发展理念。其中，推动供给侧结构性改革有利于增强我国经济发展的内生动力，贯彻落实新发展理念则可以提升我国经济发展质量，促进社会主义现代化经济体系的建设。上述举措体现了我国经济发展在新时代的根本要求，体现了习近平新时代中国特色社会主义经济思想是在立足我国经济发展的实际的基础上形成和发展的。

　　第二，习近平新时代中国特色社会主义经济思想也体现出了顺应经济社会发展趋势的特征。作为马克思主义中国化的最新成果、党和人民实践经验和集体智慧的结晶，习近平新时代中国特色社会主义经济思想顺应了中华民族伟大复兴的潮流，顺应了中国特色社会主义建设的要求，顺应了经济全球化的趋势。

　　从中华民族伟大复兴的角度来看，自鸦片战争以来，无数仁人志士为了振兴中华，抛头颅、洒热血，但终究未能成功。直到中国共产党建立社会主义新中国之后，我国才真正有了实现中华民族伟大复兴的现实基础。在社会主义新时代，我们比历史上任何时期都更接近、更有信心和能力实现中华民族伟大复兴的目标。因此，以习近平同志为核心的党中央领导集体自觉顺应这一潮流，团结领导全国各族人民共克时艰，带领我们不断朝这一目标前进。

从顺应中国特色社会主义建设的要求来看，随着我国进入社会主义新时代，我国的经济发展必须实现从高速增长到高质量发展的转变，并建立和完善社会主义现代化经济体系，最终达到从站起来、富起来到强起来的目标。而从习近平新时代中国特色社会主义经济思想的发展历程和内容来看，新发展理念、供给侧结构性改革、全面深化改革战略和社会主义建设"五位一体"总体布局等思想都鲜明地体现了这一要求。

从世界经济发展的总趋势来看，虽然美国持续实行逆全球化战略，但世界经济全球化的趋势不可逆转。对此，习近平在十九大报告中强调，中国应该主动参与到全球化进程中，推动全球化向更深层次发展。而中国则要不断提高对外开放的层次，借此机会实现经济实力的增强和综合国力的提高。同时，习近平还提出，我国在经济发展过程中的实践和理论上的创新，也为其他发展中国家进行现代化建设提供了示范和榜样，有利于这些国家经济的发展和人民生活水平的提高，进而有利于世界和平的实现和人类命运共同体的构建。

第三，习近平新时代中国特色社会主义经济思想注重我国经济发展过程中的根本因素。在党的十九大上，习近平指出，实现和维护人民的利益是"中国共产党人不断前进的根本动力"，因此其经济思想注重以人民为中心的发展立场，以解放和发展生产力为根本手段，充分促进政府和市场的有机结合，从而达成建设社会主义现代化社会的目标。

从以人民为中心的角度来看，这是中国共产党的根本立场和根本宗旨。中国共产党自成立以来，分别以实现民族独立和解放、满足人民的物质文化需要和满足人民的美好生活需要为目标进行社会主义现代化建设。在党的十九大上，党中央提出要坚持"以人民为中心的发展思想，不断促进人的全面发展、全体人民的共同富裕"。在之后的多次会议中，习近平对此进行了深入解读，提出要将人民生活的改善作为检验党工作成效的标准。从这些理论和思想中可以看出，以人民为中心是习近平新时代中国特色社会主义经济思想的根本立足点和落脚点。

从解放和发展生产力的角度来看，这是实现以人民为中心的发展的根本手段。党的十八大以来，习近平多次提出解放和发展生产力是社会主义的本质要求，全党和全国各族人民必须齐心协力把经济建设搞上去。同时，供给侧结构性改革是解放和发展生产力的重要手段，通过推进供给侧结构性改革，可以更好地提高经济发展的效率，增强经济发展的动力，从而提高我国的全要素生产率，最终促进我国经济高质量发展。因此，习近平强调供给侧结构性改革是"稳定经济增长的治本良药"，各级领导干部要抓好推进供给侧结构性改革的工作，以更好地解放和发展生产力。这充分体现了新时代党在社会主义现代化建设过程中的价值取向。

三、发展导向与协调平衡相一致

在中央经济工作会议上，党中央提出新发展理念是习近平新时代中国特色社会主义经济思想的主要内容。而除了新发展理念之外，习近平新时代中国特色社会主义经济思想还包含了新时代我国经济治理过程中需要坚持的目标、方法和战略。从内容上看，其具有以下鲜明特征：首先，积极适应经济发展新常态，以新发展理念为引领，推动我国经济持续健康高质量发展。其次，全面贯彻"七个坚持"，将其作为推进我国经济发展的重要方法。最后，积极实施"四个全面"战略和"五位一体"总体布局，促进我国经济发展过程中多层次多方面的平衡。

具体而言，第一，发展是党执政兴国的第一要务，也是解决我国一切问题的基础和关键，因此党和国家必须坚定向前发展的决心毫不动摇。而对于如何实现国家的经济发展，习近平新时代中国特色社会主义经济思想主要侧重于适应和引领经济发展新常态、全面贯彻落实新发展理念，以及促进我国经济持续健康高质量发展。从适应和引领经济发展新常态来看，习近平从我国速度变化、结构变化和动力变化三个方面分析了我国当前经济发展过程中的特点，并从消费需求、投资需求、出口和国际收支等九个方面描绘了我国经济的发展趋势。习近平认为，我国经济发展过程中的这些特点和趋势表明我国经济正处于爬坡过坎的关键节点，但只要积极转变发展方式、优化产业结构，我国就能在新常态中继续保持经济的持续健康发展。

从全面贯彻落实新发展理念来看，党中央在十八届五中全会上提出的创新、协调、绿色、开放、共享，既是为了解决我国社会经济发展过程中发展动力不足、发展程度不充分和发展内容不平衡的问题，也是为了促进我国社会经济发展过程中人与自然的和谐相处，最终让全体人民都能共享社会发展的成果。这一理念对我国引领经济发展新常态具有重要意义。同时，习近平还在十九大报告中提出，贯彻落实新发展理念对促进我国社会主义现代化建设，从而全面提高我国的经济实力和综合国力有重大作用，体现了以习近平同志为核心的党中央领导集体对我国经济发展规律认识的深化。

从促进我国经济高质量发展来看，十八大以来，习近平多次强调我国要实现经济的"有效益、有质量、可持续"的增长。其中，"有效益"和"有质量"是经济发展的重心。而随着国内经济形势的变化，各级党委和政府更要有促进经济高质量发展的自觉，积极主动地推进我国经济结构的调整，以更好地适应和引领我国经济发展的新常态。在之后的会议中，习近平又进一步对实现经济高质量发展做出阐述，并从实施供给侧结构性改革、激发市场活力、实施乡村振兴战略等八个方面提出了实现经济高质量发展的具体路径。这些举措充分凸显了党中央对实现我国经济高质量发展的价值追求。

从全面贯彻落实"七个坚持"①工作方法来看，其体现了习近平对如何更加具体地贯彻落实新发展理念，推进我国经济持续健康发展所作的综合性思考。其中，从领导力量来看，坚持加强党对经济工作的集中统一领导要求加强党在经济建设过程中起领导核心作用，这要求不断加强党领导经济工作的能力，其重点在于领导干部必须拥有较高的经济专业水平。从价值追求来看，坚持以人民为中心的发展思想是"七个坚持"的主体，也是我国经济发展过程中的价值追求。因此，习近平强调我国经济发展过程中要不断保障和改善民生，党和政府的一切工作都要维护最广大人民的根本利益，这充分体现了中国共产党全心全意为人民服务的宗旨。从党和国家的发展主线来看，坚持适应把握引领经济发展新常态，以及坚持适应我国经济发展主要矛盾变化、完善宏观调控，体现了党中央在深刻把握我国经济发展的现状基础上，立足大局，通过实施供给侧结构性改革来转变我国经济发展动力，调整我国经济结构，从而保证我国经济的稳定增长，最终满足人民对美好生活需要的根本目标。从作用机制来看，坚持使市场在资源配置中起决定性作用，更好发挥政府作用，体现了党中央对政府和市场作用的科学定位，而将这一理念运用于推动我国科技创新和经济体制改革上，则

---

① 七个坚持：坚持加强党对经济工作的集中统一领导；坚持以人民为中心的发展思想；坚持适应把握引领经济发展新常态；坚持使市场在资源配置中起决定性作用，更好发挥政府作用；坚持适应我国经济发展主要矛盾变化，完善宏观调控；坚持问题导向，部署经济发展新战略；坚持正确工作策略和方法。这是 2017 年 12 月 18 日至 20 日在北京举行的中央经济工作会议提出的。

是习近平新时代中国特色社会主义经济思想的重大创新。从具体工作方法来看，坚持问题导向部署经济发展新战略，以及坚持正确工作策略和方法，是我国适应经济发展新常态，贯彻落实新发展理念必须坚持的原则，只有在具体工作时保持战略定力，坚持稳中求进，才能做好新时代的各项经济建设工作，实现经济持续健康发展。

　　从促进我国经济发展过程中多层次多方面的平衡来看，习近平新时代中国特色社会主义经济思想通过实施"四个全面"战略和"五位一体"总体布局，促进了我国不同阶层的利益平衡，理顺了经济发展过程中的复杂关系，推动了我国经济体系的内外联动和有机统一。第一，习近平指出，各级领导干部在经济工作中"要坚持宏观和微观、国内和国外、战略和战术紧密结合"[①]，这样才能"准确把握改革发展稳定的平衡点，准确把握近期目标和长期发展的平衡点，准确把握改革发展的着力点，准确把握经济社会发展和改善人民生活的结合点"[②]，从而处理好集体和个人、长远和短期、整体与局部的利益关系。第二，为了解决新时代我国经济发展的主要问题，实现全体人民的奋斗目标，党中央制定了"新两步走"的总体战略，又实施了创新驱动和人才强国等"分战略"。对于我国供求不平衡问题，习近平要求在把握我国供求关系的基础上，推进供给侧结构性改革，做好加减法、把握好力度和节奏、处理好供给与需求之间的主次矛盾。对于我国存在的分配问题，习近平认为要根据党中央对我国社会主要矛盾的判断，处理好发展效率和分

[①] 习近平主持召开中央财经领导小组第十五次会议 [EB/OL]. http://www. xinhuanet.com/politics/2017-02/28/c_1120545454.htm.

[②] 习近平主持召开经济形势专家座谈会强调 更好认识和遵循经济发展规律，推动我国经济持续健康发展[N]. 人民日报，2014-07-09.

配之间的平衡等。第三，建成社会主义现代化经济体系不仅需要进行对内改革，也要不断融入世界体系。习近平提出，社会主义现代化经济体系是一个内外联动的有机整体。我国既需要通过推进供给侧结构性改革、实施"中国制造2025"和乡村振兴等战略完善国内经济体系，也要通过实施共建"一带一路"、倡导建立"人类命运共同体"等方式创建良好的国际交流环境。这两方面共同作用，才能构成我国建设社会主义现代化经济体系的强大动力。

主要参考文献

[1] [波]弗·布鲁斯.社会主义经济的运行问题[M].北京：中国社会科学出版社，1984.

[2] [德]恩格斯.家庭、私有制和国家的起源[M].北京：人民出版社，1954.

[3] [德]马克思，恩格斯.马克思恩格斯全集第（42卷）[M].北京：人民出版社，1979.

[4] [德]马克思，恩格斯.马克思恩格斯文集（第九卷）[M].北京：人民出版社，2009.

[5] [德]马克思，恩格斯.马克思恩格斯文集（第五卷）[M].北京：人民出版社，2009.

[6] [德]马克思恩格斯选集（第三卷）[M].北京：人民出版社，1995.

[7] [德]马克思恩格斯选集（第四卷）[M].北京：人民出版社，1995.

[8] [法]贝尔纳·夏旺斯.东方的经济改革：从50年代到90年代[M].吴波龙，译.北京：社会科学文献出版社，1999.

[9] [法]辛西娅·休伊特·德·阿尔坎塔拉."治理"概念的运用与滥用[J].国际社会科学杂志（中文版），1999（1）.

[10] 班固.汉书[M].北京：中华书局，2007.

[11] 晁错.论贵粟疏[M].北京：中华书局，1961.

[12] 春秋谷梁传[M].顾馨，徐明，校点.沈阳：辽宁教育出版社，1997.

[13] 范仲淹.范文正公集·政府奏议（卷上）[M].北京：中华书局，1961.

[14] 管子[M].王世舜，王翠叶校注.北京：中华书局，2000.

[15] 国语·周语上[M].上海：上海古籍出版社，1990.

[16] 淮南子[M].北京：中华书局，2009.

[17] 桓宽.盐铁论[M].上海：上海人民出版社，1974.

[18] 冀昀.尚书[M].北京：线装书局，2007.

[19] 孔子家语[M].廖名春，邹新明，校点.沈阳：辽宁教育出版社，1997.

[20] 礼记·孝经[M].北京：中华书局，2007.

[21] 刘安.淮南子[M].开封：河南大学出版社，2010.

[22] 刘向.新序全译[M].李华年，译注.贵阳：贵州人民出版社，1994.

[23] 陆贾.新语通俗读本：刘邦命名的治国之书[M].北京：新华出版社，2015.

[24] 论语[M].北京：中华书局，2006.

[25] 孟子[M].万丽华，蓝旭，译注，北京：中华书局，2006.

[26] 张海鹏，王廷元.明清时期徽商资料选编[M].合肥：黄山书社，1985.

[27] 三国志·卷潘浚陆凯传[M].北京：中华书局，1959.

[28] 商君书·农战[M].北京：中华书局，2011.

[29] 商君书·修权[M].北京：中华书局，2011.

[30] 尚书·夏书·五子之歌[M].北京：中华书局，2012.

[31] 慎子·威德[M].上海：华东师范大学出版社，2010.

[32] 说苑·政理[M].北京：中华书局，2019.

[33] 司马迁.史记[M].北京：中华书局，2008.

[34] 孙聚友.荀子与《荀子》[M].济南：山东文艺出版社，2004.

[35] 王符.潜夫论[M].龚祖培，校点.沈阳：辽宁教育出版社，2001.

[36] 王孺童.王孺童集[M].北京：宗教文化出版社，2018.

[37] 吴兢.贞观政要[M].王贵，标点.长沙：岳麓书社，1991.

[38] 武则天.臣轨·利人章·五六[M].北京：中华书局，1985.

[39] 新唐书·兵志[M].北京：中华书局，1975.

[40] 徐光启.农政全书[M].长沙：岳麓书社，2002.

[41] 荀况.中华国学经典读本·荀子[M].哈尔滨：北方文艺出版社，2013.

[42] 章培恒.申鉴中论选译[M].成都：巴蜀书社，1991.

[43] 战国策·齐策四[M].北京：中华书局，2015.

[44] 周礼[M].北京：中华书局，2014.

[45] 朱熹.四书章句集注[M].杭州：浙江古籍出版社，2014.

[46] 左传[M].北京：中华书局，2007.

[47] [美]保罗·萨缪尔逊，威廉姆逊·诺德汉斯.经济学[M].北京：机械工业出版社，1998.

[48] [美]道格拉斯·诺思.制度、制度变迁与经济绩效[M].上海：格致出版社，2014.

[49] [美]弗朗西斯·福山.政治秩序的起源：从前人类时代到法国大革命[M].桂林：广西师范大学出版社，2015.

[50] [美]贾恩弗朗哥·波齐.国家：本质、发展与前景[M].上海：上海人民出版社，2007.

[51] [美]塞缪尔·P.亨廷顿.变革社会中的政治秩序[M].北京：华夏出版社，1998.

[52] [美]维托·坦茨.政府与市场：变革中的政府职能[M].王

宇，等译.北京：商务印书馆，2014.

[53] [英]鲍勃·杰索普.治理理论的兴起及其失败的风险：以经济发展为例的论述[J].国际社会科学杂志（中文版），1999（1）.

[54] [英]波兰尼.大转型：我们时代的政治与经济起源[M].杭州：浙江人民出版社，2007.

[55] [英]维克托·迈尔·舍恩伯格，肯尼斯·库克耶.大数据时代[M].杭州：浙江人民出版社，2013.

[56] [英]亚当·斯密.国富论[M].郭大力，王亚南，译.上海：上海三联书店，2009.

[57] 白永秀，宁启.改革开放40年中国非公有制经济发展经验与趋势研判[J].改革，2018（11）.

[58] 白永秀，王泽润.非公有制经济思想演进的基本轨迹、历史逻辑和理论逻辑[J].经济学家，2018（11）.

[59] 包冬梅，范颖捷，李鸣.高校图书馆数据治理及其框架[J].图书情报工作，2015（18）.

[60] 包群，赖明勇.中国外商直接投资与技术进步的实证研究[J].经济评论，2002（6）.

[61] 薄一波.若干重大决策与事件的回顾（修订本）（上卷）[M].北京：中共中央党校出版社，1997.

[62] 北京师范大学经济与资源管理经济所.2003中国市场经济发展报告[M].北京：中国对外经济贸易大学出版社，2003.

[63] 毕强，朱亚玲.元数据标准及其互操作研究[J].情报理论与实践，2007（5）.

[64] 蔡拓.市场经济与市民社会[J].天津社会科学，1997（3）.

[65] 曹霞.国内Data Curation研究现状与热点分析[J].图书情报工作，2014（18）.

[66] 曾琛."云治理"设想[J].大数据，2017（3）.

[67] 常修泽,高明华.中国国民经济市场化的推进程度及发展思路[J].经济研究，1998（11）.

[68] 陈飞翔.市场结构与引进外商直接投资[J].财贸经济,2002（2）.

[69] 陈火全.大数据背景下数据治理的网络安全策略[J].宏观经济研究，2015（8）.

[70] 陈剑波.人民公社的产权制度——对排它性受到严格限制的产权体系所进行的制度分析[J].经济研究，1994（7）.

[71] 陈剑波.乡镇企业的产权结构及其对资源配置效率的影响[J].经济研究，1995（9）.

[72] 陈剑波.制度变迁与乡村非正规制度——中国乡镇企业的财产形成与控制[J].经济研究，2000（1）.

[73] 陈军君,张晓波,端木凌.大数据应用蓝皮书:中国大数据应用发展报告[M].北京:社会科学文献出版社，2018.

[74] 陈立."云物大智"与政府治理模式探索[J].人民论坛·学术前沿，2015（2）.

[75] 陈琳.精简、精准与智慧政府数据治理的三个重要内涵[J].国家治理，2016（27）.

[76] 陈美.美国开放政府数据的保障机制研究[J].情报杂志，2013（7）.

[77] 陈荣富.中国特色社会主义道路的理论创新研究——基于马克思社会形态学说的分析[M].哈尔滨:黑龙江人民出版社，2012.

[78] 陈潭,等.大数据时代的国家治理[M].北京:中国社会科学出版社，2015:64-67.

[79] 陈涛,李明阳.数据开放平台建设策略研究——以武汉市政

府数据开放平台建设为例[J].电子政务，2015（7）.

[80] 陈涛涛.影响中国外商直接投资溢出效应的行业特征[J].中国社会科学，2003（4）.

[81] 陈小君.土地改革之"三权分置"入法及其实现障碍的解除——评《农村土地承包法修正案》[J].学术月刊，2019（1）.

[82] 陈雅如.林长制改革存在的问题与建议[J].林业经济，2019（2）.

[83] 陈友权，王忠海.顺义县农业适度规模经营的调查[J].中国农村经济，1989（6）.

[84] 陈云.陈云文选（第3卷）[M].北京：人民出版社，1995.

[85] 陈钊，徐彤.走向"为和谐而竞争"：晋升锦标赛下的中央和地方治理模式变迁[J].世界经济，2011（9）.

[86] 陈之常.应用大数据推进政府治理能力现代化——以北京市东城区为例[J].中国行政管理，2015（2）.

[87] 陈宗胜，吴浙，谢思全，等.中国经济体制市场化进程研究[M].上海：上海人民出版社，1999.

[88] 程俊杰，章敏，黄速建.改革开放四十年国有企业产权改革的演进与创新[J].经济体制改革，2018（5）.

[89] 程莲娟.美国高校图书馆数据监护的实践及其启示[J].图书馆杂志，2012（1）.

[90] 迟福林.改革开放40年建立与完善社会主义市场经济体制的基本实践[J].改革，2018（8）.

[91] 揣士琦.实行生产资料价格双轨制的反思[J].学术论坛，1990（1）.

[92] 单勇.以数据治理创新社会治安防控体系[J].中国特色社会主义研究，2015（4）.

[93] 邓曦泽.家庭联产承包责任制成功的原因、普遍机制及其走势——从"唯利是图"到"义利兼顾"[J].农业经济问题,2014（9）.

[94] 邓曦泽.家庭联产承包责任制取得成功的文化因素分析[J].农业经济问题,2009（7）.

[95] 邓小平文选（第 2 卷）[M].北京：人民出版社,1994.

[96] 邓小平文选（第 3 卷）[M].北京：人民出版社,1993.

[97] 迪莉娅.国外政府数据开放研究[J].图书馆论坛,2014(9).

[98] 丁培.数据策展与图书馆[J].图书馆学研究,2013（6）.

[99] 董宏伟,顾佳晨,王萱.大数据时代背景下国家治理的变革与创新[J].现代商业,2015（15）.

[100] 杜小勇,冯启娜."数据治国"的三个关键理念——从互联网思维到未来治理图景[J].人民论坛·学术前沿,2015（2）.

[101] 樊纲,等.走向市场（1978—1993）[M].上海：上海人民出版社,1994.

[102] 樊纲,王小鲁.中国各地区市场化进程 2000 年报告[J].国家行政学院学报,2001（3）.

[103] 樊纲.渐进与激进：制度变革的若干理论问题[J].经济学动态,1994（9）.

[104] 樊纲.渐进之路：对经济改革的经济学分析[M].北京：中国社会科学出版社,1993.

[105] 樊纲.两种改革成本与两种改革方式[J].经济研究,1993（1）.

[106] 范文澜.中国近代史（上册）[M].北京：人民出版社,1955.

[107] 冯涛.中国渐进式改革模式与中国过渡经济学的发展[J].当代经济科学,1996（1）.

[108] 傅晨.农地制度变革的线索与基本经验[J].经济体制改革，1997（2）.

[109] 傅强，朱浩.中央政府主导下的地方政府竞争机制——解释中国经济增长的制度视角[J].公共管理学报，2013（1）.

[110] 傅筑夫.中国封建社会经济史（第四卷）[M].北京：人民出版社，1986.

[111] 高天鹏，陈晓威，赵秀林，等.基于解释结构模型的我国政府数据开放影响因素分析[J].电子科技大学学报（社科版），2016（3）.

[112] 高源，雷莹莹.云计算环境大数据安全和隐私保护策略研究[J].网络空间安全，2017（Z3）.

[113] 格里·斯托克.作为理论的治理：五个论点[J].国际社会科学杂志（中文版），1999（1）.

[114] 龚书铎，杨共乐.中国历史上王朝兴衰的几点启示[J].党建研究，2001（5）.

[115] 龚晓菊.制度变迁与民营经济发展研究[M].武汉：武汉大学出版社，2005.

[116] 共和国走过的路（1953—1956）[M].北京：中央文献出版社，1991.

[117] 顾海兵.未来十年中国经济市场化程度展望[J].改革，2000（5）.

[118] 顾海兵.中国经济市场化程度："九五"估计与"十五"预测[J].经济学动态，1999（4）.

[119] 顾海兵.中国经济市场化程度的最新估计与预测[J].管理世界，1997（2）.

[120] 顾海兵.中国经济市场化的程度判断[J].改革，1995（1）.

[121] 顾立平.数据治理——图书馆事业的发展机遇[J].中国图

书馆学报，2016（225）.

[122] 国际货币基金组织.世界经济展望[M].北京：中国金融出版社，1997.

[123] 国家发改委宏观经济研究院课题组.中国加速转型期的若干发展问题研究（上）[J].经济研究参考，2004（16）.

[124] 国家发展改革委经济体制综合改革司，国家发展改革委经济体制与管理研究所.改革开放三十年：从历史走向未来[M].北京：人民出版社，2008.

[125] 国家计委市场与价格研究所课题组.我国经济市场化程度的判断[J].宏观经济管理，1996（2）.

[126] 国家统计局.伟大的十年[M].北京：人民出版社，1959.

[127] 哈艳秋，张立雷.试论新形势下互联网思维对传统媒体新闻工作者的要求[J].西部学刊（新闻与传播），2016（1）.

[128] 韩保江.中国奇迹与中国发展模式[M].成都：四川人民出版社，2008.

[129] 韩立达，王艳西，韩冬.农地运行及实现形式研究[J].农业经济问题，2017（6）.

[130] 何光.发展多种经济形式开创劳动就业新局面——在全国发展集体和个体经济安置城镇青年就业先进表彰大会上的讲话(摘要)[J].中国劳动，1983（12）.

[131] 何金泉.中国民营经济研究[M].成都：西南财经大学出版社，2001.

[132] 何显明.政府转型与现代国家治理体系的建构——60年来政府体制演变的内在逻辑[J].浙江社会科学，2013（6）.

[133] 何一民.对小生产平均理想的超越——论康有为的大同学说[J].社会科学研究，1998（1）.

[134] 洪银兴，等.现代经济学大典[M].北京：经济科学出版社，

2016.

[135] 洪银兴，等.政治经济学理论创新与实践价值[M].北京：经济科学出版社，2004.

[136] 洪银兴.关于市场决定资源配置和更好发挥政府作用的理论说明[J].经济理论与经济管理，2014（10）.

[137] 胡鞍钢，等.中国国家治理现代化[M].北京：中国人民大学出版社，2014.

[138] 胡鞍钢，王绍光.政府与市场[M].北京：中国计划出版社，2000.

[139] 胡鞍钢，周绍杰，任皓.供给侧结构性改革——适应和引领中国经济新常态[J].清华大学学报（哲学社会科学版），2016（2）.

[140] 胡鞍钢.中国：挑战腐败[M].杭州：浙江人民出版社，2001.

[141] 胡小明.从政府信息公开到政府数据开放[J].电子政务，2015（1）.

[142] 胡学东，高小平，蔡德伦.大数据支撑的政府消防安全管理机制创新——以广州市天河区为例[J].中国行政管理，2018（5）.

[143] 胡耀邦.全面开创社会主义现代化建设的新局面[DB].中国共产党历届全国代表大会数据库.

[144] 胡震，朱小庆吉.农地"三权分置"的研究综述[J].中国农业大学学报（社会科学版），2017（1）.

[145] 黄建洪.论中国社会转型期的政府能力弱化与治理[J].四川行政学院学报，2010（1）.

[146] 黄群慧，王佳宁.国有企业改革新进展与趋势观察[J].改革，2017（5）.

[147] 黄群慧，余菁.新时期的新思路：国有企业分类改革与治理[J].中国工业经济，2013（11）.

[148] 黄群慧."新国企"是怎样炼成的——中国国有企业改革40年回顾[J].中国经济学（英文版），2018（1）.

[149] 黄群慧.论国有企业的战略性调整与分类改革[J].人民论坛·学术前沿，2013（22）.

[150] 黄如花，王春迎.我国政府数据开放平台现状调查与分析[J].情报理论与实践，2016（7）.

[151] 黄绍筮.中国第1部经济史·汉书食货志[M].北京：中国经济出版社，1991.

[152] 黄速建，余菁.国有企业的性质、目标与社会责任[J].中国工业经济，2006（2）.

[153] 黄速建.国有企业改革三十年：成就、问题与趋势[J].首都经济贸易大学学报，2008（6）.

[154] 黄速建.中国国有企业混合所有制改革研究[J].经济管理，2014（7）.

[155] 黄欣荣.从复杂性科学到大数据技术[J].长沙理工大学学报（社会科学版），2014（2）.

[156] 黄欣荣.大数据技术对科学方法论的革命[J].江南大学学报（人文社会科学版），2014（2）.

[157] 黄欣荣.大数据对科学认识论的发展[J].自然辩证法研究，2014（9）.

[158] 黄长义.张之洞的工业化思想与武汉早期工业化进程[J].江汉论坛，2004（3）.

[159] 季振东.大数据分析云平台技术在智能交通中的应用研究[J].硅谷，2015（1）.

[160] 冀县卿.改革开放后中国农业产权结构变迁与制度绩效：

理论与实证分析[M].北京：中国农业出版社，2011.

[161] 贾康，苏京春.论供给侧改革[J].管理世界，2016（3）.

[162] 全国人大财政经济委员会办公室,国家发展和改革委员会发展规划司.建国以来国民经济和社会发展五年计划重要文件汇编[M].北京：中国民主法制出版社，2008.

[163] 江小涓，等.中国经济的开放与增长 1980—2005[M].北京：人民出版社，2006.

[164] 江小涓，杨圣明，冯雷.中国对外经贸理论前沿（二）[M].北京：社会科学文献出版社，2001.

[165] 江晓薇，宋红旭.中国市场经济度的探索[J].管理世界，1995（6）.

[166] 江泽民.高举邓小平理论伟大旗帜，把建设有中国特色社会主义事业全面推向二十一世纪[DB].中国共产党历届全国代表大会数据库.

[167] 江泽民.加快改革开放和现代化建设步伐 夺取有中国特色社会主义事业的更大胜利[DB].中国共产党历届全国代表大会数据库.

[168] 姜赟.共同守护数据安全[N].人民日报,2019-04-02（5）.

[169] 蒋励.股份合作制：农村土地制度改革的最优选择[J].农业经济问题，1994（12）.

[170] 蒋中一，陈子光，贾彦海.平度市"两田制"改革的政策效果分析[J].中国农村经济，1994（4）.

[171] 金太军，汪波.经济转型与我国中央-地方关系制度变迁[J].管理世界，2003（6）.

[172] 景维民，莫龙炯.经济转型时期国有经济最优规模研究——基于省际数据的实证分析[J].经济学家，2017（9）.

[173] 景维民，王永兴.原苏东国家市场社会主义改革失败原因的新探索——基于混合经济结构优化视角的考察[J].俄罗斯中亚东欧研究，2008（2）.

[174] 景维民，王永兴.转型经济的阶段性及其划分——一个初步的分析框架[J].河北经贸大学学报，2008（5）.

[175] 景维民，张慧君，黄秋菊，等.经济转型深化中的国家治理模式重构[M].北京：经济科学出版社，2013.

[176] 景维民，张慧君.国家权力与国家能力：俄罗斯转型期的国家治理模式演进——兼论"梅—普"时代的国家治理前景[J].俄罗斯研究，2008（3）.

[177] 剧锦文.改革开放 40 年国有企业所有权改革探索及其成效[J].改革，2018（6）.

[178] 康有为.康有为全集（第三季）[M].姜义华，编校.上海：上海古籍出版社，1992.

[179] 孔祥俊.中国集体企业制度创新——公司制、合作制、股份合作制[M].北京：中国方正出版社，1996.

[180] 兰旸.全球化背景下中国国家治理特征分析[J].人民论坛，2015（23）.

[181] 李保民，刘勇.十一届三中全会以来历届三中全会与国企国资改革[J].经济研究参考，2014（57）.

[182] 李翀.论供给侧改革的理论依据和政策选择[J].经济社会体制比较，2016（1）.

[183] 李刚.辛亥往事[M].北京：新世界出版社，2011.

[184] 李光泉.张之洞经济思想实践与近代中国经济的发展[J].求索，2008（1）.

[185] 李国环.孙中山平均地权与节制资本经济思想述评[J].中州学刊，2007（6）.

[186] 李国荣.民营之路[M].上海：上海财经大学出版社，2006.

[187] 李景鹏.中国公民社会成长中的若干问题[J].社会科学，2012（1）.

[188] 李梦纯.大数据背景下的政府治理创新研究[D].保定：河北大学，2018.

[189] 李宁，张然，仇童伟，等.农地产权变迁中的结构细分与"三权分置"改革[J].经济学家，2017（1）.

[190] 李平.开放政府视野下的政府数据开放机制及策略研究[J].电子政务，2016（1）.

[191] 李青原，陈晓，王永海.产品市场竞争、资产专用性与资本结构——来自中国制造业上市公司的经验证据[J].金融研究，2007（4）.

[192] 李瑞环.学哲学用哲学（上）[M].北京：中国人民大学出版社，2005.

[193] 李绍强.中国封建社会工商管理思想的变迁[J].东岳论丛，2000（3）.

[194] 李晓西.渐进与激进的结合：经济为主导的中国改革的道路[M]//吴敬琏.渐进与激进——中国改革道路的选择.北京：经济科学出版社，1996.

[195] 李扬，张晓晶."新常态"：经济发展的逻辑与前景[J].经济研究，2015（5）.

[196] 李振，鲍宗豪.云治理的中国思维——一个全球性的时代诉求[J].人民论坛·学术前沿，2015（2）.

[197] 李振兴.中国历代经典宝库·尚书[M].北京：中国友谊出版公司，2013.

[198] 李佐军.供给侧改革：改什么、怎么改[M].北京：机械工业出版社，2016.

[199] 里斯本小组.竞争的极限:经济全球化与人类未来[M].北京:中央编译出版社,2000.

[200] 连玉明.大数据蓝皮书:中国大数据发展报告[M].北京:社会科学文献出版社,2018.

[201] 梁安和,彭曙耀.简论先秦时期农本思想的形成[J].咸阳师专学报,1996(5).

[202] 梁启超.饮冰室合集·专集[M].北京:中华书局,1989.

[203] 梁思琪.政府"云治理"的实践逻辑与行动框架[J].中共杭州市委党校学报,2017(5).

[204] 梁小昆.互联网思维模式下的新媒体[M].北京:中国传媒大学出版社,2016.

[205] 列宁选集(第1卷)[M].北京:中央编译局,1992.

[206] 林光彬.等级制度、市场经济与城乡收入差距扩大[J].管理世界,2004(4).

[207] 林毅夫,蔡昉,李周.论中国经济改革的渐进式道路[J].经济研究,1993(9).

[208] 林毅夫,姚洋.中国奇迹 回顾与展望[M].北京:北京大学出版社,2006.

[209] 林毅夫.再论制度、技术与中国农业发展[M].北京:北京大学出版社,2000.

[210] 林毅夫.制度、技术与中国农业发展[M].上海:格致出版社、上海三联书店、上海人民出版社,2014.

[211] 林重庚.中国改革开放过程中的对外思想开放[J].比较,2008(38).

[212] 刘凤义,张朝鹏.论国家二重属性与政府的经济职能——兼论政府和市场的关系[J].社会科学战线,2017(10).

[213] 刘红.大数据的本体论探讨[J].自然辩证法通讯,2014

（6）.

[214] 刘泉红，王丹.我国混合所有制经济的发展历程与展望[J].经济纵横，2018（12）.

[215] 刘世锦.从产品市场到资本市场：国有企业转轨的机遇与条件[J].改革，1998（2）.

[216] 刘小玄.国有企业与非国有企业的产权结构及其对效率的影响[J].经济研究，1995（7）.

[217] 刘秀伦，庞伟.超越西方治理与走向中国特色的国家治理现代化[J].重庆邮电大学学报（社会科学版），2015（2）.

[218] 刘彦昌，孙琼欢，等.治理现代化视角下的协商民主[M].杭州：浙江大学出版社，2017.

[219] 刘叶婷，唐斯斯.大数据对政府治理的影响及挑战[J].电子政务，2014（6）.

[220] 刘屹轩，闵剑，刘忆."三权分置"下农地经营权抵押融资风险辨识与评价——基于结构方程模型的实证研究[J].宏观经济研究，2019（1）.

[221] 刘宇春，景维民.价格"双轨制"的遗产与理论启示[J].贵州社会科学，2010（11）.

[222] 刘禹宏，杨凯越.三权分置：农地产权制度创新的权能分离之法理考量[J].财贸研究，2019（1）.

[223] 刘玉峰.唐代商品性农业的发展和农产品的商品化[J].思想战线，2004（2）.

[224] 刘媛媛.大数据背景下我国政府治理创新机遇、挑战与对策研究[D].徐州：中国矿业大学，2016.

[225] 刘增明，贾一苇.美国政府 Data.gov 和 Apps.gov 的经验与启示[J].电子政务，2011（4）.

[226] 刘长庚，张磊.理解"混合所有制经济"：一个文献综述[J].

政治经济学评论，2016（6）．

[227] 刘智峰．"治理国家"：现阶段中国国家治理问题的关键[J]．党政研究，2015（4）．

[228] 刘子龙，黄京华．信息隐私研究与发展综述[J]．情报科学，2012（8）．

[229] 刘祖云，胡蓉．权力资源与社会分层：一项对中国中部城市的社会分层研究[J]．江苏社会科学，2006（6）．

[230] 卢荻．外商投资与中国经济发展——产业和区域分析证据[J]．经济研究，2003（9）．

[231] 卢中原，胡鞍钢．市场化改革对我国经济运行的影响[J]．经济研究，1993（12）．

[232] 罗伟豪，萧德明．范仲淹选集[M]．广州：广东高等教育出版社，2014．

[233] 骆友生，张红宇．家庭承包责任制后的农地制度创新[J]．经济研究，1995（1）．

[234] 吕冰洋．从市场扭曲看政府扩张：基于财政的视角[J]．中国社会科学，2014（12）．

[235] 吕乃基．大数据与认识论[J]．中国软科学，2014（9）．

[236] 吕欣．大数据与国家治理[M]．北京：电子工业出版社，2017．

[237] 马广惠，安小米．政府大数据共享交换情境下的大数据治理路径研究[J]．情报资料工作，2019（2）．

[238] 马克思，恩格斯．马克思恩格斯文集（第八卷）[M]．北京：人民出版社，2009．

[239] 马克思，恩格斯．马克思恩格斯文集（第五卷）[M]．北京：人民出版社，2009．

[240] 迈克尔•麦金尼斯．多中心治道与发展[M]．上海：上海三

联书店，2000.

[241] 毛泽东年谱（1893—1945）（中卷）[M].北京：中央文献
出版社，2002.

[242] 毛泽东文集（第6卷）[M].北京：人民出版社，1999.

[243] 毛泽东文集（第7卷）[M].北京：人民出版社，1999.

[244] 毛泽东文集（第8卷）[M].北京：人民出版社，1999.

[245] 毛泽东选集（第2卷）[M].北京：人民出版社，1991.

[246] 毛泽东选集（第3卷）[M].北京：人民出版社，1991.

[247] 毛泽东选集（第4卷）[M].北京：人民出版社，1991.

[248] 毛泽东著作选读（下册）[M].北京：人民出版社，1986.

[249] 毛泽东自述[M].北京：人民出版社，1996.

[250] 莫翔.中国渐进式经济改革的总结与思考[J].理论月刊，
2008（10）.

[251] 莫祖英.大数据质量测度模型构建[J].情报理论与实践，
2018（3）.

[252] 聂名华.中国外商直接投资变动特征与发展趋势[J].亚太
经济，2013（3）：88-93.

[253] 潘士远.内生无效制度：对进入壁垒和贸易保护的思考[J].
经济研究，2008（9）.

[254] 逄锦聚，景维民，何自力，等.中国特色社会主义政治经
济学通论（修订版）[M].北京：经济科学出版社，2018.

[255] 逄先知，金冲及.毛泽东传（1949—1976）[M].北京：中
央文献出版社，2004.

[256] 裴长洪.用科学发展观丰富利用外资的理论与实践[J].财
贸经济，2005（1）.

[257] 齐慧.国家建设视域下的中国治理现代化：历程回顾与理
论反思[J].领导科学论坛，2014（9）.

[258] 钱鹏，郑建明.高校科学数据组织与服务初探[J].情报理论与实践，2011（2）.

[259] 钱颖一，许成钢.中国的经济改革为什么与众不同——M型的层级制和非国有部门的进入与扩张[J].经济社会体制比较，1993（3）.

[260] 钱忠好.中国农村社会经济生活中的非正式制度安排与农地制度创新[J].江苏社会科学，1999（1）.

[261] 任保平.改革开放 40 年来我国生产力理论的演进轨迹与创新[J].政治经济学评论，2018（6）.

[262] 上海市统计局.上海统计工作在拥抱大数据时代中变革[J].统计科学与实践，2014（6）.

[263] 沈坤荣，耿强.外国直接投资、技术外溢与内生经济增长——中国数据的计量检验与实证分析[J].中国社会科学，2001（5）.

[264] 沈坤荣，金刚.中国地方政府环境治理的政策效应——基于"河长制"演进的研究[J].中国社会科学，2018（5）.

[265] 沈坤荣.供给侧结构性改革是经济治理思路的重大调整[J].南京社会科学，2016（2）.

[266] 沈亚平，许博雅."大数据"时代政府数据开放制度建设路径研究[J].四川大学学报（哲学社会科学版），2014（5）.

[267] 盛洪.中国的过渡经济学[M].上海：格致出版社，2009.

[268] 十七大以来重要文献选编（上）[M].北京：中央文献出版社，2009.

[269] 寿晓辉，叶丹，翁亚珂.公共图书馆开展信用服务的实践与策略——以杭州图书馆为例[J].图书与情报，2017（5）.

[270] 舒展，程建华.我国实体经济"脱实向虚"现象解析及应对策略[J].贵州社会科学，2017（8）.

[271] 宋国杰，唐世渭，杨冬青，等.数据流中异常模式的提取与趋势监测[J].计算机研究与发展，2004（10）.

[272] 宋文月，任保平.改革开放 40 年我国产业政策的历史回顾与优化调整[J].改革，2018（12）.

[273] 苏玉娟.大数据技术与高新技术企业数据治理创新——以太原高新区为例[J].科技进步与对策，2016（6）.

[274] 孙立平.走出转型陷阱[N].经济观察报，2012-02-24.

[275] 孙少东,顺义县农业适度规模经营的进展及启示[J].中国农村经济，1997（9）.

[276] 孙宪忠.推进农地三权分置经营模式的立法研究[J].中国社会科学，2016（7）.

[277] 孙轩，孙涛.基于大数据的城市可视化治理：辅助决策模型与应用[J].公共管理学报，2018（2）.

[278] 孙智君，朱凯.孙中山工业化思想研究[J].河北经贸大学学报，2011（6）.

[279] 孙中山.建国方略：近代化中国大策划[M].郑州：中州古籍出版社，1998.

[280] 孙中山全集（第 1 卷）[M].北京：中华书局，1981.

[281] 孙中山全集（第 2 卷）[M].北京：中华书局，1982.

[282] 孙中山全集（第 3 卷）[M].北京：中华书局，1984.

[283] 孙中山全集（第 5 卷）[M].北京：中华书局，1985.

[284] 孙中山全集（第 6 卷）[M].北京：中华书局，1985.

[285] 孙中山全集（第 9 卷）[M].北京：中华书局，1986.

[286] 孙中山文集[M].北京：团结出版社，1997.

[287] 孙中山选集[M].北京：人民出版社，1981.

[288] 谈黎红.互联网思维下传统媒体融合发展探讨[J].中国广播电视学刊，2015（6）.

[289] 唐皇凤.大国治理与政治建设——当代中国国家治理的现实基础、主要困境及战略选择[J].伦理学与公共事务，2008（5）.

[290] 唐皇凤.使命型政党：新时代中国共产党长期执政能力建设的政治基础[J].武汉大学学报（哲学科学版），2018（3）.

[291] 田国强.中国乡镇企业的产权结构及其改革[J].经济研究，1995（3）.

[292] 田源，乔刚.中国价格改革研究（1984—1990）[M].北京：电子工业出版社，1991.

[293] 涂子沛.大数据：正在到来的数据革命[M].桂林：广西师范大学出版社，2012.

[294] 万静.我国省级政府全部公布各自权力清单[N].法制日报，2016-01-31.

[295] 汪春翔.和谐视域下社会组织建设研究[D].南昌：江西师范大学，2013.

[296] 汪敬虞.中国近代经济史（下册）[M].北京：人民出版社，2012.

[297] 汪磊，许鹿，汪霞.大数据驱动下精准扶贫运行机制的耦合性分析及其机制创新——基于贵州、甘肃的案例[J].公共管理学报，2017（3）.

[298] 王法硕，王翔.大数据时代公共服务智慧化供给研究——以"科普中国+百度"战略合作为例[J].情报杂志，2016（8）.

[299] 王芳，慎金花.国外数据管护（Data Curation）研究与实践进展[J].中国图书馆学报，2014（4）.

[300] 王飞.外商直接投资促进了国内工业企业技术进步吗[J].世界经济研究，2003（4）.

[301] 王连印，凌建华，黄景涛，等."互联网+政务服务"模式创新研究——以电梯应急服务为例[J].电子政务，2016（12）.

[302] 王其南，范远谋，李仲源，等.农业生产方式的深刻变革——北京市顺义县土地适度规模经营调查[J].农业技术经济，1989（2）.

[303] 王绍光.国家汲取能力的建设——中华人民共和国成立初期的经验[J].中国社会科学，2002（1）.

[304] 王文章.继承与发展——孙中山、毛泽东与邓小平对外开放思想探析[J].理论月刊，2010（4）.

[305] 王西玉.山地开发中的制度、政策和农户行为——山西省吕梁地区拍卖四荒地使用权个案研究[J].中国土地科学，1994（6）.

[306] 王新.国家治理能力视野的制度建构、改革创新与科学发展[J].重庆社会科学，2014（3）.

[307] 王彦奇.经济发展方式有别于经济增长方式[J].山东煤炭科技，2012（4）.

[308] 王永钦，张熙.市场、政府与企业：不完全市场、内生的经济组织与要素市场改革[J].学习与探索，2013（1）.

[309] 王永钦，张晏，章元，等.中国的大国发展道路——论分权式改革的得失[J].经济研究，2007（1）.

[310] 王永兴，宋玉峰.国家治理现代化路径演化研究——基于马克思主义国家学说的视角[J].政治经济学评论，2018（6）.

[311] 王永兴.中国市场经济体制确立过程的再考察——基于思想引进的视角[J].人文杂志，2009（3）.

[312] 王玉丛.城镇集体企业数量减少的原因及其分析[J].中国

集体经济，2002（6）．

[313] 王岳平．我国外商直接投资的两种市场导向类型分析［J］．
国际贸易问题，1999（2）．

[314] 王子今，杨倩如．国学经典解读系列教材《汉书》解读［M］．
北京：中国人民大学出版社，2016．

[315] 魏后凯，贺灿飞，王新．外商在华直接投资动机与区位因
素分析——对秦皇岛市外商直接投资的实证研究［J］．经济
研究，2001（2）．

[316] 魏景瑞，邹书良．平度市"两田制"改革试验及其初步效
应［J］．中国农村经济，1992（7）．

[317] 魏来，付瑶．基于Green Linked Data的关联数据质量标准［J］．
情报资料工作，2013（3）．

[318] 文雁兵，陆雪琴．中国劳动收入份额变动的决定机制分
析——市场竞争和制度质量的双重视角［J］．经济研究，
2018（9）．

[319] 巫宝三．中国国民所得（上册）［M］．北京：商务印书馆，
2011．

[320] 吴光祥．巴山轮会议："中国转弯处的脑力激荡"［J］．党史
纵横，2008（11）．

[321] 吴建树．大数据时代政府治理能力的提升策略［J］．当代社
科视野，2014（10）．

[322] 吴敬琏，周小川，等．中国经济改革的整体设计［M］．北京：
中国展望出版社，1990．

[323] 吴敬琏．当代中国经济改革［M］．上海：上海远东出版社，
2004．

[324] 吴敬琏．中国采取了"渐进改革"战略吗？［J］．经济学动
态，1994（9）．

[325] 吴申元.中国近代经济史[M].上海：上海人民出版社，2003.

[326] 吴文平，陈沁蓉.以大数据为支点推动转型[J].新闻战线，2014（1）.

[327] 吴运生.论中国古代的重农思想[J].长沙水电师院社会科学学报，1994 （1）.

[328] 习近平谈治国理政[M].北京：外文出版社，2014.

[329] 习近平.关于《中共中央关于坚持和完善中国特色社会主义制度、推进国家治理体系和治理能力现代化若干重大问题的决定》的说明[N].人民日报，2019-11-06（4）.

[330] 习近平.决胜全面建成小康社会 夺取新时代中国特色社会主义伟大胜利——在中国共产党第十九次全国代表大会上的报告[M].北京：人民出版社，2017.

[331] 习近平.开创美丽中国建设新局面——习近平总书记在全国生态环境保护大会上的重要讲话引起热烈反响[N].新华社，2018-05-20.

[332] 习近平.铭记历史，开创未来[N].俄罗斯报，2015-05-07.

[333] 习近平.谋求持久发展 共筑亚太梦想——在亚太经合组织工商领导人峰会开幕式上的演讲[N].人民日报，2014-11-10.

[334] 习近平.切实把思想统一到党的十八届三中全会精神上来.十八大以来重要文献选编（上册）[M].北京：中央文献出版社，2014.

[335] 习近平.推进党的建设新的伟大工程要一以贯之[J].求是，2019（11）.

[336] 习近平.在参观复兴之路展览时的讲话[N].人民日报，2012-11-30（1）.

[337] 习近平.在党的十八届五中全会第二次全体会议上的讲话（节选）[J].求是，2016（1）.

[338] 习近平.在纪念毛泽东同志诞辰 120 周年座谈会上的讲话[M].北京：人民出版社，2013.

[339] 习近平.在庆祝改革开放 40 周年大会上的讲话[N].人民日报，2018-12-19（2）.

[340] 习近平.在庆祝全国人民代表大会成立 60 周年大会上的讲话[N].人民日报，2014-09-06（1）.

[341] 习近平.在中国科学院第十七次院士大会、中国工程院第十二次院士大会上的讲话[N].人民日报，2014-06-10.

[342] 习近平.之江新语[M].杭州：浙江人民出版社，2007.

[343] 夏义堃.国际组织开放政府数据评估方法的比较与分析[J].图书情报工作，2015（19）.

[344] 谢晓专.虚拟社区信息治理：内容、理念与策略框架[N].情报科学，2012（12）.

[345] 行政改革蓝皮书：一些关键性改革进展缓慢令人担忧[EB/OL].中国网，[2016-5-17].

[346] 徐慧娜，郑磊，Theresa Pardo.国外政府数据开放研究综述：公共管理的视角[J].电子政务，2013（6）.

[347] 徐继华，冯启娜，陈贞汝.智慧政府：大数据治国时代的来临[M].北京：中信出版社，2014.

[348] 许罗丹，谭卫红，刘民权.四组外商投资企业技术溢出效应的比较研究[J].管理世界，2004（6）.

[349] 许晓东，彭娴，周可.美国通用教育数据标准对我国高等教育数据治理的启示[J].高等工程教育研究，2019（1）.

[350] 许晓东，王锦华，卞良.高等教育的数据治理研究[J].高等工程教育研究，2015（5）.

[351] 薛澜，李宇环.走向国家治理现代化的政府职能转变：系统思维与改革取向[J].政治学研究，2014（5）.

[352] 薛有志，马程程.国企监督制度的"困境"摆脱与创新[J].改革，2018（3）.

[353] 鄢一龙，白钢，章永乐，等.大道之行：中国共产党与中国社会主义[M].北京：中国人民大学出版社，2015.

[354] 燕继荣.社会资本与国家治理[M].北京：北京大学出版社，2015.

[355] 杨瑞仙，毛春蕾，左泽.我国政府数据开放平台建设现状与发展对策研究[J].情报理论与实践，2016（6）.

[356] 杨圣明.价格双轨制的历史地位与命运[J].经济研究，1991（4）.

[357] 杨志宇.欧盟环境税研究[D].长春：吉林大学，2016.

[358] 姚洋.中国农地制度：一个分析框架[J].中国社会科学，2000（2）.

[359] 于晓龙，王金照.大数据的经济学涵义及价值创造机制[J].中国国情国力，2014（2）.

[360] 余菁，黄群慧.新时期全面深化国有企业改革的进展、问题与建议[J].中共中央党校学报，2017（5）.

[361] 余来文，封智勇，林晓伟.互联网思维[M].北京：经济管理出版，2014.

[362] 俞宏佳.云治理：浅析大数据时代背景下社会治理新路径[J].理论观察，2018（1）.

[363] 俞可平.论国家治理现代化[M].北京：社会科学文献出版社，2014.

[364] 俞可平.市场经济与公民社会——中国与俄罗斯[M].北京：中央编译出版社，2005.

[365] 俞可平.治理与善治引论[J].马克思主义与现实，1999（5）.

[366] 俞可平.中国治理变迁 30 年（1978—2008）[M].北京：社会科学文献出版社，2008.

[367] 俞文冉.孙中山的对外开放思想及其特点[J].武汉水利电力大学学报（社会科学版），2000（6）.

[368] 袁诚，陆挺.外商直接投资与管理知识溢出效应：来自中国民营企业家的证据[J].经济研究，2005（3）.

[369] 张分田.民本思想与中国古代统治思想（下）[M].天津：南开大学出版社，2009.

[370] 张凤林.国家能力与体制转轨——兼论新古典主义理论缺陷与中国改革的若干经验[J].学术月刊，2016（4）.

[371] 张华新.略论我国古代的农本思想[J].华中农业大学学报（社会科学版），2002（2）.

[372] 张晖明.国有企业改革经验成果与中国特色企业理论初探[J].政治经济学评论，2018（6）.

[373] 张会平，李茜，邓琳.大数据驱动的公共服务供给模式研究[J].情报杂志，2019（3）.

[374] 张慧君，景维民.从经济转型到国家治理模式重构——转型深化与完善市场经济体制的新议题[J].天津社会科学，2010（2）.

[375] 张慧君.俄罗斯转型进程中的国家治理模式演进[M].北京：经济管理出版社，2009.

[376] 张慧君.构建支撑高质量发展的现代化国家治理模式：中国经验与挑战[J].经济学家，2019（11）.

[377] 张建文.探索城市交通治理新模式 杭州城市数据大脑治堵新实践[J].汽车与安全，2018（5）.

[378] 张景书.中国古代农业教育研究[M].咸阳：西北农林科技大学出版社，2006.

[379] 张军，周黎安.为增长而竞争：中国增长的政治经济学[M].上海：上海人民出版社，2008.

[380] 张军."双轨制"经济学：中国的经济改革（1978—1992）[M].上海：格致出版社，2016.

[381] 张军.分权与增长：中国的故事[J].经济学（季刊），2007（1）.

[382] 张康之.公共行政的行动主义[M].南京：江苏人民出版社，2014.

[383] 张立荣，冷向明.当代中国政府治理范式的变迁机理与革新进路[J].华中师范大学学报（人文社会科学版），2007（2）.

[384] 张梦霞，顾立平.数据监管的政策研究综述[J].现代图书情报技术，2016（1）.

[385] 张宁，袁勤俭.数据治理研究述评[J].情报杂志，2017（5）.

[386] 张起.欧盟开放政府数据运动：理念、机制和问题应对[J].欧洲研究，2015（5）.

[387] 张蓉初.红档杂志有关中国交涉史料选译[M].上海：三联书店，1957.

[388] 张闪闪，顾立平，盖晓良.国外信息服务机构的数据管理政策调研与分析[J].图书情报知识，2015（5）.

[389] 张绍元.文化自信·中华优秀传统文化核心思想理念读本[M].北京：中国言实出版社，2018.

[390] 张寿彭.试论中国近代经济思想的变迁[J].青海社会科学，1987（3）.

[391] 张述存.打造大数据施政平台，提升政府治理现代化水

平[J].中国行政管理,2015(10).

[392] 张为付,武齐.中国利用外商直接投资的特征及发展趋势[J].国际贸易问题,2004(9).

[393] 张贤明.推进国家治理能力现代化[N].人民日报,2014-01-05.

[394] 张小劲,于晓虹.推进国家治理体系和治理能力现代化六讲[M].北京:人民出版社,2014.

[395] 张兴华.当代中国社会治理的现实困境及其向度——基于社会分层理论的分析[J].岭南学刊,2016(4).

[396] 张引,陈敏,廖小飞.大数据应用的现状与展望[J].计算机研究与发展,2013(2).

[397] 张永恒,郝寿义.高质量发展阶段新旧动力转换的产业优化升级路径[J].改革,2018(11).

[398] 张宇.过渡之路:中国渐进式改革的政治经济学分析[M].北京:中国社会科学出版社,1997.

[399] 张宇.市场社会主义的反思[M].北京:北京出版社,1999.

[400] 张宇.中国的转型模式:反思与创新[M].北京:经济科学出版社,2006.

[401] 张长东.国家治理能力现代化研究——基于国家能力理论视角[J].法学评论,2014(3).

[402] 张震,王建斌.中美贸易摩擦:成因、应对措施与启示[J].江苏社会科学,2018(6).

[403] 张卓元.中国生产资料价格改革[M].北京:经济科学出版社,1992.

[404] 赵彦云,李静萍.中国市场化水平测度、分析与预测[J].中国人民大学学报,2000(4).

[405] 赵彦云,周芳.试论大数据时代中国政府统计改革发展新

模式[J].教学与研究，2014（1）.

[406] 郑磊，高丰.中国开放政府数据平台研究：框架、现状与建议[J].电子政务，2015（7）.

[407] 郑磊，吕文增.地方政府开放数据的评估框架与发现[J].图书情报工作，2018（22）.

[408] 郑磊.开放政府数据研究：概念辨析、关键因素及其互动关系[J].中国行政管理，2015（11）.

[409] 党的十九届四中全会《决定》学习辅导百问[M].北京：学习出版社，2019.

[410] 中共中央关于全面深化改革若干重大问题的决定[N].人民日报，2013-11-06（1）.

[411] 中共中央关于深化党和国家机构改革的决定[M].北京：人民出版社，2018.

[412] 中国国际经济交流中心课题组.中国实施绿色发展的公共政策研究[M].北京：中国经济出版社，2013.

[413] 中国科学院哲学研究所中国哲学史组.中国哲学史资料选辑（近代之部下）[M].北京：中华书局，1959.

[414] 中国社会科学院经济研究所发展室.中国的经济体制改革——巴山轮"宏观经济管理国际讨论会"文集[M].北京：中国经济出版社，1987.

[415] 中国史学会.中国近代史资料丛刊·戊戌变法（第2册）[M].上海：上海人民出版社，2000.

[416] 周传龙.关于"国家调节市场，市场引导企业"模式的讨论综述[J].经济理论与经济管理，1989（1）.

[417] 周大铭.我国政府数据开放现状和保障机制[J].大数据，2015（2）.

[418] 周恩来选集（下卷）[M].北京：人民出版，1984.

[419] 周恩来在第三届全国人民代表大会上所作的政府工作报告[N].人民日报，1964-12-31（1）.

[420] 周恩来在第四届全国人民代表大会第一次会议上所作的政府工作报告[N].人民日报，1975-01-21（1）.

[421] 周伟贤.寻租与腐败的经济学分析[J].特区经济，2006（12）.

[422] 周文泓.加拿大联邦政府开放数据分析及其对我国的启示[J].图书情报知识，2015（2）.

[423] 周晓梅.我国现阶段私营经济发展问题研究[M].北京：经济科学出版社，2006.

[424] 周业安.产品市场与金融市场的战略互动与经济增长[J].中国工业经济，2005（2）.

[425] 朱光磊，于丹.建设服务型政府是转变政府职能的新阶段——对中国政府转变职能过程的回顾与展望[J].政治学研究，2008（6）.

[426] 朱建平，章贵军，刘晓葳.大数据时代下数据分析理念的辨析[J].统计研究，2014（2）.

[427] 朱琳，赵涵菁，王永坤，等.全局数据：大数据时代数据治理的新范式[J].电子政务，2016（1）.

[428] 祝天智，王亚星.全面深化改革视域下的农地三权分置研究[J].当代经济管理，2016（5）.

[429] Acemoglu Daron, Robinson James. Economic Origins of Dictatorship. Cambridge: Cambridge University Press. P, 173.

[430] Acemoglu Daron, Simon Johnson and James A. Robinson. Institutions as the Fundamental Cause of Long-Run Growth. In: Philippe Aghion and Stephen Durlau. Handbook of Economic Growth. Amsterdam: North Holland, 2005: 385-

472.

[431] Baland Jean-Marie, Moene Karl Ove and Robinson, James A. Governance and Development In: Rodrik and Dani and Mark R Rosenzweig, eds., Handbook of Development Economics. Elsevier, 2010(5): 4597-4656.

[432] Besley Timothy, Ilzetzki Ethan and Persson, Torsten. Weak States and Steady States: the Dynamics of Fiscal Capacity. American Economic Journal: Macroeconomics. 2013, 5(4): 205-236.

[433] Bizer C , Boncz P A , Brodie M L , et al. The Meaningful Use of Big Data: Four Perspectives - Four Challenges[J]. Acm Sigmod Record, 2012, 40(4):56-60.

[434] Dincecco Mark. The Rise of Effective States in Europe. Journal of Economic History. 2015, 75(3): 901-918.

[435] Dixit Avinash. Governance Institutions and Economic Activity. American Economic Review. 2009, 99(1): 5-24.

[436] Ernst-Otto. Czempiel, Governance and Democratization. In: James N Rosenau and Ernst-Otto Czempiel, eds., Governance without Government: Order and Change in World Politics. Cambridge: Cambridge University Press, 1992: 250.

[437] James N Rosenau, Ernst-Otto Czempiel, eds., Governance without Government: Order and Change in World Politics- Cambridge: Cambridge University Press, 1992: 5.

[438] North Douglas, Thomas Robert. The Rise of the Western World: A New Economic History. Cambridge: Cambridge University Press, 1973.

[439] North Douglas, Barry Weingast. Constitutions and

Commitment: The Evolution of Institutions Governing Public Choice in Seventeenth-Century England. Journal of Economic History. 1989(49): 803-832.

[440] North Douglas. Structure and Change in Economic History. New York: W. W. Norton, 1981.

[441] Olson Mancur. The Hidden Path to a Successful Economy. In: C Clague, G. Rausser, G. Rausser, eds. The Emergence of Market Economics in Eastern Europe. Blackwell, 1992: 55-75.

[442] Polanyi Karl. The Great Transformation: The Political and Economic Origins of Our Time. Boston: Beacon Press, 1957: 55

[443] R Rhodes. The New Governance: Governing without Government, Political Studies, 1996(44): 652-667.

[444] Schumpeter Joseph. The Crisis of the Tax State. In: Swedberg Richard, Ed. The Economics and Sociology of Capitalism. Princeton: Princeton University Press, 1991.

[445] Shleifer Andrei. Government in Transition. European Economic Review, 1997, 41(3-5): 385-410.

[446] T Tanzi V, H Davoodi. Corruption, Public Investment and Growth: Washington D. C IMF Working Paper, 1997.

[447] The UN Commission on Global Governance. Our Global Neighborhood. Oxford University Press, 1995: 2.

[448] Weiss Linda, Hobson John. State and Economic Development: A Comparative Historical Analysis. Cambridge : Polity press, 1995.

[449] Mann Michael. The Sources of Social Power. Cambridge:

Cambridge University Press, 1986. In: Hall John. Powers and Liberties. Harmondsworth: Penguin. 1986.

[450] Williamson Oliver. Transaction Cost Economics: the Governance of Contractual Relations. Journal of Law and Economics, 1979(22): 223-261.

[451] Williamson Oliver. The Economic Institutions of Capitalism. New York: Free Press, 1985.

[452] World Bank. Governance and Development. Washington D. C: World Bank, 1992:1.

[453] World Bank. Sub-Saharan Africa: from Crisis to Sustainable Growth. Washington D. C: World Bank, 1989.

[454] World Bank. Transition- The First Ten Years: Analysis and Lessons for Eastern Europe and the Former Soviet Union. Washington D. C., 2002.

后　记

　　《中国国家经济治理思想的历史演进与当代发展》一书是教育部人文社会科学重点研究基地重大项目"中国特色社会主义经济重大理论和实践问题专题研究"的系列研究成果之一。

　　在当前各种科研评价体系中，偏重国内外权威期刊发表论文而忽视专著贡献的倾向日益凸显。在这一背景下，花费大量时间、精力去"著书立说"似乎已经变成一种成本和收益极度不对称的"不经济"的行为。然而，我们认为这种坚持是非常必要的，书籍是人类文明的重要载体，具有很多论文无法替代的优势（如更充分、更系统等），作为学者，要敢于、甘于坐冷板凳，沉下心来去把自己的研究以书籍为载体奉献给读者。

　　本书是团队合作的结晶。景维民教授提出了本书总体的研究思路、分析框架和章、节、目结构。本书各章的作者还包括王永兴副教授、孙景宇副教授、倪沙博士、荆克迪博士、莫龙炯博士、王婷博士、裴伟东博士、祝德生博士、宫东真博士、王瑶博士、张景娜博士及荣小雅同志。最后，全书由景维民教授修正定稿。鉴于国家治理问题研究的复杂性及作者们的水平所限，本书难免存在种种不足之处，敬请各位专家学者予以指正。

　　经过团队成员多年的努力攻关和反复打磨，本书终于得以付梓，其间几易其稿，辛苦自不赘述，在这一过程中，我们得到了很多同事、同行的无私帮助与支持。

首先，应该感谢笔者所在单位的帮助。本书在编写过程中得到了南开大学经济学院、南开大学中国特色社会主义经济建设协同创新中心、中国特色社会主义政治经济学研究中心诸位专家同人的大力支持。同时，我们还从兄弟院校和科研机构专家的建议中获益良多，在此一并致谢。

景维民
2020 年 1 月

。